Cristianismo e Espiritismo

Léon Denis

Cristianismo e Espiritismo

Provas experimentais
da sobrevivência

RELAÇÕES COM OS ESPÍRITOS DOS MORTOS
A DOUTRINA SECRETA
A NOVA REVELAÇÃO

Vitam impendere vero.

Copyright © 1919 *by*
FEDERAÇÃO ESPÍRITA BRASILEIRA – FEB

17ª edição – 10ª impressão – 1 mil exemplares – 6/2024

ISBN 978-85-7328-761-5

Título do original francês:
Christianisme et spiritisme

Todos os direitos reservados. Nenhuma parte desta publicação pode ser reproduzida, armazenada ou transmitida, total ou parcialmente, por quaisquer métodos ou processos, sem autorização do detentor do *copyright*.

FEDERAÇÃO ESPÍRITA BRASILEIRA – FEB
SGAN 603 – Conjunto F – Avenida L2 Norte
70830-106 – Brasília (DF) – Brasil
www.febeditora.com.br
editorial@febnet.org.br
+55 61 2101 6161

Pedidos de livros à FEB
Comercial
Tel.: (61) 2101 6161 – comercial@febnet.org.br

Adquirindo esta obra, você está colaborando com as ações de assistência e promoção social da FEB e com o Movimento Espírita na divulgação do Evangelho de Jesus à luz do Espiritismo.

Dados Internacionais de Catalogação na Publicação (CIP)
(Federação Espírita Brasileira – Biblioteca de Obras Raras)

D395   Denis, Léon, 1846–1927

Cristianismo e espiritismo: provas experimentais da sobrevivência: relações com os espíritos dos mortos, a doutrina secreta, a nova revelação. / Léon Denis; [tradução de] Leopoldo Cirne. – 17. ed. – 10. imp. – Brasília: FEB, 2024.

336 p.; 23 cm – (Coleção Léon Denis)

Tradução de: Christianisme et spiritisme

Inclui índice geral

ISBN 978-85-7328-761-5

1. Espiritismo. 2. Reencarnação. I. Cirne, Leopoldo, 1870–1941. II. Federação Espírita Brasileira. III. Título. IV. Coleção.

CDD 133.9
CDU 133.7
CDE 20.04.00

Sumário

Introdução 7
Prefácio da nova edição francesa 15
    I   Origem dos evangelhos 23
   II   Autenticidade dos evangelhos 27
  III   Sentido oculto dos evangelhos 33
  IV   A Doutrina Secreta 41
   V   Relações com os espíritos dos mortos 49
  VI   Alteração do Cristianismo. Os dogmas 63
 VII   Os dogmas (continuação). Os sacramentos, o culto ... 73
VIII   Decadência do Cristianismo 95
  IX   A Nova Revelação. O Espiritismo e a Ciência ... 133
   X   A Nova Revelação. A Doutrina dos Espíritos ... 183
  XI   Renovação 205
Conclusão 225

NOTAS COMPLEMENTARES

N.1   Sobre a autoridade da *Bíblia* e as origens do Antigo Testamento .. 231
N.2   Sobre a origem dos evangelhos 237
N.3   Sobre a autenticidade dos evangelhos 241
N.4   Sobre o sentido oculto dos evangelhos 243

N.5	Sobre a reencarnação	245
N.6	Sobre as relações dos primeiros cristãos com os Espíritos	249
N.7	Os fenômenos espíritas na *Bíblia*	259
N.8	Sobre o sentido atribuído às expressões deuses e demônios	267
N.9	Sobre o perispírito ou corpo sutil; opinião dos padres da Igreja	269
N.10	Galileu e a congregação do *Index*	273
N.11	Pio X e o Modernismo	277
N.12	Os fenômenos espíritas contemporâneos; provas da identidade dos Espíritos	279
N.13	Sobre a telepatia	285
N.14	Sobre a sugestão ou a transmissão do pensamento	287
Índice geral		291

Introdução[1]

Não foi um sentimento de hostilidade ou de malevolência que ditou estas páginas. Malevolência não a temos por nenhuma ideia, por pessoa alguma. Quaisquer que sejam os erros ou as faltas dos que se acobertam com o nome de Jesus e sua Doutrina, o pensamento do Cristo em nós não desperta senão um sentimento de profundo respeito e de sincera admiração. Educados na religião cristã, conhecemos tudo o que ela encerra de poesia e de grandeza. Se abandonamos o domínio da fé católica pelo da filosofia espírita, não esquecemos por isso as recordações da nossa infância, o altar ornado de flores diante do qual se inclinava a nossa fronte juvenil, a grande harmonia dos órgãos, sucedendo aos cantos graves e profundos, e a luz coada através dos vitrais coloridos, a brincar no ladrilhado solo, entre os fiéis prosternados. Não esquecemos que a austera cruz estende os seus braços por sobre o túmulo dos que mais amamos neste mundo. Se há para nós uma imagem, entre todas venerável e sagrada, é a do supliciado do Calvário, do Mártir pregado ao madeiro infamante, ferido, coroado de espinhos e que, ao expirar, perdoa aos seus algozes.

Ainda hoje é com viva emoção que escutamos os longínquos convites dos sinos, as vozes de bronze que vão acordar os sonoros ecos dos bosques e dos vales. E, nas horas de tristeza, praz-nos meditar na igreja

---

[1] N.E.: Diversas passagens interpretativas desta obra, nas quais Léon Denis alude à autenticidade dos evangelhos e à presença do Cristo na Terra, encerram opinião pessoal do autor, contagiado pelo espírito da época em que foram escritas e que, de certa forma, ainda hoje são objeto de controvérsia.

silenciosa e solitária, sob a penetrante influência que nela acumularam as preces, as aspirações, as lágrimas de tantas gerações.

Uma questão, porém, se impõe, questão que muitos resolveram mediante o estudo e a reflexão. Todo esse aparato que impressiona os sentidos e move o coração, todas essas manifestações artísticas, pompa do ritual romano e o esplendor das cerimônias não são como um brilhante véu que oculta a pobreza da ideia e a insuficiência do ensino? Não foi a convicção da sua impotência para satisfazer as elevadas faculdades da alma, a inteligência, o discernimento e a razão, o que impeliu a Igreja para o caminho das manifestações exteriores e materiais?

O Protestantismo, ao menos, é mais sóbrio. Se desdenha as formas, a decoração, é para melhor fazer sobressair a grandeza da ideia. Estabelece a autoridade exclusiva da consciência e o culto do pensamento e, de grau em grau, de consequência em consequência, conduz logicamente ao livre-exame, isto é, à Filosofia.

Conhecemos tudo o que a Doutrina do Cristo encerra de sublime; sabemos que ela é por excelência a doutrina do amor, a religião da piedade, da misericórdia, da fraternidade entre os homens. Mas a Doutrina de Jesus é a que ensina a Igreja Romana? A palavra do Nazareno nos foi transmitida pura e sem mescla, e a interpretação que dela nos dá a Igreja é isenta de todo elemento estranho ou parasita?

Não há questão mais grave, mais digna da meditação dos pensadores, como da atenção de todos os que amam e procuram a verdade. É o que nos propomos examinar na primeira parte desta obra, com o auxílio e a inspiração dos nossos guias do Espaço, afastando tudo o que poderia perturbar as consciências, excitar as más paixões, fomentar divisão entre os homens.

É verdade que esse trabalho foi, antes de nós, empreendido por outros. Mas o objetivo destes, seus meios de investigação e de crítica eram diferentes dos nossos. Procuram menos edificar que destruir, ao passo que, antes de tudo, quisemos fazer obra de reconstituição e de síntese. Consagramo-nos à tarefa de destacar da sombra das idades, da confusão dos textos e dos fatos, o pensamento básico, pensamento de vida, que é a fonte pura, o foco intenso e radioso do Cristianismo, ao mesmo tempo que a explicação dos estranhos fenômenos que caracterizam as suas origens, fenômenos renováveis sempre, que efetivamente se renovam todos os dias sob os nossos olhos e podem ser explicados mediante Leis naturais. Nesse pensamento oculto, nesses fenômenos até agora inexplicados, mas que uma nova ciência observa e registra, encontramos a solução desses problemas que há tantos séculos pairam sobre a razão humana: o conhecimento da nossa verdadeira natureza e a lei dos nossos destinos progressivos.

Uma das mais sérias objeções lançadas ao Cristianismo pela crítica moderna é que a sua moral e a sua doutrina da imortalidade repousam sobre um conjunto de fatos ditos "miraculosos", que o homem esclarecido relativamente à ação das Leis da Natureza não poderia hoje admitir.

Se milagres, acrescentam, puderam ser outrora necessários para fundar a crença na outra vida, sê-lo-ão menos em nossa época de dúvida e de incredulidade? E, além disso, a que causa atribuir esses milagres? Não é, como alguns o pretenderam, à natureza divina do Cristo, porquanto seus discípulos igualmente os obtinham.

A questão, porém, ficará esclarecida por uma luz intensa, e as afirmações do Cristianismo relativamente à imortalidade adquirirão mais força e autoridade, se for possível estabelecer que esses fatos, ditos "miraculosos", se produziram em todos os tempos, particularmente em nossos dias; que eles são o resultado de causas livres, invisíveis, que perpetuamente atuam, submetidas, porém, a imutáveis leis, se neles, em uma palavra, já não vemos milagres, mas fenômenos naturais, uma forma da evolução e da supervivência do ser.

É precisamente esta uma das consequências do Espiritismo. Por um aprofundado estudo das manifestações do Além-Túmulo, ele demonstra que esses fatos ocorreram em todas as épocas, quando as perseguições não lhes opunham obstáculos; que quase todos os grandes missionários, os fundadores de seitas e de religiões foram médiuns inspirados; que uma perpétua comunhão une duas humanidades, ligando aos do mundo terrestre os habitantes do Espaço.

Esses fatos se reproduzem em torno de nós com renovada intensidade. Desde há cinquenta anos aparecem formas, fazem-se ouvir vozes, chegam-nos comunicações por via tiptológica ou de incorporação, assim como pela escrita automática. Provas de identidade, em profusão, vêm revelar-nos a presença de nossos parentes, dos que na Terra amamos, que foram a nossa carne e o nosso sangue, e dos quais nos havia momentaneamente a morte separado. Em suas práticas, em seus ensinos, aprendemos a conhecer esse Além misterioso, objeto de tantos sonhos, debates e contradições. Em nosso entendimento se acentuam e definem as condições da vida ulterior. Dissipa-se a obscuridade que reinava sobre tais questões. O passado e o futuro se esclarecem até o mais íntimo de suas profundezas.

Assim o Espiritismo nos oferece as provas naturais, tangíveis, da imortalidade e por esse meio nos conduz às puras doutrinas cristãs, ao próprio âmago do Evangelho, que a obra do Catolicismo e a lenta edificação dos dogmas mal cobriram de tantos elementos incongruentes e estranhos. Graças ao seu estudo escrupuloso do corpo fluídico, ou perispírito, ele torna mais compreensíveis, mais aceitáveis, os fenômenos de aparições e materializações, sobre as quais o Cristianismo repousa integralmente.

Estas considerações melhor farão sobressair a importância dos problemas suscitados no curso desta obra e cuja solução oferecemos, apoiando-nos ao mesmo tempo nos testemunhos de sábios imparciais e esclarecidos, e nos resultados de experiências pessoais, realizadas consecutivamente há mais de trinta anos.

Sob esse ponto de vista, a oportunidade do presente trabalho a ninguém decerto escapará. Nunca a necessidade de esclarecimento das questões vitais, a que se acha indissoluvelmente ligada a sorte das sociedades, se fez sentir de modo mais imperioso.

Cansado de dogmas obscuros, de interesseiras teorias, de afirmações sem provas, o pensamento humano há muito se deixou empolgar pela dúvida. Uma crítica inexorável joeirou rigorosamente todos os sistemas. A fé se extinguiu em sua própria fonte; o ideal religioso desapareceu. Concomitantemente com os dogmas, perderam o seu prestígio as elevadas doutrinas filosóficas. O homem esqueceu ao mesmo tempo o caminho dos templos e dos pórticos da sabedoria.

Para quem quer que observe atentamente as coisas, os tempos que vivemos estão carregados de ameaças. Parece brilhante a nossa civilização, e, todavia, quantas manchas lhe obscurecem o esplendor! O bem-estar e a riqueza se têm espalhado, mas é acaso por suas riquezas que uma sociedade se engrandece? O objetivo do homem na Terra é, porventura, levar uma vida faustosa e sensual? Não! Um povo não é grande, um povo não se eleva senão pelo trabalho, pelo culto da justiça e da verdade.

Introdução

Em que se tornaram as civilizações do passado, aquelas em que o indivíduo não se preocupava senão com o corpo, com as suas necessidades e as suas fantasias?

Acham-se em ruínas; estão mortas.

Voltamos a encontrar, precisamente em nossa época, as mesmas tendências perigosas que as perderam: são as que consistem em tornar tudo adstrito à vida material, em constituir objeto e fim da existência a conquista dos prazeres físicos. A crítica e a consciência materialistas restringiram os horizontes da vida. Às tristezas da hora presente acrescentaram a negação sistemática, a acabrunhadora ideia do nada. E por esse modo agravaram todas as misérias humanas; arrebataram ao homem, com as mais seguras armas morais de que dispunha, o sentimento de suas responsabilidades; abalaram até às suas profundezas o próprio foro íntimo do eu.

Assim, gradualmente, os caracteres se vão abatendo, a venalidade cresce, a imoralidade se alastra como imensa chaga. O que era sofrimento se converteu em desespero. Os casos de suicídio se têm multiplicado em proporções até aqui desconhecidas, coisa monstruosa e que em nenhuma outra época se viu: este flagelo do século até as próprias crianças tem contaminado.

Contra essas doutrinas de negação e morte falam hoje os fatos. Uma experimentação metódica, prolongada, nos conduz a esta certeza: o ser humano sobrevive à morte e o seu destino é obra sua.

Fatos inúmeros se têm multiplicado, oferecendo novos subsídios acerca da natureza, da vida e da ininterrupta evolução dos seres. Esses fatos foram pela Ciência devidamente autenticados. Importa agora interpretá-los, pô-los em evidência e, sobretudo, deduzir-lhes a lei, as consequências e tudo o que deles pode resultar para a existência individual e social.

Esses fatos vão despertar no íntimo das consciências as verdades aí adormecidas. Eles restituirão ao homem a esperança, com o elevado ideal que esclarece e fortifica. Provando que não morremos inteiramente, encaminharão os pensamentos e os corações para essas vidas ulteriores em que a Justiça encontra a sua aplicação.

Todos, por esse meio, compreenderão que a vida tem um objetivo, que a lei moral tem uma realidade e uma sanção; que não há sofrimentos inúteis, trabalho sem proveito, nem provas sem compensação, que tudo é pesado na balança do Divino Justiceiro.

Em lugar desse campo cerrado da vida em que os fracos sucumbem fatalmente, em lugar dessa gigantesca e cega máquina do mundo que tritura as existências e de que nos falam as filosofias negativas, o Novo Espiritualismo fará surgir, aos olhos dos que pesquisam e dos que sofrem, a portentosa visão de um mundo de equidade, de amor e de justiça, onde tudo é regulado com ordem, sabedoria, harmonicamente.

E dessa forma será atenuado o sofrimento, assegurado o progresso do homem, santificado o seu trabalho; a vida revestir-se-á de maior dignidade e enobrecimento. Porque o homem tem tanta necessidade de uma crença como de uma pátria, como de um lar. É o que explica que formas religiosas, envelhecidas e caducas, conservem ainda os seus adeptos. Há no coração humano tendências e necessidades que nenhum sistema negativo poderá jamais satisfazer. Malgrado a dúvida que a oprime, desde que a alma sofre, instintivamente se volta para o céu. Faça o que fizer, o homem torna a encontrar o pensamento de Deus nas cantilenas que no berço o embalaram, nos sonhos da sua infância, como nas silenciosas meditações da idade adulta.

A certas horas, não pode o cético mais endurecido contemplar o infinito constelado, o curso dos milhões de sóis que na imensidade se efetua, nem passar diante da morte, sem perturbação e sem respeito.

Sobranceira às vãs polêmicas, às discussões estéreis, há uma coisa que escapa a todas as críticas: é essa aspiração da alma humana a um ideal eterno, que a sustenta em suas lutas, consola nas provações, e nas horas das grandes resoluções é a sua inspiradora; é essa intuição do que, por trás da cena em que se desenrolam os dramas da vida e o grandioso espetáculo da Natureza, oculta-se um poder, uma Causa Suprema, que lhes regulou as fases sucessivas e traçou as linhas de sua evolução.

Onde, porém, encontrará o homem a segura rota que o conduza a Deus? Onde haurir a inabalável convicção que, de estádio em estádio, o guiará através dos tempos e do espaço, para o supremo fim das existências? Qual será, numa palavra, a crença do futuro?

As formas materiais e transitórias da Religião passam, mas a vida religiosa, a crença pura, desembaraçada de todas as formas inferiores é, em sua essência, indestrutível. O ideal religioso evolverá, como todas as manifestações do pensamento. Ele não poderia escapar à Lei do Progresso que rege os seres e as coisas.

Introdução

A futura fé que já emerge dentre as sombras não será nem católica nem protestante; será a crença universal das almas, a que reina em todas as sociedades adiantadas do espaço, e mediante a qual cessará o antagonismo que separa a Ciência atual da Religião. Porque, com ela, a Ciência tornar-se-á religiosa, e a Religião se há de tornar científica.

Ela apoiar-se-á na observação, na experiência imparcial, nos fatos milhares de vezes repetidos.

Mostrando-nos as realidades objetivas do Mundo dos Espíritos, dissipará todas as dúvidas, destruirá as incertezas; a todos franqueará infinitas perspectivas do futuro.

Em certas épocas da História, passam sobre o mundo correntes de ideias que vêm arrancar a HHumanidade ao seu torpor. Sopros vindos do Alto encrespam a imensa vaga humana, e, graças a eles, brotam da sombra as verdades esquecidas na caligem dos séculos. Elas surgem das mudas profundezas em que dormem os tesouros das forças ocultas, onde se combinam os elementos renovadores, onde se elabora a obra misteriosa e divina. Manifestam-se, então, sob inesperadas formas; reaparecem e revivem.

Em começo repudiadas, escarnecidas pela multidão, prosseguem, todavia, impassíveis, serenas, o seu caminho. E chega um dia em que se é forçado a reconhecer que essas verdades repelidas vinham oferecer o pão da vida, o cálice da esperança a todas as almas sofredoras e diaceradas; que nos traziam nova base de ensinamento e, porventura também, um meio de reabilitação moral.

Tal a situação do moderno Espiritualismo, em que renascem tantas verdades há séculos ocultas. Em seu contexto ele resume as crenças dos sábios e dos antigos celtas, nossos pais; ressurge sob mais imponentes formas, para encaminhar a um novo ciclo ascensional a Humanidade em marcha.

Prefácio da nova edição francesa[2]

Dez anos sucederam à publicação desta obra. A História desdobrou sua trama e consideráveis acontecimentos se realizaram em nosso país. A Concordata foi denunciada. O Estado cortou o laço que o prendia à Igreja Romana. Ressalvados alguns pontos, foi com uma espécie de indiferença que a opinião pública recebeu as medidas de rigor tomadas pelo poder civil contra as instituições católicas.

De que procede esse estado de espírito, essa desafeição não apenas local, mas quase generalizada, dos franceses pela Igreja? De não ter esta realizado esperança alguma das que havia suscitado. Nem soube compreender, nem desempenhar o seu papel e os deveres de guia e educadora de almas, que assumira.

Há um século, vinha a Igreja Católica atravessando uma das mais formidáveis crises que regista a sua história. Na França, a Separação veio acentuar esse estado de coisas e agravá-lo ainda mais.

Repudiada pela sociedade moderna, abandonada pelo escol intelectual do mundo, em perpétuo conflito com o direito novo, que jamais aceitou; em contradição, portanto, quase em todos os pontos essenciais, com as leis civis de todos os países, repelida e detestada pelo povo e, principalmente, pelo operariado, já não resta à Igreja mais que um punhado de adeptos entre as mulheres, os velhos e as crianças. O futuro cessou de lhe

---

[2] N.E.: A 1ª edição francesa foi publicada em 1898.

pertencer, pois que a educação da mocidade acaba de lhe ser arrebatada, não sem alguma violência, pelas recentes leis da República francesa.

Aí está no limiar do século XX, o balanço atual da Igreja Romana. Desejaríamos, num estudo imparcial, mesmo respeitoso, investigar as causas profundas desse eclipse do poder eclesiástico, eclipse parcial ainda, mas que, em futuro não remoto, ameaça converter-se em total e definitivo.

A Igreja é atualmente impopular. Ora, nós vivemos época em que a popularidade, sagração dos novos tempos, é indispensável à durabilidade das instituições. Quem lhe não possuir o cunho, arrisca-se a perecer em pouco tempo no insulamento e no olvido.

Como chegou a Igreja Católica a esse ponto? Pela excessiva negligência que a causa do povo mereceu de sua parte. A Igreja só foi verdadeiramente popular e democrática em suas origens, durante os tempos apostólicos, períodos de perseguição e de martírio; e é o que então justificava a sua capacidade de proselitismo, a rapidez de suas conquistas, o seu poder de persuasão e de irradiação. No dia em que foi oficialmente reconhecida pelo Império, a partir da conversão de Constantino, tornou-se a amiga dos Césares, a aliada e, algumas vezes, a cúmplice dos grandes e dos poderosos. Entrou na era infecunda das argúcias teológicas, das querelas bizantinas e, desse momento em diante, tomou sempre ou quase sempre o partido do mais forte. Feudal na Idade Média, essencialmente aristocrática no reinado de Luís XIV, só fez à Revolução tardias e forçadas concessões.

Todas as emancipações intelectuais e sociais se efetuaram contra a sua vontade. Era lógico, fatal, que se voltassem contra ela: é o que na hora atual se verifica.

Adstrita, na França, por muito tempo à Concordata, incessantemente se manteve em conflito sistemático e latente com o Estado. Essa união forçada, que durava de um século para cá, devia necessariamente terminar pelo divórcio. A Lei da Separação acaba de o pronunciar. O primeiro uso que de sua liberdade, ostensivamente reconquistada, fez a Igreja foi lançar-se nos braços dos partidos reacionários, com esse gesto provando que nada, há um século, aprendeu nem esqueceu.

Empenhando solidariedade com os partidos políticos que já fizeram seu tempo, a Igreja Católica, sobretudo a de França, por isso mesmo se condena a morrer no mesmo dia, do mesmo gênero de morte deles: a impopularidade. Um papa genial, Leão XIII, tentou por momentos desligá-la de todo compromisso direto ou indireto com o elemento reacionário; mas não foi escutado nem obedecido.

O novo pontífice, Pio X, reatando a tradição de Pio IX, seu predecessor, nada julgou melhor fazer que aplicar as doutrinas do Sílabo e da infalibilidade. Sob a vaga denominação de *modernismo,* acaba ele de anatematizar a sociedade moderna e combater qualquer tentativa de reconciliação, ou de conciliação com ela.[3] A guerra religiosa ameaça atear-se nos quatro ângulos do país. O prestígio de grandeza que, a poder do gênio diplomático, Leão XIII havia assegurado à Igreja, desvaneceu-se em poucos anos. O Catolicismo, restringido ao domínio da consciência privada e individual, nunca mais desfrutará a vida oficial e pública.

Qual é — inda uma vez o inquiriremos — a causa profunda desse enfraquecimento da instituição mais poderosa do Universo?

Em nossa opinião, há unicamente uma causa profunda capaz de explicar esse fenômeno. Acreditarão os políticos, filósofos, os sábios encontrá-la nas circunstâncias exteriores, em razão de ordem sociológica. Por nossa parte, iremos procurá-la no próprio coração da Igreja. De um mal orgânico é que ela deperece, atingida como nela se acha a sede vital.

A vida da Igreja era o espírito de Jesus que a animava. O sopro do Cristo, esse divino sopro de fé, caridade e fraternidade universal era, de fato, o motor desse vasto organismo, a peça motriz de suas funções vitais. Ora, há muito tempo o espírito de Jesus parece ter abandonado a Igreja. Não é mais a chama do Pentecostes que irradia nela e em torno dela; essa generosa labareda se extinguiu e nenhum Cristo há que a reacenda.

Grande e bela, entretanto, senão benéfica, foi outrora a Igreja de França, asilo dos mais elevados Espíritos, das mais nobres inteligências. Nos tempos bárbaros, era ao mesmo tempo a Ciência e a Filosofia, a Arte e a beleza, a oração e a fé. Os grandes mosteiros, as abadias célebres tornaram-se os refúgios do pensamento. Ali se conservaram os tesouros intelectuais, as relíquias do gênio antigo. No século XIII ela inspirou uma bela parte do que o espírito humano produziu de mais brilhante. Subjugava todos aqueles indivíduos rudes, aqueles bárbaros mal polidos, e com um gesto os prosternava na atitude da oração.

E agora já não vive, já não brilha senão do reflexo de sua passada grandeza. Onde estão hoje, na Igreja, os pensadores e os artistas, os verdadeiros

---
[3] Ver, no fim do volume, nota complementar nº 11.

sacerdotes e os santos? Os pesquisadores de Verdades Divinas, os grandes místicos adoradores do belo, os sonhadores do infinito cederam lugar aos políticos combativos e negocistas.

A casa do Senhor se transformou em casa bancária e em tribuna. A Igreja tem um reino que é deste mundo e nada mais que deste mundo. Já não é o sonho divino o que alimenta, não mais que ambições terrestres e uma arrogante pretensão de tudo dominar e dirigir.

As encíclicas e os cânones substituíram o Sermão da Montanha e os filhos do povo, as gerações que se sucedem, apenas têm por guia um catecismo esdrúxulo, recheado de noções incompreensíveis, em que se fala de hipóstase, de transubstanciação; um catecismo incapaz de valer por eficaz socorro nos momentos angustiosos da existência. Disso procede a irreligião do maior número. O culto de uma determinada "Nossa Senhora" chegou a render até dois milhões por ano, mas não há uma única edição popular do Evangelho entre os católicos.

Todas as tentativas de fazer penetrar na Igreja um pouco de ar e luz e como um sopro dos novos tempos têm sido sufocadas, reprimidas. Lamennais, H. Loyson, Didon foram obrigados a se retratar ou abandonar o "grêmio". O abade Loisy foi expulso de sua cátedra.

Curvada, há séculos, ao jugo de Roma, a Igreja perdeu toda iniciativa, toda a energia viril, toda veleidade de independência. É tal a organização do Catolicismo que nenhuma decisão pode ser tomada, nenhum ato consumado, sem o consentimento e o sinal do poder romano. E Roma está petrificada em sua hierática atitude qual estátua do passado.

O cardeal Meignan, falando do Sacro Colégio, dizia um dia a um seu amigo: "Lá estão eles, os 70 anciãos, vergados ao peso, não dos anos, mas das responsabilidades, vigilantes para que nem um til seja tirado, nem um til acrescentado ao depósito sagrado". Em tais condições a Igreja Católica já não é moralmente uma instituição viva, não é mais um corpo em que circule a vida, senão um túmulo em que jaz, como amortalhado, o pensamento humano.

Há longos séculos, não era a Igreja mais que um poder político, admiravelmente organizado, hierarquizado; enchia a História com o fragor de suas lutas ruidosas, em companhia dos reis e imperadores, com os quais partilhava a hegemonia do mundo. Havia concebido um gigantesco plano: a cristandade, isto é, o conjunto dos povos católicos arregimentados, unidos como um exército formidável em torno do papa romano, soberano senhor e ponto culminante da feudalidade. Era grandioso, mas puramente humano.

Ao Império Romano, solapado pelos bárbaros, tinha a Igreja substituído o Império do Ocidente, vasta e poderosa instituição em torno da qual toda a Idade Média gravitou. Nessa confederação política e religiosa tudo desaparecia, e dela unicamente duas cabeças emergiam: o papa e o imperador, "essas duas metades de Deus".

Jesus não havia fundado a religião do Calvário para dominar os povos e os reis, mas para libertar as almas do jugo da matéria e pregar, pela palavra e pelo exemplo, o único dogma de redenção: o Amor.

Silenciemos sobre os despotismos solidários dos reis e da Igreja; esqueçamos a Inquisição e suas vítimas e voltemos aos tempos atuais.

Um dos maiores erros da Igreja, no século XIX, foi a definição do dogma da infalibilidade pessoal do pontífice romano. Semelhante dogma, imposto como artigo de fé, foi um desafio lançado à sociedade moderna e ao espírito humano.

Proclamar, no século XX, em face de uma geração febricitante, atormentada da ânsia de infinito, perante homens e povos que aspiram à verdade sem a poder atingir, que procuram a justiça, a liberdade, como o veado sequioso procura e aspira à água da fonte, o manancial do rio, proclamar — dizemos — num mundo assim, em adiantada gestação, que um único homem na Terra possui toda a verdade, toda a luz, toda a ciência, não será — repetimos — lançar um desafio a toda a Humanidade, a essa humanidade condenada, na Terra, ao suplício de Tântalo, às dilacerações de Prometeu?

Dificilmente se reabilitará dessa gravíssima falta a Igreja Católica. No dia em que divinizou um homem, tornou-se ela merecedora da increpação de idolatria, que Montalembert lhe dirigiu quando, ao lhe ser comunicada, no leito de morte, a definição da infalibilidade pontifícia, exclamou: "Nunca hei de adorar o ídolo do Vaticano!". Será exagerado o termo "ídolo"? Como os Césares romanos, a quem era oferecido um culto, o papa faz questão de ser chamado pontífice e rei. Que é ele senão o sucessor dos imperadores de Roma e de Bizâncio? Seu próprio vestuário, seus gestos e atitudes, o obsoleto cerimonial e o fausto da sua cúria, tudo recorda as pompas cesarianas dos piores dias, e foi o eloquente orador espanhol, o religioso Emilio Castelar que exclamou um dia, vendo Pio IX carregado na *sédia*, procissionalmente, a caminho de São Pedro: "Aquele não é o pescador da Galileia, é um sátrapa do Oriente!".

A causa íntima da decadência e impopularidade da Igreja Romana reside em ter colocado o papa no lugar de Deus. O espírito do Cristo retirou-se dela! Perdendo a virtude do Alto, que a sustentava, a Igreja caiu nas mãos da política humana. Já não é uma instituição de ordem divina; o pensamento de Jesus não mais a inspira e os maravilhosos dons que o Espírito de Pentecostes lhe comunicava desapareceram.

Ainda mais: atacada de cegueira, como os padres da antiga sinagoga, ao advento de Jesus, a Igreja esqueceu o sentido profundo da sua liturgia e dos seus mistérios. Os padres já não conhecem a oculta significação das coisas; perderam o segredo da iniciação. Seus gestos se tornaram estéreis, suas bênçãos não mais abençoam, seus anátemas já não amaldiçoam. Foram apeados até o nível comum, e o povo, compreendendo que é nulo o seu poder e ilusório o seu mistério, encaminhou-se a outras influências e foi a outros deuses que passou a incensar.

Na Igreja a Teologia aniquilou o Evangelho, como na velha sinagoga o Talmude havia desnaturado a Lei. E são os cultores da letra que atualmente a dirigem. Uma coletividade de fanáticos mesquinhos e violentos acabará por tirar à Igreja os últimos vestígios da sua grandeza e consumar-lhe a impopularidade. Assistiremos provavelmente à ruína progressiva dessa instituição que foi durante vinte séculos a educadora do mundo, mas que parece haver falido à sua verdadeira vocação.

Daí se deve concluir que o futuro religioso da Humanidade esteja comprometido irrevogavelmente, e que o mundo inteiro deva soçobrar no Materialismo como num oceano de lama? Longe disso. O reinado da letra acaba, o do espírito começa. A chama de Pentecostes, que abandona o candelabro de ouro da Igreja, vem acender outros archotes. A verdadeira revelação se inaugura no mundo pela virtude do invisível. Quando em um ponto o fogo sagrado se extingue, é para se atear noutro lugar. Jamais a noite completa envolve em treva o mundo. Sempre no firmamento cintila alguma estrela.

A alma humana, mediante suas profundas ramificações, mergulha no Infinito. O homem não é um átomo isolado no imenso turbilhão vital. Seu Espírito sempre está, por algum lado, em comunhão com a Causa Eterna; seu destino faz parte integrante das harmonias divinas e da vida universal.

Pela força das coisas há de o homem se aproximar de Deus. A morte das Igrejas, a decadência das religiões formalistas não constituem sintoma de crepúsculo, mas, ao contrário, a aurora inicial de um astro que desponta. Nesta hora de perturbação em que nos encontramos, grande combate se trava entre a luz e as caligens, como sucede quando uma tempestade se forma sobre o vale; mas as culminâncias do pensamento continuam sempre imersas no azul e na serenidade.

Sursum corda! É de fato a vida eterna que ante nós se descerra ilimitada e radiosa! Assim como no infinito milhares de mundos são arrebatados por seus sóis, rumo do incomensurável, num giro harmonioso, ritmado qual dança antiga e nem astro nem terra alguma torna a passar jamais pelo mesmo ponto, as almas por seu turno, arrastadas pela atração magnética do seu invisível centro, prosseguem evolvendo no espaço, atraídas incessantemente por um Deus, de quem sempre se aproximam sem jamais o alcançar.

Força é reconhecer que esta doutrina é bem mais ampla que os dogmas exclusivos das Igrejas agonizantes e que, se o futuro pertence a alguém ou alguma coisa, há de o ser indubitavelmente ao Espiritualismo universal, a esse Evangelho da eternidade e do infinito!

Fevereiro, 1910.

I
Origem dos evangelhos

Há cerca de um século, consideráveis trabalhos empreendidos nos diversos países cristãos, por homens de elevada posição nas igrejas e nas universidades, permitiram reconstituir as verdadeiras origens e as fases sucessivas da tradição evangélica.

Foi, sobretudo, nos centros de religião protestante que se elaboraram esses trabalhos, notabilíssimos por sua erudição e seu caráter minucioso, e que tão vivas claridades projetaram sobre os primeiros tempos do Cristianismo, sobre o fundo, a forma, o alcance social das doutrinas do Evangelho.[4]

São os resultados desses trabalhos o que exporemos resumidamente aqui, sob uma forma que nos esforçaremos por tornar mais simples que a dos exegetas protestantes.

O Cristo nada escreveu. Suas palavras, disseminadas ao longo dos caminhos, foram transmitidas de boca em boca e, posteriormente, transcritas em diferentes épocas, muito tempo depois da sua morte. Uma tradição religiosa popular formou-se pouco a pouco, tradição que sofreu constante evolução até o século IV.

---

[4] Esses trabalhos acham-se resumidos na *Enciclopédia das ciências religiosas*, de F. Lichtenberger, decano da Faculdade de Teologia Protestante de Paris, a qual pode ser proveitosamente consultada por quantos se interessam pelos estudos de exegese e de crítica sagrada. Além dessa obra, pode-se-lhe recomendar a *História da teologia cristã no século apostólico*, por Eduardo Reuss, professor de Teologia em Estrasburgo (Paris, Treuttel e Wurtz, 1852). — Harnack, *A essência do cristianismo*, tradução de A. Bertrand (Paris, Fischbacher).

Durante esse período de trezentos anos, a tradição cristã jamais permaneceu estacionária, nem a si mesma semelhante. Afastando-se do seu ponto de partida, através dos tempos e lugares, ela se enriqueceu e diversificou. Efetuou-se poderoso trabalho de imaginação; e, acompanhando as formas que revestiram as diversas narrativas evangélicas, segundo a sua origem, hebraica ou grega, foi possível determinar com segurança a ordem em que essa tradição se desenvolveu e fixar a data e o valor dos documentos que a representam.

Durante perto de meio século depois da morte de Jesus, a tradição cristã, oral e viva, é qual água corrente em que qualquer se pode saciar. Sua propaganda se fez por meio da prédica, pelo ensino dos apóstolos, homens simples, iletrados,[5] mas iluminados pelo pensamento do Mestre.

Não é senão do ano 60 ao 80 que aparecem as primeiras narrações escritas, a de Marcos a princípio, que é a mais antiga, depois as primeiras narrativas atribuídas a Mateus e Lucas, todas, escritos fragmentários e que se vão acrescentar de sucessivas adições, como todas as obras populares.[6]

Foi somente no fim do século I, de 80 a 98, que surgiu o Evangelho de Lucas, assim como o de Mateus, o primitivo, atualmente perdido; finalmente, de 98 a 110, apareceu, em Éfeso, o Evangelho de João.

Ao lado desses evangelhos, únicos depois reconhecidos pela Igreja, grande número de outros vinha à luz. Desses, são conhecidos atualmente uns 20; mas, no século III, Orígenes os citava em maior número. Lucas faz alusão a isso no primeiro versículo da obra que traz o seu nome.

Por que razão foram esses numerosos documentos declarados apócrifos e rejeitados? Muito provavelmente porque se haviam constituído num embaraço aos que, nos séculos II e III, imprimiram ao Cristianismo uma direção que o devia afastar, cada vez mais, das suas formas primitivas e, depois de haver repelido mil sistemas religiosos, qualificados de heresias, devia ter como resultado a criação de três grandes religiões, nas quais o pensamento do Cristo jaz oculto, sepultado sob os dogmas e práticas devocionais como em um túmulo.[7]

---

[5] Excetuado Paulo, versado nas letras.
[6] A. Sabatier, diretor da seção dos Estudos Superiores, na Sorbonne, *Os evangelhos canônicos*, p. 5. A Igreja sentiu a dificuldade em encontrar novamente os verdadeiros autores dos evangelhos. Daí a fórmula por ela adotada: Evangelho segundo...
[7] Ver notas complementares n°s 2, 3 e 4 no fim do volume.

Os primeiros apóstolos limitavam-se a ensinar a paternidade de Deus e a fraternidade humana. Demonstravam a necessidade da penitência, isto é, da reparação das nossas faltas. Essa purificação era simbolizada no batismo, prática adotada pelos essênios, dos quais os apóstolos assimilavam ainda a crença na imortalidade e na ressurreição, isto é, na volta da alma à vida espiritual, à vida do Espaço.

Daí a moral e o ensino que atraíam numerosos prosélitos em torno dos discípulos do Cristo, porque nada continham que se não pudesse aliar a certas doutrinas pregadas no Templo e nas sinagogas.

Com Paulo e depois dele, novas correntes se formam e surgem doutrinas confusas no seio das comunidades cristãs. Sucessivamente, a predestinação e a graça, a divindade do Cristo, a queda e a redenção, a crença em Satanás e no Inferno, serão lançados nos Espíritos e virão alterar a pureza e a simplicidade ao ensinamento do Filho de Maria.

Esse estado de coisas vai continuar e se agravar, ao mesmo tempo que convulsões políticas e sociais hão de agitar a infância do mundo cristão.

Os primeiros evangelhos nos transportam à época perturbada em que a Judeia, sublevada contra os romanos, assiste à ruína de Jerusalém e à dispersão do povo judeu (ano 70). Foi no meio do sangue e das lágrimas que eles foram escritos, e as esperanças que traduzem parecem irromper de um abismo de dores, enquanto nas almas contristadas desperta o ideal novo, a aspiração de um mundo melhor, denominado "Reino dos Céus", em que serão reparadas todas as injustiças do presente.

Nessa época, todos os apóstolos haviam morrido, com exceção de João e Filipe; o vínculo que unia os cristãos era bem fraco ainda. Formavam grupos isolados entre si e que tomavam o nome de igrejas (*ecclesia*, assembleia), cada qual dirigido por um bispo ou vigilante escolhido eletivamente.

Cada igreja estava entregue às próprias inspirações; apenas tinha para se dirigir uma tradição incerta, fixada em alguns manuscritos, que resumiam mais ou menos fielmente os atos e as palavras de Jesus, e que cada bispo interpretava a seu talante.

Acrescentemos a estas tão grandes dificuldades as que provinham da fragilidade dos pergaminhos, numa época em que a imprensa era desconhecida; a falta de inteligência de certos copistas, todos os males que podem fazer nascer a ausência de direção e de crítica, e facilmente compreenderemos que a unidade de crença e de doutrina não tenha podido manter-se em tempos assim tormentosos.

Os três evangelhos sinóticos[8] acham-se fortemente impregnados do pensamento judeu-cristão, dos apóstolos, mas já o Evangelho de João se inspira em influência diferente. Nele se encontra um reflexo da Filosofia grega, rejuvenescida pelas doutrinas da escola de Alexandria.

Em fins do século I, os discípulos dos grandes filósofos gregos tinham aberto escolas em todas as cidades importantes do Oriente. Os cristãos estavam em contato com eles, e frequentes discussões se travavam entre os partidários das diversas doutrinas. Os cristãos, arrebanhados nas classes inferiores da população, pouco letrados em sua maior parte, estavam mal preparados para essas lutas do pensamento. Por outro lado, os teoristas gregos sentiram-se impressionados pela grandeza e elevação moral do Cristianismo. Daí uma aproximação, uma penetração das doutrinas, que se produziu em certos pontos. O Cristianismo nascente sofria pouco a pouco a influência grega, que o levava a fazer do Cristo o Verbo, o *Logos* de Platão.

---

[8] São assim designados os de Marcos, Lucas e Mateus.

II
Autenticidade dos evangelhos

Nos tempos afastados, muito antes da vinda de Jesus, a palavra dos profetas, qual raio velado da verdade, preparava os homens para os ensinos mais profundos do Evangelho.

Mas, já desvirtuado pela versão dos Setenta, o Antigo Testamento não refletia, nos últimos séculos antes do Cristo, mais que uma intuição das Verdades Superiores.[9]

"As Eternas Verdades, que são os pensamentos de Deus" — diz eminente individualidade do Espaço — "foram comunicadas ao mundo em todas as épocas, levadas a todos os meios, postas ao alcance das inteligências, com paternal bondade. O homem, porém, as tem desconhecido muitas vezes. Desdenhoso dos princípios ensinados, arrastado por suas paixões, em todos os tempos passou ele ao pé de grandes coisas sem as ver. Essa negligência do belo moral, causa de decadência e corrupção, impeliria as nações à própria perda, se o guante da adversidade e as grandes comoções da História, abalando profundamente as almas, não as reconduzissem a essas verdades".

Veio Jesus, Espírito poderoso, Divino Missionário, Médium inspirado. Veio, encarnando-se entre os humildes, a fim de dar a todos o exemplo de uma vida simples e, entretanto, cheia de grandeza — vida de abnegação e sacrifício, que devia deixar na Terra inapagáveis traços.

---
[9] Ver nota complementar nº 1, no fim do volume.

A grande figura de Jesus ultrapassa todas as concepções do pensamento. Eis porque não a pode ter sido criada pela imaginação. Nessa alma, de uma serenidade celeste, não se nota mácula nenhuma, nenhuma sombra. Todas as perfeições nela se fundem, com uma harmonia tão perfeita que se nos afigura o ideal realizado.

Sua Doutrina, toda luz e amor, dirige-se sobretudo aos humildes e aos pobres, a essas mulheres, a esses homens do povo curvados sobre a terra, a essas inteligências esmagadas ao peso da matéria e que aguardam, na provação e no sofrimento, a palavra de vida que as deve reanimar e consolar.

E essa palavra lhes é prodigalizada com tão penetrante doçura, exprime uma fé tão comunicativa, que lhes dissipa todas as dúvidas e os arrasta a seguir as pegadas do Cristo.

O que Jesus chamava pregar aos simples "o Evangelho do Reino dos Céus", era pôr ao alcance de todos o conhecimento da imortalidade e do Pai comum, do Pai cuja voz se faz ouvir na serenidade da consciência e na paz do coração.

Pouco a pouco essa Doutrina, transmitida verbalmente nos primeiros tempos do Cristianismo, se altera e complica sob a influência das correntes opostas, que agitam a sociedade cristã.

Os apóstolos, escolhidos por Jesus para lhe continuarem a missão, muito bem o tinham sabido compreender; haviam recebido o impulso da sua vontade e da sua fé. Mas os seus conhecimentos eram restritos e eles não puderam senão conservar piedosamente, pela memória do coração, as tradições, os pensamentos morais e o desejo de regeneração que lhes havia Ele depositado no íntimo.

Em sua jornada pelo mundo os apóstolos se limitam, pois, a formar, de cidade em cidade, grupos de cristãos, aos quais revelam os princípios essenciais; depois, vão intrepidamente levar a "Boa-Nova" a outras regiões.

Os evangelhos, escritos em meio das convulsões que assinalam a agonia do mundo judaico, depois sob a influência das discussões que caracterizam os primeiros tempos do Cristianismo, se ressentem das paixões, dos preconceitos da época e da perturbação dos Espíritos. Cada grupo de fiéis, cada comunidade, tem seus evangelhos, que diferem mais ou menos dos outros.[10] Grandes querelas dogmáticas agitam o mundo cristão

---

[10] Ver nota complementar nº 3.

e provocam sanguinolentas perturbações no Império, até que Teodósio, conferindo a supremacia ao papado, impõe a opinião do bispo de Roma à cristandade. A partir daí, o pensamento, criador demasiado fecundo de sistemas diferentes, há de ser reprimido.

A fim de pôr termo a essas divergências de opinião, no próprio momento em que vários concílios acabam de discutir acerca da natureza de Jesus, uns admitindo, outros rejeitando a sua divindade, o Papa Damaso confia a São Jerônimo, em 384, a missão de redigir uma tradução latina do Antigo e do Novo Testamento. Essa tradução deverá ser, daí por diante, a única reputada ortodoxa e tornar-se-á a norma das doutrinas da Igreja: foi o que se denominou a *Vulgata*.

Esse trabalho oferecia enormes dificuldades. São Jerônimo achava-se, como ele próprio o disse, em presença de tantos exemplares quantas cópias. Essa variedade infinita dos textos o obrigava a uma escolha e a retoques profundos. É o que, assustado com as responsabilidades incorridas, ele expõe nos prefácios da sua obra, prefácios reunidos em um livro célebre. Eis aqui, por exemplo, o que ele dirigiu ao Papa Damaso, encabeçando a sua tradução latina dos evangelhos:

> De velha obra me obrigais a fazer obra nova. Quereis que, de alguma sorte, me coloque como árbitro entre os exemplares das Escrituras que estão dispersos por todo o mundo, e, como diferem entre si, que eu distinga os que estão de acordo com o verdadeiro texto grego. É um piedoso trabalho, mas é também um perigoso arrojo, da parte de quem deve ser por todos julgado, julgar ele mesmo os outros, querer mudar a língua de um velho e conduzir à infância o mundo já envelhecido.
>
> Qual, de fato, o sábio e mesmo o ignorante que, desde que tiver nas mãos um exemplar (novo), depois de o haver percorrido apenas uma vez, vendo que se acha em desacordo com o que está habituado a ler, não se ponha imediatamente a clamar que eu sou um sacrílego, um falsário, porque terei tido a audácia de acrescentar, substituir, corrigir alguma coisa nos antigos livros? (*Meclamitans esse sacrilegum qui audeam aliquid in veteribus libris addere, mutare, corrigere.*)[11]

---

[11] A obra de São Jerônimo foi, efetivamente, mesmo em sua vida, objeto das mais vivas críticas; polêmicas injuriosas se travaram entre ele e seus detratores.

> Um duplo motivo me consola desta acusação. O primeiro é que vós, que sois o soberano pontífice, me ordenais que o faça; o segundo é que a verdade não poderia existir em coisas que divergem, mesmo quando tivessem elas por si a aprovação dos maus.

São Jerônimo assim termina:

> Este curto prefácio tão somente se aplica aos quatro evangelhos, cuja ordem é a seguinte: Mateus, Marcos, Lucas, João. Depois de haver comparado certo número de exemplares gregos, mas dos antigos, que se não afastam muito da versão itálica, combinamo-los de tal modo (*ita calamo temperavimus*) que, corrigindo unicamente o que nos parecia alterar o sentido, conservamos o resto tal qual estava (*Obras de São Jerônimo*, edição dos Beneditinos, 1693, t. I, col. 1425).

Assim, é conforme uma primeira tradução do hebraico para o grego, por cópias com os nomes de Marcos e Mateus; é, num ponto de vista mais geral, conforme numerosos textos, cada um dos quais difere dos outros *(tot sunt enim exemplaria quot codices)* que se constitui a *Vulgata*, tradução corrigida, aumentada, modificada, como o confessa o autor, de antigos manuscritos.

Essa tradução oficial, que devia ser definitiva segundo o pensamento de quem ordenara a sua execução, foi, entretanto, retocada em diferentes épocas, por ordem dos pontífices romanos. O que havia parecido bom, do ano 386 ao de 1586, o que fora aprovado em 1546 pelo Concílio Ecumênico de Trento, foi declarado insuficiente e errôneo por Sixto V, em 1590. Fez-se nova revisão por sua ordem; mas a própria edição que daí resultou, e que trazia o seu nome, foi modificada por Clemente VIII em uma nova edição, que é a que hoje está em uso e pela qual têm sido feitas as traduções francesas dos livros canônicos, submetidos a tantas retificações através dos séculos.

Entretanto, a despeito de todas essas vicissitudes, não hesitamos em admitir a autenticidade dos evangelhos em seus primitivos textos. A palavra do Cristo aí se ostenta poderosa; toda dúvida se desvanece à fulguração da sua personalidade sublime. Sob o sentido adulterado, ou oculto, sente-se palpitar a força da primitiva ideia. Aí se revela a mão do grande semeador. Na profundeza desses ensinos, unidos à beleza moral e ao amor, sente-se a obra de um enviado celeste.

Ao lado, porém, dessa potente destra, a frágil mão do homem se introduziu nessas páginas, nelas enxertando débeis concepções, ligadas bem mal aos primeiros pensamentos e que, a par dos arroubos d'alma, provocam a incredulidade.

Se os evangelhos são aceitáveis em muitos pontos, é, todavia, necessário submeter o seu conjunto à inspeção do raciocínio. Todas as palavras, todos fatos que neles estão consignados não poderiam ser atribuídos ao Cristo.

Através dos tempos que separam a morte de Jesus da redação definitiva dos evangelhos, muitos pensamentos sublimes foram esquecidos, muitos fatos contestáveis aceitos como reais, muitos preceitos mal interpretados desnaturaram o ensino primitivo. Para servir às conveniências de uma causa, foram decotados os mais belos, os mais opulentos ramos dessa árvore de vida. Sufocaram, antes do seu desabrochar, os fortalecedores princípios que teriam conduzido os povos à verdadeira crença, à que eles hoje em dia inda procuram.

O pensamento do Cristo subsiste no ensino da Igreja e nos sagrados textos, mesclado, porém, de vários elementos, de opiniões ulteriores, introduzidos pelos papas e concílios, cujo intuito era assegurar, fortalecer, tornar inabalável a autoridade da Igreja. Tal foi o objetivo colimado através dos séculos, o pensamento que inspirou todos os retoques feitos nos primitivos documentos. A despeito de tudo o que na Igreja resta de espírito evangélico, verdadeiramente cristão, foi o suficiente para produzir admiráveis obras, obras de caridade que fizeram a glória das igrejas cristãs e que protestam contra o fato de se acharem associadas a tantos ambiciosos empreendimentos, inspirados no apego ao domínio e aos bens materiais.

Seria preciso grande trabalho para destacar o verdadeiro pensamento do Cristo do conjunto dos evangelhos, trabalho possível, posto que árduo para os inspirados, dirigidos por segura intuição, mas labor impossível para os que só por suas próprias faculdades se dirigem nesse dédalo em que com as realidades se misturam as ficções, com o sagrado o profano, com a verdade o erro.

Em todos os séculos, impelidos por uma força superior, certos homens se aplicaram a essa tarefa, procurando desembaraçar o supremo pensamento das sombras em torno dele acumuladas.

Amparados, esclarecidos por essa divina centelha que para os homens apenas brilha de um modo intermitente, mas cujo foco jamais se extingue, eles afrontaram todas as acusações, todos os suplícios, para afirmar o que acreditavam ser a verdade. Tais foram os apóstolos da Reforma.

Eles foram, em sua tarefa, interrompidos pela morte; mas do seio do Espaço ainda sustentam e inspiram os que se batem por essa Grande Causa. Graças aos seus esforços, a noite que pesa sobre as almas começa a dissipar-se; raiou a aurora de uma revelação muito mais vasta.

É com o auxílio dos esclarecimentos trazidos por essa Nova Revelação, científica e, ao mesmo tempo, filosófica, já espalhada em todo o mundo sob o nome de Espiritismo, ou Moderno Espiritualismo, que procuraremos escoimar a Doutrina de Jesus das obscuridades em que o trabalho dos séculos a envolveu. Chegaremos, assim, à conclusão de que essa Doutrina é simplesmente a volta ao Cristianismo primitivo, sob mais precisas formas, com um imponente cortejo de provas experimentais, que tornará impossível todo monopólio, toda reincidência nas causas que desnaturaram o pensamento de Jesus.

III
Sentido oculto dos evangelhos

Uma certa escola atribui ao Cristianismo em geral, e aos evangelhos em particular, um sentido oculto e alegórico. Alguns pensadores e filósofos chegaram mesmo a negar a existência de Jesus, vendo nele, nas suas palavras, nos fatos da sua vida, uma ideia filosófica, uma abstração a que foi dado um corpo, para satisfazer a tradição que ao povo judeu anunciava um salvador, um Messias.

Na sua opinião, não passaria a história de Jesus de um drama poético, representando o nascimento, a morte, a ressurreição da ideia libertadora no seio do povo hebreu escravizado, ou ainda uma série de figuras imaginadas para tornar perceptível às massas o lado prático e social do Cristianismo, a associação dos tipos divino e humano em um modelo de perfeição, oferecido à admiração dos homens.

Aceita semelhante tese, os evangelhos deveriam ser considerados fábulas, invenções. O poderoso movimento do Cristianismo teria tido como ponto de partida uma impostura. Há nisso uma evidente exageração. Se a vida de Jesus não é mais que uma ficção, como pôde ser acolhida por seus contemporâneos, a princípio, e depois por uma longa série de gerações?

Quais seriam, pois, os verdadeiros fundadores do Cristianismo? Os apóstolos? Eram incapazes de tais concepções. Com exceção de Paulo, que encontrou uma Doutrina já constituída, a incapacidade deles é evidente.

A personalidade eminente de Jesus se destaca, vigorosamente, do fundo de mediocridade dos seus discípulos. A menor comparação faz sobressair a impossibilidade de semelhante hipótese.

Não foi difícil, nos evangelhos, distinguir as adições dos cristãos-judeus, as quais denunciam claramente a sua origem, e formam contraste flagrante com as palavras e a Doutrina de Jesus.[12] Daí resulta um fato evidente, e é que autores imbuídos, a esse respeito, de ideias supersticiosas e acanhadas, eram incapazes de inventar uma personalidade, uma doutrina, uma vida, uma morte como as de Jesus.

Nesse mundo judaico, sombrio e exclusivista, em que reinavam o ódio e o egoísmo, a doutrina do amor e da fraternidade só podia emanar de uma inteligência sobre-humana.

Se as Escrituras não fossem, em seu conjunto, senão um amontoado de alegorias, uma obra de imaginação, a doutrina de Jesus não teria podido se manter através dos séculos, em meio das correntes opostas que agitaram a sociedade cristã. Construção sem alicerce, ter-se-ia desagregado, desmoronado, batida pelo furacão dos tempos. Entretanto, ela ficou de pé e domina os séculos, a despeito das alterações sofridas, a despeito de tudo o que os homens fizeram para desfigurá-la, para submergi-la nas vagas de uma interpretação errônea.

A crença num mito não teria sido suficiente para inspirar aos primeiros cristãos o espírito de sacrifício, o heroísmo em face da morte; não lhes teria proporcionado os meios de fundar uma religião que dura há vinte séculos. Só a verdade pode desafiar a ação do tempo e conservar a sua força, a sua moral, a sua grandeza, não obstante os esforços de sapa que procuram arruiná-la. Jesus é, positivamente, a pedra angular do Cristianismo, a alma da Nova Revelação. Ele constitui toda a sua originalidade.

Além disso, não faltam testemunhos históricos da existência de Jesus, posto que em reduzido número.

Suetônio, na história dos primeiros Césares, fala do suplício de *Christus*. Tácito e ele mencionam a existência da seita cristã entre os judeus, antes da tomada de Jerusalém por Tito.

O *Talmude* fala da morte de Jesus na cruz, e todos os rabinos israelitas reconhecem o alto valor desse testemunho.[13]

---

[12] Ver notas complementares nos 2 e 3.
[13] Ver *Os deicidas*, por Cahen, membro do Consistório israelita.

Em caso de necessidade, o próprio Evangelho, só por si, bastaria para fornecer a prova moral da existência e da elevada missão do Cristo. Se numerosos fatos apócrifos nele foram mais tarde introduzidos, se as superstições judaicas ali se encontram sob a forma de narrativas fantasistas e obsoletas teorias, duas coisas nele subsistem, que não poderiam ser inventadas e apresentam um caráter de autenticidade que se impõe: o drama sublime do Calvário e a doce e profunda Doutrina de Jesus.

Essa Doutrina era simples e clara em seus princípios essenciais; dirigia-se à multidão, sobretudo aos deserdados e aos humildes. Tudo nela era feito para mover os corações, para arrebatar as almas até o entusiasmo, iluminando, fortalecendo as consciências. Todavia, ela manifesta os sinais de um ensino oculto. Jesus fala muitas vezes por parábolas. Seu pensamento, de ordinário tão luminoso, mergulha por vezes em meia obscuridade. Não se percebem, então, mais que os vagos contornos de uma grande ideia dissimulada sob o símbolo.

É o que ele próprio explica por estas palavras, quando, citando *Isaías*, 6:9, acrescenta: "Eu lhes falo por parábolas, porque a vós outros vos é dado conhecer os mistérios do Reino dos Céus, mas a eles não lhes é concedido" (*Mateus*, 13:10 e 11).

Evidente que havia duas doutrinas no Cristianismo primitivo: a destinada ao vulgo, apresentada sob formas acessíveis a todos, e outra oculta, reservada aos discípulos e iniciados. É o que, de resto, existia em todas as filosofias e religiões da Antiguidade.[14]

A prova da existência desse ensino secreto se encontra nas palavras já citadas e nas que mencionamos a seguir. Logo depois da Parábola do Semeador, que se acha nos três evangelhos sinóticos, os discípulos perguntam a Jesus o sentido dessa parábola e ele lhes responde:

> A vós outros é concedido saber o mistério do Reino de Deus; mas, aos que são de fora, tudo se lhes propõe em parábolas;
> Para que, vendo, vejam e não vejam e ouvindo, ouçam e não entendam. (*Marcos*, 4:11 e 12; *Lucas*, 8:10.)

---

[14] Ver minha obra *Depois da morte*, Parte primeira, *Crenças e negações*.

Paulo o confirma em sua *Primeira epístola aos coríntios,* capítulo 3, quando distingue a linguagem a usar com homens *carnais* ou com homens *espirituais,* isto é, com profanos ou com iniciados.

A iniciação era indubitavelmente gradual. Os que a recebiam eram *ungidos* e, depois de haverem recebido a unção, entravam na *comunhão dos santos.* É o que torna compreensíveis estas palavras de João: "Vós outros tendes a unção do Santo e sabeis todas as coisas. Eu não vos escrevi como se ignorásseis a verdade, mas como a quem a conhece" (I João, 2:20, 21 e 27).[15]

Ao tempo de sua controvérsia com Celso, Orígenes defendeu energicamente o Cristianismo. Em sua vigorosa apologia, fala muitas vezes dos ensinos secretos da nova religião. Tendo-a Celso arguido de possuir um cunho misterioso, refuta Orígenes essas críticas, provando que, se em certos assuntos especiais só os iniciados recebiam um ensino completo, a Doutrina Cristã, por outro lado, em seu sentido geral era acessível a todos. E a prova — disse ele — é que o mundo inteiro (ou pouco falta) está mais familiarizado com essa doutrina que com as opiniões prediletas dos filósofos.

Esse duplo método de ensino — prossegue ele, em síntese — é, ademais, adotado em todas as escolas. Por que fazer por isso uma censura unicamente à Doutrina Cristã? Os numerosos Mistérios, por toda parte celebrados na Grécia e noutros países, não são por todos geralmente admitidos?

O fundador do Cristianismo não separava a ideia religiosa da sua aplicação social. O "Reino dos Céus" era, para ele, essa perfeita sociedade dos Espíritos, cuja imagem desejaria realizar na Terra. Mas ele devia ir de encontro aos interesses estabelecidos e suscitar em torno de si mil obstáculos, mil perigos. Daí, um novo motivo para ocultar no mito, no milagre, na parábola, o que em sua doutrina ia ferir as ideias dominantes e ameaçar as instituições políticas ou religiosas.

As obscuridades do Evangelho são, pois, calculadas, intencionais. As verdades superiores nele se ocultam sob véus simbólicos. Aí se ensina ao homem o que lhe é necessário para se conduzir moralmente na prática da vida; mas o sentido profundo, o sentido filosófico da doutrina, esse é reservado à minoria.

---

[15] Ver também nota complementar nº 4.

Nisso consistia a "comunhão dos santos", a comunhão dos pensamentos elevados, das altas e puras aspirações. Essa comunhão pouco durou. As paixões terrenas, as ambições, o egoísmo, bem cedo a destruíram. A política se introduziu no sacerdócio. Os bispos, de humildes adeptos, de modestos "vigilantes" que eram a princípio, tornaram-se poderosos e autoritários. Constituiu-se a teocracia; a esta, pareceu de interesse colocar a luz debaixo do alqueire e a luz se extinguiu. O pensamento profundo desapareceu. Só ficaram os símbolos materiais. Essa obscuridade tornava mais fácil governar as multidões. Preferiram deixar as massas mergulhadas na ignorância a elevá-las às eminências intelectuais. Os mistérios cristãos cessaram de ser explicados aos membros da Igreja. Foram mesmo perseguidos como hereges os pensadores, os investigadores sinceros, que se esforçavam por adquirir novamente as verdades perdidas. Fez-se a noite cada vez mais espessa sobre o mundo, depois da dissolução do Império Romano. A crença em Satanás e no inferno adquiriu lugar preponderante na fé cristã. Em vez da religião de amor pregada por Jesus, o que prevaleceu foi a religião do terror.

A invasão dos bárbaros havia poderosamente contribuído para fazer surgir esse estado de coisas. Ele fez voltar a sociedade ao estado de infância, porque os bárbaros invasores, no ponto de vista da razão, não passavam de crianças. Do seio das vastas estepes e das extensas florestas, o mundo bárbaro se arremessava sobre a civilização. Todas essas multidões, ignorantes e grosseiras, que o Cristianismo aliciou, produziram no mundo pagão em decadência e no meio novo, em que penetravam, uma depressão intelectual.

O Cristianismo conseguiu dominá-las, submetê-las, mas em seu próprio detrimento. Velou-se o ideal divino; o culto se tornou material. Para impressionar a imaginação das multidões, voltou-se às práticas idólatras, próprias das primeiras épocas da humanidade. A fim de dominar essas almas e as dirigir pelo temor ou pela esperança, estranhos dogmas foram combinados. Não se tratou mais de realizar no mundo o Reino de Deus e de sua justiça, que fora o ideal dos primeiros cristãos. Depois, a profecia do fim do mundo e do juízo final, tomada ao pé da letra, as preocupações da salvação individual, exploradas pelos padres, mil causas, em suma, desviaram o Cristianismo da sua verdadeira rota e submergiram o pensamento de Jesus numa torrente de superstições.

Ao lado, todavia, desses males, é justo recordar os serviços prestados pela Igreja à causa da humanidade. Sem a sua hierarquia e sólida organização, sem o papado, que opôs o poder da ideia, posto que obscurecida e deturpada, ao poderio do gládio, tem-se o direito de perguntar o que se teria tornado a vida moral, a consciência da humanidade. No meio desses séculos de violência e trevas, a fé cristã animou de novo ardor os povos bárbaros, ardor que os impeliu a obras gigantescas como as Cruzadas, a fundação da Cavalaria, a criação das artes na Idade Média. No silêncio e na obscuridade dos claustros o pensamento encontrou um refúgio. A vida moral, graças às instituições cristãs, não se extinguiu, a despeito dos costumes brutais da época. Aí estão serviços que é preciso agradecer à Igreja, não obstante os meios de que ela se utilizou para a si mesma assegurar o domínio das almas.

Em resumo, a doutrina do grande crucificado, em suas formas populares, queria a obtenção da vida eterna mediante o sacrifício do presente. Religião de salvação, de elevação da alma pela subjugação da matéria, o Cristianismo constituía uma reação necessária contra o politeísmo grego e romano, cheio de vida, de poesia e de luz, mas não passando de foco de sensualismo e corrupção. O Cristianismo tornava-se um estágio indispensável na marcha da humanidade, cujo destino é elevar-se incessantemente de crença em crença, de concepção em concepção, a sínteses sempre e cada vez mais amplas e fecundas.

O Cristianismo, com os seus doze séculos de dores e trevas, não foi uma era de felicidade para a raça humana; mas o fim da vida terrestre não é a felicidade, é a elevação pelo trabalho, pelo estudo e pelo sofrimento; é, numa palavra, a educação da alma; e a via dolorosa conduz com muito mais segurança à perfeição, que a dos prazeres.

O Cristianismo representa, pois, uma fase da história da humanidade, a qual lhe foi incontestavelmente proveitosa; ela, a humanidade, não teria sido capaz de realizar as obras sociais que asseguram o seu futuro, se não se tivesse impregnado do pensamento e da moral evangélicos.

A Igreja, entretanto, delinquiu, trabalhando por prolongar indefinidamente o estado de ignorância da sociedade. Depois de haver nutrido e amparado a criança, tem querido mantê-la em estado de submissão e servilismo intelectual. Não libertou a consciência senão para melhor a oprimir.

A Igreja de Roma não soube conservar o farol divino de que era portadora, e, por um castigo do céu, ou antes, por uma justa retroação das coisas, a noite que ela queria para os outros fez-se nela própria. Não cessou de opor obstáculos ao desenvolvimento das Ciências e da Filosofia, ao ponto de proscrever, do alto da cadeira de Pedro, "o progresso — essa lei eterna — o liberalismo e a civilização moderna" (artigo 80 do *Sílabus*).

Foi, por isso, fora dela e mesmo contra ela, a partir de um certo momento da História, que se operou todo o movimento, toda a evolução do espírito humano. Foram necessários séculos de esforços para dissipar a obscuridade que pesava sobre o mundo, ao sair da Idade Média. Fizeram-se precisas a Renascença das letras, a Reforma religiosa do século XVI, a Filosofia, todas as conquistas da Ciência, para preparar o terreno destinado à Nova Revelação, a essas vozes de Além-túmulo que vêm, aos milhares e em todas as regiões da Terra, atrair os homens aos puros ensinamentos do Cristo, restabelecer sua doutrina, tornar compreensíveis, a todos, as verdades superiores amortalhadas na sombra das idades.

IV
A doutrina secreta

Qual a verdadeira doutrina do Cristo? Os seus princípios essenciais acham-se claramente enunciados no Evangelho. É a paternidade universal de Deus e a fraternidade dos homens, com as consequências morais que daí resultam; é a vida imortal a todos franqueada e que a cada um permite em si próprio realizar "o reino de Deus", isto é, a perfeição, pelo desprendimento dos bens materiais, pelo perdão das injúrias e o amor ao próximo.

Para Jesus, numa só palavra, toda a Religião, toda a Filosofia consiste no amor:

> Amai os vossos inimigos; fazei o bem aos que vos odeiam e orai pelos que vos perseguem e caluniam; para serdes filhos de vosso Pai que está nos céus, o qual faz erguer-se o seu sol sobre bons e maus, e faz chover sobre justos e injustos. Porque, se não amais senão os que vos amam, que recompensa deveis ter por isso? (MATEUS, 5:44 et seq.).

Desse amor o próprio Deus nos dá o exemplo, porque seus braços estão sempre abertos para o pecador: "Assim, vosso Pai que está nos céus não quer que pereça um só desses pequeninos".

O Sermão da Montanha resume, em traços indeléveis, o ensino popular de Jesus. Nele é expressa a lei moral sob uma forma que jamais foi igualada.

Os homens aí aprendem que não há mais seguros meios de elevação que as virtudes humildes e escondidas.

> Bem-aventurados os pobres de espírito (isto é, os Espíritos simples e retos), porque deles é o reino dos Céus. Bem-aventurados os que choram, porque serão consolados. Bem-aventurados os que têm fome e sede de justiça, porque serão saciados. Bem-aventurados os que são misericordiosos, porque alcançarão misericórdia. Bem-aventurados os limpos de coração, porque esses verão a Deus (MATEUS, 5:1 a 12; LUCAS, 6:20 a 25).

O que Jesus quer não é um culto faustoso, não é uma religião sacerdotal, opulenta de cerimônias e práticas que sufocam o pensamento, não; é um culto simples e puro, todo de sentimento, consistindo na relação direta, sem intermediário, da consciência humana com Deus, que é seu Pai:

> É chegado o tempo em que os verdadeiros adoradores hão de adorar o Pai em espírito e verdade, porque tais quer, também, sejam os que o adorem. Deus é espírito, e em espírito e verdade é que devem adorar os que o adoram.

O ascetismo é coisa vã. Jesus limita-se a orar e a meditar, nos sítios solitários, nos templos naturais que têm por colunas as montanhas, por cúpula a abóbada dos céus, e de onde o pensamento mais livremente se eleva ao Criador.

Aos que imaginam salvar-se por meio do jejum e da abstinência, diz: "Não é o que entra pela boca o que macula o homem, mas o que por ela sai".

Aos rezadores de longas orações: "Vosso Pai sabe do que careceis, antes de lho pedirdes".

Ele não exige senão a caridade, a bondade, a simplicidade:

> Não julgueis e não sereis julgados. Perdoai e sereis perdoados. Sede misericordiosos como vosso Pai celeste é misericordioso. Dar é mais doce do que receber.
> Aquele que se humilha será exaltado; o que se exalta será humilhado.
> Que a tua mão esquerda ignore o que faz a direita, a fim de que tua esmola fique em segredo; e então teu Pai que vê no segredo, ta retribuirá.

E tudo se resume nestas palavras de eloquente concisão:"Amai o vosso próximo como a vós mesmos e sede perfeitos como vosso Pai celeste é perfeito. Nisso se encerram toda a lei e os profetas".

Sob a suave e meiga palavra de Jesus, toda impregnada do sentimento da natureza, essa doutrina se reveste de um encanto irresistível, penetrante. Ela é saturada de terna solicitude pelos fracos e pelos deserdados. É a glorificação, a exaltação da pobreza e da simplicidade. Os bens materiais nos tornam escravos; agrilhoam o homem à Terra. A riqueza é um estorvo; impede os voos da alma e a retém longe do "reino de Deus". A renúncia, a humildade desatam esses laços e facilitam a ascensão para a luz.

Por isso é que a doutrina evangélica permaneceu através dos séculos como a expressão máxima do espiritualismo, o supremo remédio aos males terrestres, a consolação das almas aflitas nesta travessia da vida, semeada de tantas lágrimas e angústias. É ainda ela que faz, a despeito dos elementos estranhos que lhe vieram misturar, toda a grandeza, todo o poder moral do Cristianismo.

* * *

A doutrina secreta ia mais longe. Sob o véu das parábolas e das ficções, ocultava concepções profundas. No que se refere a essa imortalidade prometida a todos, definia-lhe as formas afirmando a sucessão das existências terrestres, nas quais a alma, reencarnada em novos corpos, sofreria as consequências de suas vidas anteriores e prepararia as condições do seu destino futuro. Ensinava a pluralidade dos mundos habitados, as alternações de vida de cada ser: no mundo terrestre, em que ele reaparece pelo nascimento, no mundo espiritual, a que regressa pela morte, colhendo em um e outro desses meios os frutos bons ou maus do seu passado. Ensinava a íntima ligação e a solidariedade desses dois mundos e, por conseguinte, a comunicação possível do homem com os Espíritos dos mortos que povoam o espaço ilimitado.

Daí o amor ativo, não somente pelos que sofrem na esfera da existência terrestre, mas também pelas almas que em torno de nós vagueiam atormentadas por dolorosas recordações. Daí a dedicação que se devem as duas humanidades, visível e invisível, a lei de fraternidade na vida e na morte, e a celebração do que chamavam "os mistérios", a comunhão pelo pensamento e pelo coração com os que, Espíritos bons ou medíocres, inferiores ou elevados, compõem esse mundo invisível que nos rodeia, e sobre o qual se abrem esses dois pórticos por onde todos os seres alternativamente passam: o berço e o túmulo.

A lei da reencarnação acha-se indicada em muitas passagens do Evangelho e deve ser considerada sob dois aspectos diferentes: a volta à carne, para os Espíritos em via de aperfeiçoamento; a reencarnação dos Espíritos enviados em missão à Terra.

Em sua conversação com Nicodemos, Jesus assim se exprime:

> Em verdade te digo que, se alguém não renascer de novo, não poderá ver o reino de Deus. Disse-lhe Nicodemos: Como pode um homem nascer, sendo já velho? Jesus respondeu: Em verdade te digo que, se um homem não renasce da água e do espírito, não pode entrar no reino de Deus. O que é nascido da carne é carne, e o que é nascido do espírito é espírito. Não te maravilhes de te dizer: importa-vos nascer outra vez. O vento sopra onde quer e tu ouves a sua voz, mas não sabes de onde vem nem para onde vai. Assim é todo aquele que é nascido do espírito (JOÃO, 3:3 a 8).

Jesus acrescenta estas palavras significativas: "Tu és mestre em Israel e não sabes estas coisas?".

O que demonstra que não se tratava do batismo, que era conhecido pelos judeus e por Nicodemos, mas precisamente da reencarnação já ensinada no *Zohar*, livro sagrado dos hebreus.[16]

Esse *vento,* ou *esse espírito que sopra onde lhe apraz*, é a alma que escolhe novo corpo, nova morada, sem que os homens saibam *de onde vem, nem para onde vai*. É a única explicação satisfatória.

Na Cabala hebraica, *a água* era a matéria primordial, o elemento frutificador. Quanto à expressão *Espírito Santo,* que se acha no texto e que o torna incompreensível, é preciso notar que a palavra *santo* nele não se encontra em sua origem e que foi aí introduzida muito tempo depois, como se deu em vários outros casos.[17] É preciso, por conseguinte, ler: *renascer da matéria e do espírito.*

---

[16] Ver nota complementar nº 5.
[17] Ver Bellemare, *Espírita e cristão*, p. 351 e seguintes.

Noutra ocasião, a propósito de um cego de nascença, encontrado de passagem, os discípulos perguntam a Jesus: "Mestre, quem foi que pecou? Foi este homem, ou seu pai, ou sua mãe, para que ele tenha nascido cego?" (João, 9:2).

A pergunta indica, antes de tudo, que os discípulos atribuíam a enfermidade do cego a uma expiação. Em seu pensamento, a falta precedera a punição; tinha sido a sua causa primordial. É a lei da consequência dos atos, fixando as condições do destino. Trata-se aí de um cego de nascença; a falta não se pode explicar senão por uma existência anterior.

Daí essa ideia da penitência, que reaparece a cada momento nas Escrituras: "Fazei penitência", dizem elas constantemente, isto é, praticai a reparação, que é o fim da vossa nova existência; retificai vosso passado, espiritualizai-vos, porque não sareis do domínio terrestre, do círculo das provações, senão depois de *haverdes pago até o último ceitil*. (Mateus, 5:26).

Em vão têm procurado os teólogos explicar doutro modo, que não pela reencarnação, essa passagem do Evangelho. Chegaram a raciocínios, pelo menos, estranhos. Assim foi que o sínodo de Amsterdam não pôde sair-se da dificuldade senão com esta declaração: *o cego de nascença havia pecado no seio de sua mãe*.[18]

Era também opinião corrente, nessa época, que Espíritos eminentes vinham, em novas encarnações, continuar, concluir missões interrompidas pela morte. Elias, por exemplo, voltara à Terra na pessoa de João Batista. Jesus o afirma nestes termos, dirigindo-se à multidão: "Que saíste a ver? Um profeta? Sim, eu vo-lo declaro, e mais que um profeta. E, se o quereis compreender, ele é o próprio Elias que devia vir. O que tem ouvidos para ouvir, ouça" (Mateus, 11:9, 14 e 15).

Mais tarde, depois da decapitação de João Batista, ele o repete aos discípulos:

> E seus discípulos o interrogam, dizendo: "Por que, pois, dizem os escribas que importa vir primeiramente Elias?". Ele, respondendo, lhes disse: "Elias, certamente, devia vir e restabelecer todas as coisas. Mas eu vo-lo digo: Elias já veio e eles não o conheceram, antes lhe fizeram quanto

---

[18] Ver nota complementar nº 5.

quiseram". Então, conheceram seus discípulos que de João Batista é que ele lhes falara (MATEUS, 17:10 a 13).

Assim, para Jesus, como para os discípulos, Elias e João Batista eram a mesma e única individualidade. Ora, tendo essa individualidade revestido sucessivamente dois corpos, semelhante fato não se pode explicar senão pela lei da reencarnação.

Numa circunstância memorável, Jesus pergunta a seus discípulos: "Que dizem do filho do homem?".

E eles lhe respondem: "Uns dizem: é João Batista; outros, Elias; outros, Jeremias ou um dos profetas" (MATEUS, 16:13, 14; MARCOS, 8:28).

Jesus não protesta contra essa opinião como doutrina, do mesmo modo que não protestara no caso do cego de nascença. Ao demais, a ideia da pluralidade das vidas, dos sucessivos graus a percorrer para se elevar à perfeição, não se acha implicitamente contida nestas palavras memoráveis: *"Sede perfeitos como vosso Pai celeste é perfeito"*. Como poderia a alma humana alcançar esse estado de perfeição em uma única existência?

De novo encontramos a doutrina secreta, dissimulada sob véus mais ou menos transparentes, nas obras dos apóstolos e dos padres da Igreja dos primeiros séculos. Não podiam estes dela falar abertamente. Daí as obscuridades da sua linguagem.

Aos primeiros fiéis escrevia Barnabé:

> Tanto quanto pude, acredito ter-me explicado com simplicidade e nada haver omitido do que pode contribuir para vossa instrução e salvação, no que se refere às coisas presentes, porque, se vos escrevesse relativamente às coisas futuras, não compreenderíeis, porque elas se acham expostas em parábolas (EPÍSTOLA CATÓLICA DE SÃO BARNABÉ, XVII).

Em observância a esta regra é que um discípulo de Paulo, Hermas, descreve a lei das reencarnações sob a figura de "pedras brancas, quadradas e lapidadas", tiradas da água para servirem na construção de um edifício espiritual:

> Por que foram essas pedras tiradas de um lugar profundo e em seguida empregadas na estrutura dessa torre, pois que já estavam animadas pelo espírito? Era necessário, diz-me o senhor, que, antes de serem admitidas

no edifício, fossem trabalhadas por meio da água. Não poderiam entrar no reino de Deus por outro modo que não fosse despojando-se da imperfeição da sua primeira vida. (LIVRO DO PASTOR, III, XVI, 3, 5).

Evidentemente essas pedras são as almas dos homens; as águas[19] são as regiões obscuras, inferiores, as vidas materiais, vidas de dor e provação, durante as quais as almas são lapidadas, polidas, lentamente preparadas, a fim de tomarem lugar um dia no edifício da vida superior, da vida celeste. Há nisso um símbolo perfeito da reencarnação, cuja ideia era ainda admitida no século III e divulgada entre os cristãos.

Dentre os padres da Igreja, Orígenes é um dos que mais eloquentemente se pronunciaram a favor da pluralidade das existências. Respeitável a sua autoridade. São Jerônimo o considera, "depois dos Apóstolos, o grande mestre da Igreja, verdade, diz ele, que só a ignorância poderia negar". São Jerônimo vota tal admiração a Orígenes que assumiria, escreve, todas as calúnias de que ele foi alvo, uma vez que, por esse preço, ele, Jerônimo, pudesse ter a sua profunda ciência das Escrituras.

Em seu livro célebre, *Dos princípios*, Orígenes desenvolve os mais vigorosos argumentos que mostram, na preexistência e sobrevivência das almas noutros corpos, em uma palavra, na sucessão das vidas, o corretivo necessário à aparente desigualdade das condições humanas, uma compensação ao mal físico, como ao sofrimento moral que parecem reinar no mundo, se não se admite mais que uma única existência terrestre para cada alma. Orígenes erra, todavia, num ponto. É quando supõe que a união do espírito ao corpo é sempre uma punição. Ele perde de vista a necessidade da educação das almas e a laboriosa realização do progresso.

Errônea opinião se introduziu em muitos centros, a respeito das doutrinas de Orígenes, em geral, e da pluralidade das existências em particular, que pretendem ter sido condenadas, primeiro pelo concílio de Calcedônia, e mais tarde pelo quinto concílio de Constantinopla. Ora, se remontamos às fontes,[20] reconhecemos que esses concílios repeliram não a crença na pluralidade das existências, mas simplesmente a preexistência da alma, tal como a ensinava Orígenes, sob esta feição particular: que os

---

[19] Essa parábola adquire maior relevo pelo fato de ser a água, para os judeus cabalistas, a representação da matéria, o elemento primitivo, o que chamaríamos hoje o éter cósmico.
[20] Ver Pezzani. *A pluralidade das existências*, p. 187 e 190.

homens eram anjos decaídos e que o ponto de partida tinha sido para todos a natureza angélica.

Na realidade, a questão da pluralidade das existências da alma jamais foi resolvida pelos concílios. Permaneceu aberta às resoluções da Igreja no futuro, e é esse um ponto que se faz preciso estabelecer.

Como a lei dos renascimentos, a pluralidade dos mundos acha-se indicada no Evangelho, em forma de parábola:

> Há muitas moradas na casa de meu Pai. Eu vou a preparar-vos, o lugar, e, depois que tiver ido e vos tiver preparado o lugar, voltarei e vos levarei comigo, a fim de que onde eu estiver, vós estejais também (João, 14:2 e 3).

A casa do Pai é o infinito Céu; as moradas prometidas são os mundos que percorrem o espaço, esferas de luz ao pé das quais a nossa pobre Terra não é mais que mesquinho e obscuro planeta. É para esses mundos que Jesus guiará as almas que se ligarem a ele e à sua doutrina, mundos que lhe são familiares e onde nos saberá preparar um lugar, conforme os nossos méritos.

Orígenes comenta essas palavras em termos positivos:

> O Senhor faz alusão às diferentes estações que devem as almas ocupar, depois que se houverem despojado dos seus corpos atuais e se tiverem revestido de outros novos.

V
Relações com os espíritos dos mortos

Os primeiros cristãos comunicavam-se com os Espíritos dos mortos e deles recebiam ensinamentos. Nenhuma dúvida é possível sobre esse ponto, porque são abundantes os testemunhos. Resultam dos próprios textos dos livros canônicos, textos que conseguiram escapar às vicissitudes dos tempos e cuja autenticidade é indubitável.[21]

O Cristianismo repousa inteiramente em fatos de aparição e manifestação dos mortos e fornece inúmeras provas da existência do mundo invisível e das almas que o povoam.

Essas provas são igualmente abundantes no Antigo e Novo Testamento. Num como noutro, encontram-se aparições de anjos,[22] dos Espíritos dos justos, avisos e revelações feitos pelas almas dos mortos, o dom de profecia[23] e o dom de curar.[24] Em o Novo Testamento são referidas as aparições do próprio Jesus, depois do seu suplício e sepultura.

A existência do Cristo havia sido uma constante comunhão com o mundo invisível. O filho de Maria era dotado de faculdades que lhe

---

[21] Ver nota nº 6, no fim do volume.
[22] Em hebraico, o verdadeiro sentido da palavra anjo, *melach*, é mensageiro.
[23] O dom de profecia não consistia simplesmente em predizer o futuro, mas, de um modo mais extenso, em falar e transmitir ensinos sob a influência dos Espíritos.
[24] Ver, quanto ao conjunto desses fenômenos, a nota complementar nº 7, sobre "Os fenômenos espíritas na Bíblia", no fim do volume.

permitiam conversar com os Espíritos. Estes, muitas vezes, tornavam-se visíveis ao seu lado. Seus discípulos o viram, assombrados, conversar um dia no Tabor com Elias e Moisés.[25]

Nos momentos críticos, quando uma questão o embaraça, como no caso da mulher adúltera, ele evoca as almas superiores e com o dedo traça na areia a resposta a dar, do mesmo modo que em nossos dias o médium, movido por força estranha, traça caracteres na ardósia.

Esses fatos são conhecidos, relatados, mas outros muitos, relacionados com essa permuta assídua com o invisível, permaneceram ignorados dos homens, mesmo daqueles que o cercavam.

As relações do Cristo com o mundo dos Espíritos se afirmam pelo constante amparo que do Além recebia o divino mensageiro.

Por vezes, apesar da sua coragem, da abnegação que inspira todos os seus atos, perturbado pela grandeza da tarefa, ele eleva a alma a Deus; ora, implora novas forças e é atendido. Grandioso sopro lhe bafeja a mente. Sob um impulso irresistível, ele reproduz os pensamentos sugeridos; sente-se reconfortado, socorrido.

Nas horas solitárias, seus olhos distinguem letras de fogo que exprimem as vontades do Céu,[26] soam vozes aos seus ouvidos, trazendo-lhe resposta às suas ardentes preces. É a transmissão direta dos ensinos que deve divulgar, são preceitos regeneradores para cuja propagação baixara à Terra. As vibrações do supremo pensamento que anima o universo lhe são perceptíveis e lhe incutem esses eternos princípios que espalhará e que jamais se hão de apagar da memória dos homens. Ele percebe celestes melodias e seus lábios repetem as palavras escutadas, sublime revelação, mistério ainda para muitos seres humanos, mas para ele confirmação absoluta dessa constante proteção e das intuições que lhe provêm dos mundos superiores.

E quando essa grande vida terminou, quando se consumou o sacrifício, depois que Jesus foi pregado à cruz e baixou ao túmulo, seu Espírito continuou a afirmar-se por novas manifestações. Essa alma poderosa, que em nenhum túmulo poderia ser aprisionada, aparece aos que na Terra havia

---

[25] Jesus tinha escolhido discípulos, não entre homens instruídos, mas entre sensitivos e videntes, dotados de faculdades mediúnicas.
[26] Estes pormenores, que talvez surpreendam o leitor, não são um produto de nossa imaginação. Foram-nos comunicados por alto Espírito, cuja vida esteve envolvida com a do Cristo. O mesmo se dá em muitas passagens deste livro.

deixado tristes, desanimados e abatidos. Vem dizer-lhes que a morte nada é. Com a sua presença lhes restitui a energia, a força moral necessária para cumprirem a missão que lhes fora confiada.

As aparições do Cristo são conhecidas e tiveram numerosos testemunhos. Apresentam flagrantes analogias com as que em nossos dias são observadas em diversos graus, desde a forma etérea, sem consistência, com que aparece à Maria Madalena e que não suportaria o mínimo contato, até a completa materialização, tal como a pôde verificar Tomé, que tocou com a própria mão as chagas do Cristo.[27] Daí esse contraste nas palavras de Jesus: "Não me toques" — diz ele à Madalena — ao passo que convida Tomé a pôr o dedo nos sinais dos cravos: "Chega também a tua mão e mete-a no meu lado".

Jesus aparece e desaparece instantaneamente. Penetra numa casa a porta fechadas. Em Emaús conversa com dois dos discípulos que o não reconhecem, e desaparece repentinamente. Acha-se de posse desse corpo fluídico, etéreo, que há em todos nós, corpo sutil que é o invólucro inseparável de toda alma e que um alto Espírito como o seu sabe dirigir, modificar, condensar, rarefazer à vontade.[28] E a tal ponto o condensa, que se torna visível e tangível aos assistentes.

As aparições de Jesus depois da morte são mesmo a base, o ponto capital da doutrina cristã e foi por isso que Paulo disse: "Se o Cristo não ressuscitou, é vã a vossa fé". No Cristianismo não é uma esperança, é um fato natural, um fato apoiado no testemunho dos sentidos. Os Apóstolos não acreditavam somente na ressurreição; estavam dela convencidos.

E é por essa razão que a sua prédica adquiria aquele tom veemente e penetrante, que incutia uma convicção robusta. Com o suplício de Jesus o Cristianismo era ferido em pleno coração. Os discípulos, consternados, estavam prestes a se dispersarem.

O Cristo, porém, lhes apareceu e a sua fé se tornou tão profunda que, para a confessar, arrostaram todos os suplícios. As aparições do Cristo depois da morte asseguraram a persistência da ideia cristã, oferecendo-lhe como base todo um conjunto de fatos.

Verdade é que os homens lançaram a confusão sobre esses fenômenos, atribuindo-lhes um caráter miraculoso. O milagre é uma postergação

---

[27] João, 20:15 a 17 e 24 a 28.
[28] Ver nota nº 9, "Sobre o perispírito ou corpo sutil".

das leis eternas fixadas por Deus, obras que são da sua vontade, e seria pouco digno da suprema potência exorbitar da sua própria natureza e variar em seus decretos.

Jesus, conforme a Igreja, teria ressuscitado com o seu corpo carnal. Isso é contrário ao primitivo texto do Evangelho. Aparições repentinas, com mudanças de forma, que se produzem em lugares fechados, não podem ser senão manifestações espíritas, fluídicas e naturais. Jesus ressuscitou, como ressuscitaremos todos, quando nosso Espírito abandonar a prisão de carne.

Em *Marcos* e *Mateus*, e na descrição de Paulo (I Coríntios, 15), essas aparições são narradas do modo mais conciso. Segundo Paulo, o corpo do Cristo é incorruptível; não tem carne nem sangue. Essa opinião procede da mais antiga tradição. A materialidade só veio mais tarde, com Lucas. A narrativa se complica então e é enfeitada com particularidades maravilhosas, no intuito evidente de impressionar o leitor.[29]

Esse modo de ver, como em geral toda teoria do milagre, resulta de uma falsa interpretação das Leis do universo. O mesmo sucede com a ideia do sobrenatural, que corresponde a uma concepção deficiente da ordem do mundo e das normas da vida. Na realidade, nada existe fora da natureza, que é a obra divina em sua majestosíssima expansão. O erro do homem provém da acanhada ideia que ele faz da natureza e das formas da vida, limitadas para ele à esfera traçada pelos seus sentidos. Ora, nossos sentidos apenas abrangem porção muitíssimo restrita do domínio das coisas. Além desses limites que eles nos impõem, a vida se desdobra sob aspectos ricos e variados, sob formas sutis, quintessenciadas, que se graduam, se multiplicam e renovam até o infinito.

A esse domínio do invisível pertence o mundo fluídico, povoado pelos Espíritos dos homens que viveram na Terra e se despojaram do seu grosseiro invólucro. Subsistem eles, sob essa forma sutil de que acabamos de falar, forma ainda material posto que etérea, porque a matéria afeta muitos estados que não nos são familiares. Essa forma é a imagem, ou antes, o esboço dos corpos carnais que esses Espíritos animaram em suas vidas sucessivas. Passam eles, mas a forma permanece, como a alma, de que é o organismo indestrutível.

---

[29] Clemente de Alexandria refere uma tradição que circulava ainda no seu tempo, segundo a qual João enterrara a mão no corpo de Jesus e o atravessara sem encontrar resistência. (*Jesus de Nazareth*, por Albert Réville, 2º vol., nota à p. 470.)

Os Espíritos ocupam diferentes posições em harmonia com a sua elevação moral. Sua irradiação, brilho e poder são tanto maiores quanto mais alto houverem subido na escala das virtudes, das perfeições, e quanto maior tiver sido a sua dedicação em servir a causa do bem e da humanidade. São esses seres, ou Espíritos, que se manifestam em todas as épocas da História e em todos os meios, tendo como intermediários sensitivos especialmente dotados, e que, conforme os tempos, se denominam adivinhos, sibilas, profetas ou médiuns.

As aparições que assinalam os primeiros tempos do Cristianismo, como as bíblicas épocas mais longínquas, não são fenômenos isolados, mas a manifestação de uma lei universal, eterna, que sempre presidiu às relações entre os habitantes dos dois mundos, o mundo da matéria grosseira, a que pertencemos, e o mundo fluídico invisível, povoado pelos Espíritos dos que denominamos tão impropriamente os mortos.[30]

Apenas em época recente foi que essa ordem de manifestações pôde ser estudada pela Ciência. Graças às observações de numerosos sábios, a existência do mundo dos Espíritos foi positivamente estabelecida e as leis que o regem foram determinadas com certa precisão.

Conseguiu-se reconhecer a presença, em cada ser humano, de um duplo fluídico que sobrevive à morte, no qual foi reconhecido o envoltório imperecível do Espírito. Esse duplo, que já se desprende durante o êxtase e o sono, que se transporta e opera a distância durante a vida, torna-se, depois da separação definitiva do corpo carnal, e de um modo mais completo, o instrumento fiel e o centro das energias ativas do Espírito.

Mediante esse invólucro fluídico é que o Espírito preside a tais manifestações de Além-túmulo, que já não são segredo para ninguém, desde que comissões científicas lhe estudaram os múltiplos aspectos, chegando a pesar e fotografar os Espíritos, como o fizeram W. Crookes com o Espírito Katie King, Russell Wallace e Aksakof com os de Abdullah e John King.[31]

É provável que o dom das línguas, conferido aos Apóstolos, oferecesse analogias com o fenômeno que, sob o nome de xenoglossia, atualmente conhecemos. A luz ódica de Reichenbach e a matéria radiante explicam a auréola dos santos; as chamas ou "línguas de fogo",

---

[30] Ver minhas outras obras, especialmente *Depois da morte* e *No invisível: espiritismo e mediunidade*.
[31] W. Crookes — *Pesquisas sobre os fenômenos espíritas*; Russell Wallace — *O moderno espiritualismo*; Aksakof — *Animismo e espiritismo*. Relativamente a uma série de fenômenos análogos e mais recentes, ver também León Denis — *No invisível: espiritismo e mediunidade*, cap. XX.

que apareceram no dia de Pentecostes, reproduzem-se hoje em dia nos fatos comunicados ao Congresso Espiritualista de 1900 pelo Dr. Bayol, senador pelo Distrito das Bocas do Ródamo,[32] e finalmente as visões dos mártires são fenômenos da mesma ordem que os em nosso tempo observados no momento da morte de certas pessoas.[33] Assim, também, o desaparecimento do corpo de Jesus do sepulcro em que fora depositado pode explicar-se pela desagregação da matéria, observada há alguns anos em sessões de experimentação psíquica.[34]

Durante muito tempo não viram nisso os homens senão fatos miraculosos, provocados pelo próprio Deus ou por seus anjos, opinião cuidadosamente alimentada pelos padres, a fim de impressionar a imaginação das massas e torná-las mais submissas ao seu poder.

Nas Escrituras encontramos frequentes exemplos dos erros de que foram objeto esses fenômenos. Em Patmos, João vê aparecer um gênio que, a princípio, ele quer adorar, mas que lhe afirma ser o Espírito de um dos profetas seus irmãos.[35] Nesse caso, foi dissipado o erro; o Espírito deu a conhecer a sua personalidade; em quantos outros casos, porém, não foi ele mantido? É o mesmo que se dá com a intervenção, tão frequente, dos anjos da *Bíblia*. É preciso nos pormos em guarda contra as tendências dos judeus e dos cristãos no sentido de atribuir a Deus e aos seus anjos fenômenos produzidos pelos Espíritos dos mortos, e a cujo respeito competia à nossa época fazer a luz, restabelecendo-os em sua verdadeira categoria.

Na época de Jesus, a crença na imortalidade estava enfraquecida. Os judeus achavam-se divididos a respeito da vida futura. Os céticos saduceus aumentavam em número e influência. Vem Jesus. Torna mais amplas as vias de comunicação entre o mundo terrestre e o mundo espiritual. Aproxima a tal ponto os invisíveis dos humanos, que eles se podem novamente corresponder. Com mão possante levanta o véu da morte e surgem visões do âmago da sombra; no meio do silêncio fazem-se ouvir vozes; e essas visões e essas vozes vêm afirmar ao homem a imortalidade da vida.

O Cristianismo primitivo afeta, pois, esse caráter particular de ter aproximado as duas humanidades, terrestre e celeste; tornou mais

---

[32] Ver *No invisível:* espiritismo e mediunidade, Segunda parte, cap. XXI, *Identidade dos Espíritos*.
[33] Ver a morte de Estêvão: Atos, 7:55 e 56.
[34] Ver *No invisível:* espiritismo e mediunidade. Terceira parte, cap. XXII, *Prática e perigos da mediunidade*.
[35] Apocalipse, 19:10.

intensas as relações entre o mundo visível e o mundo invisível. Efetivamente, em cada grupo espírita, as pessoas se entregavam a evocações; havia médiuns falantes, inspirados, de efeitos físicos, como está escrito no capítulo 12 da *Primeira Epístola de Paulo aos coríntios*. Então, como hoje, certos sensitivos possuíam o dom da profecia, o dom de curar, o de expelir os maus Espíritos.[36]

Na Epístola citada, Paulo fala também do corpo espiritual, imponderável, incorruptível: "O homem é colocado na terra como um corpo animal, e ressuscitará como um corpo espiritual; do mesmo modo que há um corpo animal, há um corpo espiritual" (I Coríntios, 15:44).

Fora um fenômeno espírita, a aparição de Jesus no caminho de Damasco, o que havia feito de Paulo um cristão;[37] Paulo não conhecera o Cristo e, no momento dessa visão, que decidiu seu destino, bem longe estava de achar-se preparado para a sua ulterior tarefa. "Respirando sempre ameaças de morte contra os discípulos do Senhor", munido contra eles de ordens de prisão, seguira para Damasco a fim de os perseguir. Nesse caso, não cabe invocar, como a respeito dos Apóstolos se poderia fazer, um fenômeno de alucinação, provocado pela constante recordação do Mestre. Essa visão, ao demais, não foi isolada; em todo o subsequente curso de sua vida, Paulo entreteve assíduas relações com o invisível, particularmente com o Cristo, de quem recebia as instruções indispensáveis à sua missão. Ele mesmo declara que haure inspirações nos colóquios secretos com o filho de Maria.

Paulo não foi apenas assistido por Espíritos de luz, de que se fazia o porta-voz e o intérprete:[38] Espíritos inferiores por vezes o atormentavam, e era-lhe necessário resistir à sua influência.[39] É assim que, em todos os meios, para educação do homem e desenvolvimento da sua razão, a luz e a sombra, a verdade e o erro se misturam. O mesmo se dá no domínio do moderno Espiritualismo, em que se encontram todas as ordens de manifestações, desde as comunicações do mais elevado caráter até os grosseiros fenômenos produzidos por Espíritos atrasados. Mas esses também têm a sua utilidade, do ponto de vista dos elementos de observação e dos casos de identidade que fornecem à Ciência.

---

[36] Atos, 21:11; 27:22 a 24; 3:3 a 8; 5:12 a 16; 8:7; 9:33 e 34; 14:8 e segs.; 19:11 e 12 etc.
[37] Atos, 9:1 a 18.
[38] II Coríntios, 12:2 a 4.
[39] Ibid., 12:7 a 9; Efésios, 6:12.

Paulo conhecia estas coisas. Lecionado pela experiência, ele advertia os profetas,[40] seus irmãos, a fim de se conservarem em guarda contra tais ciladas. E acrescentava em consequência: "Os espíritos dos profetas estão sujeitos aos profetas" (I Coríntios, 14:32), isto é, é preciso não aceitar cegamente as instruções dos Espíritos, mas submetê-las ao exame da razão.

No mesmo sentido, dizia João: "Caríssimos, não creais a todo espírito, mas provai se os espíritos são de Deus" (I João, 4:1).

Os *Atos dos apóstolos* fornecem numerosas indicações acerca das relações dos discípulos de Jesus com o mundo invisível. Aí se vê como, observando as instruções dos Espíritos,[41] os Apóstolos adquirem maior amplitude de visão das coisas; chegaram a não fazer mais distinções entre as carnes, a suprimir a barreira que separava dos gentios os judeus, a substituir a circuncisão pelo batismo.[42]

As comunicações dos cristãos com os Espíritos dos mortos eram tão frequentes nos primeiros séculos, que instruções positivas circulavam entre eles a esse respeito.

Hermas, discípulo dos Apóstolos, o mesmo que Paulo manda saudar de sua parte em sua *Epístola aos romanos* (16:14), indica, em seu *Livro do pastor*,[43] os meios de distinguir os bons dos maus Espíritos.

Nas linhas seguintes, escritas há mil e oitocentos anos, julgar-se-ia ter a descrição fiel das sessões de evocações, tais como, em muitos centros, se praticam em nossos dias:

> O espírito que vem da parte de Deus é pacífico e humilde; afasta-se de toda malícia e de todo vão desejo deste mundo e paira acima de todos os homens. Não responde a todos os que o interrogam, nem às pessoas em particular, porque o espírito que vem de Deus não fala ao homem quando o homem quer, mas quando Deus o permite. Quando, pois, um homem que tem um espírito de Deus vem à assembleia dos fiéis,

---

[40] Denominavam-se então os médiuns *profetas*.
[41] Na versão grega dos evangelhos e dos Atos, a palavra *espírito* está muitas vezes isolada. São Jerônimo acrescenta-lhe a de *santo*; e foram os tradutores franceses da *Vulgata* que daí fizeram o *Espírito Santo*. (Ver Bellemare – *Espírita e cristão*, p. 270 et seq.)
[42] Atos dos Apóstolos, 10:10 a 16, 28, 29, 44 a 48; 16:6 a 10; 21:4; Ep. Romanos, 14:14; I Cor., 12 e 14. — Ver também nota nº 6.
[43] Esse *Livro do pastor* era lido nas igrejas, como o são atualmente os evangelhos e as Epístolas, até o século V. São Clemente de Alexandria e Orígenes a ele se referem com respeito. Figura no mais antigo catálogo dos livros canônicos recebidos pela Igreja Romana e foi publicado por Caio em 220.

desde que se fez a prece, o espírito toma lugar nesse homem, que fala na assembleia como Deus o quer. (*É o médium falante.*)

Reconhece-se, ao contrário, o espírito terrestre, frívolo, sem sabedoria e sem força, no que se agita, se levanta e toma o primeiro lugar. É importuno, tagarela e não profetiza sem remuneração. Um profeta de Deus não procede assim.

Os Espíritos manifestavam, então, sua presença de mil modos, quer tornando-se visíveis,[44] ou produzindo a desagregação da matéria, como o fizeram para libertar Pedro das cadeias que o prendiam e retirá-lo da prisão,[45] quer ainda provocando casos de levitação.[46] Esses fenômenos eram, às vezes, tão impressionantes que até mágicos sentiam-se abalados, ao ponto de se converterem.[47]

Penetrados desse espírito de caridade e abnegação, que lhes transfundia o Cristo, os primeiros cristãos viviam na mais íntima solidariedade. "Tudo possuíam em comum" e "eram queridos de todo o povo".[48]

A revelação dos Espíritos continua muito tempo além do período apostólico. Durante os séculos II e III, os cristãos se dirigiam diretamente às almas dos mortos para decidir pontos de doutrina.

São Gregório, o taumaturgo, bispo de Neocesareia, declara "ter recebido de João Evangelista, em uma visão, o símbolo da fé pregado por ele na sua igreja".[49]

Orígenes, esse sábio que São Jerônimo considerava o grande mestre da Igreja, depois dos Apóstolos, fala muitas vezes, em suas obras, da manifestação dos mortos.

Em sua controvérsia com Celso, diz ele:

> Não duvido de que Celso escarneça de mim; as zombarias, porém, não me impedirão de dizer que muitas pessoas têm abraçado o Cristianismo a seu pesar, tendo sido de tal modo seu coração repentinamente transformado por algum espírito, quer numa aparição, quer em sonho, que, em lugar da

---

[44] Atos, 7:55 e 56; 9:10 e 12; 16:9 etc.
[45] Atos, 12:7 a 10. Ver também versículo 19 e 16:26.
[46] Ibid., 8:39 e 40.
[47] Atos, 8:9 a 13.
[48] Ibid., 2:44 a 47; 4:32 a 36.
[49] *Resumo da história eclesiástica*, pelo abade Racine. São Gregório de Nissa, em sua *Vida de S. Gregório o taumaturgo*, refere essa visão. Ver *Obras de S. Gregório de Nissa*, edição de 1638, t. III, p. 545 e 546.

aversão que nutriam pela nossa fé, adotaram-na com amor até ao ponto de morrer por ela. Tomo Deus por testemunha da verdade do que digo; Ele sabe que eu não pretendo recomendar a doutrina de Jesus Cristo por meio de histórias fabulosas, mas com a verdade de fatos incontestáveis.[50]

O imperador Constantino era pessoalmente dotado de faculdades mediúnicas e sujeito à influência dos Espíritos. Os principais sucessos de sua vida — sua conversão ao Cristianismo, a fundação de Bizâncio etc. — assinalam-se por intervenções ocultas, do que se pode ter a prova nos seguintes fatos que vamos buscar à narrativa do Sr. Alberto de Broglie, imparcial e severo historiador, pouco inclinado ao misticismo:[51]

> Quando planejava apoderar-se de Roma, um impulso interior o induziu a se recomendar a algum poder sobrenatural e invocar a proteção divina, com apoio das forças humanas. Grande era, porém, o embaraço para um piedoso romano dessa época... A si mesmo ansiosamente perguntava de que Deus iria implorar a assistência. Caiu, então, em absorta meditação das vicissitudes políticas de que fora testemunha.

Reconhece que depositar confiança *na multidão dos deuses* traz infelicidade, ao passo que seu pai Constâncio, secreto adorador do Deus único, terminara seus dias em paz.

> Constantino decidiu-se a suplicar ao Deus de seu pai que prestasse mão forte à sua empresa.
> A resposta a essa prece foi uma visão maravilhosa, que ele próprio referia, muitos anos depois, ao historiador Eusébio, afirmando-a sob juramento e com as seguintes particularidades: Uma tarde, marchando à frente das tropas, divisou no céu, acima do Sol que já declinava para o ocaso, uma cruz luminosa com esta inscrição: *Com este sinal vencerás*. Todo o seu exército e muitos espectadores que o rodeavam viram como ele, estupefatos, esse prodígio. Ficou intrigado com o que poderia significar essa aparição. A noite o surpreendeu ainda na mesma perplexidade. Durante o sono, porém, o próprio Cristo lhe apareceu com a cruz com que fora

---

[50] *Orígenes*, edição beneditina de 1733, t. I, p. 361 e 362.
[51] Alberto de Broglie, *A Igreja e o império romano no século quarto*, t. I, p. 214 et seq.

visto no céu e lhe ordenou que mandasse fazer, por aquele modelo, um estandarte de guerra que lhe serviria de proteção nos combates. Ao alvorecer, Constantino levantou-se e transmitiu aos confidentes a revelação. Logo foram chamados ourives e o Imperador lhes deu instruções para que a cruz misteriosa fosse reproduzida em ouro e pedras preciosas.

Mais adiante, acerca da escolha de Bizâncio para capital do Império, refere o mesmo autor: Quando os olhos de Constantino se detiveram em Bizâncio, não apresentava ela mais que os destroços de uma grande cidade. Na escolha que fez, acreditava ele não estar desamparado da intervenção divina. Dizia-se que, por uma confidência miraculosa, fora informado de que em Roma não estaria em segurança o Império. Relativamente a essa escolha, falava-se também de um sonho etc. Filostórgio refere que:

> ...na ocasião em que ele (Constantino) traçava com a espada em punho o novo recinto da cidade, os que o acompanhavam vendo que ele se adiantava sempre, de modo a abranger uma área imensa, perguntaram-lhe respeitosamente até onde pretendia ir: "Até o lugar em que pare quem vai adiante de mim" respondeu.[52]

É provável que, sem o saber, padecesse Constantino a influência dos invisíveis, em tudo o que devia favorecer o estabelecimento da nova religião, em detrimento muitas vezes do bem do Estado e de seus próprios interesses. Seu caráter, sua vida íntima, não sofreram com isso modificação alguma. Constantino se manteve sempre cruel e astucioso, refratário à moral evangélica, o que demonstra ter sido, em tudo mais, um instrumento nas mãos das eminentes Entidades cuja missão era fazer triunfar o Cristianismo.

Sobre a questão que nos ocupa, o célebre bispo de Hipona, Santo Agostinho, não é menos afirmativo. Em suas *Confissões*[53] alude ele aos infrutíferos esforços empenhados por deixar a desregrada vida que levava. Um dia em que rogava com fervor a Deus que o iluminasse, ouviu subitamente uma voz que repetidas vezes lhe dizia: *Tolle, lege*; "toma, lê". Tendo-se certificado de que essas palavras não provinham de um ser

---

[52] Filostórgio, II, 9. Ver *A igreja e o império romano no século quarto*, por Alberto de Broglie, t. II, p. 153.
[53] *Confissões*, livro VIII, cap. XII.

vivo, ficou convencido de ser uma ordem divina que lhe determinava abrisse as santas Escrituras e lesse a primeira passagem que sob os olhos lhe caísse. Foram exortações de Paulo sobre a pureza dos costumes, o que leu.

Em suas cartas menciona o mesmo autor "aparições de mortos, indo e vindo em sua morada habitual — fazendo predições que os acontecimentos vêm mais tarde confirmar".[54]

Seu tratado *De cura pro mortuis*, fala das manifestações dos mortos, nestes termos:

> Os espíritos dos mortos podem ser enviados aos vivos, podem desvendar-lhes o futuro, cujo conhecimento adquiriram, quer por outros espíritos, quer pelos anjos, quer por uma revelação divina.[55]

Em sua *Cidade de Deus*, a propósito do corpo lúcido, etéreo, aromal, que é o perispírito dos espíritas, trata das operações teúrgicas, que o tornam apropriado a comunicar com os Espíritos e os anjos, e obter visões.

São Clemente de Alexandria, São Gregório de Nissa em seu *Discurso catequético*, o próprio São Jerônimo em sua famosa controvérsia com Vigilantius, o gaulês, pronunciam-se no mesmo sentido.

São Tomás de Aquino, o anjo da escola, no-lo diz o abade Poussin, professor no Seminário de Nice, em sua obra *O espiritismo perante a igreja* (1866):

> ... comunicava-se com os habitantes do outro mundo, com mortos que o informavam do estado das almas pelas quais se interessava ele, com santos que o confortavam e lhe patenteavam os tesouros da ciência divina.[56]

A Igreja, pelo órgão dos concílios, entendeu dever condenar as práticas espíritas, quando, de democrática e popular que era em sua origem, se tornou despótica e autoritária. Quis ser a única a possuir o privilégio das comunicações ocultas e o direito de as interpretar. Todos os leigos, provado que mantinham relações com os mortos, foram perseguidos como feiticeiros e queimados.

---

[54] *Carta a evodius*. Ep. CLIX, edição dos Beneditinos, t. II, col. 562, e *De cura pro mortuis*, t. VI, col. 523.
[55] *De cura pro mortuis*, edição beneditina, t. VI, col. 527.
[56] Lê-se na *Suma* (I, qu. 89,8 2.m): "o espírito *(anima separata)* pode aparecer aos vivos".

Mas esse monopólio das relações com o mundo invisível, apesar dos seus julgamentos e condenações, apesar das execuções em massa, a Igreja nunca o pôde obter. Ao contrário, a partir desse momento, as mais brilhantes manifestações se produzem fora dela. A fonte das superiores inspirações, fechada para os eclesiásticos, permanece aberta para os hereges. A História o atesta. Aí estão as vozes de Joana d'Arc, os gênios familiares de Tasso e de Jerônimo Cardan, os fenômenos macabros da Idade Média, produzidos por Espíritos de categoria inferior; os convulsionários de S. Medard, depois os pequenos profetas inspirados de Cavennes, Swedenborg e sua escola. Mil outros fatos ainda formam uma ininterrupta cadeia que, desde as manifestações na mais remota antiguidade, nos conduz ao moderno Espiritualismo.

Entretanto, numa época recente, no seio da Igreja, alguns raros pensadores investigavam ainda o problema do invisível. Sob o título *Da distinção dos espíritos*, o cardeal Bona, esse Fenelon da Itália, consagrava uma obra ao estudo das diversas categorias de Espíritos que podem manifestar-se aos homens.

"Motivo de estranheza", diz ele, "é que se pudessem encontrar homens de bom senso que tenham ousado negar em absoluto as aparições e comunicações das almas com os vivos, ou atribuí-las a extravio da imaginação, ou ainda a artifício dos demônios".

Esse cardeal não previa os anátemas dos padres católicos contra o Espiritismo.[57]

Forçoso é, portanto, reconhecê-lo: os dignitários da Igreja que, do alto de sua cátedra, têm anatematizado as práticas espíritas, desnortearam completamente. Não compreendem que as manifestações das almas são uma das bases do Cristianismo, que o Movimento Espírita é a reprodução do movimento cristão em sua origem. Não se lembram de que negar a comunicação com os mortos, ou mesmo atribuí-la à intervenção dos demônios, é pôr-se em contradição com os padres da Igreja e com os próprios Apóstolos. Já os sacerdotes de Jerusalém acusavam Jesus de agir sob a influência de Belzebu. A teoria do demônio fez sua época; agora já não é admissível.

A verdade é que o Espiritismo se encontra hoje por toda parte, não como superstição, mas como lei fundamental da natureza.

---

[57] Ver nota complementar nº 6, no fim do volume.

Sempre existiram relações entre homens e Espíritos, com maior ou menor intensidade. Por esse meio, contínua revelação se propagou no mundo. Flui, através dos tempos, uma grande corrente de energia espiritual cuja fonte é o mundo invisível. Por vezes, essa corrente se oculta na penumbra; vai-se encontrar dissimulada sob a abóbada dos templos da Índia e do Egito, nos misteriosos santuários da Gália e da Grécia; só dos iniciados e dos sábios é conhecida. Mas, também às vezes, em épocas determinadas pela vontade de Deus, surge dos lugares ocultos, reaparece em pleno dia, à vista de todos; vem oferecer à humanidade esses tesouros, essas magnificências esquecidas, que a vêm embelezar, enriquecer, regenerar.

É assim que as verdades superiores se revelam através dos séculos, para facilitar, estimular a evolução dos seres. Com o concurso de poderosos médiuns se patenteiam entre nós, pela intervenção dos Espíritos geniais, que viveram na Terra e que nela sofreram pela justiça e pelo bem. Esses Espíritos de escol foram restituídos à vida do espaço, mas não cessaram de velar pela humanidade e com ela corresponder-se.

Em certos momentos da História, um sopro do Alto perpassa pelo mundo; as brumas que envolviam o pensamento humano se dissipam; as superstições, as dúvidas, as quimeras se desvanecem; as grandes leis do destino se revelam e a verdade reaparece.

Felizes, então, os que a sabem reconhecer e agasalhar!

VI
Alteração do Cristianismo. Os dogmas

Como palhetas de ouro nas ondas turvas de um rio, a Igreja mescla, em seu ensino, a pura moral evangélica à vacuidade das próprias concepções.

Acabamos de ver que, depois da morte do Mestre, os primeiros cristãos possuíam, em sua correspondência com o mundo invisível, abundante fonte de inspirações. Utilizavam-na abertamente. Mas as instruções dos Espíritos nem sempre estavam em harmonia com as opiniões do sacerdócio nascente, que, se nessas relações achava um amparo, nelas muitas vezes encontrava também uma crítica severa e, às vezes, mesmo uma condenação.

Pode ver-se no livro do padre de Longueval[58] como, à medida que se constitui a obra dogmática da Igreja, nos primeiros séculos, os Espíritos afastam-se pouco a pouco dos cristãos ortodoxos, para inspirar os que eram então designados sob o nome de heresiarcas.

Montânus, diz também o abade Fleury,[59] tinha duas profetisas, duas senhoras nobres e ricas, chamadas Priscila e Maximila. Cerinthe também obtinha revelações.[60] Apolônio de Tiana contava-se entre es-

---
[58] *História da igreja galicana*, t. I, p. 84.
[59] *História eclesiástica*, liv. IV, 6.
[60] *Ibid.*, liv. II, 3.

ses homens favorecidos pelo Céu, que são assistidos por um "espírito sobrenatural".[61] Quase todos os mestres da escola de Alexandria eram inspirados por gênios superiores.

Todos esses Espíritos, apoiando-se na opinião de Paulo: "o que por ora possuímos em conhecimento e profecia é muito imperfeito" (I Coríntios,13:9) — traziam, diziam eles, uma revelação que vinha confirmar e completar a de Jesus.

Desde o século III, afirmavam que os dogmas impostos pela Igreja, como um desafio à razão, não eram mais que um obscurecimento do pensamento do Cristo.

Combatiam o fausto já excessivo e escandaloso dos bispos, insurgindo-se energicamente contra o que a seus olhos era uma corrupção da moral.[62]

Essa oposição crescente tornava-se intolerável aos olhos da Igreja. Os *heresiarcas*, aconselhados e dirigidos pelos Espíritos, entravam em luta aberta contra ela. Interpretavam o Evangelho com amplitude de vistas que a Igreja não podia admitir, sem cavar a ruína dos seus interesses materiais. Quase todos se tornavam neoplatônicos, aceitando a sucessão das vidas do homem e o que Orígenes denominava "os castigos medicinais", isto é, punições proporcionais às faltas da alma, reencarnada em novos corpos para resgatar o passado e purificar-se pela dor. Essa doutrina, ensinada pelos Espíritos, e cuja sanção Orígenes e muitos padres da Igreja, como vimos, encontravam nas Escrituras, era mais conforme com a justiça e misericórdia divinas. Deus não pode condenar as almas a suplícios eternos, depois de uma vida única, mas deve-lhes fornecer os meios de se elevarem mediante existências laboriosas e provas aceitas com resignação e suportadas com coragem.

Essa doutrina de esperança e de progresso não inspirava, aos olhos dos chefes da Igreja, o suficiente terror da morte e do pecado. Não permitia firmar sobre bases convenientemente sólidas a autoridade do sacerdócio. O homem, podendo resgatar-se a si próprio das suas faltas, não necessitava do padre. O dom de profecia, a comunicação constante com os Espíritos, eram forças que, sem cessar, minavam o poder da Igreja. Esta, assustada, resolveu pôr termo à luta, sufocando o profetismo. Impôs silêncio a todos os que, invisíveis ou humanos,

---

[61] *História eclesiástica*, liv. I, 9.
[62] Padre de Longueval, *História da igreja galicana*, t. I, p. 84.

no intuito de espiritualizar o Cristianismo, afirmavam ideias cuja elevação a amedrontava.

Depois de ter, durante três séculos, reconhecido no dom de profecia, ou de mediunidade acessível a todos, conforme a promessa dos Apóstolos, um soberano meio de elucidar os problemas religiosos e fortificar a fé, a Igreja chegou a declarar que tudo o que provinha dessa fonte não era mais que pura ilusão ou obra do demônio. Ela se declarou, do alto da sua autoridade, a única profecia viva, a única revelação perpétua e permanente. Tudo o que dela não provinha foi condenado, amaldiçoado. Todo esse lado grandioso do Evangelho, de que temos falado; toda a obra dos profetas que o completava e esclarecia, foi recalcado para a sombra. Não se tratou mais dos Espíritos nem da elevação dos seres na escala das existências e dos mundos, nem do resgate das faltas cometidas, nem de progressos efetuados e trabalhos realizados através do infinito dos espaços e do tempo.

Perderam-se de vista todos os ensinos; a tal ponto se esqueceu a verdadeira natureza dos dons de profecia que os modernos comentadores das Escrituras dizem que "a profecia era o dom de explicar aos fiéis os mistérios da religião".[63] Os profetas eram, a seu ver, "o bispo e o padre que julgavam, pelo dom do discernimento e as regras da Escritura, se o que fora dito provinha do espírito de Deus ou do espírito do demônio" — contradição absoluta com a opinião dos primeiros cristãos, que nos profetas viam inspirados, não de Deus mas dos Espíritos, como o diz João, na passagem de sua *primeira Epístola* (4:1), já citada.

Um momento, ter-se-ia podido acreditar que, aliada aos descortinos profundos dos filósofos de Alexandria, a doutrina de Jesus ia prevalecer sobre as tendências do misticismo judeu-cristão e lançar a humanidade na ampla via do progresso, à fonte das altas inspirações espirituais. Mas os homens desinteressados, que amavam a verdade pela verdade, não eram bastante numerosos nos concílios. Doutrinas que melhor se adaptavam aos interesses terrenos da Igreja foram elaboradas por essas célebres assembleias, que não cessaram de imobilizar e materializar a Religião. Graças a elas e sob a soberana influência dos pontífices romanos é que se elevou, através dos séculos, esse amálgama de dogmas estranhos, que nada têm de comum com o Evangelho e lhe são muitíssimo posteriores — sombrio edifício em que o pensamento humano, semelhante a uma águia engaiolada,

---

[63] Lemaistre de Sacy, *Comentários sobre São Paulo*, I, 3, 22, 29.

impotente para desdobrar as asas e não vendo mais que uma nesga do céu, foi encerrado durante tanto tempo como em uma catacumba.

Essa pesada construção, que obstrui o caminho à humanidade, surgiu na Terra em 325 com o concílio de Niceia, e foi concluída em 1870 com o último concílio de Roma. Tem por alicerce o pecado original e por coroamento a Imaculada Conceição e a infalibilidade papal.

É por essa obra monstruosa que o homem aprende a conhecer esse Deus implacável e vingativo, esse inferno sempre hiante, esse paraíso fechado a tantas almas valorosas, a tantas generosas inteligências, e facilmente alcançado por uma vida de alguns dias, terminada após o batismo — concepções que têm impelido tantos seres humanos ao ateísmo e ao desespero.

* * *

Examinemos os principais dogmas e mistérios, cujo conjunto constitui o ensino das igrejas cristãs. Encontramos a sua exposição em todos os catecismos ortodoxos.

Começa com essa estranha concepção do Ser divino, que se resolve no mistério da Trindade, um só Deus em três pessoas, o Pai, o Filho e o Espírito Santo.

Jesus trouxera ao mundo uma noção da divindade, desconhecida ao Judaísmo. O Deus de Jesus já não é o déspota zeloso e parcial que protege Israel contra os outros povos; é o Deus Pai da humanidade. Todas as nações, todos os homens, são seus filhos. É o Deus em quem tudo vive, move-se e respira, imanente na natureza e na consciência humana.

Para o mundo pagão, como para os judeus, essa noção de Deus encerrava toda uma revolução moral. A homens que tudo haviam chegado a divinizar e a temer tudo o que haviam divinizado, a doutrina de Jesus revelava a existência de um só Deus, Criador e Pai, por quem todos os homens são irmãos e em cujo nome eles se devem afeição e assistência. Ela tornava possível a comunhão com esse Pai, pela união fraternal dos membros da família humana. Franqueava a todos o caminho da perfeição pelo amor ao próximo e pela dedicação à humanidade.

Essa doutrina, simples e grande ao mesmo tempo, devia elevar o espírito humano a alturas admiráveis, até o foco divino, cuja irradiação todo homem pode sentir dentro de si mesmo. Como foi essa ideia simples e pura, que podia regenerar o mundo, transformada ao ponto de se tornar irreconhecível?

É o resultado das paixões e dos interesses materiais que entraram em jogo no mundo cristão, depois da morte de Jesus.

A noção da Trindade, colhida numa lenda hindu que era a expressão de um símbolo, veio obscurecer e desnaturar essa alta ideia de Deus. A inteligência humana podia elevar-se a essa concepção do Ser eterno, que abrange o universo e dá a vida a todas as criaturas: não pode a si mesma explicar como três pessoas se unem para constituir um só Deus. A questão da consubstancialidade em nada elucida o problema. Em vão nos advertiriam que o homem não pode conhecer a natureza de Deus. Neste caso, não se trata dos atributos divinos mas da lei dos números e medidas, lei que tudo regula no universo, mesmo as relações que ligam a razão humana à razão suprema das coisas.

Essa concepção trinitária, tão obscura, tão incompreensível, oferecia, entretanto, grande vantagem às pretensões da Igreja. Permitia-lhe fazer de Jesus Cristo um Deus. Conferia ao poderoso Espírito, a que ela chama seu fundador, um prestígio, uma autoridade, cujo esplendor sobre ela recaía e assegurava o seu poder. Nisso está o segredo da sua adoção pelo concílio de Niceia. As discussões e perturbações que suscitou essa questão agitaram os espíritos durante três séculos e só vieram a cessar com a proscrição dos bispos arianos, ordenada pelo imperador Constâncio, e o banimento do papa Líbero que recusava sancionar a decisão do Concílio.[64]

A divindade de Jesus, rejeitada por três concílios, o mais importante dos quais foi o de Antioquia (269), foi, em 325, proclamada pelo de Niceia, nestes termos: "A Igreja de Deus, católica e apostólica, anatematiza os que dizem que houve um tempo em que o Filho não existia, ou que não existia antes de haver sido gerado".

Essa declaração está em contradição formal com as opiniões dos Apóstolos. Ao passo que todos acreditavam o Filho criado pelo Pai, os bispos do século IV proclamavam o Filho igual ao Pai, *eterno como ele, gerado e não criado*, opondo assim um desmentido ao próprio Cristo, que dizia e repetia: *meu Pai é maior do que eu.*

---

[64] Ver, quanto às particularidades desses fatos, E. Bellemare, *Espírita e cristão*, p. 212.

Para justificar essa afirmação, apoia-se a Igreja em certas palavras do Cristo, que, se exatas, foram mal compreendidas, mal interpretadas. Em João, 10:33, por exemplo, se diz: "Nós te apedrejamos porque, sendo homem, te fazes Deus a ti mesmo".

A resposta de Jesus destrói essa acusação e revela o seu pensamento íntimo: "Não está escrito na vossa lei: Eu disse: vós sois deuses? (João, 10:34).[65] Se ela chamou deuses àqueles a quem a palavra de Deus foi dirigida" (João, 10:35).

Todos sabem que os antigos, latinos e orientais, chamavam *deuses* a todos quantos, por qualquer motivo, se tornavam superiores ao comum dos homens.[66] O Cristo preferia a essa qualificação abusiva a de filho de Deus para designar os que investigavam e observavam os divinos ensinamentos. É o que ele expõe no versículo seguinte: "Bem-aventurados os pacíficos, porque serão chamados filhos de Deus" (MATEUS, 5:9).

Os Apóstolos atribuíam o mesmo sentido a essa expressão: "Todos os que são levados pelo Espírito de Deus, esses tais são filhos de Deus" (PAULO, ROMANOS, 8:14).

Jesus o confirma em muitas circunstâncias: "A mim, a quem o Pai santificou e enviou ao mundo, porque dizeis vós 'Tu blasfemas', por eu ter dito que sou Filho de Deus?" (João, 10:36).[67] A um israelita redargui: "Por que me chamais bom? Ninguém é bom senão Deus, unicamente" (LUCAS, 18:19). "Eu não posso de mim mesmo fazer coisa alguma. Não busco a minha vontade, mas a vontade d'aquele que me enviou" (João, 5:30).

As seguintes palavras são ainda mais explícitas:

> Procurais tirar-me a vida, a mim que sou um homem, que vos tenho dito a verdade que de Deus ouvi (João, 8:40).
> Se me amásseis, certamente havíeis de folgar que eu vá para o Pai, porque o Pai é maior do que eu (João, 14:28).
> Jesus diz à Madalena: Vai a meus irmãos e dize-lhes que eu vou para meu Pai e vosso Pai, para meu Deus e vosso Deus (João, 20:17).

---

[65] Essas palavras se referem à seguinte passagem do Salmo 82:6: *"Eu disse: vós sois deuses e todos filhos do Excelso".*
[66] Ver nota complementar nº 8.
[67] Se, em sua linguagem parabólica, Jesus algumas vezes se denomina filho de Deus, com muito mais frequência se designa *filho do homem*. Esta expressão se encontra setenta e seis vezes nos evangelhos.

Assim, longe de externar a ideia sacrílega de que era Deus, em todas as circunstâncias Jesus fala do Ser infinito como a criatura deve falar do Criador, ou ainda como um subordinado fala do seu senhor.

Nem mesmo sua mãe acreditava na sua divindade, e todavia quem mais autorizado que ela a admiti-la? Não recebera a visita do anjo que lhe anunciava a vinda do Menino, abençoado pelo Altíssimo e por sua graça concebido?[68] Por que tenta, pois, embaraçar-lhe a obra, imaginando que ele perdera o juízo?[69] Há aí contradição patente.

Os apóstolos, por sua vez, não viam em Jesus senão um missionário, um enviado do Céu, um Espírito, sem dúvida superior por suas luzes e virtudes, mas humano. Sua atitude para com ele, sua linguagem, o provam claramente.

Se o tivessem considerado um Deus, não se teriam prosternado diante dele, não seria genuflexos que lhe teriam falado? Ao passo que a sua deferência e respeito não ultrapassavam o devido a um mestre, a um homem eminente. É, ao demais, esse título de mestre (em hebreu *rabi*) que lhe dispensavam habitualmente. Os evangelhos dão testemunho disso. Quando lhe chamam Cristo, não veem nesse qualificativo senão o sinônimo de enviado de Deus. "Respondeu Pedro, Tu és o Cristo!" (MARCOS, 8:29).

O pensamento dos apóstolos acha-se explicado, esclarecido por certas passagens dos *Atos*, 2:22. Pedro dirige-se à multidão: "Varões israelitas, ouvi minhas palavras. Jesus Nazareno foi um varão (virum), aprovado por Deus entre vós, com virtudes e prodígios, e sinais que Deus obrou por ele no meio de vós".

Encontra-se o mesmo pensamento expresso em *Lucas*, 24:19: "Jesus de Nazaré foi um profeta, poderoso em obras e palavras diante de Deus e de todo o povo".

Se os primeiros cristãos tivessem acreditado na divindade de Jesus, se dele houvessem feito um deus, sua religião ter-se-ia provavelmente submergido na multidão das que o Império Romano admitia, cada qual exaltando divindades particulares. Os arroubos de entusiasmo dos apóstolos, a indomável energia dos mártires, tinham sua origem na ressurreição do Cristo. Considerando-o um homem semelhante a eles, viam nessa ressurreição a prova manifesta da sua

---

[68] LUCAS, 1:26 a 28.
[69] MARCOS, 3:21.

própria imortalidade. Paulo confirma com absoluta clareza essa opinião, quando diz:

> Pois se não há ressurreição de mortos, nem Cristo ressuscitou. E se Cristo não ressuscitou, é logo vã a nossa pregação, é também vã a nossa fé. E somos assim mesmo convencidos por falsos testemunhos de Deus, dizendo que ressuscitou a Cristo, ao qual não ressuscitou, se os mortos não ressuscitam.[70]

Assim, para os discípulos de Jesus, como para todos os que atentamente, e sem paixão, estudam o problema dessa existência admirável, o Cristo, segundo a expressão que a si próprio aplica, não é mais que o "profeta" de Deus, isto é, um intérprete, um porta-voz de Deus, um Espírito dotado de faculdades especiais, de poderes excepcionais, mas não superiores à natureza humana.

Sua clarividência, suas inspirações, o dom de curar que possuía em tão elevado grau, encontram-se em épocas diversas e em diferentes graus, em outros homens.

Pode comprovar-se a existência dessas faculdades nos médiuns de nossos dias, não agrupadas, reunidas de modo a constituírem uma poderosa personalidade como a do Cristo, mas dispersas, distribuídas por grande número de indivíduos. As curas de Jesus não são milagres,[71] mas a aplicação de um poder fluídico e magnético, que novamente se encontra mais ou menos desenvolvido em certos curadores da nossa época. Essas faculdades estão sujeitas a variações, a intermitências que no próprio Cristo se observam, como o provam os versículos do evangelho de *Marcos*, 6:4 e 5: "Mas Jesus lhes dizia: Um profeta só deixa de ser honrado em sua pátria, em sua casa e entre seus parentes. E não podia ali fazer milagre algum".

Todos os que têm de perto observado os fenômenos do Espiritismo, do magnetismo e da sugestão, e remontado dos efeitos à causa que os produz, sabem que existe uma grande analogia entre as curas operadas pelo Cristo e as obtidas pelos que exercem modernamente essas funções. Como ele, mas com menos força e êxito, os curadores espíritas tratam dos casos de

---

[70] I Coríntios, 15:13 a 15.
[71] O que se denomina milagres são fenômenos produzidos pela ação de forças desconhecidas, que a Ciência descobre cedo ou tarde. Não pode existir milagre no sentido de postergação das Leis naturais. Com a violação dessas Leis, a desordem e a confusão penetrariam no mundo. Deus não pode ter estabelecido Leis para, em seguida, as violar. Ele nos daria, assim, o mais pernicioso exemplo; porque, se violamos a Lei, poderemos ser punidos, ao passo que Deus, fonte da Lei, terá atentado contra ela?

obsessão e possessão e, com o auxílio de passes, tocando os indivíduos pela imposição das mãos, libertam os doentes dos males produzidos pela influência dos Espíritos impuros, daqueles que a Escritura designa sob o nome de demônios: "À tarde, porém, apresentaram-lhe muitos endemoninhados, dos quais ele expelia os maus espíritos com a sua palavra; e curou todos os enfermos" (Mateus, 8:16).

A maior parte das moléstias nervosas provém das perturbações causadas por estranhas influências em nosso organismo fluídico, ou perispírito. A Medicina, que estuda simplesmente o corpo material, não pôde descobrir a causa desses males e os remédios a eles aplicáveis. Por isso é quase sempre impotente para os curar. A ação fluídica de certos homens, firmados na vontade, na prece e na assistência dos Espíritos elevados, pode fazer cessarem essas perturbações, restituir ao invólucro fluídico dos doentes as suas vibrações normais e forçar a se retirarem os maus Espíritos. Era o que Jesus obtinha facilmente, como o obtinham, depois dele, os Apóstolos e os santos.

* * *

Os conhecimentos difundidos entre os homens pelo Moderno Espiritualismo, permitem melhor compreender e definir a alta personalidade do Cristo. Jesus era um divino missionário, dotado de poderosas faculdades, um médium incomparável. Ele próprio o afirma: Eu não falei de mim mesmo, mas o Pai que me enviou é o mesmo que me prescreveu o que devo dizer e o que devo falar (João, 12:49).

A todas as raças humanas, em todas as épocas da História, enviou Deus missionários, Espíritos superiores, chegados, por seus esforços e merecimentos, ao mais alto grau da hierarquia espiritual. Podem acompanhar-se, através dos tempos, os sulcos dos seus passos. Suas frontes dominam, sobranceiras, a multidão dos humanos que eles têm o encargo de dirigir para as altitudes intelectuais.

O Céu os apercebeu para as lutas do pensamento; dele receberam o poder e a intrepidez.

Jesus é um desses divinos missionários e é de todos o maior. Destituído da falsa auréola da divindade, mais imponente nos parece ele. Seus sofrimentos, seus desfalecimentos, sua resignação, deixam-nos quase insensíveis, se oriundos de um Deus, mas tocam-nos, comovem-nos profundamente em um irmão. Jesus é, de todos os filhos dos homens, o mais digno de admiração. É extraordinário no Sermão da Montanha, em meio à turba dos humildes. É maior ainda no Calvário, quando a sombra da cruz se estende sobre o mundo, na tarde do suplício.

Nele vemos o homem que ascendeu à eminência final da evolução, e neste sentido é que se lhe pode chamar Deus, assim conciliando os apologistas da sua divindade com os que a negam. A humanidade e a divindade do Cristo representam os extremos de sua individualidade, como o são para todo ser humano. Ao termo de nossa evolução, cada qual se tornará um "Cristo", será um com o Pai e terá alcançado a condição divina.

A passagem de Jesus pela Terra, seus ensinamentos e exemplos deixaram traços indeléveis; sua influência se estenderá pelos séculos vindouros. Ainda hoje, ele preside os destinos do globo em que viveu, amou, sofreu. Governador espiritual deste planeta, veio, com seu sacrifício, encarreirá-lo para a senda do bem, e é sob a sua direção oculta e com o seu apoio que se opera essa Nova Revelação, que, sob o nome de Moderno Espiritualismo, vem restabelecer sua doutrina, restituir aos homens o sentimento dos próprios deveres, o conhecimento de sua natureza e dos seus destinos.

VII
Os dogmas (continuação). Os sacramentos, o culto

O pecado original é o dogma fundamental em que repousa todo o edifício dos dogmas cristãos — ideia verdadeira, no fundo, mas falsa em sua forma e desnaturada pela Igreja — verdadeira, no sentido de que o homem sofre com a intuição que conserva das faltas cometidas em suas vidas anteriores, e pelas consequências que acarretam para ele. Esse sofrimento, porém, é pessoal e merecido. Ninguém é responsável pelas faltas de outrem, se nelas não tomou alguma parte. Apresentado em seu aspecto dogmático, o pecado original, que pune toda a posteridade de Adão, isto é, a humanidade inteira, pela desobediência do primeiro par, para depois salvá-la por meio de uma iniquidade inda maior — a imolação de um justo — é um ultraje à razão e à moral, consideradas em seus princípios essenciais — a bondade e a justiça. Mais contribuiu para afastar o homem da crença em Deus, que todas as agressões e todas as críticas da Filosofia.

Não é, com efeito, impunemente que se tenta separar, no pensamento e na consciência, a ideia de Deus da de justiça. Com isso, o que se logra é lançar a perturbação nas almas e provocar um trabalho mental que conduz, forçosamente, à exclusão de uma dessas duas ideias. Ora, foi a ideia de Deus que esteve quase a perecer, porque o homem não pode ver em Deus senão a mais alta personificação da justiça, do amor e da sabedoria. Todas as perfeições devem encontrar-se reunidas no Ser eterno.

Do seu passado criminoso perdeu o homem a recordação precisa, mas conservou um vago sentimento. Daí proveio essa concepção do pecado original, que se encontra em muitas religiões, e da expiação que ele requer. Dessa concepção errônea derivam as da queda, do resgate e da redenção pelo sangue do Cristo, os mistérios da encarnação, da virgem-mãe, da imaculada conceição, numa palavra, todo o amontoado do Catolicismo.[72]

Todos esses dogmas constituem verdadeira negação da razão e da justiça divinas, desde que tomados ao pé da letra, como o quer a Igreja, e em seu sentido material.

Não é admissível houvesse Deus criado o homem e a mulher com a condição de não se instruírem. Menos admissível, ainda, é que Ele tenha, por uma única desobediência, condenado a sua posteridade e a humanidade inteira à morte e ao inferno.

"Que pensar", diz com razão E. Bellemare, "de um juiz que condenasse um homem sob o pretexto de que, há milhares de anos, um seu antepassado cometera um crime?". É, entretanto, esse odioso papel que o Catolicismo atribui ao juiz supremo — Deus!

É por motivos tais que se justificou o afastamento e a ojeriza que certos pensadores conceberam pela ideia de Deus. É o que explica, sem a desculpar, a veemente acusação de um célebre escritor: "Deus é o mal!".

Se considerarmos o dogma do pecado original e da queda qual o é, realmente, isto é, como um mito, uma lenda oriental, exatamente como se depara em todas as cosmogonias antigas; se destruirmos com um sopro tais quimeras, todo o edifício dos dogmas e mistérios imediatamente se desmorona. Que restará, então, do Cristianismo? pode-se-me perguntar. Restará o que ele em si contém de verdadeiramente grande, de vivo e racional, isto é, tudo o que é suscetível de elevar e fortalecer a humanidade.

* * *

---

[72] "A queda da humanidade em Adão" — diz o abade de Noirlieu em seu *Catecismo filosófico para uso dos seculares* — "e a sua reparação em Jesus Cristo são os dois grandes fatos sobre que repousa o Cristianismo. Sem o dogma do pecado original não mais se concebe a necessidade do Redentor. Por isso, nada é ensinado mais explicitamente pela Igreja do que a queda de Adão e as suas funestas consequências, para todos os seus descendentes."

Os dogmas (continuação). Os sacramentos, o culto

Prossigamos em nosso exame. A soberania de Deus, dizem os teólogos, manifesta-se pela predestinação e pela redenção. Sendo Deus absoluto soberano, sua vontade é a causa final e decisiva de tudo quanto ocorre no universo. Agostinho é o autor desse dogma, que ele institui em sua luta com os maniqueus, partidários de dois princípios opostos: o bem e o mal, e contra Pelágio, que reivindicava os direitos da liberdade humana. Todavia, Agostinho louva-se, para defender o seu dogma, na autoridade de Paulo, verdadeiro criador da doutrina da predestinação, cujo enunciado, pouco concludente ao nosso ver, está no capítulo 9 da *Epístola aos romanos*.

Segundo Paulo, cuja teoria foi adotada sucessivamente por Agostinho, pelos reformadores do século XVI e, mais tarde, por Jansen, Pascal etc., o homem não pode obter a salvação por suas próprias obras, arrastando-o sua natureza, como invencivelmente o arrasta, ao mal.

Essa inclinação funesta é o resultado da queda do primeiro homem e da corrupção que dela deriva para toda a humanidade, tendo-se tornado a herança de todos os filhos de Adão. É pela concepção que aos filhos se transmite o pecado dos pais. Esse dogma denomina-se traducianismo e as igrejas cristãs parecem não perceber que, com essa afirmação monstruosa, se fazem aliadas do materialismo, que proclama a mesma teoria sob o nome de lei da hereditariedade.

Todos os homens, perdidos pelo pecado de Adão, seriam votados à condenação eterna, se Deus, em sua misericórdia, não tivesse encontrado um meio de os salvar. Esse meio é a redenção. O filho de Deus se faz homem. Em sua vida terrestre, cumpriu a vontade do Pai e satisfez sua justiça, oferecendo-se em holocausto para salvação de todos os que se ligam à sua Igreja.

Desse dogma resulta que os fiéis não são salvos por um exercício da sua livre vontade, nem por seus próprios merecimentos, porque não há livre-arbítrio em face da soberania de Deus, mas por efeito de uma graça que Deus concede a seus eleitos. Levando esse argumento a todas as suas consequências lógicas, poder-se-ia dizer: É Deus quem atrai os escolhidos e quem endurece os pecadores. Tudo se faz pela predestinação divina. Adão, por conseguinte, não pecou por seu livre-arbítrio. Foi Deus, absoluto soberano, que o predestinou à queda.

Esse dogma conduz a tão deploráveis resultados, que o próprio Calvino, que o afirmou com todas as suas consequências, o denomina, falando dos homens predestinados à condenação eterna, um "horrível decreto" *(decretum horribile)*. "Mas Deus falou", acrescenta, "e a razão deve submeter-se".

Deus falou! Onde e por quem falou ele? Em obscuros textos, obra de uma imaginação perturbada.

E para impor tais opiniões, para as incutir nos Espíritos, Calvino não recuou nem ante o emprego da violência! A fogueira de Servet no-lo atesta.

Lógica terrível que, procedendo de verdades mal compreendidas, como dissemos mais acima, confunde-se em seus próprios sofismas e recorre ao ferro e ao fogo, com o fim de se impor e resolver questões inextricáveis, com o fim de elucidar um *imbroglio* criado pelas paixões e pela ignorância.

"Como" — redarguia Pelágio a Agostinho — "nos perdoa Deus nossos pecados e imputar-nos-ia os de outrem?"

* * *

"Só há um Deus" — diz Paulo[73] — "e um só mediador[74] entre Deus e os homens, que é Jesus Cristo, homem".

Mediador, isto é, intermediário, médium incomparável, traço de união que liga a humanidade a Deus, eis o que é Jesus! Mediador e não redentor, porque a ideia de redenção não suporta exame. É contrária à Justiça divina; é contrária à ordem majestosa do universo. Entre os mundos que rolam no espaço, a Terra não é o único lugar de dor. Outras estâncias há de sofrimento, em que as almas, cativas na matéria, aprendem, como aqui, a dominar seus vícios e adquirir qualidades que lhes permitirão o acesso a mundos mais felizes.

Se o sacrifício de Jesus fosse necessário para salvar a humanidade terrestre, Deus deveria o mesmo socorro a outras humanidades desgraçadas. Sendo, porém, ilimitado o número dos mundos inferiores em que dominam as paixões materiais, o filho de Deus seria, por isso mesmo, condenado a sofrimentos e sacrifícios infinitos. É inadmissível semelhante hipótese.

Com o seu sacrifício, dizem outros teólogos, Jesus "venceu o pecado e a morte, porque a morte é o salário do pecado e uma tremenda desordem na Criação".[75]

---

[73] I Timóteo, 2:5.
[74] Essa expressão *mediador* é, além disso, aplicada três vezes a Jesus pelo autor da *Epístola aos hebreus*.
[75] De Pressensé, *Jesus Cristo, seu tempo, sua vida, sua obra*, p. 654. Encontra-se essa opinião em muitos autores católicos.

Entretanto, morre-se depois da vinda de Jesus, como antes dele se morria. A morte, considerada por certos cristãos como consequência do pecado e punição do ser, é, todavia, uma lei natural e uma transformação necessária ao progresso e elevação da alma. Não pode ser elemento de desordem no universo. Julgá-la por esse modo não é insurgir-se contra a divina Sabedoria?

É assim que, partindo de um ponto de vista errôneo, os homens da Igreja chegam às mais estranhas concepções. Quando afirmam que, por sua morte, Jesus se ofereceu a Deus em holocausto, para o resgate da humanidade, não equivale isso a dizer, na opinião dos que creem na divindade do Cristo, que se ofereceu a si mesmo? E do que terá ele resgatado os homens? Não é das penas do inferno, pois que todos os dias nos repetem que os indivíduos que morrem em estado de pecado mortal são condenados às penas eternas.

A palavra pecado não exprime, em si mesma, senão uma ideia confusa. A violação da lei acarreta a cada ser um amesquinhamento moral, uma reação da consciência, que é uma causa de sofrimento íntimo e uma diminuição das percepções animais. Assim, o ser pune-se a si mesmo. Deus não intervém, porque Deus é infinito; nenhum ser seria capaz de lhe produzir o menor mal.

Se o sacrifício de Jesus resgatou os homens do pecado, porque, então, inda os batizam? Essa redenção, em todo caso, não se pode estender senão unicamente aos cristãos, aos que têm conhecido e aceitado a doutrina do Nazareno. Teria ela, pois, excluído da sua esfera de ação a maior parte da humanidade? Existem ainda hoje na Terra milhares, milhões de homens que vivem fora das igrejas cristãs, na ignorância das suas leis, privados desse ensino, sem cuja observância, dizem, "não há salvação". Que pensar de opiniões tão opostas aos verdadeiros princípios de amor e justiça que regem os mundos?

Não, a missão do Cristo não era resgatar com o seu sangue os crimes da humanidade. O sangue, mesmo de um Deus, não seria capaz de resgatar ninguém. Cada qual deve resgatar-se a si mesmo, resgatar-se da ignorância e do mal. Nada de exterior a nós poderia fazê-lo. É o que os Espíritos, aos milhares, afirmam em todos os pontos do mundo. Das esferas de luz, onde tudo é serenidade e paz, desceu o Cristo às nossas obscuras e tormentosas regiões, para mostrar-nos o caminho que conduz a Deus: tal o seu sacrifício. A efusão de amor em que envolve os homens, sua identificação com eles, nas alegrias como nos sofrimentos, constituem a redenção que nos oferece e que somos livres de aceitar. Outros, antes dele, haviam induzido os povos ao caminho do bem e da verdade. Nenhum o fizera com a singular doçura, com a ternura penetrante que caracteriza o ensino de Jesus. Nenhum soube, como Ele, ensinar a amar as virtudes modestas e escondidas. Nisso reside o poder, a grandeza moral do Evangelho, o elemento vital do Cristianismo, que sucumbe ao peso dos estranhos dogmas de que o cumularam.

* * *

O dogma das penas eternas deve prender-nos a atenção. Arma temível nas mãos do padre, nas épocas de fé, ameaça suspensa sobre a cabeça do homem, ele foi para a Igreja um instrumento incomparável de domínio.

Donde procede essa concepção de Satanás e do inferno? Unicamente das noções falsas que o passado nos legou a respeito de Deus. Toda a humanidade primitiva acreditou nos deuses do mal, nas potências das trevas, e essa crença traduziu-se em lendas de terror, em imagens pavorosas, que se transmitiram de geração a geração, inspirando grande número de mitos religiosos. As forças misteriosas da natureza, em suas manifestações, lançavam o terror no espírito dos homens primitivos.

Em torno de si, na sombra, em toda a parte, julgavam ver formas ameaçadoras, prontas a agarrá-los, a se apoderar deles.

Essas potências malignas foram personificadas, individualizadas pelo homem. Desse modo, criou ele os deuses do mal. E essas remotas tradições, legado das raças desaparecidas, perpetuadas de idade em idade, encontram-se ainda nas atuais religiões.

Daí Satanás, o eterno revoltado, o inimigo eterno do bem, mais poderoso que o próprio Deus, pois que reina como senhor no mundo, e as almas criadas para a felicidade caem, na maior parte, debaixo do seu jugo — Satanás, a astúcia, a perfídia personificadas; depois, o inferno e suas torturas requintadas, cuja descrição faz desvairarem as imaginações simples.

Assim que, em todos os domínios do pensamento, o homem terrestre substituiu as claras luzes da razão, que Deus lhe deu como seguro guia, pelas quimeras da sua imaginação desnorteada.

É verdade que nossa época, motejadora e cética, já não acredita absolutamente no diabo; mas os padres não continuam menos, por esse motivo, a ensinar a sua existência e a do inferno. De tempos a tempos, pode ouvir-se, do alto do púlpito, a descrição dos castigos reservados aos condenados, ou das façanhas de Satanás. E não se trata já de modestas cátedras de aldeia: era sob as abóbadas de Nossa Senhora de Paris, que o padre Janvier, na quaresma de 1907, pronunciava estas palavras:

> Imagina muita gente que o demônio não é mais que um símbolo, uma figura literária que não corresponde a coisa alguma na Criação, uma ficção poética, uma palavra que serve para designar o mal e as paixões: é um erro. O demônio, na doutrina católica, é um ser perfeitamente real, uma personalidade distinta do resto da natureza, tendo vida, ação e domínio próprios. O que, porém, é infinitamente mais temível é a ação ordinária, contínua, exercida por Satanás na Criação, a intervenção real e oculta que tem no curso dos sucessos e das estações, na germinação das plantas, no desencadear dos ventos e das tempestades.[76]

Assim se atasca a Igreja nas doutrinas do passado. Continua a proscrever a Ciência e o conhecimento, a introduzir em todas as coisas o demônio, até mesmo no domínio da moderna Psicologia. Ameaça com as chamas eternas todo indivíduo que procura emancipar-se de um *credo* que a sua razão e consciência repudiam. Em suas mãos, o Evangelho do amor se converteu num instrumento de terror.

Justo é, sem dúvida, que a Igreja recomende prudência aos seus fiéis; errada, porém, em lhes proibir as práticas espíritas, a pretexto de que emanam do demônio. É, porventura, demônio Espírito que se confessa arrependido e pede preces? Demônio o que nos exorta à caridade e ao perdão? Na maioria dos casos, em lugar de ser essa personagem astuciosa e maligna descrita pela Igreja, Satanás seria completamente destituído de bom senso, não percebendo que trabalha contra si.

Se há maus Espíritos, aos quais se poderia com razão aplicar esse qualificativo, é preciso também não esquecer que esses demônios são perfectíveis. São, por exemplo, os criminosos que a pena de morte faz passar

---

[76] Pe. Janvier. *Explicação da moral católica. O vício e o pecado.* — Ver também *La Libre parole*, 3 de novembro de 1907.

para a outra vida, com a blasfêmia nos lábios e o ódio no coração. Esses não cessam de dirigir contra os homens sua maléfica influência, que, com mais forte razão, se há de fazer sentir quando se apresentem nas sessões espíritas em que não haja, para os afastar, um conjunto de vontades suficientemente enérgicas.

Mas não basta refletir um momento na obra divina, para repelir toda crença no demônio? Como admitir que o supremo foco do bem e do belo, a inesgotável fonte de misericórdia e bondade, tenha podido criar esse ser hediondo e malfazejo? Como acreditar que Deus lhe tenha podido conceder, com a consciência do mal, todo o poder sobre o mundo, e lhe tenha abandonado, como presa fácil, toda a família humana? Não, Deus não podia criar a imensa maioria de seus filhos para os perder, para fazer a sua desgraça eterna; Deus não outorgou o poder a quem mais dele abusaria, ao mais iníquo, ao mais perverso. Isso é inadmissível, indigno de uma alma que crê na justiça e na bondade do Criador. Admitir Satanás e o inferno eterno é insultar a Divindade. De duas uma: ou Deus possui a presciência e soube, de antemão, quais os resultados da sua obra, e, neste caso, executando-a, fez-se o carrasco de suas criaturas; ou não previu esse resultado, não possui a presciência, é falível como a sua própria obra, e então, proclamando a infalibilidade do papa, a Igreja o colocou superior a Deus. É com semelhantes concepções que se induzem os povos ao ceticismo, ao materialismo. A Igreja Romana com um tal princípio incorre nas mais graves responsabilidades.

Quanto aos castigos reservados aos culpados, como sanção penal e para assegurar a execução da lei de justiça, não há necessidade de os criar imaginários.

Se repararmos em torno de nós, veremos que por toda parte, na Terra, a dor nos espreita. Não é necessário sair deste mundo para encontrar sofrimentos proporcionais a todas as faltas, condições expiatórias para todos os culpados. Por que buscar o inferno em regiões quiméricas? O inferno está em torno de nós. Qual o verdadeiro sentido da palavra inferno? Lugar inferior! Ora, a Terra é um dos mundos inferiores do universo. O destino do homem aqui é muitas vezes cruel, muito grande a soma dos seus males, para que se devam tornar sombrias, por concepções fantásticas, as perspectivas do futuro. Semelhantes ideias são um ultraje lançado a Deus. Não pode haver eternos sofrimentos, mas unicamente sofrimentos temporários, apropriados às necessidades da lei de evolução e de progresso. O princípio das reencarnações sucessivas é mais equitativo que a noção do inferno eterno; torna efetiva a justiça e a harmonia do universo. É no decurso de novas e penosas existências terrestres que o culpado resgata os seus passados crimes. A lei do destino é tecida individualmente por nós, na trama das ações boas e más, que todas em nós se refletem através dos tempos, com suas consequências felizes ou funestas. É assim que cada qual prepara o seu Céu ou o seu inferno.

A alma, no período inferior de sua evolução, encerrada no círculo das vidas terrestres, hesitante, incerta, oscilante entre diversas atrações, ignorante dos grandiosos destinos que a esperam e do fim da Criação, erra, fraqueja, abandona-se às paixões, às correntes materiais que a arrebatam. Mas, pouco a pouco, pelo desenvolvimento de suas forças psíquicas, de seus conhecimentos, de sua vontade, a alma se eleva, liberta-se das influências inferiores e paira nas regiões divinas.

Tempo virá em que o mal já não será a condição desta existência; em que os seres, purificados pelo sofrimento, depois de haverem recebido a longa educação dos séculos, deixarão a senda obscura para se encaminharem à luz eterna. As humanidades, vinculadas pelos elos de uma íntima solidariedade e de uma afeição profunda, caminharão de progresso em progresso, de perfeição em perfeição, para o grande foco, para o alvo supremo que é Deus, assim realizando essa obra do Pai, que não quer a perdição mas a felicidade e a elevação de todos os filhos.

* * *

O argumento principal dos defensores da teoria do inferno é que a ofensa feita pelo homem, ser finito, a Deus, ser infinito, é, por consequência, infinita e merece pena eterna. Ora, qualquer matemático dirá que a relação de uma quantidade finita ao infinito é nula. Poder-se-ia inverter o argumento e dizer que o homem, finito e ignorante, não seria capaz de ofender o infinito, e que a sua ofensa é nula em relação a este. Ele não pode fazer mal senão a si mesmo, retardando a sua elevação e atraindo os sofrimentos que toda ação culposa engendra.

Estarão os chefes da Igreja realmente convencidos da existência do inferno eterno, não verão nele, de preferência, um ilusório espantalho, necessário, porém, à conduta da humanidade? É o que se poderia crer, comentando as seguintes palavras de São Jerônimo, o tradutor da *Vulgata*:

> ...Tais são os motivos em que se apoiam os que querem fazer compreender, que, *depois dos suplícios e tormentos, haverá Consolação, o que presentemente se deve ocultar àqueles a quem é útil o temor, a fim de que, receando os suplícios, se abstenham de pecar. (Quae nunc abscondenda sunt ab his quibus timor est utilis, ut, dum suplicia reformidant, peccare desistant).*[77]

É verdade que São Jerônimo não hesitou em fazer figurar, no texto do Evangelho, segundo Mateus, estas expressões: *o fogo eterno, o suplício eterno*. Mas as palavras hebraicas que assim foram traduzidas "não parecem, de modo algum, ter o sentido que os latinos lhes atribuíram".[78]

Não pode ser esse o pensamento daquele que disse: "Deus não quer que pereça um só desses pequeninos". Estas palavras são confirmadas pelos Apóstolos:

> Deus quer que todos os homens se salvem e cheguem a ter o conhecimento da verdade (PAULO, I TIMÓTEO, 2:4).
>
> Deus é o salvador de todos os homens (PAULO, I TIMÓTEO, 4:10).
>
> Deus não quer que homem algum pereça, mas que todos se convertam à penitência (II PEDRO, 3:9).

Muitos, entre os padres da Igreja, opinam no mesmo sentido. Primeiro é o mestre de Orígenes, São Clemente de Alexandria, que diz:

---

[77] São Jerônimo, *Obras*, edição beneditina de 1704, t. III, col. 514; São Jerônimo cita os seguintes textos: ROM., 11:25, 26 e 32; MIQ. 7:9 e 19 etc.

[78] A palavra eterno, que tão frequentes vezes se encontra nas Escrituras, parece não dever ser tomada ao pé da letra, mas como uma dessas expressões enfáticas, hiperbólicas, familiares aos orientais. É um erro esquecer que tudo são símbolos e imagens em seus escritos. Quantas promessas, pretensamente eternas, feitas ao povo hebreu ou a seus chefes, não tiveram realização! Onde está essa terra que os israelitas deviam possuir eternamente — *in aeternum* — (Pentateuco, *passim*). Onde essas pedras do Jordão, que Deus anunciava deverem ser, para o seu povo, um monumento eterno (JOSUÉ, 6:7)? Onde essa descendência de Salomão, que devia reinar eternamente em Israel (I PARALIPÔMENOS, XXII, 10), e tantas outras, idênticas promessas? Em todos esses casos, a palavra eterno parece simplesmente significar: longa duração. O termo hebraico *ôlam*, traduzido por *eterno*, tem como raiz o verbo *âlam*, ocultar. Exprime um período cujo fim se desconhece. O mesmo acontece à palavra grega *aion* e à latina *aeternitas*. Tem esta como raiz *aetas*, idade, eternidade, no sentido em que o entendemos hoje, dir-se-ia em grego *aidios* e em latim *sempiternus*, de *semper*, sempre. (Ver abade J. Petit, *Résurrection*, de abril 1903). As penas eternas significam então: sem duração limitada. Para quem não lhes vê o termo, são eternas. As mesmas formas de linguagem eram empregadas pelos poetas latinos Horácio, Virgílio, Estácio e outros. Todos os monumentos imperiais de que falam devem ser, diziam eles, de eterna duração.

O Cristo Salvador opera finalmente a salvação de todos, e não apenas a de alguns privilegiados. O soberano Mestre tudo dispôs, quer em seu conjunto, quer em seus pormenores, para que fosse atingido esse fim definitivo.

Em seguida, é São Gregório de Nissa que do modo mais formal se pronuncia contra a eternidade das penas. A seu ver:

> Há necessidade de que a alma imortal seja purificada das suas máculas e curada de todas as suas enfermidades. As provações terrestres têm por objetivo operar essa cura, que depois da morte se completa, quando não pôde ser concluída nesta vida. Quando Deus faz sofrer o pecador, não é por espírito de ódio ou de vingança; quer reconduzir a alma a ele, que é a fonte de toda felicidade. O fogo da purificação dura mais que um tempo conveniente, e o único fim de Deus é fazer definitivamente participar todos os homens dos bens que constituem a sua essência.[79]

Em nossos dias é monsenhor Méric, diretor do Seminário de São Sulpício, que longamente expõe em suas obras a teoria da mitigação dos sofrimentos.[80] E a Igreja, sentindo talvez que a ideia de um inferno eterno fez sua época, não se opôs à divulgação dessa tese.

Radica nas mesmas preocupações a noção do purgatório, termo médio adotado pela Igreja, que recuou ante a enormidade das penas eternas aplicadas a ligeiras faltas. A questão do purgatório é da mais alta importância, podendo constituir um vínculo, um traço de união entre as doutrinas católicas e as do Moderno Espiritualismo. No pensamento da Igreja Romana o purgatório é um lugar não definido, indeterminado. Nada impede o católico de conceber os sofrimentos purificadores da alma sob a forma de vidas planetárias ulteriores, ao passo que o protestante ortodoxo, para adotar a noção das vidas sucessivas, é obrigado a abrir mão de suas convicções, em que o purgatório não é admitido.

Na maioria dos casos, o purgatório é a vida terrestre com as provações que a acidentam. Os primeiros cristãos não o ignoravam. A Igreja da Idade Média repeliu essa explicação, que teria acarretado a afirmação da pluralidade das existências da alma e a ruína da instituição das indulgências

---

[79] Extraído do *Exame crítico das doutrinas da religião cristã*, de Patrício Laroque. As palavras são citadas em grego.
[80] Mr. Méric, *A outra vida*, t. II, apêndice.

— fonte de grandes proventos para os pontífices romanos. Sabe-se quantos abusos daí se originaram.

* * *

Realmente, Satanás não passa de alegoria. Satanás é o símbolo do mal. O mal, porém, não é um princípio eterno, coexistente com o bem. Há de passar. O mal é o estado transitório dos seres em via de evolução.

Não há nem lacuna nem imperfeição no universo. A obra divina é harmônica e perfeita. Dessa obra o homem não vê senão um fragmento e, todavia, pretende julgá-la através de suas acanhadas percepções. O homem, na vida presente, não é mais que um ponto no tempo e no espaço. Para julgar a Criação, ser-lhe-ia preciso abrangê-la inteiramente, medir a escala dos mundos que é chamado a percorrer, e a sucessão das existências que o aguardam no seio dos séculos por vir. Esse vasto conjunto escapa às suas concepções; daí os seus erros; daí a deficiência de suas apreciações.

Quase sempre o que chamamos o mal é apenas o sofrimento; mas este é necessário, porque só ele conduz à compreensão. Por ele aprende o homem a diferençar, a analisar suas sensações.

A alma é uma centelha projetada do eterno foco criador. É pelo sofrimento que ela atinge a plenitude do seu brilho, a plena consciência de si mesma. A dor é como a sombra que faz sobressair e apreciar a luz. Sem a noite, acaso contemplaríamos as estrelas? A dor quebra as algemas das fatalidades materiais e franqueia à alma evasões para a vida superior.

No ponto de vista físico, o mal, o sofrimento, são muitas vezes coisas relativas e de pura convenção. As sensações variam ao infinito, conforme as pessoas; agradáveis para uns, dolorosas para outros. Há mundos muito diferentes do meio terrestre, nos quais tudo seria penoso para nós, ao passo que outros homens podem neles viver comodamente.

Se fizermos abstração do acanhado meio em que vivemos, o mal já nos não aparecerá como causa fixa, princípio imutável, mas como efeitos passageiros variando com os indivíduos, transformando-se e atenuando-se com o seu aperfeiçoamento.

O homem, ignorante no começo de sua jornada, tem que desenvolver a inteligência e a vontade por meio de constantes esforços. Na luta que empenha contra a natureza, a energia se lhe retempera, o ser moral se afirma e engrandece. Graças a essa luta é que se realiza o progresso e se efetua a ascensão da humanidade subindo, de estância em estância, de degrau em degrau, para o bem e o melhor, conquistando ela própria a sua preponderância sobre o mundo material.

Criado feliz e perfeito, o homem teria ficado confundido na perfeição divina; não teria podido individualizar o princípio espiritual nele existente. Não teria havido no universo nem trabalho, nem esforços, nem progresso; nada, a não ser a imobilidade, a inércia. A evolução dos seres seria substituída por triste e monótona perfeição. Seria o paraíso católico.

Sob o látego da necessidade, sob o aguilhão da dor, o homem caminha, avança, eleva-se e, de existência em existência, de progresso em progresso, chega a imprimir ao mundo o cunho do seu domínio e inteligência.

O mesmo acontece com o mal moral. Como o mal físico, este não é mais que um aspecto passageiro, uma forma transitória da vida universal. O homem pratica o mal por ignorância, por fraqueza, e os seus atos reagem contra ele. O mal é a luta que se trava entre as potências inferiores da matéria e as potências superiores que constituem o ser pensante, o seu verdadeiro "eu". Do mal, porém, e do sofrimento nascerão, um dia, a felicidade e a virtude. Quando a alma tiver suplantado as influências materiais, será como se para ela o mal nunca houvesse existido.

Não é, pois, o inferno que luta contra Deus; não é Satanás que arma as ciladas pelo mundo, não; é a alma humana que procura, na sombra, o seu roteiro; ela que envida esforços por afirmar sua personalidade progressiva e, depois de muitos desfalecimentos, quedas e reerguimentos, domina os vícios, conquista a força moral e a verdadeira luz. É assim que, lentamente, de idade em idade, através do fluxo e refluxo das paixões, o progresso se acentua, o bem se realiza.

O império do mal são os mundos inferiores, tenebrosos; é a multidão das almas retardatárias que se agitam nas veredas do erro e do crime, torvelinhando no círculo das existências materiais, e que, ao atrito das provações, sob o látego da dor, emergem lentamente desse pélago de sombra, de egoísmo e de miséria, para se iluminarem aos raios da caridade e da Ciência. Satanás é a ignorância, a matéria e suas grosseiras influências; Deus é o conhecimento, a sublime claridade, um raio da qual ilumina toda consciência humana.

A marcha da humanidade se efetuará em demanda dos elevados cimos. O espírito moderno se libertará, cada vez mais, dos preconceitos do passado. A vida perderá o aspecto cruel dos séculos ferrenhos para tornar-se o campo fecundo e pacífico, no qual o homem trabalhará no desenvolvimento de suas faculdades e qualidades morais.

Lá não chegamos certamente, ainda; o mal na Terra não está extinto; a luta não terminou. Os vícios, as paixões fermentam no fundo da alma humana. Há que temer ainda conflitos terríveis e tempestades sociais. Por toda parte, surdos ruídos, veementes reivindicações se fazem ouvir.

A luta é necessária nos mundos da matéria, para arrancar o homem ao seu torpor, aos seus grosseiros apetites, para preparar o advento de uma nova sociedade. Como a centelha brota do atrito das pedras de fuzil, assim, ao choque das paixões pode surgir um ideal novo, uma forma superior da justiça, pela qual a humanidade modelará as suas instituições.

O homem moderno já sente aumentar em si a consciência do seu papel e do seu valor. Em breve ele se sentirá vinculado ao universo, participando da sua vida imensa; reconhecer-se-á para sempre cidadão do céu. Por sua inteligência, por sua alma, o homem saberá intervir, colaborar na obra universal; tornar-se-á criador por sua vez; far-se-á operário de Deus.

A Nova Revelação ter-lhe-á ensinado a conhecer-se, a conhecer a natureza da alma, o seu mister e os seus destinos. Ela lhe atestará o duplo poder que possui sobre o mundo da matéria e o do espírito.

Todas as incoerências, todas as aparentes contradições da obra divina ser-lhe-ão esclarecidas. O que denominava mal físico e mal moral, tudo o que se lhe figurava negação do bem, do belo, do justo, se unificará nos contornos de uma obra majestosa e sólida, na harmonia de sábias e profundas leis.

O homem verá desvanecer-se o sonho aterrador, o pesadelo da condenação; elevará a alma até ao espaço em que se expande o divino pensamento, até ao espaço de onde desce o perdão de todas as faltas, o resgate de todos os crimes, a consolação para todas as dores, até ao espaço radiante em que a misericórdia eterna assenta o seu império.

As potências do inferno se dissiparão para sempre; o reino de Satanás terá findado; a alma, liberta dos seus terrores, rir-se-á dos fantasmas que tanto tempo a amedrontaram.

* * *

Deveremos falar da ressurreição da carne, dogma segundo o qual os átomos do nosso corpo carnal, disseminados, dispersos por mil novos corpos, devem reunir-se um dia, reconstituir nosso invólucro e figurar no juízo final?

Os dogmas (continuação). Os sacramentos, o culto

As leis da evolução material, a circulação incessante da vida, o jogo das moléculas que, em inúmeras correntes, passam de forma em forma, de organismo em organismo, tornam inadmissível essa teoria.

O corpo humano constantemente se modifica; os elementos que o compõem renovam-se completamente em alguns anos. Nenhum dos átomos atuais da nossa carne se tornará a achar na ocasião da morte, por pouco que se prolongue nossa vida, e os que então constituírem o nosso invólucro, serão dispersos aos quatro ventos do infinito.

A maior parte dos padres da Igreja o entendiam doutro modo. Conheciam eles a existência do perispírito, desse corpo fluídico, sutil, imponderável, que é o invólucro permanente da alma, antes, durante e depois da vida terrestre; denominavam-no corpo espiritual. Paulo, Orígenes e os sacerdotes de Alexandria afirmavam a sua existência. Na sua opinião, os corpos dos anjos e dos escolhidos, formados com esse elemento sutil, eram "incorruptíveis, delgados, tênues e soberanamente ágeis".[81]

Por isso não atribuíam eles a ressurreição senão a esse corpo espiritual, o qual resume, em sua substância quintessenciada, todos os invólucros grosseiros, todos os revestimentos perecíveis que a alma tomou, depois abandonou, em suas peregrinações através dos mundos.

O perispírito, penetrando com a sua energia todas as matérias passageiras da vida terrestre, é de fato o corpo essencial.

A questão achava-se, por esse modo, simplificada. Essa crença dos primeiros padres no corpo espiritual lançava, além disso, luz vivíssima sobre o problema das manifestações ocultas.

Tertuliano diz (*De carne Christi*, cap. VI):

"Os anjos têm um corpo que lhes é próprio e que se pode transfigurar em carne humana; eles podem, por certo tempo, tornar-se perceptíveis aos homens e com eles comunicar visivelmente".

Torne-se extensivo aos Espíritos dos mortos o poder que Tertuliano atribui aos anjos, e aí teremos explicado o fenômeno das materializações e das aparições!

Por outro lado, se consultarmos com atenção as Escrituras, notaremos que o sentido grosseiro atribuído à ressurreição, em nossos dias, pela Igreja, não se justifica absolutamente. Aí não encontraremos a expressão: ressurreição da carne, mas antes: ressuscitar dentre os mortos (*a mortuis*

---

[81] Ver nota complementar nº 9.

resurgere), e, num sentido mais geral: a ressurreição dos mortos (*resurrectio mortuorum*). É grande a diferença.

Segundo os textos, a ressurreição tomada no sentido espiritual é o renascimento na vida de Além-túmulo, a espiritualização da forma humana para os que dela são dignos, e não a operação química que reconstituísse elementos materiais; é a purificação da alma e do seu perispírito, esboço fluídico que conforma o corpo material para o tempo de vida terrestre.

É o que o apóstolo se esforçava por fazer compreender:[82]

> Semeia-se o corpo em corrupção, ressuscitará em incorrupção; semeia-se em vileza, ressuscitará em glória; semeia-se em fraqueza, ressuscitará em vigor. E semeado o corpo animal, ressuscitará o corpo espiritual. Eu vo-lo digo, meus irmãos, a carne e o sangue não podem possuir o reino de Deus, nem a corrupção possuirá a incorruptibilidade.

Muitos teólogos adotam essa interpretação, dando aos corpos ressuscitados propriedades desconhecidas da matéria carnal, fazendo-os "luminosos, ágeis como Espíritos, sutis como o éter, e impassíveis".[83]

Tal o verdadeiro sentido da ressurreição dos mortos, como os primeiros cristãos a entendiam. Se vemos, em uma época posterior, aparecer em certos documentos, e em particular no símbolo apócrifo dos apóstolos, a expressão "ressurreição da carne", é isso sempre no sentido da reencarnação[84] — isto é, de volta à vida material —, ato pelo qual a alma reveste uma nova carne para percorrer o campo de suas existências terrestres.

* * *

O Cristianismo sob o tríplice aspecto que revestiu em nossos dias: Catolicismo romano, Protestantismo ortodoxo, ou Religião grega, não se constituiu integralmente em um só momento, como acreditam muitos, mas lentamente, através dos séculos, no meio de hesitações, de lutas encarniçadas e de profundas comoções político-sociais. Cada dogma que se edificava sobre outro, vinha afirmar o que os anteriores tempos haviam repelido. O próprio século XIX viu promulgados dois dogmas dos mais

---

[82] Coríntios, 15:4 a 50 (traduzido do texto grego); ver também 15:52 a 56; Epístola aos filipenses, 3:21; depois João, 5:28 e 29; S. Inácio, Epístola aos tralianos, IX:1.
[83] Abade Petit. *A renovação religiosa*, p. 48 a 53. Ver também nota nº 9, no fim deste volume.
[84] Abade Petit, obra citada, p. 53.

contestados e controvertidos: os da imaculada conceição e da infalibilidade papal, dos quais disse um padre católico de grande merecimento: "inspiram muito pouca veneração, quando se viu como são feitos".[85]

Entretanto, essa obra dos séculos, de que a tradição eclesiástica fez uma doutrina ininteligível, teria podido tornar-se o implemento de uma religião racional, de conformidade com os dados da Ciência e as exigências do senso comum se, em lugar de tomar cada dogma ao pé da letra, tivessem querido ver uma imagem, um símbolo transparente.

Despojando o dogma cristão do seu caráter sobrenatural, poder-se-ia quase sempre encontrar nele uma ideia filosófica, um ensinamento substancial.

A Trindade, por exemplo, definida pela Igreja "um só Deus em três pessoas", não seria, daquele ponto de vista, senão um conceito do Espírito representando a Divindade sob três aspectos essenciais: a Lei viva e imutável é o Pai; a Razão ou sabedoria eterna é o Filho; o Amor potência criadora e fecundante é o Espírito Santo.

A encarnação do Cristo é a divina sabedoria descendo do Céu à humanidade, nela tomando corpo para constituir um tipo de perfeição moral, oferecido como exemplo aos homens, que ele iniciou na grande lei do sacrifício.

O pecado original, a culpa de que o homem tem a responsabilidade, é a de suas anteriores existências que lhe cumpre extinguir por seus méritos, resignação e intrepidez nas provações.

Assim se poderiam explicar de modo simples, claro, racional, todos os antigos dogmas do Cristianismo, os que procedem da doutrina secreta ensinada nos primeiros séculos, cuja chave se perdeu e cujo sentido ficou desconhecido.

Quanto aos dogmas modernos, neles não se pode ver mais que um produto da ambição sacerdotal. Não foram promulgados senão para tornar mais completa a escravização das almas.

Por profundo, porém, que seja o pensamento filosófico, oculto sob o símbolo, ele não bastaria doravante para uma restauração das crenças humanas. As leis superiores e os destinos da alma nos são revelados por vozes muito mais autorizadas que as dos antigos pensadores: são as dos seres que habitam o espaço e vivem dessa vida fluídica, que há de um dia ser a nossa.

---

[85] Padre Marchal. *O espírito consolador*, Segunda efusão.

Essa revelação há de servir de base às crenças do futuro, porque oferece brilhante demonstração dessa outra vida de que a alma tem sede, desse mundo espiritual a que ela aspira, e que até agora as religiões lhe apresentaram sob formas tão incompletas ou quiméricas.

* * *

A explicação racional dos dogmas pode ser estendida aos sacramentos, instituições respeitáveis, consideradas como figuras simbólicas, como meios de adestramento moral e disciplina religiosa, mas que se não poderiam tomar ao pé da letra, no sentido imposto pela Igreja.

O que dissemos do pecado original nos conduz a considerar o batismo como simples cerimônia iniciática, ou de consagração, porque a água é impotente para limpar de suas máculas a alma.

A confirmação, ou imposição das mãos é o ato de transmissão dos dons fluídicos, do poder do Apóstolo a outra pessoa, que ele assim colocava em relação com o invisível.[86] Esse poder não se justifica senão por merecimentos adquiridos no decurso de anteriores existências.

A penitência e a remissão dos pecados deram origem à confissão, pública a princípio e feita a outros cristãos, ou diretamente a Deus; depois auricular, na Igreja Católica, e dirigida ao padre. Este, constituído árbitro exclusivo, julgou indispensável esse meio para se esclarecerem e discernirem os casos em que era merecida a absolvição. Pode, ele, porém, pronunciar-se jamais com segurança? A contrição do penitente, diz a Igreja, é necessária. Mas, como assegurar seja suficiente e verdadeira essa contrição? A decisão do padre decorre da confissão das faltas; é sempre certo que essa confissão seja completa?

Se consultarmos todos os textos em que se funda a instituição da confissão,[87] neles só encontramos uma coisa: é que o homem deve reconhecer as ofensas cometidas contra o próximo; é que ele deve confessar diante de Deus as suas faltas. Desses textos antes resulta esta consideração: a consciência individual é sagrada; só depende de Deus diretamente. Nada aí autoriza a pretensão do padre de se erigir em julgador.

Que diz Paulo, falando da comunhão e dos que dela são dignos?

"Examine-se, pois, a si mesmo o homem" (I CORÍNTIOS, 11:28).

---

[86] ATOS, 8:17; 19:6 etc.
[87] MATEUS, 3:6; LUCAS, 18:13; TIAGO, EPÍST., 5:16; JOÃO, I EPÍST., 1:9 etc.

Ele guarda silêncio no que respeita à confissão, em nossos dias considerada indispensável em circunstância equivalente.

São João Crisóstomo, em um caso semelhante, diz:

> Revelai a Deus vossa vida; confessai vossos pecados a Deus; confessai-os ao vosso juiz, suplicando-lhe, senão com a voz, ao menos mentalmente, e suplicai-lhe de tal sorte que ele vos perdoe (Homília XXXI, sobre a *Epístola aos hebreus*).

A confissão auricular nunca foi praticada nos primeiros tempos do Cristianismo; não foi instituída por Jesus, mas pelos homens.

Quanto à remissão dos pecados, deduzida destas palavras do Cristo: *O que for ligado na terra será ligado nos céus,* parece que este modo de exprimir se aplica, de preferência, aos hábitos, aos apetites materiais contraídos pelo Espírito durante a vida terrestre, e que o prendem fluidicamente à Terra depois da morte.

Vem depois a Eucaristia, ou presença real do corpo e do sangue de Jesus Cristo, a hóstia consagrada, o sacrifício da cruz todos os dias renovado sobre os milhares de altares da catolicidade, à voz do padre, e com absorção pelos fiéis do corpo vivo e sangrento do Cristo, segundo a fórmula do catecismo do concílio de Trento: "Não é somente o corpo de Jesus Cristo que se contém na Eucaristia, com tudo o que constitui um verdadeiro corpo, como os ossos e os nervos; é inteiramente o próprio Jesus Cristo".

Donde provém esse mistério afirmado pela Igreja? De palavras de Jesus, tomadas ao pé da letra, e que tinham caráter puramente simbólico. Esse caráter, ao demais, é claramente indicado na frase por ele acrescentada: "Fazei isto, em memória de mim".[88] Com isso afasta o Cristo qualquer ideia de presença real. Não pretendeu, evidentemente, falar senão do seu corpo espiritual, personificando o homem regenerado pelo espírito de amor e caridade. A comunhão entre o ser humano e a natureza divina se opera pela união moral com Deus; ela se realiza por enérgicos surtos da alma para seu Pai, por aspirações constantes ao divino foco. Toda cerimônia material é vã, se não corresponde a um estado elevado do coração e do pensamento. Preenchidas essas condições, estabelece ao contrário, como ao começo acontecia, uma relação misteriosa entre o homem fervoroso e o mundo

---

[88] Lucas, 22:19; I Coríntios, 11:23 a 25.

invisível. Influências magnéticas baixam a esse homem e à assembleia de que ele faz parte, e muitos experimentam seus benefícios.

O culto religioso é uma legítima homenagem prestada à Onipotência; é a elevação da alma para o seu Criador, a relação natural e essencial do homem com Deus. As práticas desses cultos são de utilidade; as aspirações que despertam, a poesia consoladora que daí deriva, são um sustentáculo para o homem, uma proteção contra as suas próprias paixões. Para falar, porém, ao espírito e ao coração do crente, deve o culto ser sóbrio em suas manifestações; deve renunciar a qualquer ostentação de riqueza material, sempre prejudicial ao recolhimento e à oração; não deve ceder o menor lugar às superstições pueris. Simples e grande em suas formas, deve dar a impressão da divina majestade.

Nas épocas remotas, o culto exterior quase sempre ultrapassou os limites que lhe assina uma fé pura e elevada. Induzido pelo fanatismo religioso resultante da sua inferioridade moral e da sua ignorância, o homem ofereceu à Divindade sanguinolentos sacrifícios; o padre encerrou o espírito das gerações em trama de terrificantes cerimônias.

Mudaram-se os tempos; a inteligência se desenvolveu; suavizaram-se os costumes; mas a opressão sacerdotal manifesta-se ainda em nossos dias, nesses ritos sob os quais a ideia de Deus se oculta e obscurece, nesse cerimonial cujo esplendor e luxo subjugam os sentidos e desviam o pensamento do elevado fim a que devera encaminhar-se. Não há, sob esse fausto, nessas brilhantes pompas do Catolicismo, um espírito de domínio que tudo procura invadir, enlaçar, e que, sob essas diferentes formas, com tais práticas exteriores se afasta, cada vez mais, do verdadeiro ideal cristão?

É necessário, é urgente que o culto rendido a Deus volte a ser simples e austero em seu princípio, como em suas manifestações. Quantos progressos se realizariam se o culto, praticado na família, permitisse a todos os seus membros, reunidos e em recolhimento, elevar, num mesmo impulso de fé, pensamentos e corações para o Eterno; se, em determinadas épocas, todos os crentes se reunissem para ouvir, de uma voz autorizada, a palavra da verdade! Então, a doutrina de Jesus, melhor compreendida, seria amada e praticada; o culto, restituído ao seu caráter simples e sincero, exerceria ação eficacíssima nas almas.

A despeito de tudo, o culto romano se obstina em conservar formas adotadas das antigas religiões orientais, formas que nada mais dizem ao coração e são para os fiéis um hábito rotineiro, sem influência em sua vida moral. Persiste em dirigir-se a Deus, há dois mil anos, em língua que não mais se compreende, com palavras que os lábios murmuram, mas cujo sentido já se não percebe.

Todas essas manifestações tendem a desviar o homem do estudo aprofundado e da reflexão que nele desenvolvessem a vida contemplativa. As longas orações, o cerimonial pomposo, absorvem os sentidos, mantêm a ilusão e habituam o pensamento a funcionar mecanicamente, sem o concurso da razão.

Todas as formas do culto romano são uma herança do passado. Suas cerimônias, seus vasos de ouro e prata, os cânticos, a água lustral, são legados do Paganismo. Do Bramanismo tomaram o altar, o fogo sagrado que nele arde, o pão e o licor de soma consagrados à Divindade. Do Budismo copiaram o celibato dos padres e a hierarquia sacerdotal.

Uma lenta substituição se produziu, na qual se encontram os vestígios das crenças desaparecidas. Os deuses pagãos tornaram-se demônios. As divindades dos fenícios e dos assírios: Baal-Zebud (Belzebu), Astarot, Lúcifer, foram transformados em potências infernais. Os demônios do Platonismo, que eram Espíritos familiares, tornaram-se diabos. Dos heróis, das personagens veneradas na Gália, na Grécia, na Itália, fizeram santos. Conservaram as festas religiosas dos antigos povos, dando-lhes apenas formas diferentes, como a dos mortos. Por toda a parte, enxertaram no antigo culto um culto novo, que era a sua reprodução sob outros nomes. Os próprios dogmas cristãos se encontram na Índia e na Pérsia.

O *Zend Avesta*,[89] como a doutrina cristã, contém as teorias da queda e da redenção, a dos anjos bons e maus, a desobediência inicial do homem e a necessidade da salvação mediante a graça.

Sob esse amontoado de formas materiais e concepções envelhecidas, no meio desse incômodo legado de religiões extintas, que constitui o Cristianismo moderno, tem-se dificuldade em reconhecer o pensamento do seu fundador. Os autores do Evangelho não previram, decerto, nem os dogmas, nem o culto, nem o sacerdócio. Nada de semelhante se encontra no pensamento evangélico. Ninguém foi menos imbuído do espírito sacerdotal do que Jesus; ninguém foi menos afeiçoado às formas, às práticas exteriores. Tudo nele é sentimento, elevação do pensamento, pureza do coração, simplicidade.

---

[89] Emílio Burnouf. *A ciência das religiões*, p. 222.

Nesse ponto, seus sucessores desvirtuaram completamente as suas intenções. Induzidos pelos instintos materiais que na humanidade predominam, sobrecarregaram a religião cristã de um pomposo aparato, sob o qual foi sufocada a ideia máter.

Mas vós não queirais ser chamados mestres,[90] dissera Jesus, e os papas se fazem chamar Santidade e consentem em ser incensados. Esqueceram o exemplo do apóstolo Pedro, quando ao centurião Cornélio, prosternado a seus pés, advertia: *Levanta-te, que eu também sou homem!*[91] Já não consideram que, à semelhança do Mestre, deveriam ter permanecido mansos e humildes de coração; o orgulho os avassalou. Na Igreja se constituiu uma imponente hierarquia, fundada não já nos dons espirituais, como nos primeiros tempos, mas numa autoridade puramente humana. A influência do Alto, única que dirigia a primitiva Igreja, foi sendo pouco a pouco substituída pelo princípio de obediência passiva às regras fixadas. Cedo ou tarde, porém, o pensamento do Mestre, restituído à sua pureza primitiva, fulgirá com um brilho novo. As formas religiosas passarão; as instituições humanas se hão de desmoronar; a palavra do Cristo viverá eternamente para fortalecer as almas e regenerar as sociedades.

---

[90] MATEUS, 23:8.
[91] ATOS, 10:26.

VIII
Decadência do Cristianismo

Dezenove séculos decorreram desde os tempos do Cristo, dezenove séculos de autoridade para a Igreja, dos quais doze de poder absoluto. Quais, na hora presente, as consequências do seu ensino?

O Cristianismo tinha por missão recolher, explicar, difundir a doutrina de Jesus, dela fazendo o estatuto de uma sociedade melhor e mais feliz. Soube ela desempenhar essa grande tarefa? *Julga-se a árvore pelos frutos*, diz a Escritura. Reparai na árvore do Cristianismo. Verga ela ao peso de frutos de amor e de esperança?

A árvore, indubitavelmente, conserva-se sempre gigantesca, mas, na ramaria, quantos galhos não foram decepados, mutilados; quantos outros não secaram, não ficaram infecundos! O peregrino da vida se detém, exausto, à sua sombra, mas é em vão que aí procura o repouso da alma, a confiança, a força moral necessária para continuar o caminho. Ele aspira a sombras mais propícias; apetecem-lhe mais saborosos alimentos; instintivamente o seu olhar explora o horizonte.

Na hora atual, neste século de progresso, o homem ainda nada sabe do futuro, da sorte que o aguarda no fim da sua estância neste mundo. A fé na imortalidade é fraquíssima em muitos dos que se inculcam discípulos do Cristo; por vezes, as suas esperanças vacilam ao sopro glacial do ceticismo. Os fiéis lançam no túmulo os seus mortos e, com as marteladas a pregar o esquife, a dúvida sombria lhes pesa na alma e a confrange.

O padre conhece a sua fraqueza; ele sente-se frágil, sujeito ao erro como os que têm a pretensão de dirigir, e, se não estivessem em causa a sua dignidade e situação material, reconheceria a sua incapacidade, deixaria de ser um cego condutor de cegos. Porque aquele que nada sabendo da vida futura e das suas verdadeiras leis, erige-se em diretor dos outros, torna-se aquele homem de que fala o Evangelho: Se um cego guia outro, vêm ambos a cair no barranco (Mateus, 15:14).

Fez-se a obscuridade no santuário. Não há um único bispo que pareça conhecer, acerca das condições da vida de Além-túmulo, o que sabia o menor iniciado dos antigos tempos, o diácono mais humilde da primitiva Igreja.

Fora, imperam a dúvida, a indiferença, o ateísmo. O ideal cristão perdeu a sua influência sobre o povo; a vida moral se enfraqueceu. A sociedade, ignorante do elevado objetivo da existência, atira-se com frenesi à fruição dos gozos materiais. Um período de perturbação e decomposição se iniciou, período que conduziria ao abismo e à ruína se, já agora, confusamente, não começasse um novo ideal a assomar e esclarecer as inteligências.

De que procede o atual estado de coisas?

Durante doze séculos a Igreja dominou, formou a seu talante a alma humana e toda a sociedade. Em sua mão se concentravam todos os poderes. Todas as autoridades residiam nela, ou dela procediam. Ela imperava sobre os Espíritos como sobre os corpos; imperava pela palavra, e pelo livro, pelo ferro e pelo fogo. Era senhora absoluta do mundo cristão; nenhum freio, nenhum marco limitava a sua ação. Que fez ela dessa sociedade? Queixa-se da sua corrupção, do seu ceticismo, dos seus vícios. Esquece-se de que, acusando-a, acusa-se a si mesma? Essa sociedade é obra sua; a verdade é que ela foi impotente para a dirigir e melhorar. A sociedade corrompida e cética do século XVIII saiu de suas mãos. Foram os abusos, os excessos, os erros do sacerdócio que determinaram o seu estado de espírito. Foi a impossibilidade de crer nos dogmas da Igreja o que impeliu a humanidade para a dúvida e para a negação.

O materialismo penetrou até a medula, no corpo social. Mas de quem é a culpa? Se as almas tivessem encontrado na Religião, tal como lhes era ensinada, a força moral, as consolações, a direção espiritual de que necessitavam, ter-se-iam afastado dessas igrejas que em seus poderosos braços embalaram tantas gerações? Teriam elas deixado de crer, de amar e de esperar?

A verdade é que o ensino da Igreja não conseguiu satisfazer as inteligências e as consciências. Não pôde dominar os costumes; por toda parte lançou a incerteza, a perturbação do pensamento, de que proveio a hesitação no cumprimento do dever e, para muitos, o aniquilamento de toda esperança.

Se, no auge do seu poderio, a Igreja não conseguiu regenerar a humanidade, como o poderia hoje fazer? Ah! talvez, se abandonasse os seus palácios, as suas riquezas, o seu culto faustoso e teatral, o ouro e a púrpura; se, cobertos de burel, com o crucifixo na mão, os bispos, os príncipes da Igreja, renunciando aos bens materiais e tornando-se como o Cristo, sublimes vagabundos, fossem pregar às multidões o verdadeiro evangelho da paz e do amor, então talvez a humanidade acreditasse neles. Não se mostra disposta a Igreja Romana a desempenhar esse papel; o espírito do Cristo parece cada vez mais abandoná-la. Nela quase não resta senão uma forma exterior, uma aparência, sob a qual já não existe mais que o cadáver de uma grande ideia.

As igrejas cristãs, em seu conjunto, não subsistem senão pelo que nelas resta de moral evangélica; sua concepção do mundo, da vida, do destino, é simplesmente letra morta. Que pensar, com efeito, e que dizer de um ensino que forçou os homens a crer, a afirmar, durante séculos, a imobilidade da Terra e a criação do mundo em seis dias? Que pensar de uma doutrina que vê na ressurreição da carne o único meio de restituir à vida os mortos? Que dizer dessa crença que pretende deverem os átomos do nosso corpo, há tanto tempo dispersos, reunir-se um dia? Em presença dos novos dados que todo dia vêm esclarecer o problema da sobrevivência, tudo isso não é mais que um sonho de criança.

O mesmo acontece com a ideia de Deus. A mais grave censura que se pode irrogar ao ensino das igrejas incide no fato de haver falseado, desnaturado a ideia de Deus, tornando-a por isso odiosa a muitíssimos Espíritos. A Igreja Romana sempre impôs o temor de Deus às multidões. Havia nisso um sentimento necessário para realizar o seu plano de domínio, para submeter a humanidade semibárbara ao princípio da autoridade, mas um sentimento perigoso, porque, depois de haver feito muito tempo escravos, acabou por suscitar os revoltados — sentimento nocivo, esse do medo, que, depois de ter levado o homem a temer, o levou a odiar; que o ensinou a não ver no poder supremo senão o Deus das punições terríveis e das eternas penas, o Deus em cujo nome se levantaram os cadafalsos e as fogueiras, em cujo nome correu o sangue nas salas de tortura. Daí se originou essa reação violenta, essa furiosa negação, esse ódio à ideia de Deus, do Deus carrasco e déspota, ódio que se traduz por esse grito que hoje em dia ressoa em toda parte, em nossos lares, em nossas praças, em nossas folhas públicas: *nem Deus, nem Senhor!*

E, se a isso acrescentarmos a terrível disciplina imposta aos fiéis pela Igreja da Idade Média, os jejuns, as macerações, o temor perpétuo da condenação, os exagerados escrúpulos, sendo um olhar, um pensamento, uma palavra delituosa, passíveis das penas do inferno, compreendereis que ideal sombrio, que regime de terror fez a Igreja pesar durante séculos sobre o mundo, compelindo-o a renunciar a tudo o que constitui a civilização, a vida social, para não cuidar senão da salvação pessoal, com desprezo das Leis naturais, que são as Leis divinas.

Ah! não era isso o que ensinava Jesus, quando falava do Pai, quando afirmava este único, este verdadeiro princípio do Cristianismo — o amor, sentimento que fecunda a alma, que a reergue de todo o abatimento, franqueia os umbrais às potências afetivas que ela encerra, sentimento de que ainda pode surgir a renovação, a regeneração da humanidade.

Porque nós não podemos conhecer Deus e dele aproximar-nos senão pelo amor; só o amor atrai e vivifica. Deus é todo amor e para o compreender é necessário desenvolver em nós esse princípio divino. É preciso cessar de viver na esfera do *eu* para viver na esfera do divino, que abrange todas as criações. Deus está em todo homem que sabe amar. Em amar e cultivar o que há de divino em nós e na humanidade, é que consiste o segredo de todo progresso, de toda elevação. Escrito está: "Amarás a Deus sobre todas as coisas e ao próximo como a ti mesmo".

Foi assim que as grandes almas cristãs se elevaram a sublimes eminências. Foi assim que os Vicentes de Paulo, os Franciscos de Assis e alguns outros, puderam realizar obras que fazem a admiração dos séculos. Sua acrisolada caridade não era inspirada pelo dogma católico: no Evangelho é que esses insignes Espíritos hauriram a fé no amor que os animava.

Se tivessem prevalecido os preceitos evangélicos, o Cristianismo estaria no apogeu do seu poder e da sua glória. Eis por que será preciso voltar aos puros ensinamentos de Jesus, se quiserem reerguer e salvar a religião; porque, se a religião do poder tem sua grandeza, maior é a do amor; se a religião da justiça é grande, maior é a do perdão e da misericórdia. Aí estão os verdadeiros princípios e a base real do Cristianismo.

Com a concepção do mundo e da vida sucedeu o mesmo que com a ideia de Deus. Por muito tempo a Igreja impôs às inteligências essa velha teoria que fazia da Terra o corpo central mais importante do universo; do Sol e dos astros, tributários que em torno dela se moviam. Os céus eram qual sólida abóbada; por cima se entronava o Eterno, cercado dos exércitos celestes; sob a Terra, os lugares profundos, inferiores, os infernos.

O mundo, criado há seis mil anos, devia ter próximo fim; daí, uma ameaça permanente pairando sobre a humanidade. Com o fim do mundo coincidirá o julgamento terrível, definitivo, universal, em virtude do qual todos os mortos sairão dos túmulos, revestidos do seu corpo carnal, para comparecer perante o tribunal de Deus.

A Astronomia moderna destruiu essas concepções. Ela demonstra que o nosso globo é um simples membro da grande família dos corpos celestes, que as profundezas do céu estão povoadas de astros em número infinito. Por toda a parte sóis, terras, esferas em via de formação, de desenvolvimento ou decadência, referem-nos as maravilhas de uma criação incessante, eterna, em que as formas da vida se multiplicam, se sucedem, se renovam como produções de um pensamento soberano.

Entre esses mundos que rolam na imensidade dos espaços, nossa Terra é um grão de areia, um átomo perdido no infinito. Esse átomo, a Igreja persiste em acreditar o único habitado. Mas a Ciência, a Filosofia, a revelação dos Espíritos nos mostram a vida a se expandir na superfície desses mundos, a se elevar, de degrau em degrau, através de lentas transformações, para um ideal de beleza e perfeição. Por toda a parte povos, raças, humanidades sem-número, seguem os seus destinos no seio da harmonia universal.

A Igreja ensina que um primeiro homem apareceu na Terra, há seis mil anos, em estado de felicidade de que decaiu em consequência do pecado.

A Antropologia pré-histórica faz recuar a existência da humanidade a muito mais remotas épocas. Mostra-nos o homem, a princípio no estado selvagem, de que pouco a pouco saiu, para elevar-se em constante progressão até a civilização atual.

O globo terrestre não foi criado em seis dias; é um organismo que se desenvolve através das idades. Nas camadas superpostas que se acumulam em sua superfície, a Geologia indica as sucessivas fases da sua formação. A observação científica, o estudo perseverante e paciente das leis da vida, fizeram reconhecer a ação de uma vontade que dispôs todas as coisas num determinado plano. Em virtude desse plano, os seres possuem em si o princípio de existência e se elevam, por calculadas gradações, de forma em forma, de espécie em espécie, no sentido de tipos sempre mais perfeitos. Em parte alguma se descobrem os traços de uma criação arbitrária ou milagrosa, mas, ao contrário, o trabalho lento de uma criação que se efetua graças aos esforços de cada um e em proveito de todos. Por toda parte se revela a ação de leis sábias e profundas, a manifestação de uma ordem universal, de um pensamento divino que deixou ao ser a liberdade e os meios de a si próprio se desenvolver, à custa de tempo, provações, trabalho.

A Igreja que, durante tantos séculos, ensinou, regeu, dirigiu o mundo, sempre ignorou, na realidade, as verdadeiras leis da vida e do universo. Entretanto, aí estão as obras daquele que ela diz representar, em cujo nome pretende falar e ensinar. Essas obras, desconheceu-as ela e as desconhece ainda. Suas explicações acerca da ordem e da estrutura do universo, relativamente à vida da alma e ao seu futuro sobre os poderes psíquicos do ser, foram sempre errôneas.

Foram precisos os repetidos esforços do livre pensamento e da Ciência para sondar esse imenso domínio da natureza, de que dizia a Igreja ser a zeladora e cuja interpretação dizia possuir. Só a Ciência foi que a obrigou a se retificar a si própria, em numerosos pontos e a distinguir no Cristianismo as verdades essenciais, das ficções ou alegorias.

A Igreja por muito tempo considerou hereges os sábios que afirmavam o movimento da Terra. Galileu foi condenado ao cárcere por ter ensinado que o globo se movia.[92] O frade irlandês Virgílio foi excomungado pelo papa Zacarias, por haver afirmado a existência dos antípodas.

Tomando ao pé da letra o que não passava de figuras, a Igreja não podia crer na esfericidade do globo, desde que muitas passagens das Escrituras parecem impor-lhe quatro cantos. Agora declara ela que, falando da imobilidade da Terra no centro do mundo, as Escrituras se colocam no ponto de vista da ignorância antiga, e, em certos casos, se amoldou ao sistema de Galileu e de Descartes. Não o fez, porém, sem longas hesitações, porque as obras de Galileu e de Copérnico não foram eliminadas do Índex senão em

---

[92] Ver, na nota nº 10, o texto de condenação de Galileu em 1615.

1835. Chegou assim a Igreja, insensivelmente, a considerar uma simples ficção o que outrora para ela constituía um dogma. Nesse ponto foi, pois, a Ciência que a auxiliou a compreender a *Bíblia*.

O mesmo aconteceu com as suas opiniões acerca da Criação. A extrema antiguidade do nosso planeta e a sua lenta formação, estabelecidas pela Ciência, foram condenadas muito tempo pela Igreja, como opostas à narrativa do *Gênesis*. Hoje ela cede à pressão dos estudos geológicos e já não vê na descrição bíblica senão um quadro simbólico da obra da natureza, desenvolvendo-se através dos tempos, de conformidade com um plano divino.

Deter-se-á aí? Não será obrigada a inclinar-se diante da História e da exegese, como o fez diante da Astronomia e da Geologia? Não virá a desvencilhar a personalidade do Cristo e sua elevada missão de ordem moral, de todas as hipóteses formuladas sobre a sua origem e natureza divinas?[93]

A Igreja, depois de haver combatido e anatematizado a Ciência, deverá forçosamente acompanhá-la e assimilar todas as suas descobertas, se quiser viver. E nem por isso ficarão menos os seus erros seculares a atestar sua impotência, no sentido de se elevar por si mesma ao conhecimento das leis universais. E será o caso de perguntar — tendo assim a Igreja se enganado acerca de coisas físicas, sujeitas sempre à verificação — que crédito se lhe pode dar no concernente às doutrinas místicas, excluídas até hoje da crítica e do exame?

Tudo nos demonstra que não é menos defeituosa essa parte do seu ensino. Já as manifestações dos Espíritos dos mortos, que se multiplicam, nos proporcionam sobre a vida de Além-túmulo uma fonte de esclarecimentos, de novas apreciações que vêm fazer ruir as afirmações do dogma.

Não podíamos mais crer em um mundo, em um universo oriundo do nada, que Deus governa por meio da graça e do milagre. Menos, ainda, podemos crer que a vida seja obra de salvação pessoal, o trabalho uma ignomínia, um castigo, com o inferno eterno por perspectiva; ou, então, um purgatório de onde se não sai senão mediante orações pagas, ou ainda um paraíso melancólico e monótono, em que seríamos condenados a viver inativos, sem alvo, separados para sempre dos que amamos. Não podemos mais crer no pecado de Adão recaindo sobre toda a humanidade, nem no resgate mediante a imolação de um Deus na cruz.

---

[93] Nota da segunda edição: quase nada parece ela disposta a evoluir em tal sentido, e ainda em 1908 excomungou o abade Loisy por haver articulado em suas obras que a divindade do Cristo não é, historicamente, demonstrável.

O pensamento moderno liberta-se cada vez mais de semelhantes mitos, de tais espantalhos pueris; despedaça essas teias de aranha que pretenderam correr entre ele e a verdade; eleva-se todos os dias e, no espetáculo dos mundos, no grande livro da natureza cujas páginas em torno dele se desdobram, no maravilhoso mapa da vida em suas perpétuas evoluções, nessa lei de progresso inscrita no céu, como na Terra, nessa lei de liberdade e de amor gravada no coração do homem, ele vê a obra de um Ser que não é o Deus quimérico da *Bíblia*, mas a soberana Majestade — princípio eterno de justiça, lei viva do bem, do belo e do verdadeiro, que enche o Infinito e paira sobranceiro aos tempos.

Chega-se a perguntar como o alimento dogmático da Igreja pôde ser administrado às inteligências populares durante tantos séculos, uma vez que o menor estudo do universo, o menor olhar lançado ao espaço nos podem dar da vida, sempre renascente, da suprema causa e de suas leis uma ideia tão imponente, tão fecunda em grandes ensinamentos, em poderosas inspirações.

A essa ideia vem juntar-se a noção clara e positiva do objeto da existência, do objetivo a que todos os seres visam em sua jornada, resgatando-se a si mesmos desse fundo de egoísmo e barbaria, que é o único pecado original, e adquirindo, passo a passo, essa perfeição cujo germe Deus neles colocou e eles devem, pelo regresso à carne, desenvolver na sucessão das existências porvindouras.

Assim se revela o pensamento de Deus. Porque Deus, que é a Justiça absoluta, não poderia querer a condenação, nem mesmo a salvação mediante a graça ou os merecimentos de um salvador, mas a salvação do homem por suas próprias obras e a satisfação, para nós, de obtermos nós mesmos, com a sua assistência, a nossa elevação e a nossa felicidade.

Infelizmente, esta concepção do mundo e da vida, indispensável ao desenvolvimento das sociedades humanas, não é ainda a partilha senão de um reduzido número. A grande massa erra nas veredas da existência, ignorante das Leis da natureza, não tendo por nutrição moral senão esse catecismo ensinado às crianças em todos os países cristãos, incompreensível, ininteligível para a maior parte e que bem poucos vestígios deixa no Espírito.

É, todavia, uma imperiosa necessidade que todos os homens possuam uma noção precisa do objetivo da existência, que todos saibam o que são, donde vêm, para onde vão, como e por que devem agir.

Essa noção, esse conhecimento, quando é seguro e elevado, pode guiá-los, ampará-los nas horas difíceis, prepará-los para as inevitáveis lutas. Sem o conhecimento do objetivo da existência, não há fortaleza d'alma, nem solidariedade duradoura entre os membros de qualquer sociedade. É a única ideia que faz a coesão dos homens; é a base comum dos princípios e das crenças, que promove a união moral na sociedade, em a nação, na humanidade.

Dessa concepção do mundo, da vida e do seu objetivo, manteve a Igreja, até agora, o monopólio. A todos ensina ela por meio do catecismo. Por insuficientes, obscuros e obsoletos que sejam os princípios desse ensino popular, em que à moral cristã se mesclam dogmas caducos, eles constituem, ainda hoje, a força da Igreja e a sua superioridade sobre a sociedade leiga, porque esta ainda nada soube colocar em substituição do catecismo, e, em sua hesitação ou impotência para oferecer à criança, ao homem, uma síntese, uma ideia exata das suas relações com o universo, consigo mesmo, com os seus semelhantes e com Deus, abandona a direção moral do povo a uma instituição que apenas representa um ideal agonizante, incapaz de regenerar as nações. Nos novos manuais de ensino leigo, sem dúvida se encontram muitas páginas consagradas às questões morais, a Deus, à imortalidade da alma; essas noções, porém, são muito pouco cultivadas na prática. O preceptor, quase sempre impossibilitado de satisfazer as exigências de um programa complexo, baldo ele próprio de convicção na maioria dos casos, menospreza ou desdenha esse lado essencial do ensino.

Daí resulta, como íamos dizendo, que o catecismo permanece o único meio de educação moral ao alcance de todos. Foi por ele, pelas noções de conjunto que oferece, que a sociedade cristã se constituiu e se mantém; é por meio dele que se perpetua o poder da Igreja. Este ensino, porém, é todo superficial e de memória; as noções incompletas que incute na criança são aprendidas de cor; não são sentidas; não lhe penetram na alma; não resistem muito às influências exteriores que o menino sofre, nem ao desenvolvimento da sua própria razão. Quando o filho do pobre, obrigado bem cedo a se entregar ao trabalho, não tendo para se guiar senão os ensinos do catecismo, chega a neles não crer mais, é o desmoronamento, é o vácuo que se produz no seu pensamento e na sua consciência. Incapaz de, por si mesmo, elevar-se a uma concepção mais alta da existência, dos seus direitos e deveres, tendo repelido com a crença nos dogmas tudo o que possuía de noções morais, fica abandonado a todas as correntes do materialismo e da negação, sem preservativo contra os grosseiros apetites, sem defesa, nos dias de miséria, contra as sugestões do suicídio ou da depravação.

* * *

Desde as idades da fé cega, a sociedade cristã está, por conseguinte, reduzida a viver de um retrógrado ideal, de uma concepção do universo e da vida, inconciliável em muitos pontos com as descobertas da Ciência e as aspirações da humanidade. Daí uma intensa perturbação nos espíritos e nas consciências; daí a alteração de todas as condições necessárias à harmonia social.

Há muito um sopro de liberdade agita o mundo; o pensamento vai-se desembaraçando dos empecilhos que o prendiam; a fé se amesquinhou. Mas os povos latinos conservam o cunho indelével do ensino católico que, durante doze séculos, os afeiçoou a seu talante e neles cultivou as qualidades e os defeitos que os caracterizam, e esses defeitos precipitam a sua decadência.

A doutrina católica, ministrando ao homem uma ideia errônea do seu papel, contribuiu para obscurecer a razão, para falsear o critério às gerações. Não se pôde manter senão recorrendo a argumentos capciosos e sutis, cujo emprego repetido faz perder o hábito de raciocínio e de julgar com retidão as coisas. Pouco a pouco chegou-se a aceitar, a considerar infalíveis sistemas fictícios, em oposição com as Leis naturais e as superiores faculdades da alma.

Essa maneira de ver e de julgar devia forçosamente refletir-se nos atos da vida social e nas conquistas da civilização. Viram-se, por isso, muitas vezes os povos católicos, pelo excesso de confiança neles próprios, perder o senso prático e se apaixonar por empreendimentos sem utilidade e sem alcance.

É o que se evidencia em todas as obras políticas, financeiras e de colonização, nas quais os povos católicos se revelam sensivelmente inferiores às nações protestantes, mais bem preparadas, por sua educação religiosa e pelo espírito de livre-exame, para tudo o que exige a ordem, a previdência, o discernimento, a perseverança no trabalho. Em compensação, os católicos se avantajam nas artes e nas letras; mas é uma insuficiente compensação.

Os povos latinos, nos quais a educação católica desenvolveu o sentimento e a imaginação em detrimento da razão, se entusiasmam facilmente, adotam, sem as amadurecer, certas ideias em cuja execução prosseguem com um ardor e um exagero que conduzem muitas vezes à perda e à ruína. As paixões sempre muito vivas, quando a razão não as vem refrear, levam esses povos à instabilidade: as modas, as ideias, os gostos neles variam muitas vezes, em detrimento das obras sólidas e duradouras.

Por isso se veem as nações anglo-saxônias e de religião protestante serem bem-sucedidas onde os povos latinos fracassam. Cada vez mais a iniciativa nas obras de progresso, a conquista e a colonização do globo passam para as mãos dos povos do Norte, que crescem e se fortificam sem cessar, em prejuízo das nações latinas e católicas.

A influência nos costumes não é menos prejudicial. O caráter latino, o espírito francês em particular, durante séculos afeiçoado pelo Catolicismo, tornou-se pouco afeito às coisas sérias e profundas. Na França, as conversações são de ordinário frívolas; fala-se preferentemente de prazeres, de coisas fúteis; a maledicência, a crítica maliciosa, o hábito da difamação, ocupam nas conversações um largo trecho. Destroem, pouco a pouco, o espírito de benevolência e tolerância que liga os membros de uma mesma sociedade; fomentam entre os homens o espírito de malícia, a inveja e o rancor.

Esses defeitos não se encontram no mesmo grau nas sociedades protestantes. Nelas a instrução é mais desenvolvida, as conversações são em geral mais sérias e a maledicência mais atenuada. As pessoas acham-se mais ligadas à Religião e a praticam com maior escrúpulo. Na maioria dos povos católicos, ao contrário, a Religião tornou-se uma questão de forma, um partido político, antes que uma convicção; a moral evangélica é por eles cada vez menos observada. Os gestos sérios rareiam; cada qual quer satisfazer suas inclinações, sobressair e gozar.

Parece que a Igreja Romana, em seus ensinos, se aplica a ocupar o Espírito, a desviá-lo para as vias do sentimento, no intuito de lhe fazer esquecer o verdadeiro fim do estudo, que é a posse da verdade. Ela não oferece às inteligências senão uma ilusória nutrição, uma quimérica doutrina, perfeitamente adaptada, porém, aos seus interesses materiais.

As pompas do culto, as festas numerosas, as cerimônias prolongadas, desviam os fiéis das árduas investigações, do frutífero labor, e os induzem à ociosidade. Todo trabalho é antes um constrangimento que benéfica necessidade. Suportam-no sem o amar. Por isso, encontra-se mais ignorância e maior miséria nas nações latinas do que nos povos do Norte.

Seria, sem dúvida, injusto atribuir à Igreja todos os defeitos da nossa raça; o caráter francês é, por natureza, volúvel, impressionável, pouco refletido; mas o Catolicismo agravou esses defeitos aniquilando, com a sua doutrina, o emprego da razão e o espírito de observação, exigindo dos seus fiéis uma credulidade cega, a respeito de afirmações destituídas de provas.

Não é impunemente que se calca aos pés, durante séculos, a razão, essa faculdade máter, dada por Deus ao homem para guiá-lo nas sendas do destino. Desse modo se prepara, fatalmente, o rebaixamento das nações.

Em muitos casos, não se nos apresenta o Catolicismo apenas como doutrina religiosa, mas também como poder temporal, envolvido em todas as contendas deste mundo, animado do desejo de adquirir uma autoridade absoluta e de pretenso direito divino. Esse duplo aspecto contribuiu largamente para subtrair ao Catolicismo essa dignidade serena, esse desprendimento das coisas materiais que deveriam fazer o prestígio das religiões. Parece não ser a ele que se aplica o que disse Jesus: "Meu reino não é deste mundo".

Em todos os tempos o Catolicismo se duplicou de um partido político, pronto a secundar os esforços da reação contra a corrente das ideias modernas. Sob esse ponto de vista, pode dizer-se que a educação católica desenvolve o espírito de intolerância e estimula a resistência ao progresso; alimenta no seio das nações um instinto de luta, um estado de antagonismo e de discórdia, mediante o qual se despendem e anulam muitas reservas morais e intelectuais.

A sociedade acha-se por esse motivo dividida em dois campos inimigos; a oposição se perpetua em duas metades nacionais, uma querendo avançar para o futuro e outra a retrogradar para o passado. Esgotam, assim, as suas forças vivas em detrimento da paz e da prosperidade gerais.

A Igreja Romana que, durante quinze séculos, sufocou o pensamento e oprimiu a consciência em nome da unidade da fé; que se associou a todos os despotismos, sempre que tinha interesse em fazê-lo, arroga-se hoje o princípio de liberdade. Seria uma reivindicação muito legítima, se, por liberdade, não entendesse ela o privilégio. Necessário é, porém, observar que jamais pôde o Catolicismo conciliar-se com o espírito de liberdade. Este não pôde manifestar-se no mundo senão no dia em que o poderio da Igreja decresceu. Os progressos de um estiveram sempre em proporção exata com a diminuição do outro, enquanto que os modernos protestantes, habituados pela sua religião a usar da liberdade, têm sabido aplicá-la à vida política e civil.

Agora mesmo, não condena a Igreja o livre-pensamento, como condenou outrora o livre-exame aplicado à interpretação das Escrituras? Não proíbe a todos os seus raciocinar e discutir a Religião? E é ainda isso o que nos demonstra como as opiniões da Igreja Romana se afastaram dos princípios do verdadeiro Cristianismo.

Aqui está o que dizia Paulo: "Examinai tudo: abraçai o que é bom" (I Tessalonicenses, 5:21). "Onde há o espírito do Senhor, aí há liberdade" (II Coríntios, 3:17).

A doutrina de Jesus, tal como se expressa nos evangelhos e nas Epístolas, é doutrina de liberdade. A afirmação dessa liberdade moral e da supremacia da consciência é repetida em quase todas as páginas do Novo Testamento.

Foi por terem desconhecido esse fato que os chefes da Igreja fizeram desorientar o Cristianismo e oprimiram as consciências. Impuseram a fé em vez de a solicitar à vontade livre e esclarecida do homem, e assim fizeram da história do Catolicismo o calvário da humanidade.

Outro tanto se pode dizer da razão, tão ultrajada pelos sacerdotes daquele que foi a Razão personificada, o Verbo, a Palavra.

Esqueceram que a razão, *essa luz,* diz João, *com que todo homem vem a este mundo,* é una; que a razão humana, centelha desprendida da razão divina, dela não difere senão em poder e extensão e que, obedecer às suas leis, é obedecer a Deus.

"Ó Razão!" — dizia Fenelon em momento de profunda intuição — "não és tu o Deus que procuro?".

Se a Igreja tivesse compreendido a essência mesma do Cristianismo, ter-se-ia abstido de lançar o anátema ao raciocínio e de imolar a liberdade e a Ciência no altar das superstições humanas.

O direito de pensar é o que de mais nobre e de maior existe em nós. Ora, a Igreja sempre se esforçou por impedir o homem de usar desse direito. E lhe disse: "Crê e não raciocines; ignora e submete-te; fecha os olhos e aceita o jugo". Não é isso ordenar que renunciemos ao divino privilégio?

Porque a razão, desdenhada pela Igreja, é de fato o instrumento mais seguro que o homem recebeu de Deus para descobrir a verdade. Desconhecê-la é desconhecer o próprio Deus, que é a sua fonte. Não é por meio dela que o homem esclarece e resolve todos os problemas da vida social, política e doméstica? E pretenderiam que a repudiasse quando se trata de verdades religiosas que ele não pode penetrar sem o seu concurso?

Relativa e falível em si mesma, a razão humana se retifica e se completa remontando à divina fonte, comunicando com essa razão absoluta que a si mesma se conhece, reflete e possui, e que é Deus.

Podem ser necessárias faculdades assaz elevadas para inventar e corporificar sistemas errôneos, para os defender e propagar. A verdade, simples e clara, é apresentada e compreendida pelos Espíritos mais humildes, quando sabem utilizar-se da razão, ao passo que os sofistas que a excluem, afastam-se cada vez mais da verdade, para se emaranharem num dédalo de teorias, de dogmas, de afirmações, em que se perdem. Para tornarem a encontrar a vereda segura, ser-lhes-á preciso destruir o que penosamente edificaram e voltar a essa razão menosprezada, única que lhes dá o sentido real da vida e o conhecimento das Leis divinas.

Assim se confirmam estas palavras das Escrituras: "Ocultou-se aos sábios o que foi revelado aos pequeninos".

Acabamos de pôr em evidência as consequências da educação religiosa em nosso país. Sua influência, por vezes tão nociva na prática da vida, persiste depois da morte e reserva às almas crédulas profundas e cruéis decepções. Quantos católicos nos têm descrito, em numerosas comunicações mediúnicas, as suas angústias, quando, confiantes nas prometidas recompensas, imbuídos das ideias de paraíso e redenção, se viram no espaço vazio, imenso e melancólico, errantes, anos inteiros em busca de uma quimérica felicidade e nada compreendendo desse novo meio, tão diferente do que lhes fora tantas vezes exaltado! Suas acanhadas percepções, a compreensão velada por doutrinas e práticas abusivas, não lhes permitiam apreender as belezas do universo fluídico.

E quando, em pesquisas e peregrinações extraterrestres, encontram esses padres, seus educadores religiosos, restituídos como eles ao estado de Espírito, as queixas e exprobrações não encontram, de sua parte, senão a perturbação e a ansiedade que a eles próprios atribulam.

Triste efeito de um ensino falso, tão ineficiente para aparelhar as almas aos combates e realidades do destino.

* * *

No desenvolvimento deste estudo, aconteceu-nos muitas vezes confrontar as doutrinas da Igreja Romana com as do Protestantismo e fazer sobressair, em certos pontos, a superioridade destas últimas. Daí, segue-se que consideremos o Protestantismo a mais perfeita das religiões? Tal não é o nosso pensamento.

O Protestantismo, em seu culto e prédicas, aproxima-se vantajosamente, é certo, da simplicidade e das concepções dos primeiros cristãos.

Não despreza a razão, como faz o Catolicismo, mas, ao contrário, respeita-a, apoia-se nela. Sua moral é mais pura e a sua organização sem fausto e aparato. Suprime a hierarquia sacerdotal, o culto à Virgem e aos santos, as práticas fastidiosas, as longas orações, os rosários, os bentinhos, todo o arsenal pueril da devoção católica. O pastor não é mais que um professor de moral, encarregado de presidir às cerimônias religiosas, reduzidas ao batismo, à comunhão e à prédica, a abençoar os casamentos, assistir os pobres, os enfermos e os moribundos.

O Protestantismo estabelece o livre-exame, a livre interpretação das Escrituras. Com isso desenvolve o entendimento e favorece a instrução, em todos os tempos considerada perigosa pela Igreja Romana. O protestante se mantém, portanto, livre e aprende a dirigir-se por si mesmo, ao passo que o católico abdica sua razão e sua liberdade nas mãos do sacerdote.

Entretanto, por maior que seja a obra da reforma do século XVI, ela não poderia satisfazer as necessidades atuais do pensamento. O Protestantismo conservou, da bagagem dogmática da Idade Média, muitas coisas inaceitáveis. A autoridade do papa substituiu a do livro; mas a *Bíblia*, interpretada mediante o livre-exame, não pode ser considerada produto da inspiração divina.[94] As consciências que conseguiram subtrair-se ao jugo de Roma não se poderiam colocar sob o de uma obra, sem dúvida respeitável e que é preciso tomar em consideração, mas de origem puramente humana, semeada de ficções e alegorias, sob as quais o pensamento filosófico se dissimula e desaparece o mais das vezes.

Lutero proclamava a divindade de Jesus, o seu miraculoso nascimento e a sua ressurreição; Calvino impõe os dogmas da trindade e da predestinação. Os artigos da *Confissão de Augsburgo* e da *Declaração de la Rochelle* afirmam o pecado original, o resgate pelo sangue do Cristo, as penas eternas, a condenação das crianças mortas sem batismo.

Entre os protestantes, mesmo ortodoxos, quantos haverá hoje que subscrevam essas afirmações e aceitem em seu conjunto o símbolo dos apóstolos, lido em todos os templos e que os apóstolos jamais conheceram?

Ao lado da ortodoxia protestante um grande partido se formou sob a designação de protestantismo liberal. Repudia os dogmas que acabamos de enumerar e limita-se a reconhecer a grandeza moral de Jesus e de seus

---

[94] Ver nota complementar nº1, no fim do volume.

ensinamentos. Esse partido conta em suas fileiras com Espíritos muito esclarecidos, animados de louvável sentimento de tolerância e grande amor ao progresso — homens dignos de admiração e simpatia.

Mas os protestantes liberais colocam-se em situação falsa e delicada. Persistem em se conservar na igreja reformada, depois de haverem rejeitado, um a um, quase todos os pontos de doutrina. Tomaram larga parte nos consideráveis trabalhos de que falamos no começo desta obra, trabalhos empreendidos acerca das origens do Cristianismo e da autenticidade dos sagrados livros. Submeteram ao crivo de uma crítica rigorosa todos os documentos em que repousa a tradição cristã. A aplicação do livre-exame os impeliu a constantes investigações, em consequência das quais os dogmas, os milagres e grande número de fatos históricos perderam todo o crédito aos seus olhos. Desse exame, só uma coisa ficou de pé — a moral evangélica.

Os protestantes liberais foram levados a colocar o princípio da liberdade e da supremacia da consciência acima da unidade da fé; agindo desse modo, destruíram os laços religiosos que os vinculavam à Igreja reformada. Não são mais, realmente, protestantes; são antes cristãos livres-pensadores.

É, portanto, uma anomalia praticarem, em todas as suas formas, um culto que tão escassamente corresponde às suas próprias aspirações. Parece-nos que melhor coisa se poderia fazer, nas assembleias religiosas dos "protestantes liberais", que ler e comentar unicamente a *Bíblia*, cantar salmos calcados sobre velhas árias, falar de um "Deus zeloso e forte", ou recomendar aos habitantes de Paris, como todos os domingos fazem no templo do Oratório, que não cobicem "nem o boi nem o asno do seu próximo". Semelhante culto e tais exortações poderiam convir aos povos pastores da Antiguidade; já não correspondem às necessidades, às ideias, às esperanças dos cristãos contemporâneos.

Às aspirações modernas são necessárias outras expressões, outras formas, outras manifestações religiosas. É preciso uma linguagem e cânticos que falem à alma, que a atraiam, emocionem e façam vibrar íntimas cordas. Permanecendo sóbrio e inteiramente simples, o culto deve inspirar-se na arte musical contemporânea e esforçar-se por elevar o pensamento às divinas esferas, às regiões imáculas do ideal.

Em resumo, o Protestantismo pode ser considerado, em seu conjunto, superior ao Catolicismo, no sentido de que mais se aproxima do pensamento do Cristo. Demasiadamente adstrito, porém, à forma e à letra, não poderia bastar às solicitações do espírito moderno.

Faria obra de utilidade se abandonasse o legado da Reforma para, exclusivamente, inspirar-se no espírito evangélico. O espírito da Reforma tinha sua razão de ser no século XVI, ao termo de um longo período de treva e despotismo; ao mundo moderno já não pode oferecer senão fantasias teológicas e motivos de divisão entre os membros da grande família cristã.

O que é presentemente necessária à humanidade não é mais uma crença, uma fé decorrente de um sistema ou de uma religião particular, inspirada em textos respeitáveis, mas de autenticidade duvidosa, em que a verdade e o erro se mesclam e se confundem. O que se impõe é uma crença baseada em provas e em fatos; uma certeza fundada no estudo e na experiência, de que se destacam um ideal de justiça, uma noção positiva do destino, um estímulo de aperfeiçoamento, suscetíveis de regenerar os povos e ligar os homens de todas as raças e de todas as religiões.

Muitos laços históricos e religiosos prendem, incontestavelmente, a alma moderna à ideia cristã, para que possa deixar de por ela interessar-se. Há no Cristianismo elementos de progresso, germes de vida moral e social, que, desenvolvendo-se, grandes coisas podem produzir. A doutrina do Cristo contém muitos ensinos que ficaram incompreendidos e os quais, sob mais esclarecidas influências, podem produzir frutos de amor e sabedoria, resultados eficazes a favor do bem geral. Sejamos cristãos, mas, elevando-nos acima das diversas confissões, até a fonte pura de que brotou o Evangelho. Amemos o Cristo, mas coloquemo-lo superior às seitas intolerantes, às igrejas que se excluem mutuamente e se anatematizam. O Cristo não pode ser jesuíta, nem jansenista, nem huguenote; seus braços estão amplamente abertos a toda a humanidade.

* * *

Vimos acima quais as consequências da educação religiosa em nosso país. Se a educação católica, em particular, é incompleta e semeada de ilusões, deve o ensino leigo, por isso, ser-lhe preferido?

O ensino leigo produz efeitos opostos aos que havemos indicado. Confere aos homens o espírito de independência; exime-os da tutela governamental e religiosa, mas ao mesmo tempo enfraquece a disciplina moral, sem a qual não se pode manter coesa a sociedade.

Esse ensino não é, como pretendem seus detratores, inteiramente destituído de princípios; entretanto, não tem sabido oferecer à vida um elevado objetivo; nada pôde colocar no lugar do ideal cristão; afrouxou os laços de solidariedade que devem unir os homens e conduzi-los para um fim comum.

Por isso é que em nosso país o espírito familiar e a autoridade paterna se têm enfraquecido. Os pais parecem subordinados dos próprios filhos, nos quais já se não encontram os sentimentos respeitosos que constituem a força da família e asseguram à velhice a necessária autoridade. Essas causas de enfraquecimento parecem, pouco a pouco, invadir todo o organismo social. Quase por toda parte se contraem novos hábitos e maneiras de viver, de que são excluídas as coisas sérias, únicas capazes de fortalecer o espírito e orientá-lo no sentido da prática incessante do dever.

O ensino primário não proporciona mais que uma instrução apenas esboçada e cedo posta à margem, uma instrução prematura, destituída de vínculo, de encadeamento e, sobretudo, de remate. Ela não é completada por esse elemento indispensável do ensino moral. Deixa a criança e, por conseguinte, o homem, na ignorância das coisas mais essenciais: as grandes leis da vida.

Quando, dos 12 aos 14 anos, o aluno das escolas primárias, munido do seu certificado de exames, é lançado ao combate dos interesses, à grande batalha social, falta-lhe esse fundo sólido, esse conhecimento da verdade e do dever, que é o sustentáculo supremo, a mais necessária arma para as lutas da existência.

Tudo o que lhe disseram sobre os deveres do homem — e se reduz a muito pouca coisa — disseram-lho numa idade em que ele não podia dar valor a isso. E tudo se vai esmigalhar, dissipar, sem deixar vestígios.

Dir-se-ia, porém, que, se a instrução primária é insuficiente, mal exposta, mal digerida, um pouco mais alto, no ensino clássico e superior deve encontrar o rapaz ampla messe de princípios, noções essenciais à consecução de um elevado fim? Pois bem! ainda nisso há ilusão. Reporto-me, nesse ponto, à opinião de um escritor competente. Francisque Sarcey declarava em uma das suas crônicas no *Petit Journal* (7 de março 1894): "Dos meus estudos clássicos, da minha passagem pelas classes de Filosofia, não colhi noção alguma positiva acerca dos destinos da alma humana".

Isso nos faz recordar a conhecida apreciação de um bom juiz em tal matéria: a Filosofia clássica não é mais que a história das contradições do espírito humano.

O materialismo e o Positivismo reinam quase exclusivamente nas altas esferas políticas, povoadas de inteligências buriladas pelo ensino superior. A influência dessas teorias se reflete sobre toda a vida política e social e, concorrentemente com as doutrinas do Catolicismo, contribui para deprimir os caracteres e as vontades.

Quando penetramos até ao fundo das coisas, a despeito de algumas ligeiras aparências de espiritualismo, somos obrigados a reconhecer que o ensino leigo encontra-se, em todos os graus, impregnado de ceticismo, inspirado pelas filosofias negativas. Daí a sua impotência para incutir na criança noções profundas de moralidade.

Porque é em vão que se preconiza a moral, independente de qualquer crença e de qualquer religião; a experiência demonstra que, quanto mais se espalham as concepções materialistas e ateístas, mais se subtraem as consciências aos princípios de moralidade e, por consequência, aos deveres que eles impõem. A desmoralização coincide com a subversão das crenças.[95]

É verdade que nos falam muito de altruísmo; mas o altruísmo não passa de palavra vã, teoria destituída de base e sanção. É semente lançada à rocha e condenada a perecer; porque não basta semear, é necessário ainda preparar o terreno. As sábias noções do altruísmo não seriam capazes de comover e moralizar indivíduos saturados da ideia de que a luta das necessidades e dos interesses é a lei suprema da existência, convencidos de que todas as esperanças, todos os impulsos generosos vão terminar em nada.

O materialismo, reação vigorosa e inevitável contra o dogma e a superstição, penetrou em todas as camadas da sociedade francesa. Nos espíritos cultos ele se adorna com o nome de Positivismo. Quaisquer que sejam, entretanto, os nomes com que se decorem as filosofias negativas e as diferenças que caracterizem os seus métodos, as suas investigações, limitando-se às coisas concretas, ao domínio da matéria e das forças elementares, conduzem aos mesmos resultados. Pode-se, por esse motivo, reuni-las em uma apreciação comum.

O materialismo teve a sua hora de triunfo. Em dado momento, suas teorias predominaram na Ciência. Em suas lutas contra uma opressão secular, em seus esforços por libertar a consciência e permitir livre

---

[95] Um escritor materialista de nomeada, o Sr. Emílio Ferrière, confessa em sua obra *A causa primária* (Alcan, 1897), que a ciência materialista é incapaz de organizar um plano lógico de moral.
"Quanto às conclusões morais", diz ele, "as trevas são de tal modo espessas e tão violentas as contradições, que ficamos reduzidos ao único partido filosófico prudente, a saber: resignar-se à ignorância".

surto ao pensamento, ele bem o mereceu da humanidade. Poderoso, porém, para destruir, nada pôde edificar. Se liberta a alma humana da rede de superstições em que ela se debate, é para em seguida a deixar vagando ao acaso, sem guia e sem apoio. Ignora, ou pretende ignorar, a verdadeira natureza do homem, as suas necessidades e aspirações, porque se sente incapaz de as satisfazer. Destrói o edifício das velhas crenças — acanhado edifício que já não era suficiente para abrigar o pensamento e a consciência — e, em lugar de uma construção mais espaçosa, melhor esclarecida, é o vácuo o que lhes oferece, é um abismo de miséria moral e desesperança. Por isso, todas as almas sofredoras, todas as inteligências apaixonadas de ideal, que cederam às suas sugestões acabam, cedo ou tarde, por abandoná-lo.

Se as correntes de ideias materialistas penetraram das altas regiões políticas até as mais profundas camadas sociais, em compensação, no domínio da Ciência, perderam em grande parte a influência. As experiências da moderna Psicologia têm sobejamente demonstrado que tudo não é exclusivamente matéria ou força, qual afirmavam Buchner, Karl Vogt, Júlio Soury e outros; provaram que a vida não é uma propriedade dos corpos, que se esvai com eles.[96] Depois das experiências do Dr. Luys, De Baraduc, de Rochas, Myers, Richet etc., não se ousaria mais dizer com Karl Vogt que *o cérebro segrega o pensamento como o fígado segrega a bílis*. Pesam-se as secreções do corpo humano, mas quem, porventura, pesou o pensamento? A própria teoria atomística desacreditou-se. O átomo, base essencial do universo, no dizer dos materialistas, é agora reputado pelos químicos uma pura abstração. É o que diz Berthelot em suas *Origens da química*, página 320: "O éter dos físicos e o átomo dos químicos se desvanecem para ceder o lugar a concepções mais elevadas, que tudo tende a explicar pelos exclusivos fenômenos do movimento".

W. Ostwald, professor de Física na Universidade de Leipzig, em seu estudo intitulado *A derrota do atomismo* (*Revista Geral das Ciências*, de novembro 1895), exprime-se nestes termos a respeito do átomo e da teoria mecânica do universo, a qual abrange ao mesmo tempo a mecânica celeste e os fenômenos da vida orgânica: "É uma invenção muito imperfeita. A tentativa nem mesmo tem o valor de uma hipótese subsidiária. É um puro e simples erro".

---

[96] Ver *Depois da morte* — Parte primeira, cap. VIII, *A crise moral*.

O Sr. Ostwald acredita, como Newton, que devem existir princípios mais elevados que os atualmente conhecidos.

Dessas apreciações dos homens mais competentes resulta que os materialistas construíram o edifício da Ciência sobre a base mais frágil que se possa imaginar.

O materialismo vê apenas o primeiro plano das coisas; não abrange senão um único aspecto da realidade. A matéria é, incontestavelmente, um mundo magnífico quando a consideramos na majestosa unidade das suas leis. Mas a matéria, mesmo que pudéssemos conhecê-la em essência, não é tudo. Não representa mais que o aspecto inferior do mundo e da vida.

A filosofia sobre tais noções arquitetada, baseia suas conclusões no testemunho exclusivo dos sentidos; ora, os nossos sentidos são limitados e insuficientes; muitas vezes nos enganam. Não é com os sentidos físicos, nem com os instrumentos de precisão, ou com retortas, que se descobrem as causas e as leis superiores. Só a razão pode conhecer a razão suprema das coisas.

Com o seu acurado estudo das formas físicas, os materialistas acreditaram penetrar todos os segredos da natureza. Dela não consideravam, realmente, senão o aspecto menos sutil; faziam abstração de todo um conjunto de forças e de causas, sem o conhecimento das quais toda explicação do universo é impossível.

Os materialistas fizeram como o mineiro que sob a terra cava o aurífero filão. A cada passo descobre ele novos tesouros, novas riquezas, e o mesmo aconteceu à ciência positiva — justiça se lhe faça — mas, à medida que prossegue na tarefa, o mineiro perde de vista a luz do dia, o domínio esplêndido da vida, para engolfar-se nas regiões da noite, da morte e do silêncio. Assim procedeu o materialismo.

Nas altas esferas intelectuais, a derrota do materialismo esteve a pique de arrastar consigo a da Ciência. Lançaram a esta a pedra, como se pudesse ela ser responsabilizada pelas teorias formuladas em seu nome. Em vibrantes artigos, foi acusada de não haver dado o que o espírito humano tinha o direito de esperar.

O Sr. Séailles diz, em seu discurso proferido por ocasião da abertura da Faculdade de Letras, em 1894: "A Ciência moderna conduz à confusão do pensamento, que se perde no mundo que ela descerra, e sepulta-se em sua vitória".

Outros asseguravam, com o Sr. Brunetière, que a Ciência havia feito bancarrota. Evidentemente, isto é excessivo e inexato. O que fez bancarrota, realmente, não foi a Ciência em seu conjunto, foram certas teorias baseadas no materialismo e no Positivismo.

Se atiram a luva à Ciência, não é que desconheçam os serviços que prestou e presta, todos os dias, à humanidade. Ninguém pode dizer que a Ciência não contribuiu, em larga escala, para o desenvolvimento do progresso material e da civilização. Vimos acima que foi graças a ela, às suas descobertas, que se retificaram as concepções errôneas da Teologia.

Razão de estranheza há, todavia, ao considerarmos a sua impotência para fornecer ao homem o verdadeiro conhecimento de si mesmo e das leis que regem o seu destino. Ora, sente-se vagamente que a Ciência teria podido conduzir a esses resultados se, em lugar de encerrar-se no estudo da matéria, tivesse querido explorar sinceramente, com perseverança, todos os domínios da vida. Sob a pressão das doutrinas negativas, a Ciência perdeu-se na análise, no estudo fragmentário da natureza física. Mas a poeira da Ciência não é a Ciência; a poeira da Verdade não é a Verdade.

A humanidade, fatigada das concepções metafísicas e das soluções teológicas, tinha voltado o olhar e as esperanças para a Ciência. Pedia-lhe o segredo da existência, uma crença, uma nova fé para substituir a dos templos, que se abate. Pedia-lhe a solução desses problemas da vida, que a dominam, assediam, envolvem nas suas profundezas.

Diante desses reclamos reiterados, a Ciência permaneceu muda, ou antes, se em certos casos formulou uma solução, a ideia dominante que dela se destacava era a ideia do nada. Daí a decepção, a irritação de certos pensadores; daí as acusações que se levantaram. Essas acusações, porém, devem recair exclusivamente sobre as escolas materialistas. A Ciência, em seu conjunto, desde que se tiver desembaraçado desses empecilhos, saberá completar-se mediante concepções mais esclarecidas e elevadas, que já começa a entrever. Sociedades oficialmente constituídas, como o Instituto Geral Psicológico, sob a sucessiva direção do Dr. Duclaux e do Prof. d'Arsonval, empreenderam pesquisas em um novo domínio — o do Psiquismo. E se a conclusão do relatório publicado em 1909, por aquele Instituto, não é ainda afirmativa, nem por isso a atenção dos seus membros, voltada agora para essas questões essenciais, poderá delas jamais se desviar. Suas experiências, prosseguidas em condições mais favoráveis, hão de provar-lhes a existência de um mundo excluído até agora de suas investigações, mas cuja realidade cedo ou tarde se lhes há de impor.

* * *

Uma coisa sempre nos surpreendeu profundamente: é que, entre os homens de espírito liberal que dirigem os destinos da República, muitos se acreditam e se confessam materialistas e ateus. Como não compreenderam que o materialismo, baseando-se na fatalidade cega e consagrando o direito da força, não pode produzir homens livres? Os democratas de 89 e de 48 tinham outras concepções.

Segundo as teorias materialistas, o homem não passa de máquina governada por instintos. Ora, para uma máquina não pode haver liberdade, nem responsabilidade, nem leis morais, porque a moral é lei do espírito. E sem lei moral, em que se torna a ideia do dever? Subverte-se, e com ela toda a ordem estabelecida. Uma sociedade não pode viver, desenvolver-se e progredir senão firmada na ideia do dever, ou, por dizer diversamente, na virtude e na justiça. Estas as bases únicas, possíveis, da ordem social. Por isso é que esta jamais pôde conciliar-se com o ateísmo e o materialismo; porque, do mesmo modo que a superstição e a idolatria levam ao arbítrio e ao despotismo, o materialismo e o ateísmo conduzem logicamente à depressão das forças sociais, muitas vezes até a anarquia e o niilismo.

O materialismo, com a noção puramente mecânica do universo e da vida, lançou no domínio do pensamento uma noção acabrunhadora do futuro. A seu ver, o homem não é mais que joguete do acaso, simples rodeta da grande e cega máquina do mundo. A existência não passa de luta áspera, feroz, em que domina a força, em que os fracos sucumbem fatalmente. Quem não conhece a doutrina do *struggle for life*, graças à qual a vida se torna um sinistro campo cerrado, onde os seres passam, se sucedem, se impelem, para acabar submersos nas profundezas do nada?

É com semelhantes teorias difundidas nas massas que o materialismo se constituiu um verdadeiro perigo social. Desse modo, tornou mais pesado ao homem o fardo das misérias e mais sombrias as perspectivas da existência; diminuiu a energia humana, compeliu o desgraçado à tristeza, ao desespero, ou à revolta.

Como, pois, estranharmos que os casamentos se tornem cada vez mais raros e os infanticídios, suicídios, alienações mentais se multipliquem? Em nossos dias, como sinal dos tempos veem-se, muitas vezes, jovens de ambos os sexos, quase crianças, recorrer ao suicídio por motivos fúteis.[97] O exército do vício e do assassínio engrossa em proporções assustadoras.

Com as teorias da escola materialista a responsabilidade moral desaparece. O homem não é livre, dizem-nos Buchner e seus discípulos; é escravo do meio. O crime se explica pelo atavismo e pela hereditariedade. É um fenômeno natural; é o efeito necessário de uma causa, a consequência de uma fatalidade oculta. Não há, em definitivo, nem bem nem mal! E por esse modo se justificam as mais graves faltas, anestesia-se a consciência, destrói-se toda ideia de sanção moral e de justiça. Se, com efeito, o crime é fatal, é involuntário, não é imputável nem infamante. Se a paixão é irresistível, por que se há de tentar combatê-la? Semelhantes opiniões, propagadas em todas as camadas, têm tido como consequência sobre-excitar ao mais alto grau os apetites, desenvolvendo o sensualismo e os instintos egoístas. Nas classes abastadas, muitos não têm senão um objetivo: suprimir os deveres e as lutas austeras da vida, fazer da existência uma perpétua bacanal, uma espécie de embriaguez, mas embriaguez cujo despertar poderia ser terrível.

Negam o livre-arbítrio e a sobrevivência do ser; negam Deus, o dever, a justiça, todos os princípios sobre que repousam as sociedades humanas, sem se preocuparem com o que pode resultar de semelhantes negações. Não reparam na deplorável influência que elas exercem sobre as multidões, que são, desse modo, impelidas aos excessos. Assim que, pouco a pouco, os caracteres se enfraquecem, a dignidade humana se amesquinha, as sociedades perdem a virilidade e a grandeza.

Uma literatura inspirada pelo tédio da vida surgiu e se espalhou por toda a parte — uma literatura cuja onda sobe, alastra-se, ameaça extinguir toda chama, sufocar no seio da alma humana as esperanças generosas, os santos entusiasmos, submergir o pensamento nas ondas do mais negro pessimismo.

Lede, por exemplo, *O combate social* do Sr. Clemenceau. Prestai atenção ao prefácio dessa obra, de que se exala a triste poesia do nada, em que tudo fala de invasora decrepitude, de morte do pensamento e da consciência do nada, sobretudo, para o qual acredita o autor que todas as coisas rolam ou se arrastam.

---

[97] Segundo as estatísticas, o número daqueles que morreram voluntariamente aumentou em trezentos por cento, de cinquenta anos para cá.

O Sr. Clemenceau descreve as últimas fases da existência na Terra:

> As nossas cidades derrocadas no meio de informes vestígios humanos, as últimas ruínas tombadas sobre a vida expirante, todo o pensamento, toda a arte tragados pela grande morte avassaladora. Toda a obra humana sob a derradeira viscosidade da vida.
> E depois, a derradeira manifestação de vida terrestre será, a seu turno, destruída. Inutilmente, passeará o globo frio e nu a sua indiferença pelos estéreis caminhos do espaço. Encerrar-se-á, então, o ciclo dos últimos planetas irmãos, mortos alguns talvez já, desde agora. E o Sol extinto, seguido do seu fúnebre cortejo, precipitará na noite a sua desordenada carreira para o desconhecido.

Ignora o autor, então, que a vida é eterna? Se no fundo dos céus se extinguem universos, outros se acendem e resplandecem; se há túmulos no espaço, também existem berços. Nada pode ser destruído, uma só molécula, nem um princípio de vida; para cada ser, como para cada mundo, a morte não é mais que transição, o crepúsculo que precede a aurora de um eterno recomeço. O universo é o campo de educação do espírito imortal, a vida o seu conduto de ascensão para um ideal mais belo, iluminado pelos raios do amor e da justiça.

Em definitivo, de tantas lutas, de tantos males e vicissitudes, o que resulta é o bem final dos seres. Desgraçado de quem o não sabe ver e compreender!

Ouçamos ainda o Sr. Júlio Soury, num artigo da *Justiça*, de 10 de maio de 1895, no qual analisa a obra que citamos:

> Que vem a ser o belo, o bem, o verdadeiro, senão meros conceitos, abstrações de abstrações? Ora, um conceito não corresponde a coisa alguma de objetivo. Na natureza não há bem nem mal, nem verdade nem erro, nem beleza nem fealdade. Esses fantasmas não surgem senão em nosso espírito: hão de se desvanecer com o derradeiro homem.
> Nós ignoraremos sempre de que substância é feito este mundo. Nunca chegaremos a saber se no universo há outra coisa além de mecanismos. E lá, onde imperam as leis da mecânica, não há Deus, alma, religião, nem metafísica.

É o mesmo autor que nos dizia:[98] "A vida é um sonho sinistro, uma dolorosa alucinação, por cujo preço seria um bem o nada".

Outros vão mais longe ainda. Um jornalista muito conhecido, Edmond Lepelletier, escrevia a respeito do naufrágio da *Utopia*:

> Todas as vantagens na existência pertencem aos que se acham mais bem armados para triunfar na concorrência vital; e o mais bem armado é o mais implacável, o mais egoísta, o menos acessível aos sentimentos de dor, de humanidade e também de justiça.
> É essa necessidade de luta e essa fatalidade da vitória da força, com desprezo do direito, da justiça, da humanidade, o que faz todo o vigor das sociedades e a salvação das civilizações.

Diz Friedrich Nietzsche:[99]

> Que é o bom? O poder! Que é o mau? A fraqueza! Que é a felicidade? O sentimento de que o poder se engrandece, de que foi superada uma resistência. Comedimento, não; porém mais poder; não a paz antes de tudo, mas a guerra; não a virtude, mas o valor!
> Pereçam os fracos e os estropiados. E que ainda os ajudemos a desaparecer. Que pode haver de mais pernicioso do que não importa que vício? — A piedade pelos fracos e desclassificados!

Eis aí o que os escritores e filósofos materialistas difundem nas folhas públicas. Têm eles verdadeiramente consciência da responsabilidade que contraem? Consideram a messe que tal sementeira produzirá? Sabem que, vulgarizando essas doutrinas desesperadoras e iníquas, metem na mão dos deserdados o facho dos incêndios e os instrumentos de morte?

Ah! essas doutrinas parecem anódinas, inofensivas aos felizes, aos satisfeitos, aos céticos que gozam, que possuem com o necessário o supérfluo, e com as quais justificam todos os seus apetites, desculpam todos os seus vícios; mas os que a sorte fere, os que padecem e sofrem, que uso, que aplicação farão de tais doutrinas?

O exemplo de Vaillant e de Émile Henry no-lo demonstra.

---

[98] *Filosofia natural*, p. 210.
[99] *O anticristo*, por Friedrich Nietzsche.

Vaillant o declarou perante o Tribunal do Sena, em janeiro de 1894. Foi na leitura de obras materialistas que hauriu a ideia do seu crime.

Émile Henry usava da mesma linguagem: "Estudos científicos iniciaram-me no jogo das forças naturais; eu sou materialista e ateu".

E quantos outros, depois, afirmaram as mesmas teorias perante seus juízes!

Ó ciência da matéria! Com as tuas implacáveis afirmações, com as tuas inexoráveis leis do atavismo e da hereditariedade, quando ensinas que a fatalidade e a força regem o mundo, tu aniquilas todo impulso, toda energia moral nos fracos e nos deserdados da existência; fazes penetrar o desespero no lar de inúmeras famílias; instilas o teu veneno até o âmago das sociedades!

Ó materialistas! Apagastes o nome de Deus no coração do povo: dissestes-lhe que tudo se resumia nos prazeres da Terra; que todos os apetites eram legítimos, que a vida era uma sombra efêmera.

E o povo acreditou; calaram-se as vozes íntimas que lhe falavam de esperança e de justiça. As almas fecharam-se à fé para se abrirem às más paixões. O egoísmo expulsou a piedade; o desinteresse, a fraternidade.

Sem ideal em sua triste vida, sem fé no futuro, sem luz moral, o homem retrogradou ao estado bestial; sentiu o despertar dos ferozes instintos, entregou-se à cobiça, à inveja, aos arrastamentos desordenados. E, agora, as feras rugem na sombra, tendo no coração o ódio e a raiva, prontas a despedaçar, a destruir, a amontoar ruínas sobre ruínas.

A sociedade está afetada de profundos males. O espetáculo das corrupções, do impudor, que em torno de nós se ostentam, a febre das riquezas, o luxo insolente, o frenesi da especulação que, em sua avidez, chega a esgotar, a estancar as fontes naturais da produção, tudo isso enche de tristeza o pensador.

E, como na ordem das coisas tudo se encadeia, tudo produz os seus frutos, o mal profusamente semeado parece atrair a dor e a tempestade. Esse o aspecto formidável da situação. Parece que atingimos uma hora sombria da História:

Desgraçados dos que sufocaram as vozes da consciência, que assassinaram o ideal puro e desinteressado, que ensinaram ao povo que tudo era matéria e a morte o nada! Desgraçados dos que não quiseram compreender que todo ser humano tem direito à existência, à luz e, mais ainda, à vida espiritual; que deram o exemplo do egoísmo, do sensualismo e da imoralidade!

Contra essa sociedade que não oferece ao homem nem amparo, nem consolação, nem apoio moral, uma tempestade furiosa se prepara. Fuzilam, por vezes, raios do seio das multidões; a hora da cólera se avizinha. Porque não é sem perigo que se comprime a alma humana, que se impede a evolução moral do mundo, que se encerra o pensamento no círculo de ferro do ceticismo e do negativismo. Chega um dia em que esse pensamento retrocede violentamente, em que as camadas sociais são abaladas por terríveis convulsões.

Ergue, porém, a tua fronte, ó homem! e recobra a esperança. Um novo clarão vai descer dos espaços e iluminar o teu caminho. Tudo o que até agora te ensinaram era estéril e incompleto. Os materialistas não perceberam das coisas mais que a aparência e a superfície. Eles não conhecem da vida infinita senão os aspectos inferiores. O sonho deles é um pesadelo.

Sem dúvida, se considerarmos o espetáculo da vida na Terra, forçoso é reconhecer que o que nela predomina, nas inferiores regiões da natureza, é a luta ardente, o combate sem tréguas, a perpétua guerra com que cada ser procura conquistar um lugar ao sol. Sim, os seres se engalfinham e as forças universais se chocam em luta gigantesca; mas, em definitivo, o que dessa luta resulta não é o caos, a confusão, como se poderia esperar de forças cegas; é o equilíbrio e a harmonia. Por toda a parte a destruição dos seres e das coisas não é senão o prelúdio de reconstruções, de novos nascimentos.

E que importa a morte aparente, se a vida é imortal, se o ser é, em sua essência, imperecível; se mesmo essa morte é uma das condições, uma das fases da sua elevação?

É preciso não enxergar somente a evolução material. Essa não é mais que uma face das coisas. A destruição dos organismos nada prova. São passageiras construções; o corpo é apenas uma veste. A realidade viva reside no ser psíquico, no Espírito. É ele quem anima essas formas materiais. O Espírito torna a encontrar-se integral no Além-túmulo, com as qualidades adquiridas e os merecimentos acumulados, pronto para novas ascensões. Torna a encontrar-se revestido desse invólucro sutil, desse corpo fluídico que lhe é inseparável, que existia antes do nascimento, subsiste atualmente em cada um de nós e sobreviverá à morte; a existência desse corpo sutil está demonstrada por experiências cotidianas de desdobramento, de exteriorização da sensibilidade, pela aparição, a distância, dos fantasmas de vivos durante o sono, assim como pela de pessoas falecidas.[100]

Acerca de outros pontos, não são mais felizes as teorias materialistas. Dizem que tudo o que caracteriza o espírito humano: aptidões, faculdades, vícios e virtudes, tudo se explica pela lei de hereditariedade e pela influência do meio. Reparai em torno de vós; vereis um desmentido a esta asserção, nos próprios fatos. Certo, é considerável a influência das condições materiais; obriga às vezes ao seu jugo, alguns Espíritos. Quantos outros, porém, graças à vontade, à coragem, à perseverança, têm sabido elevar-se da mais obscura posição, das classes mais inferiores, até as alturas em que brilha o gênio! Quantos pensadores, sábios, filósofos, nascidos na pobreza, têm sabido, por seus esforços, atingir as maiores culminâncias! É necessário mencioná-los? Recordemos apenas que Copérnico era filho de um padeiro; Képler, filho de um taverneiro, foi também, por sua vez, caixeiro de taverna, em moço; d'Alembert, enjeitado, apanhado em noite invernosa, à porta de uma igreja, foi educado pela mulher de um vidraceiro; Newton e Laplace eram filhos de pobres camponeses; Humphry Davy, criado de um farmacêutico; Faraday, operário encadernador; Franklin, aprendiz de impressor. Todos esses e milhares de outros souberam reagir contra as mais desfavoráveis condições, triunfar dos maiores obstáculos, adquirir uma reputação indestrutível.

Não são, pois, a condição nem a origem que dão o talento. Um pai ilustrado pode ter uma descendência medíocre. Dois irmãos podem parecer-se fisicamente, nutrir-se com os mesmos alimentos, receber a mesma educação, sem ter por isso as mesmas aptidões, as mesmas faculdades.

Em desmentido às teorias negativas, tudo, ao contrário, demonstra que a inteligência, o gênio, a virtude, não são o resultado das condições materiais, mas que, longe disso, se afirmam como um poder superior a essas condições e muitas vezes as dominam e governam.

Sim, inegavelmente, de um modo geral, a matéria pesa grosseiramente sobre o espírito e lhe estorva os surtos; mas também, muitas vezes, a vontade se ergue e subjuga as resistências da carne, até no meio das torturas mais cruéis. Não o vemos em todos os que sofreram

---

[100] Ver *No invisível: espiritismo e mediunidade*. Segunda parte, cap. XX, *Aparições e materializações de Espíritos*.

e morreram por uma grande causa, em todos os mártires que deram pela verdade a própria vida? É Giordano Bruno preferindo o suplício à retratação; Campanella que sofre sete vezes a tortura e sete vezes recomeça as suas sátiras mordazes contra os inquisidores; Joana d'Arc, que morre na fogueira; Sócrates, que prefere beber a cicuta a renegar suas doutrinas. É Petrus Ramus, Arnaldo de Brescia, Jan Huss, Jerônimo de Praga, Savonarola.

Em todos esses grandes supliciados vemos afirmar-se a cintilante superioridade do espírito sobre a matéria. O corpo, atormentado pelo sofrimento, se estorce e geme, mas lá está a alma que se impõe e domina as revoltas da carne.

Tudo isso nos demonstra que imenso tesouro é a vontade, faculdade máter, cuja utilização constante e esclarecida tão alto pode elevar o homem. A vontade é a arma por excelência que ele precisa aprender a utilizar e incessantemente exercitar. Os que, com os seus sofismas, a procuram deprimir e entorpecer, cometem a mais funesta ação.

Não é, realmente, bem amargo assinalarmos que as doutrinas mais difundidas entre nós, o Catolicismo de um lado, o materialismo do outro, concorrem ambas para aniquilar ou, pelo menos, dificultar o exercício das potências ocultas no ser humano — razão, vontade, liberdade — potências mediante as quais poderia o homem realizar tão grandes coisas e criar para si um esplêndido futuro?

Como, depois disso, nos admirarmos de que a nossa civilização ainda apresente tantas chagas repugnantes, desde que o homem a si mesmo se ignora, ignorando a extensão das riquezas que nele a mão divina colocou para sua felicidade e elevação?

* * *

A humanidade, no círculo da vida, debate-se entre dois erros: um que afirma e outro que nega; um que diz ao homem: crê sem compreender; outro que lhe grita: morre sem esperar!

De um lado a idolatria, porque é um ídolo esse Deus que ainda parece desejar o sangue em seu nome outrora derramado, que se ergue como obstáculo entre o homem e a Ciência, que combate o progresso e a liberdade — sombria divindade de que se não pode fazer objeto de ensino, sem velar a face do Cristo, sem calcar aos pés a razão e a consciência.

Do outro lado o nada, o aniquilamento de toda esperança, de toda aspiração a outra vida, a destruição de toda ideia de solidariedade, de fraternidade entre os homens; se eles podem sentir-se ligados por uma crença, mesmo cega, não o podem ser por negações.

A França, em particular, acha-se presa, como em um torniquete, entre essas duas concepções opostas, ambas dogmáticas a seu modo, ambas procurando impor-se a todo o país para nele fundar o reino da teocracia ou do ateísmo.

Se o materialismo e o negativismo tivessem apenas sido os inimigos da superstição e da idolatria, ter-se-ia podido neles ver os agentes de uma transformação necessária. Mas, não se limitaram a dar combate aos dogmas religiosos, condenaram tudo o que constitui a grandeza da alma, aniquilaram as suas energias morais, destruíram a sua confiança em si mesma e em Deus, preconizaram esse abandono à fatalidade, esse apego exclusivo às coisas materiais, que lentamente nos desarma, enfraquece e prepara para a queda e para o desbarato.

A alma humana recuou diante desse abismo. Os progressos do materialismo, as suas consequências sociais, lançaram o terror em grande número de Espíritos. Diante da obra de destruição realizada pela crítica materialista e da ausência de todo ensino suscetível de elevar e fortalecer a alma das democracias, ocorreu-lhes o poder da ideia religiosa; voltaram-se para a Igreja como único refúgio, única autoridade sólida e eficaz.

Daí, um recobro de vitalidade, um retorno de prestígio para o Catolicismo. Este, prevalecendo-se dos erros dos adversários, emprega vigorosos esforços por disputar aos livres pensadores a direção das massas e readquirir a perdida influência.

Como vimos, porém, não seria capaz a Igreja Romana de satisfazer a necessidade de luz e de ideal que para ela conduz certos Espíritos. Suas forças não são forças vivas; o que ela traz no seio não é o futuro, é o passado com as suas sombras, a sua intolerância, os seus ódios, os seus motivos de divisão e perpétua discórdia entre os homens. Essa retroação das coisas que vem favorecê-la não pode deixar de ser efêmera. Cedo a incapacidade da Igreja se patenteará aos olhos de uma geração esclarecida, ávida de fatos e realidades.

A própria Igreja se encarregou de desiludir os que nela depositavam algumas esperanças de progresso e renovação.

Com sua encíclica *Satis cognitum*, publicada em agosto de 1896, Leão XIII reincidiu cegamente nas doutrinas do passado, nas mais intransigentes afirmações.

É na Igreja Romana que se perpetua — diz ele — "a missão constante e imutável de ensinar tudo o que o próprio Jesus Cristo ensinou". Para todos subsiste "a obrigação constante e imutável de aceitar e professar toda a doutrina assim ensinada".

A Igreja e os santos padres viram sempre como excluído da comunhão católica, e fora da Igreja, quem quer que se separe, pouquíssimo que seja, da doutrina ensinada pelo magistério autêntico.

Toda vez, pois, que a palavra desse magistério, instituído na Igreja por Jesus Cristo, declara que tal ou tal verdade faz parte do conjunto da doutrina divinamente revelada, deve cada um crer com certeza que isso é verdade.

Depois, ainda Pio X, em suas instruções sobre o Modernismo, acentuou esse estado de espírito.

Assim, mais que nunca, pretendem os papas decidir do destino das almas. Suas encíclicas não são mais que reedições, noutros termos, da famosa expressão: *"Fora da Igreja não há salvação!"*. Eles condenam todas as doutrinas que não aceitam a sua supremacia. Cavam mais profundamente o fosso que separa o pensamento moderno, o livre e claro espiritualismo, do dogmatismo romano. Aniquilam as ilusões dos que haviam acreditado num possível retorno do Catolicismo na direção de mais largos e iluminados horizontes, na conciliação entre os crentes de todas as ordens, unindo seus esforços comuns para combater o ateísmo e a desmoralização.

* * *

A despeito das investidas que sofreu nos últimos séculos, a Igreja pôde resistir e manter-se. Sua força, recordemo-lo, residia no fato de possuir uma concepção geral do mundo e da vida, embora falsa, para opor ao vácuo e à esterilidade das doutrinas materialistas. O que nela resta de moral evangélica, junto à sua poderosa organização hierárquica, à sua rigorosa disciplina, às obras de beneficência e às virtudes de um certo número dos sacerdotes, bastou para favorecer a resistência, para assegurar-lhe a vida no seio de um mundo que se esforçava por escapar à sua constrição.

Pueril seria, porém, acreditar que a fé do passado pode renascer; para sempre se afrouxou o laço religioso que prendia os homens à Igreja Romana. O Catolicismo, dissemos, já não está em condições de fornecer às sociedades modernas o alimento necessário à sua vida espiritual, à sua elevação moral. Não o vemos em torno de nós? Os crentes atuais, tomados de conjunto, não são nem menos materiais, nem menos aferrados à fortuna, aos prazeres, aos gozos, do que os livres-pensadores.

Entre eles, quantos indiferentes, que praticam a meio, sem crer, sem jamais refletir nos problemas religiosos relativos ao universo, ao homem e à vida! Todos os erros do passado, todos os vícios do velho mundo, o farisaísmo judaico, as superstições e a idolatria pagãs, reapareceram na sociedade dita cristã, a tal ponto que se tem o direito de perguntar se a civilização que se adorna com esse nome é superior à que adotam outros.

O Cristianismo era uma fé viva e radiante; o Catolicismo é apenas uma doutrina áspera e sombria, irreconciliável com os preceitos do Evangelho, não tendo para opor aos argumentos da crítica racionalista senão as afirmações de um dogma impotente para provar e convencer.

Todas as declarações, todas as encíclicas pontificais nada podem a esse respeito. Será preciso mudar ou morrer. A Igreja Romana não reassumirá o governo do mundo.

Na hora atual não há renovação moral possível senão fora do dogmatismo das igrejas. O que reclamam as nossas sociedades é uma concepção religiosa em harmonia com o universo e a Ciência, e que satisfaça a razão. Toda restauração dogmática seria estéril. Os povos já se não enganariam com isso. O dogma, para eles, é a Igreja. E a Igreja, aliando-se a todas as opressões, tornou-se, na frase de J. Jaurès, "uma das formas da exploração humana". Suas afirmações perderam todo o crédito no espírito das massas. O povo, hoje, quer a verdade, toda a verdade.

É certo que a sociedade moderna ainda se prende, senão à Igreja, pelo menos ao Cristianismo, por certos laços que são os de todo um passado, lentamente formados, através dos séculos. Continua ligada à ideia cristã, porque os princípios do Evangelho penetraram, sem que talvez o percebesse e sob novos nomes, em seu coração e pensamento.

Há, no Evangelho, princípios, germes, longo tempo ocultos e incompreendidos, como a semente sob a terra, e que, depois de muitos sofrimentos lenta e dolorosamente fermentados, não reclamam senão aparecer, desabrochar, produzir frutos. Para isso é necessário um novo impulso, uma diferente orientação do pensamento neocristão, promovida por espíritos sinceros e desinteressados.

O Cristianismo trouxera ao mundo, mais que todas as outras religiões, o amor ativo por todo o que sofre, a dedicação à humanidade levada até ao sacrifício, a ideia de fraternidade na vida e na morte, aparecendo pela primeira vez na História sob a figura do Crucificado, do Cristo morrendo por todos.

Foi esse grande pensamento que, não obstante as manobras da Igreja e o falseamento das doutrinas primitivas, penetrou nas sociedades ocidentais e impeliu as raças brancas, de estádio em estádio, para formas sociais mais conformes ao espírito de justiça e fraternidade, incitando-as a assegurar aos humildes um lugar cada vez mais amplo à plena luz da vida. É preciso que um novo movimento de ideias, partido, não do santuário, mas de fora, venha completar e pôr em evidência esses preceitos, essas verdades ocultas, mostrar nelas o princípio das leis que regem os seres nesta, como na outra vida. Será essa a missão do Moderno Espiritualismo.

A Nova Revelação, os ensinos dos Espíritos, as provas que fornecem da sobrevivência, da imortalidade do ser e da justiça eterna, habilitam a distinguir o que há de vivo ou morto no Cristianismo. Se os homens de fé quiserem convencer-se do poder desses ensinos e colher os seus frutos, poderão neles encontrar novamente a vida esgotada, o ideal atualmente agonizante.

Esse ideal, que as vozes do mundo invisível proclamam, não é diferente do dos fundadores do Cristianismo. Trata-se sempre de realizar na Terra "o reino de Deus e sua justiça", de purificar a alma humana dos seus vícios, dos seus erros, de a reerguer de suas quedas e, ministrando-lhe o conhecimento das leis superiores e dos seus verdadeiros destinos, nela desenvolver esse espírito de amor e de sabedoria sem o qual não há enobrecimento nem paz social. O Cristianismo, para renascer e resplandecer, deverá vivificar-se nessa fonte em que se desalteravam os primeiros cristãos. Terá que se transformar, libertar-se de todo caráter miraculoso e sobrenatural, voltar a ser simples, claro, racional, sem deixar de ser um laço, uma relação entre o homem, o mundo invisível e Deus. Sem essa relação, não há crença forte, nem filosofia elevada, nem religião viva.

Desembaraçando-se das formas obsoletas, deve a Religião inspirar-se nas modernas descobertas, nas Leis da natureza e nas prescrições da razão. Deve familiarizar o Espírito com essa lei do destino que multiplica as existências e o coloca alternativamente nos dois mundos, material e fluídico, permitindo-lhe assim completar, desenvolver, conquistar a própria felicidade. Deve fazer-lhe compreender que uma estreita solidariedade liga os membros das duas humanidades, a da Terra e a do espaço, os que vivem na carne e os que nela aspiram renascer para trabalhar no progresso dos seus semelhantes e no seu próprio. Deve mostrar-lhe, acima de tudo, essa regra de soberana justiça, em virtude da qual cada um colhe, através dos tempos, tudo o que semeou de bem e de mal, como germes de felicidade ou sofrimento.

Essas noções, essas leis, mais bem compreendidas, fornecerão nova base de educação, um princípio de reconstituição, um laço religioso entre os homens. Porque o vínculo da solidariedade que os reúne estende-se ao passado e ao futuro, abrange todos os séculos, liga-os a todos os mundos. Membros de uma só família imensa, solidários através das suas existências no vastíssimo campo de seus destinos, partidos do mesmo ponto para atingir as mesmas eminências, todos os homens são irmãos e se devem mutuamente auxiliar, amparar em sua marcha através das idades, para um ideal de ciência, sabedoria e virtude.

* * *

O Cristo disse: *a letra mata e o espírito vivifica*. Mas sempre os homens da letra procuraram avassalar o espírito. Emaranharam o pensamento em uma rede de dogmas de que este não pode sair senão mediante um espedaçamento. À força de comprimir a verdade, as igrejas terminaram por desconhecer o seu poder. Chega, porém, o dia, cedo ou tarde, em que ela explode com força incoercível, abalando, até os seus fundamentos, as instituições que por muito tempo a escravizaram.

É do que estão ameaçadas as igrejas. As advertências, todavia, não lhes têm faltado. Mesmo dentre os mais sinceros cristãos, vozes proféticas se têm feito ouvir. Que dizia de Maistre desde a primeira metade do século XIX?

> Igreja cristã, imaginas que possa tal estado de coisas ser duradouro e que essa extensa apostasia não seja ao mesmo tempo a causa e o

presságio de memorável julgamento? Vê se os iluminados erraram encarando como mais ou menos próxima uma terceira explosão da onipotente bondade de Deus para com os homens? Eu não acabaria mais, se me propusesse acumular todas as provas que se reúnem para justificar essa longa expectativa. Força é que nos preparemos para um grande acontecimento na ordem divina. Na Terra não há mais religião. Formidáveis oráculos, além disso, anunciam que os tempos são chegados.

Realizam-se as previsões desse escritor. A humanidade atravessa, do ponto de vista filosófico, religioso e social, profunda crise. As potências invisíveis estão em atividade. Todos quantos, no silêncio, quando emudecem os ruídos da Terra têm escutado as suas vozes, todos os que estudam as correntes, os sopros misteriosos que passam pelo mundo, sabem que um trabalho de fermentação se opera nas profundezas do pensamento e na própria Ciência. Uma renovação se está preparando. Nosso século assistirá ao desabrochar de uma grande ideia.

Por isso é que dizemos aos sacerdotes de todos os cultos e de todas as religiões: Se quereis que vivam as vossas igrejas, volvei a atenção para a nova luz que Deus envia à humanidade. Deixai que ela penetre no sombrio edifício das vossas concepções; deixai-a entrar a flux nas inteligências, a fim de que os homens, esclarecendo-se, corrijam-se; a fim de que o ideal religioso renasça, aqueça os corações e vivifique as sociedades.

Dilatai vossos horizontes; procurai o que aproxima as almas e não o que as divide. Não lanceis o anátema aos que não pensam como vós, porque para vós mesmos preparareis cruéis decepções na outra vida. Que a vossa fé não seja exclusivista, nem intolerante.

Aprendei a discernir, a separar as coisas imaginárias das reais. Abstende-vos de combater a Ciência e renegar a razão, porque a razão é Deus dentro de nós, e o seu santuário é a nossa consciência.

Objetareis, porém: já aí não estará a *nossa* religião?

Sem dúvida, o novo espiritualismo não é uma religião; mas aparece no mundo, tendo na mão um facho cuja projeção vai iluminar, a distância, e fecundar todas as religiões. O Moderno Espiritualismo é uma crença baseada em fatos, em realidades palpáveis, uma crença que se desenvolve, progride com a humanidade e pode unir todos os seres, elevando-os a uma concepção sempre mais alta de Deus, do destino e do dever. Graças a ele, cada um de nós aprenderá a comunicar-se com o supremo Autor das coisas, com esse Pai de todos, que é o vosso e o nosso Deus, e que todo cérebro que pensa, e todos os corações que adoram, procuram desde a origem das idades.

Cessai de atribuir a capacidade de estabelecer o vínculo moral e religioso a uma doutrina de opressão e de terror. Deixai ao espírito humano o livre surto para a luz e para a imensidade. Toda fulguração do alto é uma emanação de Deus, que é o sol eterno das almas.

Quando a humanidade se houver libertado das superstições e dos fantasmas do passado, nela então vereis desabrochar os germes de amor e de bem que a mão divina lhe depôs no íntimo, e conhecereis a verdadeira religião, a que paira acima das diversas crenças e não maldiz nenhuma.

IX
A Nova Revelação.
O Espiritismo e a Ciência

A Nova Revelação se efetua sob inesperadas formas, ou, antes, sob formas esquecidas, idênticas, contudo, às que revestiram as primeiras manifestações do Cristianismo.

Este, havia começado pelo milagre. Foi com a prova material e a sobrevivência que a religião do Cristo se fundou.[101] O Moderno Espiritualismo se revela com o concurso do fenômeno. Ora, milagre e fenômeno são duas palavras para exprimir um só e mesmo fato. O sentido diferente que se lhe atribui, dá a medida do caminho percorrido pelo espírito humano em dezenove séculos. O milagre é superior à lei natural; o fenômeno submete-se a ela. Não há mais que o efeito de uma causa, a resultante de uma lei. A experiência e a razão têm demonstrado que o milagre é impossível. As Leis da natureza, que são as Leis divinas, não poderiam ser violadas, porque são elas que regulam e mantêm a harmonia do universo. Deus não pode a si mesmo desmentir-se.

Os fenômenos de Além-túmulo são encontrados na base de todas as grandes doutrinas do passado. Em todos os tempos, constantes relações mantinham unidos o mundo invisível e o visível. Na Índia, na Grécia e no Egito, esse estudo era privilégio de reduzido número de investigadores e iniciados; os resultados obtidos se conservavam cuidadosamente ocultos.

---
[101] Ver capítulo V.

Para tornar esses estudos acessíveis a todos, para fazer conhecer as verdadeiras leis que regem o mundo invisível, para ensinar os homens a ver nesses fenômenos não mais uma ordem de coisas sobrenatural, mas um ignorado aspecto da natureza e da vida, eram necessários o imenso trabalho dos séculos, todas as descobertas da Ciência, todas as conquistas do espírito humano em tal matéria. Era preciso que o homem conhecesse o seu verdadeiro lugar no universo, aprendesse a ponderar a fraqueza dos seus sentidos, a impotência destes para explorar, por si e sem auxílio, todos os domínios da natureza viva.

A Ciência, com as suas invenções, atenuou essa imperfeição dos nossos órgãos. O telescópio descerrou ao nosso olhar os abismos do espaço; o microscópio revelou o infinitamente pequeno. A vida apareceu por toda a parte, no mundo dos infusórios como na superfície dos globos gigantescos, que rolam na profundeza dos céus. A Física descobriu a transformação das forças, a radioatividade dos corpos e as leis que mantêm o equilíbrio universal; a Química deu a conhecer as combinações da substância. O vapor e a eletricidade vieram revolucionar a face do globo, facilitar as relações dos povos e as manifestações do pensamento, a fim de que a ideia irradie e se propague na esfera terrestre, por todos os seus pontos.

O espírito humano pôde mergulhar os olhos nessa grande Bíblia da natureza, nesse livro divino que ultrapassa, em toda a sua majestade, as bíblias humanas. Aí leu ele, correntemente, as fórmulas e as leis que presidem às evoluções da vida, à marcha do universo.

Agora vem o estudo do mundo invisível completar essa magnífica ascensão do pensamento e da Ciência. O problema da outra vida ergue-se diante do espírito humano com um poder, uma autoridade, uma insistência, como nada, talvez, de semelhante se produziu jamais na História. Porque nunca se tinha visto, assim, um conjunto de fatos, de fenômenos a princípio considerados impossíveis, que não despertavam, no conceito da maioria dos nossos contemporâneos, senão a antipatia e o sarcasmo, acabar impondo-se à atenção e ao exame dos mais competentes e autorizados.

Em meados do século transato, o homem, iludido por todas as teorias contraditórias, por todos os sistemas deficientes com que pretenderam nutrir-lhe o pensamento, deixava-se embalar pela dúvida; perdia cada vez mais a noção da vida futura. Foi, então, que o mundo invisível veio ter com ele e o perseguiu até em sua própria casa. Por diversos meios, os mortos manifestaram-se aos vivos. As vozes de Além-túmulo falaram. Os mistérios dos santuários orientais, os fenômenos ocultos da Idade Média, depois de longo silêncio, se renovaram e nasceu o Espiritismo.

Foi além-mar, num mundo novo e rico de energia vital, de ardente expansão, menos escravizado que a velha Europa ao espírito de rotina e aos preconceitos do passado — foi na América do Norte que se produziram as primeiras manifestações do Moderno Espiritualismo. De lá se espalharam por todo o globo. Essa escolha era profundamente judiciosa. A livre América era, justamente, o meio propício para a obra de difusão e renovação. Por isso, nela se contam hoje vinte milhões de "neoespiritualistas".

De um lado, porém, como do outro do Atlântico, foram idênticas as fases de progressão da ideia espírita.

Nos dois continentes, o estudo do magnetismo e dos fluidos havia preparado certos espíritos para a observação do mundo invisível.

A princípio, fatos estranhos se produziram de todos os lados, fatos de que se não atreviam as pessoas a falar senão à meia voz, na intimidade. Depois, pouco a pouco, elevou-se o diapasão. Homens de talento, sábios cujos nomes são outras tantas garantias de honorabilidade e sinceridade, ousaram falar bem alto de tais fatos e afirmá-los. Tratou-se de hipnotismo, de sugestão; vieram depois a telepatia, os casos de levitação e todos os fenômenos do Espiritismo.

Mesas giravam num doido rodopio; objetos se deslocavam sem contato, ressoavam pancadas nas paredes e nos móveis. Todo um conjunto de manifestações se produzia, vulgares na aparência, mas perfeitamente adaptadas às exigências do meio terrestre, ao estado de espírito positivo e cético das sociedades modernas.

O fenômeno falava aos sentidos, porque os sentidos são como as brechas por onde o fato penetrará até o entendimento. As impressões produzidas no organismo despertam a surpresa, provocam a investigação, levam à convicção.

Depois da primeira fase, material e grosseira, as manifestações revestiram novo aspecto. As pancadas vibradas se regularizaram e tornaram um modo de comunicação inteligente e consciente. A possibilidade de relações entre o mundo visível e o invisível surgiu como fato extraordinário, subvertendo as ideias estabelecidas, abalando os ensinos habituais, mas franqueando sobre a vida futura umbrais que o homem hesitava ainda em transpor, deslumbrado como estava com as perspectivas que se lhe antolhavam.

À medida que se ia propagando, via o Espiritismo levantarem-se contra ele numerosas oposições. Como todas as concepções novas, teve que afrontar o desprezo, a calúnia, a perseguição moral. Do mesmo modo que a ideia cristã em seu começo, foi cumulado de animosidade e de injúrias. É sempre assim. Quando novos aspectos da verdade se apresentam aos homens, é sempre a desconfiança e a hostilidade o que provocam.

E isso é fácil de compreender. A humanidade esgotou as velhas formas do pensamento e da crença; e, quando as novas, inesperadas formas da verdade se revelam, parece corresponderem mui pouco ao ideal antigo, que está enfraquecido, mas não morto. Por isso, é necessário um período assaz longo de exame, de reflexão, de incubação, para que a ideia nova abra caminho nos espíritos. Daí as incertezas e sofrimentos da primeira hora.

Muito se tem ridicularizado as formas que o novo espiritualismo revestia. Mas as potências invisíveis que velam pela humanidade são melhores juízes que nós, dos meios de ação e de atração que convêm adotar, conforme os tempos e os lugares, para conduzir o homem à noção do seu papel e dos seus destinos, sem lhe estorvar o livre-arbítrio. Porque está nisso o essencial: é preciso que a liberdade do homem seja integralmente respeitada.

A vontade superior sabe apropriar às necessidades de uma época e de uma raça as novas formas da revelação eterna. É ela que suscita no seio das sociedades os pensadores, os experimentadores, os sábios que indicarão o caminho a seguir e colocarão os primeiros marcos. Sua obra desenvolve-se lentamente. Fracos e insensíveis, a princípio, os resultados, mas a ideia penetra pouco a pouco nas inteligências. O movimento, embora imperceptível, não deixa, por isso mesmo, de ser às vezes mais seguro e mais profundo.

Em nossa época, a Ciência veio a ser a soberana mestra, a diretora do movimento intelectual. Fatigada das especulações metafísicas e dos dogmas religiosos, a humanidade reclamava provas palpáveis, sólidas bases em que pudesse repousar as suas convicções. Apegava-se ao estudo experimental, à observação dos fatos como a uma tábua de salvação. Daí, o grande crédito dos homens de ciência no momento que atravessamos. Por isso é que a revelação tomou um caráter científico. Foi por meio de fatos materiais que se atraiu a atenção dos homens, tornados eles próprios materiais.

Os misteriosos fenômenos que se encontram disseminados na história do passado, renovaram-se e multiplicaram-se ao redor de nós; sucederam-se em ordem progressiva, que parece indicar um plano preconcebido, decorrente de um pensamento, de uma vontade.

Efetivamente, à proporção que o novo espiritualismo ganhava terreno, transformavam-se os fenômenos. As manifestações grosseiras do princípio se modificavam, revestiam caráter mais elevado. Médiuns recebiam, por meio da escrita, de um modo mecânico ou intuitivo, comunicações, inspirações de estranha fonte. Instrumentos de música tocavam sem contato. Escutavam-se vozes e cantos; melodias penetrantes pareciam descer do céu e perturbaram os mais incrédulos. A escrita direta produzia-se do lado interior de ardósias justapostas e lacradas. Fenômenos de incorporação permitiam aos falecidos tomar posse do organismo de um sensitivo adormecido. Gradualmente, e como que em consequência de um desdobramento calculado, apareciam os médiuns videntes, falantes, curadores.

Finalmente, os habitantes do espaço, revestindo temporários invólucros, vinham misturar-se com os humanos, vivendo um instante da sua vida material e terrestre, deixando-se ver, palpar, fotografar, dando impressões de mãos, de rostos, esvaecendo-se em seguida para retomar o seu estado etéreo.

Assim que, há cerca de meio século, todo um encadeamento de fatos se produziu, desde os mais inferiores e vulgares, até os mais transcendentes, conforme o grau de elevação das inteligências que intervinham. Toda uma ordem de manifestações se desdobrou sob as vistas de observadores atentos.

Por isso, a despeito das dificuldades de experimentação, a despeito dos casos de impostura e das formas de exploração a que esses fenômenos algumas vezes serviram de pretexto, a apreensão e a desconfiança diminuíram pouco a pouco; o número dos verificadores foi crescendo sempre.

De cinquenta anos para cá, em todos os países o fenômeno espírita tem sido objeto de frequentes investigações, empreendidas e dirigidas por comissões científicas. Céticos sábios, professores célebres, de todas as universidades do mundo, têm submetido esses fatos a um exame aprofundado e rigoroso. Sua intenção era, a princípio, fazer luz sobre o que acreditavam resultado de fraudes ou alucinações. Todos, porém, incrédulos como eram, após anos de consciencioso estudo e repetidas experimentações, abriram mão das suas prevenções e se inclinaram perante a realidade dos fatos.

Quanto mais se tem examinado e escrutado o problema, tanto mais numerosos e expressivos se têm revelado os casos de identidade, as provas da persistência da personalidade humana no além-túmulo. As manifestações espíritas, verificadas aos milhares em todos os pontos do globo, demonstraram que um mundo invisível se agita em torno de nós, ao nosso alcance, um mundo em que vivem em estado fluídico todos os que nos precederam na Terra, que aqui lutaram e sofreram, e constituem, para além da morte, uma segunda humanidade.

O novo espiritualismo apresenta-se hoje com um cortejo de provas, com um conjunto de testemunhos, tão imponente, que já não é possível a dúvida para os investigadores de boa-fé. Era o que, nestes termos, externava o professor Challis, da Universidade de Cambridge:

> Os atestados têm sido tão abundantes e completos, os testemunhos têm vindo de tantas fontes independentes entre si, e de um número tão considerável de assistentes que é forçoso, ou admitir as manifestações tais como no-las representam, ou renunciar à possibilidade de certificar um fato, qualquer que seja, mediante um depoimento humano.[102]

Por isso o movimento de propagação se acentuou cada vez mais. Na hora atual, assistimos a uma verdadeira expansão da ideia espírita. A crença no mundo invisível se espalhou por toda a superfície da Terra. Em toda parte o Espiritismo possui as suas sociedades de experimentação, os seus vulgarizadores, os seus jornais.

*　*　*

Insistamos num ponto essencial. O erro ou o ceticismo do homem, relativamente à existência do mundo invisível, era devido a uma causa única: a incapacidade da sua organização para lhe fornecer uma ideia completa das formas e possibilidades da vida.

---

[102] Russell Wallace — *O moderno espiritualismo*, p. 139.

Perdemos de vista que os nossos sentidos, posto que se tenham desenvolvido e apurado, desde a origem da humanidade, ainda não percebem senão as mais rudimentares formas da matéria; seus estados sutis lhes escapam absolutamente. Daí a opinião, geralmente divulgada, de que a vida não era possível senão sob formas e com organismos semelhantes aos que nos afetam a vista. Daí a ideia falsa de que a vida não era, por toda parte, mais que uma imitação, uma reprodução do que vemos ao redor de nós.

No dia em que, com o auxílio de poderosos instrumentos de óptica, o infinitamente grande e o infinitamente pequeno se patentearam, foi realmente necessário reconhecer que os nossos sentidos, reduzidos a si mesmos, não abrangiam senão um círculo muito restrito do domínio das coisas, um limitadíssimo campo da natureza; que, em definitivo, quase nada sabíamos da vida universal.

Em época muito mais recente, ainda não conhecíamos da matéria senão os seus três modos mais elementares: os sólidos, os líquidos e os gases. Nada sabíamos das inúmeras transformações de que é suscetível.

Foi somente há uns trinta anos que o quarto estado da matéria, o estado radiante, se tornou conhecido dos sábios. W. Crookes, o acadêmico inglês, foi o primeiro que verificou a sua existência e as suas experiências espíritas, continuadas por espaço de três anos, não foram estranhas a essa descoberta. Ele conseguiu demonstrar que a matéria, tornada invisível, reduzida a quantidades infinitesimais, adquire energias, potencialidades incalculáveis, e que essas energias aumentam sem cessar, à medida que a matéria se rarefaz.

Mais recentemente, investigações de numerosos sábios vieram confirmar essas descobertas. Pouco a pouco a Ciência abordou o domínio do invisível, do intangível, do imponderável. Forçoso foi reconhecer que o estado radiante não é o último que a matéria possa revestir; além desse, ela se apresentou sob aspectos cada vez mais sutis e quintessenciados, rarefazendo-se quase ao infinito, sem deixar de ser a forma possível, a forma necessária da vida.

O que a Ciência começa apenas a entrever, os espíritas sabiam-no há muito pela revelação dos Espíritos. Eles tinham vindo assim a saber que o mundo visível não é mais que ínfima porção do universo; que fora do que incide sob os nossos sentidos, a matéria, a força, a vida se apresentam sob formas variadas, sob inúmeros aspectos; que nós estamos rodeados, envolvidos de radiações invisíveis para nós, em razão da grosseria dos nossos órgãos.

As experiências científicas vêm hoje demonstrar todas essas noções. A comprovação desses modos de energia, a existência dessas formas sutis da matéria fornecem, ao mesmo tempo, a explicação racional dos fenômenos espíritas. É aí que os invisíveis haurem as forças de que se servem em suas manifestações físicas; é com elementos da matéria imponderável que são formados os seus invólucros, os seus organismos.

Os investigadores de boa-fé não tardaram a reconhecê-lo. Depois da descoberta da matéria radiante, a Ciência avançou passo a passo nesse vasto império do desconhecido. Todos os dias vem ela confirmar, mediante novas experiências, o que o espírito humano, mais clarividente que os nossos sentidos, há muito pressentira.

A Ciência havia começado por fotografar os raios invisíveis do espectro solar, os raios ultravioletas e infravermelhos, que não nos impressionam a retina. Obteve, depois, a reprodução na placa sensível de grande número de mundos estelares, de estrelas longínquas, de astros perdidos nas profundezas do espaço, a uma distância tal que as suas irradiações luminosas escapam, não só à nossa vista, mas, às vezes, mesmo ao telescópio.

Sabe-se que as sensações de luz, como as de som, calor etc., são produzidas por determinada quantidade de vibrações do éter.

A retina, órgão da vista, percebe, em certos limites, as ondas luminosas.[103] Além desses limites, escapa-lhe grande número de vibrações. Ora, essas vibrações, inapreciáveis para nós, podem ser percebidas pela placa fotográfica, que é mais sensível que a vista humana, o que permite dizer que a objetiva fotográfica é como um olhar projetado ao invisível.

Temos disso ainda uma prova na aplicação dos raios X, dos raios obscuros de Roentgen, à fotografia. Esses raios, posto que invisíveis, têm

---

[103] A retina, que é o mais perfeito dos nossos órgãos, percebe as ondulações etéreas desde 400 trilhões por segundo até 790 trilhões, isto é, tudo o que constitui a gama das cores, do vermelho, numa das extremidades do espectro solar, ao violeta, na outra extremidade. Fora daí, a sensação é nula. O professor Stokes conseguiu, entretanto, tornar visíveis os raios ultravioletas, fazendo-os atravessar um papel embebido em solução de sulfato de quinina, que reduz o número das vibrações. Do mesmo modo, o professor Tyndall tornou visíveis, por meio do calor, os raios infravermelhos, inapreciáveis à vista no estado normal.

Partindo desses dados, podemos cientificamente admitir uma sequência ininterrupta de vibrações invisíveis, e daí deduzir que, se os nossos órgãos fossem suscetíveis de receber a sua impressão, poderíamos distinguir uma variedade inimaginável de cores ignoradas, e também inúmeras formas, substâncias, organismos, que presentemente não se nos revelam, em consequência da imperfeição dos nossos sentidos.

o poder de atravessar certos corpos opacos, tais como o tecido, a carne, a madeira, e permitem reproduzir objetos ocultos a todos os olhos, como o conteúdo de uma bolsa, de uma carta, etc. Penetram nas profundezas do organismo humano, e as mínimas particularidades da nossa anatomia não são mais segredo para eles.

A utilização dos raios X tende a generalizar-se cada vez mais e nos mostra que considerável partido a Ciência do futuro poderá tirar das formas sutis da matéria, quando as souber acumular e dirigir.

A descoberta da matéria luminosa e de suas aplicações é de um alcance incalculável. Não somente prova que além dos nossos sentidos se desdobram, gradualmente, formas da matéria, unicamente perceptíveis mediante aparelhos que as registam, mas também que essas formas e radiações, à medida que aumentam de sutileza, adquirem mais força e maior penetração. Habituamo-nos, assim, a estudar a natureza sob os seus recônditos aspectos, que são os do seu maior poder.

Nessas manifestações ainda mal definidas da energia, encontramos a explicação científica de inúmeros fenômenos como as aparições, a passagem dos Espíritos através dos corpos sólidos, etc. A aplicação dos raios Roentgen à fotografia nos faz compreender o fenômeno da vista dupla dos médiuns e o da fotografia espírita. Efetivamente, se placas podem ser influenciadas por invisíveis raios, por irradiações da matéria imponderável, que penetram os corpos, com mais forte razão os fluidos quintessenciados, de que se compõe o invólucro invisível dos Espíritos, podem, em certas condições, impressionar a retina dos médiuns, aparelho delicado e complexo como não o é a placa de vidro.

Assim que, cada dia, mais se fortifica o Espiritismo pelo acréscimo de argumentos tirados das descobertas da Ciência e que terminarão por abalar os mais obstinados céticos.

A fotografia das irradiações do pensamento vêm descerrar novo campo aos investigadores.

Numerosos experimentadores[104] conseguiram fixar na placa sensível as radiações do pensamento e as vibrações da vontade. Suas experiências demonstraram que existe em cada ser humano um centro de radiações invisíveis, um foco de luzes que escapam à vista, mas podem impressionar as placas fotográficas.

---

[104] Ver, entre outras, a obra do Dr. Baraduc, *A alma humana, seus movimentos, suas luzes*.

Quer apoiando os dedos na face que tem a gelatina, quer aplicando no alto do cérebro e na obscuridade a face vítrea da placa, nesta se obtêm ondas, vibrações que variam de aspecto e intensidade sob a influência das disposições mentais do operador. Uniformes, regulares no estado normal, essas ondas se formam em turbilhões, em espirais, sob o influxo da cólera; estendem-se em lençóis, em largos eflúvios no êxtase, e se elevam em colunas majestosas durante a prece, como vapores de incenso.

Conseguiu-se, mesmo, reproduzir nas placas o duplo fluídico do homem, centro de tais radiações. O coronel de Rochas e o Dr. Barlemont obtiveram, na oficina fotográfica de Nadar, a fotografia simultânea do corpo de um médium e do seu duplo, momentaneamente separados.[105]

Como prelúdio de tantas outras provas objetivas, que adiante assinalaremos, a fotografia vem, portanto, revelar a existência desse corpo fluídico que duplica e mantém o nosso corpo físico, desse invólucro sutil que é a forma radiante do Espírito, dele inseparável durante a vida, como depois da morte.

As placas fotográficas não são unicamente impressionadas pelas vibrações fluídicas do ser humano; igualmente o são por formas pertencentes ao mundo invisível, seres que existem, vivem e se movem em torno de nós, presidindo a todo um conjunto de manifestações que vamos passar em revista, e que se não podem explicar de outro modo, que não pela sua presença e ação.

Tais seres, pela morte libertados das necessidades e misérias da natureza humana, continuam a agir, graças a esse corpo fluídico imperecível, formado de elementos muitíssimo sutis da matéria, de que acabamos de falar e que até agora escapavam aos nossos sentidos, em seu estado normal.

A questão do corpo fluídico, ou perispírito, posto que já por nós tratada em outras páginas,[106] necessita de novas explicações, porque nos faz melhor compreender a vida no espaço e o modo de ação dos Espíritos sobre a matéria.

---

[105] Ver *Revista espírita*, novembro de 1894, com o *fac-símile* e as obras do coronel De Rochas, *Exteriorização da sensibilidade* e *Exteriorização da motricidade*.
Análogos resultados se encontram no caso do médium Herrod, e no caso afirmado pelo juiz Carter (Aksakof, *Animismo e espiritismo*, vol. 1, cap. I) assim como nos testemunhos do Sr. Glendinning (*Borderland* de julho 1896).
Ver também G. Delanne, *As aparições materializadas dos vivos e dos mortos*, e H. Durville, *O fantasma dos vivos*.
[106] Ver caps. V, VIII; *Depois da morte*, cap. XXI e *No invisível*, caps. III e XII.

É sabido que as moléculas do nosso corpo físico estão submetidas a constantes mutações. Todos os dias o nosso invólucro carnal elimina e assimila um certo número de elementos. O corpo, desde as partes moles do cérebro até as mais duras parcelas da carcaça óssea, renova-se integralmente dentro de certo número de anos. Em meio dessas correntes incessantes, subsiste em nós uma forma fluídica original, compressível e expansível, que se mantém e perpetua. É nela, no desenho invisível que apresenta, que se vêm incorporar, fixar, as moléculas da matéria grosseira. O perispírito é como o molde, o esboço fluídico do ser humano. É por isso que, quando com a morte se efetua a separação, o corpo material tomba imediatamente e se desorganiza e decompõe.

O perispírito é o invólucro permanente do Espírito, ao passo que o corpo físico não passa de invólucro temporário, veste emprestada, que tomamos para realizar a peregrinação terrestre. O perispírito existia antes do nascimento e sobrevive à morte. Ele constitui, em sua íntima ligação com o Espírito, o elemento essencial e persistente da nossa individualidade, através das múltiplas existências que nos é dado percorrer.[107]

É pela existência desse corpo fluídico, pelo seu desprendimento durante o sono, quer natural, quer provocado, que se explicam as aparições dos fantasmas dos vivos e, por extensão, as dos Espíritos dos mortos.

Havia-se já podido verificar, em muitos casos, que o duplo fluídico de pessoas vivas se afastava, em certas condições, do corpo material para aparecer e manifestar-se a distância. Esses fenômenos são conhecidos sob a denominação de fatos telepáticos.[108]

---

[107] Segundo o Sr. Gabriel Delanne, que se aplicou a um estudo consciencioso e aprofundado do corpo fluídico, o perispírito é um verdadeiro organismo fluídico, um modelo em que se concreta a matéria e se organiza o corpo físico. É ele que dirige automaticamente todos os atos que concorrem para a manutenção da vida. Sob o influxo da força vital, dispõe as moléculas materiais de conformidade com um desenho, um plano determinado, que representa todos os grandes aparelhos do organismo: respiração, circulação, sistema nervoso etc., que são as linhas de força.

É esse modelo, esse "Invisível desenho ideal pressentido por Claude Bernard", que mantém a estabilidade do ser no meio da renovação integral da matéria organizada; sem ele, a ação vital poderia tomar todas as formas, o que não se verifica.

É igualmente de acordo com esse plano fluídico perispiritual que é regulada a evolução embriogênica do ser, até à organização completa. Ver G. Delanne, *A evolução anímica* e *As aparições materializadas dos vivos e dos mortos*.

[108] Ver nota complementar nº 13.

Desde então, tornava-se evidente que, se durante a vida a forma fluídica pode agir fora e sem o concurso do corpo, já não podia a morte ser o termo da sua atividade.

No estudo especial dos fenômenos de exteriorização da sensibilidade e da motricidade, o coronel de Rochas e, com ele, os professores Richet e Sabatier, o Dr. Dariex, os Srs. de Grammont e de Watterville, haviam abordado o domínio das provas experimentais, donde resultou a certeza da ação do duplo fluídico, a distância. Os sábios ingleses, por sua vez, averiguaram, em numerosos casos, que formas fluídicas de Espíritos desencarnados se tornavam visíveis por via de condensação, ou, antes, de materialização, como o vapor d'água espalhado, em estado invisível, na atmosfera pode, mediante sucessivas transformações, tornar-se visível e tangível, no estado de congelação.

O perispírito é para nós invisível no seu estado ordinário; sua essência sutil produz um número de vibrações que ultrapassa o nosso campo de percepção visual. Nos casos de materialização, o Espírito é obrigado a absorver dos médiuns, ou de outras pessoas presentes, fluidos mais grosseiros, que assimila aos seus, a fim de adaptar o número de vibrações do seu invólucro à nossa capacidade visual. A operação é delicada, inçada de dificuldades. Entretanto, os casos de aparição de Espíritos são numerosos e se apoiam em respeitáveis testemunhos.

O mais célebre é o do Espírito Katie King que, durante três anos, se manifestou em casa de W. Crookes, o acadêmico inglês, com o concurso da médium Florence Cook. O próprio W. Crookes descreveu essas experiências em uma obra muito vulgarizada.[109] Katie King e Florence Cook foram vistas lado a lado. Eram de estatura e fisionomia diferentes e distinguiam-se entre si por muitas particularidades.

O testemunho de W. Crookes é confirmado pelos Drs. Gully e Sexton, príncipe de Sayn-Wittgensteim, de Hárrison, B. Coleman, sargento Cox, Varley, engenheiro eletricista, Sra. Flórence Maryat etc.; que assistiram, em diferentes lugares, às aparições de Katie.

Em vão procuraram, muitas vezes, insinuar que o Sr. Crookes se havia retratado de suas afirmações. Em 7 de fevereiro de 1909, W. Stead, diretor da *Review of Reviews*, escrevia ao *New York American*:

---

[109] *Investigações sobre os fenômenos do espiritualismo*, Leymarie, editor.

Estive com o Sr. Ch. W. Crookes no Ghost Club, onde fora jantar, e ele me autoriza a declarar o seguinte: "Depois das experiências que, em matéria de espiritualismo, há trinta anos comecei, não vejo motivo algum para modificar minha precedente opinião".

Outro caso célebre é o do Espírito Abdullah, relatado por Aksakof, conselheiro de Estado russo, em sua obra *Animismo e espiritismo*. O Espírito era de tipo oriental e a sua forma tinha mais de 1,80m de altura, ao passo que o médium Eglinton era de pequena estatura e de tipo anglo-saxônio muito acentuado.

Um sábio americano, Roberto Dale Owen, antigo embaixador dos Estados Unidos em Nápoles, consagrou seis anos às experiências de materialização. Declarou ter visto centenas de formas de Espíritos. Em sessão promovida pela Sociedade de Investigações Psíquicas dos Estados Unidos, à qual assistia o reverendo Savage, célebre pregador, trinta Espíritos materializados apareceram à vista dos assistentes, que neles reconheceram parentes e amigos falecidos. Essas manifestações são frequentes na América.[110]

O professor Lombroso, de Turim, conhecido em todo o mundo por seus trabalhos de Fisiologia criminalista, fala também de várias aparições que se produziram em sua presença, com a médium Eusapia Palladino. Nestes termos refere ele, em seu livro póstumo *Ricerche sui fenomeni ipnotici e spiritici*, a primeira aparição de sua genitora:

> Em Gênova (1902), estava a médium em estado de semi-inconsciência e eu não esperava obter fenômeno de importância. Antes da sessão, havia-lhe pedido que deslocasse, em plena luz, um pesado tinteiro de vidro. Em tom de voz muito comum, respondeu-me ela: "Por que te ocupas com essas ninharias? Eu sou capaz de coisa bem diferente: sou capaz de te fazer ver tua mãe. Nisso é que deverias pensar!".
> Impressionado com semelhante promessa, ao fim de meia hora de sessão assaltou-me o mais intenso desejo de vê-la realizada e ao meu pensamento a mesa respondeu com três pancadas. De repente (estávamos em meia-obscuridade, com a luz vermelha), vi sair do gabinete uma forma pequenina, como era a de minha mãe. (Convém notar que a estatura

---

[110] Ver *O psiquismo experimental*, por A. Erny, cap. VII. — Ver também minha obra *No invisível*, cap. XX.

de Eusapia é superior, pelo menos dez centímetros, à de minha mãe). O fantasma estava envolto num véu; fez o giro completo em torno da mesa até chegar ao pé de mim, murmurando palavras que muitos ouviram, mas que minha semissurdez impediu-me de perceber. Ao tempo em que, tomado de comoção, lhe suplicava que repetisse, diz-me ela: *Cesare, mio fio!* – o que, devo confessar, não era hábito seu. Ela era, com efeito, veneziana e tinha o hábito regional de me dizer: *mio fiol!* Pouco depois, a meu pedido, afastou um momento o véu e me deu um beijo.

À página 93 da mencionada obra lê-se que a mãe do autor lhe reapareceu umas vinte vezes ainda, no curso das sessões de Eusapia.[111]

A objeção favorita dos incrédulos, relativamente a esse gênero de fenômenos, é que eles se produzem na escuridão, tão propícia a fraudes.

Há nessa objeção uma parte de verdade e, por nossa vez, não temos vacilado em denunciar escandalosas fraudes; mas é preciso notar que a escuridão é indispensável às aparições luminosas, que são as mais comuns. A luz exerce ação dissolvente sobre os fluidos, e inúmeras manifestações não podem ter bom êxito senão com a sua exclusão. Há, entretanto, casos em que certos Espíritos puderam aparecer à luz fosfórea. Outros se desmaterializam à plena luz. Sob as irradiações de três bicos de gás, viram Katie King fundir-se pouco a pouco, dissolver-se e desaparecer.[112]

A esses testemunhos temos o dever de acrescentar o nosso, relatando um fato de nosso conhecimento pessoal.

Durante dez anos praticamos essa ordem de estudos, com o concurso de um médico de Tours, o Dr. A. e de um capitão arquivista do 9º Corpo. Por intermédio de um deles, mergulhado em sono magnético, os invisíveis nos prometiam, havia muito tempo, uma materialização, quando, uma tarde, achando-nos os três reunidos no consultório do amigo, portas cuidadosamente fechadas e penetrando ainda suficiente claridade pela ampla janela, de modo que nos permitia ver distintamente os menores objetos, ouvimos três pancadas em dado ponto da parede. Era o sinal convencionado.

Tendo-se os olhos voltados para esse lado, vimos surgir do meio da parede, sem qualquer solução de continuidade, uma forma humana, de

---

[111] *Revue Scientifique et Morale du Spiritisme*, dezembro 1909 e janeiro de 1910.
[112] Ver *O psiquismo experimental*, por A. Erny, cap. V.

estatura média. Aparecia de perfil, mostrando a princípio os ombros e a cabeça. Gradualmente, foi-se apresentando todo o corpo. A parte superior desenhava-se perfeitamente; os contornos eram nítidos e precisos. A parte inferior era mais vaporosa e formava apenas uma confusa massa. A aparição não caminhava, deslizava. Depois de atravessar lentamente a sala, a dois passos de nós, foi entranhar-se e desaparecer na parede oposta, num ponto que não apresentava abertura alguma. Pudemos contemplá-la durante cerca de três minutos e as nossas impressões, confrontadas logo após, acusavam perfeita identidade.

As materializações e aparições de Espíritos encontram, como vimos, obstáculos que, forçosamente, lhes limitam o número. O contrário se dá com certos fenômenos de ordem física e de variadíssima natureza, os quais se propagam e multiplicam, cada vez mais, em torno de nós.

Vamos examinar sucintamente esses fatos em sua escala progressiva, no ponto de vista do interesse que oferecem e da certeza que deles resulta, relativamente à vida livre do Espírito.

Em primeira linha vem o fenômeno, hoje tão comum, das casas mal-assombradas. São habitações frequentadas por Espíritos de ordem inferior, nas quais se entregam eles a ruidosas manifestações. Pancadas, sons de toda a ordem, desde os mais fracos até os mais retumbantes, fazem vibrar os soalhos, móveis, paredes, o próprio ar. A louça é mudada e quebrada; pedras são atiradas de fora para dentro dos aposentos.

Os jornais trazem, frequentemente, narrativas de fenômenos desse gênero. Mal cessam num ponto, reproduzem-se noutros, quer na França, quer no estrangeiro, despertando a atenção pública. Em certos lugares, como em Valence-en-Brie, em Yzeures (Indre-e-Loire), em Ath (Brabant), em Agen, em Turim etc. etc., duraram meses inteiros, sem que os mais hábeis policiais tivessem conseguido descobrir uma causa humana para tais manifestações.

É o seguinte, sobre o assunto, o testemunho de Lombroso, que escrevia na *Lettura*:

Os casos de casas mal-assombradas, em que durante anos se reproduzem aparições ou ruídos, em concordância com a narração de mortes trágicas, observados sem a presença dos médiuns, militam a favor da ação dos falecidos. [...] Trata-se muitas vezes de casas desabitadas, onde não raro se observam tais fenômenos durante várias gerações e mesmo até durante séculos.[113]

O Dr. Maxwell, Procurador Geral da Corte de Apelação de Bordeaux, encontrou acórdãos de diversos tribunais superiores, no século dezoito, anulando arrendamentos por motivo de serem mal-assombrados os lugares.[114]

Esses fatos se explicam pela ação malfazeja de seres invisíveis que desabafam, *post mortem*, ódios nascidos, no mundo, de más relações anteriores, de prejuízos causados por certas famílias ou indivíduos, que por esse motivo se tornam vítimas da perniciosa influência desses desencarnados. Assim, no plano geral de evolução, a própria liberdade do mal, o exercício das paixões inferiores atraindo, com a produção desses fenômenos, a atenção pública para um mundo ignorado, concorrem para a instrução e o progresso de todos.

Malgrado a repugnância da Ciência em geral para ocupar-se de tais fatos, cada dia vemos crescer o número dos investigadores conscienciosos que, afastando-se das trilhas seguidas, se entregam à paciente observação do mundo invisível. Não há mês, semana, que não se registe um novo fato no domínio experimental.

Os fenômenos de ordem física, a levitação de corpos pesados e o seu transporte a distância, sem contato, provocam mui especialmente a observação de alguns sábios.

Falamos em outro lugar[115] das experiências realizadas em 1892, em Nápoles e Milão, sob a direção de homens de ciência de várias nações. Processos verbais, por eles redigidos, reconhecem a intervenção de forças e vontades desconhecidas na produção desses fenômenos.

Análogas experiências foram depois efetuadas em Roma, em Varsóvia, em casa do Dr. Ochorowicz, na ilha de Roubaud, em casa do Sr. Richet, professor da Academia de Medicina de Paris, em Bordeaux, em Agnelas, perto de Voiron (Isère), em casa do coronel de Rochas. Citemos ainda as do professor Botazzi, diretor do Instituto de Fisiologia na Universidade de Nápoles, em maio de 1907, com a assistência do professor Cardarelli, senador, de Galeotti, Passini, Scarpa, de Amicis etc.

Essas experiências foram dirigidas com método rigorosamente científico. Como, evidentemente, os sentidos podem enganar, empregaram-se

---

[113] Ver *Annales des Sciences Psychiques*, fevereiro de 1908.
[114] J. Maxwell, *Phenomènes psychiques*, p. 260.
[115] *Depois da morte* e *No invisível*.

aparelhos registradores que permitiram estabelecer, não somente a realidade, a objetividade do fenômeno, mas ainda a grafia da força física em ação.

As cautelas adotadas pelo grupo de sábios acima indicados, sendo médium Eusapia Palladino, foram as seguintes:

Na extremidade da sala por trás de uma cortina, foi previamente colocada uma mesa com duas prateleiras pesando 21 quilos, e ocupando todo o espaço do gabinete à distância de 20 centímetros da cortina, mais ou menos.

Sobre essa mesa foram dispostos:

1º Um cilindro coberto de papel enfumaçado, movediço, em torno de um eixo ao qual fora fixada uma espécie de caneta cuja ponta atingia a superfície do cilindro. Imprimindo movimento de rotação ao cilindro, aí a caneta registava uma linha horizontal;

2º Uma balança de pesar cartas;

3º Um metrônomo elétrico de Zimmermann (o contato é estabelecido por uma ponta de platina que, a cada oscilação dupla da haste, mergulha em pequeno tubo de mercúrio), posto em comunicação com um aparelho-avisador Desprez, situado num compartimento ao lado;

4º Um teclado telegráfico, ligado a um outro avisador Desprez;

5º Uma pêra de cauchu, ligada, por comprido tubo também de cauchu, através da parede, a um manômetro de mercúrio de François Frank, situado no compartimento contíguo.

Nessas condições, todos os aparelhos descritos foram impressionados, a distância, estando as mãos de Eusapia seguras por dois experimentadores e formando círculo em torno dela todos os assistentes.

Por toda a parte foi verificado o deslocamento de móveis, sons de instrumentos, sem contato, levitação de corpos humanos, levantamento de cadeiras com as pessoas que as ocupavam. O professor Lombroso fala de um guarda-louça "que avançava como um paquiderme".

Todas essas manifestações se poderiam explicar, indiferentemente, por causas exclusivamente materiais, pela ação de forças inconscientes. A força psíquica, exteriorizada pela criatura humana, bastaria, por exemplo, para explicar o movimento de mesas e outros objetos a distância e, por extensão, todos os fenômenos que não acusam a ação de uma inteligência estranha à dos assistentes.

Mas o que complica o fenômeno e torna insuficiente essa explicação é que, na maior parte das sessões de que falamos, de par com o movimento de objetos e levitação de pessoas, produzem-se tateamentos, aparição de mãos luminosas e de formas humanas, que não são dos experimentadores.

Os *Annales des Sciences Psychiques* de 1º de fevereiro de 1903 relatam os seguintes fatos observados pelo Dr. Venzano:

> Numa sessão em Milão, quando Eusapia se achava no máximo grau do *transe, vimos,* eu e as pessoas que me ficavam próximas, aparecer do lado direito uma forma de mulher, sumamente cara, que me disse uma palavra confusa: tesouro — ao que me pareceu. Ao centro achava-se Eusapia adormecida, ao pé de mim, e por cima a cortina se intumesceu diversas vezes; ao mesmo tempo, à esquerda, a mesa movia-se no gabinete e um pequeno objeto era de lá transportado para a mesa do centro.
> Em Gênova, o Dr. Imoda observou que, enquanto o fantasma tirava da mão do Sr. Becker uma pena e lha restituía, outro fantasma se inclinava sobre Imoda. Outra feita — diz o narrador — ao mesmo tempo que eu era acariciado por um fantasma, a princesa Ruspoli sentia que uma mão lhe tocava a cabeça, e Imoda sentia, a seu turno, que outra mão lhe apertava a sua, com força. Ora, como explicar que a força física de um médium operasse ao mesmo tempo em três direções e com três diferentes objetivos? É possível concentrar a atenção assaz fortemente para obter fenômenos plásticos em três diversas direções?

Algumas vezes árias têm sido executadas em pianos fechados; vozes e cantos se fazem ouvir e, como em Roma, nas experiências do Dr. Sant'Ângelo, penetrantes melodias, que nada têm de terrestres, mergulham os assistentes num enlevo que quase toca ao êxtase.

Todos esses fenômenos têm sido obtidos com a presença de médiuns célebres, entre outros Jesse Stephard e Eusapia Palladino. Agora, algumas explicações sobre a natureza e o verdadeiro papel da mediunidade, nos parecem indispensáveis.

* * *

Nossos sentidos, dissemo-lo acima, não nos permitem conhecer mais que restrito setor do universo. Entretanto, o círculo dos nossos conhecimentos pouco a pouco se ampliou, e crescerá ainda, à proporção que se aperfeiçoarem os nossos sentidos.

Bastar-nos-ia possuir mais um sentido, uma nova faculdade psíquica, para ver descerrarem-se ante nós alguns domínios ignorados da vida, para ver ostentarem-se ao nosso alcance as maravilhas do mundo invisível.

Ora, esses novos sentidos, essas faculdades que no futuro serão propriedades de todos, já o são de certas pessoas, em diferentes graus. São essas pessoas que designamos sob o nome de médiuns.

É preciso, além disso, notar que em todos os tempos existiram indivíduos dotados de faculdades especiais, que lhes permitiam comunicar com o invisível. A História, os livros sagrados de todos os povos, deles fazem menção quase a cada página. Os videntes da Gália, os oráculos e pitonisas da Grécia, as sibilas do mundo pagão, os grandes e pequenos profetas da Judeia, outra coisa não eram senão os médiuns de nossos dias. As potências superiores sempre se utilizaram desses intermediários para fazer ouvir seus ensinos, suas exortações à humanidade. Só os nomes mudam; os fatos permanecem os mesmos, com a única diferença de que esses fatos se produzem em maior número, sob mais variadas formas, quando chega para a humanidade a hora de começar um ciclo, uma nova ascensão para essas culminâncias do pensamento, que são o objetivo da sua trajetória.

Convém acrescentar que os Espíritos elevados não são os únicos a se manifestar; Espíritos de todas as categorias gostam de entrar em relação com os homens, desde que encontrem para isso os meios. Daí, a necessidade de distinguir, nas comunicações, o que procede de cima e o que vem de baixo; o que emana dos Espíritos de luz e o que provém dos atrasados. Há Espíritos de todos os caracteres e de todas as elevações; há mesmo, ao redor de nós, muito maior número de inferiores que de adiantados. São aqueles que produzem os fenômenos físicos, as manifestações estrondosas, tudo que é de índole vulgar, manifestações todavia úteis, como demonstramos, pois que nos facultam o conhecimento de todo um mundo ignorado ou esquecido.

Nesses fenômenos os médiuns desempenham um papel passivo, à semelhança do das pilhas, na eletricidade. São produtores, acumuladores de fluidos e é neles que os Espíritos haurem as forças necessárias para atuar sobre a matéria. Encontra-se essa categoria de médiuns um pouco por toda parte, até nos meios pouco esclarecidos. Seu concurso é puramente material; suas aptidões são antes um predicado físico que indício de elevação. Muito diferente é a parte dos médiuns nos fenômenos intelectuais, de todos os mais interessantes e nos quais melhor se revela a personalidade das inteligências invisíveis. É por eles que nos vêm os ensinos, as revelações que fazem do Espiritismo não somente um campo de explorações científicas, mas ainda, conforme a expressão de Russel Wallace, "um verbo, uma palavra".

Passemos em revista alguns desses fenômenos:

O da escrita direta deve, em primeiro lugar, atrair nossa atenção. Em certas circunstâncias, vê-se aparecerem folhas de papel cobertas de escrita de origem não humana.[116] Nós mesmos assistimos à produção de muitos fatos dessa natureza. Um dia entre outros, em Orange, no correr de uma sessão de Espiritismo, vimos descer pelo espaço, por cima de nossa cabeça, um pedaço de papel que parecia sair do teto e que veio, lentamente, cair no chapéu colocado em cima da mesa, ao pé de nós. Duas linhas com uma letra fina, dois versos estavam nele escritos. Exprimiam um aviso, uma predição que nos dizia respeito e que mais tarde se realizou.

A maior parte das vezes esse fenômeno se produz em ardósias duplas, fechadas, seladas, carimbadas, no interior das quais se coloca um fragmento de lápis. A comunicação é redigida em presença dos assistentes, às vezes em língua estrangeira, desconhecida do médium e das pessoas presentes, e responde a perguntas por estas formuladas.

O Dr. Gibier estudou esse gênero de manifestações durante trinta e três sessões, com o concurso do médium Slade.[117]

Censuraram este último por experimentar fora das vistas dos assistentes, colocando as ardósias debaixo da mesa. Citaremos, portanto, de preferência o caso do médium Eglinton, relatado na obra do professor Stainton Moses, da Universidade de Oxford, intitulada *Psycography*. Aí o fenômeno se produzia em plena luz, à vista de todos.

Nessa obra ele fala de uma sessão a que assistia o Sr. Gladstone. O grande estadista inglês escreve uma pergunta na ardósia e volta-a imediatamente, adaptando-a a uma outra; um pedaço de lápis é colocado no intervalo. Amarram-se as duas ardósias, sobre as quais o médium coloca a extremidade dos dedos para estabelecer a comunicação fluídica. Pouco depois, ouve-se o ranger do lápis. O olhar penetrante do Sr.

---

[116] Ver *No invisível*, cap. XVIII.
[117] Ver *Espiritismo ou faquirismo ocidental*, pelo Dr. Gibier.

Gladstone não se desviava do médium. Nessas condições de rigorosa verificação, foram obtidas respostas em várias línguas, algumas das quais ignoradas do médium, respostas em perfeita concordância com as perguntas formuladas.

A *Revue spirite* de abril de 1907 relata as experiências de escrita direta efetuadas pelo Dr. Roman Uricz, chefe de clínica do hospital de Bialy-Kamien, na Galícia. Assim se exprime ele:

> Muito tempo me ocupei de Espiritismo. Tenho agora um médium com quem durante três meses realizei experiências, duas vezes por semana, e obtive fenômenos verdadeiramente interessantes.
>
> Esse médium é uma camponesa absolutamente ignorante. Frequentou a escola de sua aldeia dois anos apenas, lê com dificuldade e escreve mal. Está empregada como criada de uma Sra. R., em Bialy-Kamien. Às sessões, efetuadas em minha casa, assistem, além de mim e do médium, essa Sra. R. e um amigo, o Dr. W. Obtivemos a *escrita direta*. O que é notável e, que o saiba, inteiramente novo, é o modo por que a obtivemos. Tenho visto muitas vezes a escrita produzida entre duas ardósias ou no papel, com um lápis, num quarto em condições de escuridão; mas as precauções que tomamos foram de tal ordem que excluem absolutamente qualquer possibilidade de fraude, não só da parte do médium, como de qualquer outra pessoa. Quis ver sem resquício de dúvida, como se produzia a escrita. Fiz, por conseguinte, construir, com o consentimento da Inteligência diretora, o seguinte aparelho:

> Uma caixinha de madeira, A B C D, munida, em lugar da tábua dianteira B D, de um saco em forma de funil S S, feito de um tecido de seda escura, flexível mas encorpado, de 50 centímeros de comprimento.
>
> Na extremidade desse saco foi adaptado um pequeno tubo H, com um lápis, M N, introduzido de tal sorte que a parte posterior do lápis e,

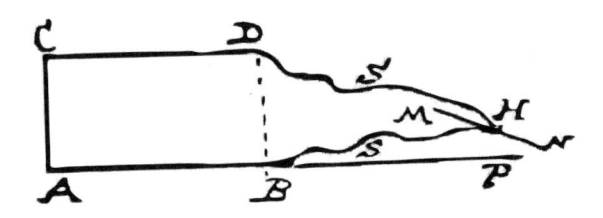

mesmo o lápis quase todo, fica dentro da caixa, ficando a ponta aguçada N saliente do tubo H e apoiada numa folha de papel P. O interior da caixa é inteiramente escuro e o saco em nada impede os movimentos do lápis. Com essa disposição logramos obter, à plena luz, com extrema rapidez e absoluta segurança, comunicações escritas por um processo visível aos olhos de todos. O médium coloca as mãos no tampo superior C D e, ao fim de alguns minutos, começa a escrita, enquanto a parte inferior do saco se intumesce, como se mão oculta se houvesse introduzido no interior. É em tais condições e por esse único meio que atualmente comunicamos com a Inteligência invisível. Quanto ao conteúdo das mensagens, às vezes muito longas, é consideravelmente superior à inteligência do médium e excede não raro a capacidade dos outros assistentes, pois que frequentemente recebemos comunicações em alemão e em francês — o médium não fala senão o dialeto eslavo — e um dia recebemos uma mensagem de cinco páginas, em inglês, língua que nenhum de nós conhece. As mensagens são, às vezes, muito engenhosas e sugestivas. Assim, uma noite, perguntei se os Espíritos eram imateriais. — Sim, em certo sentido — foi-me respondido. — Então — repliquei —, estais fora do tempo e do espaço. — Não... — Como? — Um ponto geométrico é também imaterial, pois que não tem dimensões, e entretanto está no espaço. O que acabo de dizer não constitui mais que uma comparação, porque nós outros, Espíritos, temos dimensões, *mas não como vós*. Uma camponesa ignorante, de catorze anos, seria capaz de dar semelhantes respostas?

Outro dia, recebemos uma prova de identidade indubitável. Durante a sessão o lápis escreveu, em caracteres inteiramente novos para nós: "Agradeço-lhe a injeção que me fez, quando estava em meu leito de morte. O senhor me aliviou. — Carolina C..." Perguntei a quem eram dirigidas essas palavras. "Ao senhor", respondeu a Inteligência. "Quando se deu esse fato e quem sois?", perguntei. O lápis escreveu: "No dia 18 de setembro de 1900, no hospital de Lemberg". Nesse ano era eu ainda estudante e trabalhava nesse estabelecimento como auxiliar de clínica. Era tudo de que me recordava a tal respeito.

Dias depois da sessão, tive ensejo de ir a Lemberg. Dirigi-me ao hospital e encontrei, no registo de 1900, o nome em questão. Era de uma mulher de 56 anos, doente de câncer do estômago e que lá morrera. Fui então ao escritório dos assentamentos da Polícia e perguntei se havia em

Lemberg alguém com o nome de C. Informaram-me que havia uma professora com esse nome. Fui nesse mesmo dia procurá-la e como me dissesse ela haver perdido a mãe em 1900, mostrei-lhe a comunicação recebida por escrita direta. Com grande espanto, reconheceu a senhora, imediatamente, a letra e a assinatura de sua falecida mãe, exibindo cartas por esta escritas, que provavam, sem dúvida possível, a identidade da comunicante. Deu-me de bom grado uma dessas cartas. Entretanto, não me lembro de ter dado injeção de morfina em Carolina C.

Muito mais comum que o precedente, é o fenômeno da escrita mediúnica. O sensitivo, sob um impulso oculto, traça no papel comunicações, mensagens em cuja redação o seu pensamento e vontade apenas tiveram parte mínima. Essa faculdade apresenta aspectos muito variados. Puramente mecânica em certos médiuns, que ignoram, no momento em que escrevem, a natureza e sentido das comunicações obtidas — a ponto de poderem alguns falar enquanto escrevem, desviar a atenção e trabalhar na escuridade — no maior número é ela semimecânica; neste caso o braço e o cérebro são igualmente influenciados; as palavras surgem ao pensamento do médium no próprio momento em que as traça o lápis. Às vezes, é puramente intuitiva e, por conseguinte, de natureza menos convincente e mais difícil de verificar.

As comunicações obtidas por esses diferentes processos apresentam grande variedade de estilo e são de valor muito desigual. Na maior parte, não contêm senão banalidades, mas há também algumas notáveis pela beleza da forma e elevação do pensamento.

Damos, a seguir, alguns exemplos, obtidos por diferentes médiuns.

A PRECE
Médium, Sra. F.

É chegado o momento de poder a inteligência, suficientemente desenvolvida no homem, compreender a ação, significação e alcance da prece. Certo de ser compreendido, posso, pois, dizer: Não mais incredulidade, nem fanatismo! antes a completa segurança da força que Deus concede a todos os seres, quando a Ele se eleva o pensamento.

Na prece, na lembrança volvida a esse Pai, fonte inexaurível de bondade e caridade, longe de vós essas palavras aprendidas, que os lábios pronunciam num hábito adquirido, mas deixam frio o coração em seus impulsos. Reanimados e atraídos para Ele pelo conhecimento da verdade, pela fé profunda e a verdadeira luz, enviai ao Eterno os vossos corações num pensamento de amor, de respeito, de confiança e abandono; em um transporte, enfim, de todo o ser, esse veemente impulso interior, único a que se pode chamar prece!

Desde a aurora, a alma que se eleva, pela prece, ao infinito, experimenta uma como primavera de pensamento que, nas circunstâncias diversas da existência, a conduz ao fim preciso, que lhe é designado.

A prece conserva à infância essa inocência em que sentis ainda a pureza, reflexo do repouso que a alma fruiu no espaço. Para o adolescente é o freio repressor da impetuosidade, que nele brota como vigoroso fluxo; seiva geratriz, se é seguida, perda certa em caso de desfalecimento, mas resgate, se a alma pode e sabe retemperar-se na prece.

Depois, na idade em que, na plenitude de sua força e faculdade, o homem sente em si a energia que, muitas vezes, o deve conduzir às grandes coisas, a concentração em que se firma o pensamento, esse grito da consciência que lhe dirige os atos não é ainda a prece?

E do fraco, poderoso amparo, não é a prece o consolo, a luz que o auxilia a dirigir-se, como o prisma do farol que indica ao náufrago a praia salvadora?

No perigo, mediante estas duas palavras proferidas com fé — "meu Deus!" — envia o homem toda uma prece ao Criador. Esse brado, essa deprecação ao Todo-Poderoso não exprime, como recordação, o instinto do socorro que ele espera receber?

O marinheiro exposto aos perigos, à mingua de todo socorro em meio dos elementos desencadeados, formula em sua fé profunda um voto: é prece cuja sinceridade sobe radiosa àquele que o pode salvar!

E quando ruge na Terra a tempestade, grandes e pequenos tremem ao considerar a própria impotência e, a essa voz poderosa que repercute nas profundezas da terra, oram e confiantes dizem estas palavras: Deus! preserva-nos de todo perigo! — Abandono completo, na prece, àquele que, por sua vontade, tudo pode.

Quando chega a idade em que nos desaparece a força, em que os anos fazem sentir todo o seu peso, em que a alma ensombrada pelos sofrimentos, pela fraqueza que a invade se sente incapaz de reagir; quando, finalmente, o ser se vê acabrunhado pela inação, a prece, caudal refrigerante, lhe vem acalmar e fortalecer as derradeiras horas que deve permanecer na Terra.

Em qualquer idade, quando vos assediam as provas, quando sofre o corpo e, sobretudo, o coração amargurado já não deixa repousar feliz o pensamento no que consola e atrai, à prece, unicamente à prece, reclamam a alma, o pensamento, o coração, a calma que já não possuem.

Quando o encarnado, na plenitude de suas energias, inspirado pelo desejo do belo e do grande, refere suas aspirações a tudo que o rodeia, pratica o bem, torna-se útil, auxilia os desgraçados e, celeste prece, força do pensamento, em seus atos é amparado pelo fluido poderoso que do Além se lhe associa, constante e invisível cadeia do encarnado com os desencarnados e, para mim, prece!

Direi, pois, a todos que a bondade inspira, aos que, neste século em que o pensamento inquieto investiga sem firmeza, sentem a necessidade de uma fé profunda e regeneradora: "Ensinai a prece à criança, desde o berço! Todo ser, mesmo no extravio das paixões, conserva a lembrança da impressão recebida no limiar da vida e torna a encontrar como consolação, no crepúsculo da existência percorrida, o encanto ainda presente dos anos abençoados em que a criança, iniciando-se na vida, respira sem temor, vive sem inquietação, proferindo nos braços de sua mãe este nome tão grande e tão doce 'Deus!' que ela lhe ensina a murmurar".

Haurindo força e convicção nessa piedosa lembrança, ele repetirá com toda a confiança, no último adeus à Terra, a prece aprendida no primeiro sorriso.

Jerônimo de Praga

O CÉU ESTRELADO. OS MUNDOS
Médium, Srta. M. L.

Claridades siderais, vias do céu! Vós, que indicais às almas as linhas ideais de sua evolução; vós, que vos estendeis pelas profundezas dos espaços! Planetas, donde as almas vos contemplam, não sois mais que poeiras de ouro, luminosos traços no escuro céu de estio. Para aqueles que, porém, já não aprisiona o túmulo da carne, planetas, estrelas, sois os verdadeiros mensageiros do divino pensamento; escreveis no misterioso e divino livro da Criação os gloriosos salmos com que Deus quis assinalar a sua obra. Sois o perpétuo assombro das criaturas e vosso esplendor lhes há de sempre dar as sensações vertiginosas do infinito! Ó nebulosas, vias-lácteas, constelações inumeráveis, sois como bacantes pelo pensamento de um deus embriagadas! Projetais vossos eternos giros ao redor dos sóis, como as antigas sacerdotistas em torno ao carro do deus. Sacudis nos espaços as luminosas cabeleiras e assim lançais, através dos tempos, um testemunho fulgurante de vossas existências. Vossos cíngulos se desenrolam, nas noites de verão em feixes ígneos; os bólidos, os globos abrasados se vos desprenderam dos flancos e cingis assim o mundo, nos sulcos luminosos por eles dourados no seio dos espaços.

Vossas vibrações harmônicas fazem acompanhamento ao hino sagrado das almas, e nunca a vossa melodiosa trajetória parece mais bela aos nossos olhos do que à hora em que terminado, finalmente, o percurso que Deus vos assinou, ou acabada a vossa tarefa de pátria de alma em evolução, ides despedaçar-vos contra o obstáculo por Deus indicado, projetando através dos espaços, assombrados com o vosso desaparecimento, as partículas dessa matéria de que éreis formados e que vai regressar ao seio de Deus, para reconstituir outros universos.

Passai, estrelas e planetas; seguis rápidos e vários e vosso giro, vossas órbitas imensas, parecem o símbolo da eternidade; sois belos e deslumbrais os humanos olhares; mas que sois para a alma? Lugares de passagem, o caro albergue em que nos demoramos uma noite, a escutar os sons melodiosos que desferem as árvores ao vento. Mas o viajante partiu, a casa com as paredes fendidas se desmoronou; só restam as velhas pedras, douradas pelo sol de estio, a meio cobertas pelas desordenadas ervas invasoras.

Assim vos haveis de destruir, estrelas e planetas; não sereis mais que uma poeira de astro, planetas vagabundos pelo céu. Mas a alma permanecerá fiel à vossa lembrança, e, quando perto lhe passar um desses bólidos, há de ela reconhecer algo da antiga morada que Deus lhe destinara.

Terra, tu que me viste passar, que em teu seio recolhes-te as lágrimas que vertia o homem pela dor acabrunhado, vais desmoronar-te perante o teu Senhor. Já a alma prevê o tempo em que hás de ser apenas um planeta sem vida, e receamos o teu desaparecimento. Assim é a lei. Ó Terra, ó minha mãe! tu morrerás; mas os milhões de almas embrionárias que constituíam tua matéria serão então libertados e prosseguirão noutro lugar a sua evolução. Não deploremos, pois, a tua sorte; ela é grande, é nobre, está em harmonia com a Lei de Deus. E quando, atingidas outras altitudes morais, meus olhos contemplarem extasiados as fulgurantes constelações na profundeza dos espaços, procurarei o lugar em que, radiante dos pensamentos que teu divino vestuário agita, deverias passar.

Nada mais verei que uma lembrança; encontrarei outras estrelas em formação, o espaço será ainda imutável, outros planetas serão outras tantas terras, portadoras de almas como as que hoje trazes. Mas o que foram tuas montanhas, teus vales benditos em que ressoa a voz da humanidade, já nem mesmo será uma poeira no seio dos firmamentos. Nada mais restará de tua antiga forma. Ufana-te, porém, ó Terra! terás cumprido o teu dever. As almas, graças a ti, se terão transportado a outros lugares, aos espaços em que circulam constantemente os pensamentos do amor impenetrável, que são a vida e a existência das almas deslumbradas por esse foco incessantemente renovado.

A Deus, Terra, ao teu Senhor deves o amor e o reconhecimento, e eu sei que lhe rendes homenagem, porque ouço extasiado os melodiosos cantos que tua atmosfera, ao passar no eterno éter, entoa como as almas conscientes da verdade.

Estrelas, inclinai-vos em vossas órbitas radiosas: lançai eternamente ao firmamento os feixes de luz que vos revelam. Estais no seio daquele que É!

R.

RECORDAÇÕES TERRESTRES. O DESERTO
Médium, Srta. M. L.

O deserto profundo e avermelhado se estende qual mar longínquo ao pé das colinas, donde mergulho a vista nessas extensões misteriosas e sem vida. O Sol se esconde, a noite cai e ao tórrido calor do dia vai suceder a sombra glacial. O deserto adormece, a viração caiu. Aqui, ali, mal se destacam alguns espinhosos e raquíticos arbustos. São manchas pardas nessa toalha luminosa e informe, que as últimas claridades do Sol fazem brilhar ainda. Morrem as horas ao Sol do deserto; parece já não existir o tempo na face dessa terra árida e triste. A alma também fica absorta e não vê passar diante de si mais que os grupos de estrelas no sombrio fundo azul. Envolvi os ombros no albornoz que mal me protejerá do frio, e talvez esse gesto revele também minha inquietação e susto em presença desse horizonte imenso que guarda o segredo de tantos mortos!... Recolho-me também; quero esquivar-me a esse mistério, ao enigma dessas terras desoladas. Escuto: nenhum rumor de vida; apenas alguns murmúrios do vento, algumas longínquas sonoridades que dificilmente o ouvido apreende. A sombria e silenciosa majestade do deserto me comove e oprime.

Procuro dar um pouco de vida àquela solidão; volto-me para o meu árabe e lhe pergunto onde faremos a sesta. Sei bem que não compreenderei senão a meio sua resposta; mas ao menos ouvirei uma voz humana. Esforço inútil; o murmúrio de minhas palavras parece o grito do inseto. Somos ridiculamente humildes em presença do deserto. Não é a voz de um homem que o pode comover: é preciso a do vento e da tempestade. A extensão não vibrou de humanos sons; desprezou meu esforço, do mesmo modo que o próximo vento apagará os vestígios de meus passos.

Os cimos das colinas se abaixam no horizonte, semelhantes a leões que talvez durmam nos seus antros. Dir-se-iam esfinges agachadas, cochilando. Elas guardam os mistérios do deserto. Escuto; o silêncio é sempre o deus do espaço, e só a noite indica que há um poder do tempo. Mas a humanidade não respeita essa grandeza. Vamos violar a poderosa e formidável solidão, e nossos filhos buscarão nela instalar os seus ódios.

O deserto é poderoso; lutará contra a invasão e por muito tempo as suas estradas de rutilante esplendor conservarão o reflexo do sangue dos audaciosos viajores que lhe quiseram arrancar o segredo.

Um desconhecido

A REENCARNAÇÃO
Médium, J. D.

A grande ideia da reencarnação é a única, meus irmãos, capaz de restaurar a nossa decadente sociedade. Somente ela pode reprimir esse egoísmo avassalador que desagrega família, pátria, sociedade, e que substitui a generosa ideia do dever por essa feroz concepção de uma individualidade que se deve afirmar a todo custo.

O materialismo que destroçou a crença na vida futura, e os dogmas incompletos, que desnaturam o princípio sublime das religiões, fizeram murchar na alma humana essas admiráveis flores de um ideal superior às subalternas contingências da vida material e à brutalidade impulsiva dos instintos.

É preciso, meus irmãos, que alguma coisa venha despertar nas almas o sentido da vida espiritual.

Por mais que a Ciência multiplique as suas maravilhas, por mais que o homem despenda as admiráveis faculdades da sua inteligência e do seu gênio, permanecem estéreis todos os seus esforços, se em si mesmo não possui as fontes vivas da vida espiritual; se não sente palpitar em si essa vida imperecível, que lhe assegura a imortalidade e torna-o consciente desse universo eterno, de que é uma das vivas e eternas partículas.

Não, não, irmãos, o homem não é esse efêmero e anônimo ser; poeira transitória de vida, que dura apenas um instante para sofrer e morrer. O homem é a vida, a vida eterna, individualizada na substância para adquirir consciência de si mesmo e constituir a plenitude da felicidade pela plenitude do conhecimento.

Sim, o homem é grande: grande porque é o artífice da sua própria grandeza; grande porque, com o próprio esforço, cria sua futura personalidade; porque todas as aquisições da sua inteligência, da sua razão e do seu coração, as deve ele ao seu trabalho e experiência.

Ó divina reencarnação! Por ti, o bruto inconsciente se converte em gênio; por ti, o mau adquire a bondade suprema e o ignorante o conhecimento de todas as coisas. Por ti, o homem toma gradualmente consciência de si mesmo; cada vida lhe traz uma experiência, cada existência uma força e um poder novos; por ti, não há dor nem prova que não tenha objetivo; toda alegria é uma recompensa. Por ti, a mais íntima solidariedade vincula todas as criaturas, e o progresso, a formação de uma sociedade melhor, é a obra comum e secular.

Quando a ideia da reencarnação se houver novamente senhoreado da mentalidade humana, o progresso social dará um passo imenso. As misérias e provações do homem lhe parecerão menos dolorosas, porque terão para ele um sentido positivo. Com mais segurança há de ele saborear as suas alegrias, porque sentirá que a vida se lhe tornou estável com a imortalidade.

O universo já se lhe não figurará implacável máquina, cujas engrenagens trituravam desapiedadamente as criaturas, sem se preocupar com os seus gritos e estertores.

O homem compreenderá, então, que existe um foco imenso, do qual é ele chamado a se tornar uma centelha consciente e fecunda, depois de haver aprendido, na série de suas vidas sucessivas, o segredo da eterna vida, isto é: a inteligência que sabe, a consciência que age, e o amor que ama.

Pastor B.

A NATUREZA
Médium, Srta. M. L.

Visitei muitas vezes o vosso belo país, quando meu marido residia às margens do Loire, e conheço todo o encanto da primavera entre vós. Vi o pássaro responder à sua ninhada, quando o seu primeiro pipilar reclamava imperiosamente mais abundante nutrição. Não tendes os cálidos ardores meridionais, mas o vosso céu é mais suave: a luz de vossos sóis no ocaso se diversifica e multiplica de nuvem em nuvem, e prolonga o crepúsculo.

Muitas vezes escutei, como o podereis fazer por vossa parte, a queda abafada dos brancos e veludosos flocos de neve. Os ninhos balouçam, esquecidos e vazios, nas extremidades dos galhos despojados da folhagem. A natureza parece morta, mas, como toda verdadeira obra de Deus, encerra a esperança das vindouras primaveras. Minha alma é irmã do inverno: nela dorme as suas recordações. Sei, porém, que minha vontade pode ressuscitar esse passado de ontem e dar-me, com a permissão de Deus, a ilusão das vidas transcorridas e a certeza de um melhoramento sempre desejado. A natureza é a nossa grande educadora; com ela aprendemos a balbuciar o nome divino e é ela que canta, às noites, o hino universal que a humanidade escuta emocionada; transfunde a alegria em nossos corações e nos faz ver a verdade, porque é a grande mediadora. Se soubéssemos escutar a sua voz, seríamos mais que homens: teríamos adivinhado a palavra divina.

Mme. Michelet

INOVAÇÕES
Médium, Srta. B. R.

Ó Deus, tu que infundes, ao mesmo tempo, nobre terror e soberana admiração aos que teu nome pronunciam, digna-te inundar com tua luz resplandecente os fracos que a ti se dirigem num grito de angústia e de amor!

A ti, meu Deus, se eleva lentamente meu pensamento. Em ti, foco de amor, procura minha alma se abrasar. Faze baixar à tua humana criatura teu ardente sopro; faze cair o véu de cegueira que me cobre os olhos e me oculta os teus imensos horizontes; revela a meu ser teus infinitos esplendores; murmura ao meu coração palavras de vida; fala-me, ó tu, que em todo o meu ser sinto vibrar!

Deus! Ser majestoso de grandeza e de simplicidade, foco sempre ardente de vida, amor e luz! Tu que numa eternidade sabes conter o infinito! Tu, receptor ao mesmo tempo de meus queixumes e de minhas jubilosas expansões, tu, ainda, que me guias com teus radiosos meteoros, cuja rápida passagem ilumina meu sombrio asilo, ampara-me, consola-me! Tu finalmente, cujo sopro abrasador me reanima a expirante chama, pousa um instante sobre mim tua piedade; faze renascer em mim a centelha desprendida do teu braseiro de amor. Ouve minha prece! Envia, como resposta, um raio da tua pura claridade e faze que, ao teu nome, todo o meu ser, num sublime transporte, a ti se arroje.

I. Iriac

Imaginaram recentemente os sábios experimentadores ingleses, sob o nome de *cross-correspondence*, um novo processo de comunicação com o invisível, que seria bem próprio a atestar a identidade dos Espíritos cujas manifestações se produzem mediante a escrita mediúnica. Oliver Lodge o descreveu numa reunião efetuada em 30 de janeiro de 1908, pela Sociedade de Investigações Psíquicas, de Londres.

> A *cross-correspondence* — diz ele —, isto é, o recebimento por um médium, de uma parte de comunicação, e de outra parte por outro médium, não podendo cada uma dessas partes ser compreendida sem

a adjunção da outra, é boa prova de que uma única Inteligência opera sobre os dois *automatistas*.

Se, além disso, a mensagem apresenta os característicos de um finado e é recebida a esse título por pessoas que o não conheciam intimamente, pode ver-se nisso a prova da persistência da atividade intelectual do desaparecido. E se do mesmo modo obtemos um trecho de crítica literária, inteiramente conforme ao seu modo de pensar e que não poderia ser imaginado por terceira pessoa, digo que a prova é convincente. Tais as espécies de provas que a Sociedade pode comunicar sobre esse ponto.

Depois de referir-se aos esforços em tal sentido empregados pelos Espíritos de Gurney, Hodgson e Myers em particular, acrescenta o orador:

> Achamos que suas respostas a perguntas especiais são formuladas de um modo que caracteriza sua personalidade e revela conhecimentos que eram de sua competência.
>
> A parede que separa os encarnados dos desencarnados — diz ele ao terminar — ainda se mantém de pé, mas acha-se adelgaçada em muitos lugares. À semelhança dos escavadores de um túnel, ouvimos, em meio do ruído das águas e dos outros rumores, as pancadas de picareta dos nossos camaradas do outro lado.

A isso não se limitaram os ingleses. Fundaram um escritório de comunicações regulares com o outro mundo. Foi o intrépido escritor W. Stead que o organizou em Londres, a instâncias de uma amiga desaparecida, Srta. Júlia Ames; e daí a sua denominação: "Escritório de Júlia". Esse Espírito se propõe vir em auxílio, assim de todos os desencarnados que procuram entrar em relação com os vivos que atrás de si deixaram, como dos encarnados acabrunhados com a perda de um ente caro. Para ser admitido a solicitar uma comunicação, Júlia, que dirige pessoalmente as sessões, não requer senão duas coisas: uma afeição lícita e sincera, e um estudo prévio do problema espírita. Não tolera retribuição alguma. O impetrante, uma vez tomado em consideração o pedido, é levado à presença de três médiuns diferentes e todos os resultados são registrados.

Esse escritório já conseguiu, desde a sua fundação, estabelecer numerosas comunicações com o invisível. "Lançou uma ponte de uma a outra margem do túmulo", com alguma razão o disse W. Stead.

Durante o primeiro trimestre de sua existência, centenas de pedidos lhe foram endereçados, na maior parte aceitos por Júlia. Calcula W. Stead que, pelo menos, 75 por cento dos que passaram pela tríplice prova dos médiuns receberam respostas concludentes, em metade dos casos afirmando os impetrantes, de modo absoluto, que obtiveram por um ou outro médium, senão por todos eles, provas estremes de toda contradição.[118]

A clientela do escritório de Júlia é, sobretudo, arrebanhada entre pessoas cultas e instruídas: doutores, advogados, professores, etc. Um repórter do *Daily News* refere que um dia acompanhou um autor bem conhecido, cujo nome causaria admiração por imiscuir-se em semelhante assunto. Esse autor desejava obter a manifestação de um amigo falecido. Obtido o consentimento de Júlia, foi, como de costume, posto sucessivamente em relação com três médiuns, assistidos por um estenógrafo, sendo redigido de cada sessão um detalhado termo. Numa das sessões, sua casa foi exatamente descrita com os arredores; numa outra recebeu uma mensagem que julgou provir, com certeza, do amigo falecido.

* * *

Sendo o mundo dos Espíritos, em grande parte, constituído pelas almas que viveram na Terra, e sendo as Inteligências de escol, em um meio como no outro, em diminuto número, facilmente compreenderemos que na sua maior parte as comunicações de Além-túmulo sejam destituídas de grandeza e originalidade. Quase todas, entretanto, têm um caráter moral incontestável e denotam louváveis intenções. Quantas pessoas desoladas têm podido, por esse meio, receber dos que amaram e julgavam perdidos, palavras de animação e conforto!

Quantas almas hesitantes na obscura trilha do dever têm sido animadas, desviadas do suicídio, fortalecidas contra as paixões, mediante exortações vindas do outro mundo!

Acima ainda dessas manifestações, cuja utilidade é tão evidente e cujo efeito moral é tão intenso, é preciso colocar certas comunicações

---

[118] Ver a *International Review*, setembro de 1909.

extraordinárias, subscritas por modestos nomes ou termos alegóricos, mas animadas de um sopro vigoroso e que trazem, em sua forma e ensinos, o cunho de Espíritos verdadeiramente superiores. Foi com documentos dessa natureza que se constituiu a doutrina do Espiritismo. Allan Kardec recolheu grande número deles. Mesmo depois, não se estancaram essas fontes do pensamento sobre-humano; elas têm continuado a fluir para a humanidade.

Os fenômenos de escrita direta ou automática são completados e confirmados pelos fatos de incorporação.[119] Neste, os Espíritos já se não contentam com órgãos de um médium adormecido. Este por eles mergulhado em sono magnético, abandona o seu invólucro a personalidades invisíveis, que dele se apoderam para conversar com os assistentes. Por esse meio, sugestivas conversações são entabuladas entre os habitantes do espaço e os parentes e amigos que deixaram na Terra.

Nas manifestações da escrita mecânica, já a identidade dos Espíritos se verifica pela forma dos caracteres traçados, pela analogia das assinaturas, pelo estilo e até pelos erros de grafia habituais a esses Espíritos, e que reaparecem nas suas comunicações. Nos fenômenos de incorporação, essa identidade ainda se torna mais evidente. Pelas suas atitudes, gestos e dizeres, o Espírito se revela tal qual era na Terra. Os que o conheceram em sua precedente encarnação, reconheceram-no integralmente o mesmo; a sua individualidade reaparece em locuções características, em expressões que lhe eram familiares, em mil particularidades psicológicas que escapam à análise e só podem ser apreciadas pelos que estudaram de perto esse fenômeno.

Nada mais emocionante, por exemplo, que ouvir uma mãe, vinda do Além-túmulo, exortar e reanimar os filhos que deixou neste mundo. Nada mais curioso que ver Espíritos das mais diversas categorias animar sucessivamente o invólucro de um médium e manifestar-se aos assistentes, pela palavra e pelo gesto. A cada um deles a fisionomia do sensitivo se transforma, a voz muda, a expressão fisionômica se modifica. Pela linguagem e atitudes a personalidade do Espírito se revela, antes mesmo que dê o nome.

Tivemos, por muito tempo, em um círculo de experimentação a cujos trabalhos presidíamos, dois médiuns de incorporação. Um

---
[119] Ver *No invisível*, cap. XIX.

servia de órgão aos Espíritos protetores do grupo. Quando um destes o animava, as linhas do seu rosto adquiriam expressão angélica, a voz se suavizava, tornava-se melodiosa. A linguagem revestia formas de pureza, poesia, elevação muito acima das faculdades pessoais do sensitivo. Sua vista parecia penetrar fundo o coração dos assistentes. Lia-lhes os pensamentos; dirigia, nominalmente a cada um, avisos, advertências relativamente ao seu estado moral e à sua vida privada, o que denotava, logo à primeira vista, conhecimento perfeito do caráter e do estado de consciência de todos. Palestrava sobre coisas íntimas, só deles conhecidas. Impunha-se a todos pelo seu ar majestoso, do mesmo modo que pela sabedoria e doçura das expressões. A impressão produzida era profunda. Tudo parecia vibrar e iluminar-se em torno desse Espírito. Ao retirar-se, sentíamos que alguma coisa de grande passara entre nós.

Quase sempre um segundo Espírito, de certa elevação mas de caráter muito diferente, lhe sucedia no corpo do médium. Esse Espírito tinha a palavra rápida e forte, o gesto enérgico e dominador. Sua ciência era vasta. Aceitara o encargo de dirigir os estudos morais e filosóficos do grupo e sabia resolver os mais difíceis problemas. Nós o tínhamos em grande consideração e nos comprazíamos em lhe obedecer. Para qualquer recém-chegado, porém, era um espetáculo estranho ver sucederem, no frágil invólucro de uma senhora de maneiras tímidas e modestos conhecimentos, dois Espíritos de caráter tão elevado e tão dissemelhantes.

O segundo médium não oferecia, nas manifestações de que era agente, menor interesse. Era uma senhora elegante e instruída, esposa de um oficial superior e que parecia, à primeira vista, reunir as melhores condições para fenômenos de caráter transcendente. Ora, na prática, era exatamente o contrário que se verificava. Essa senhora servia habitualmente de instrumento a Espíritos pouco adiantados, que haviam ocupado na Terra diversas posições. Interessante ouvir, por exemplo, uma ex-vendedora de legumes de Amiens exprimir-se em algaravia picarda, pela voz de uma pessoa de maneiras distintas e que nunca estivera na Picardia. A linguagem da médium, correta e escolhida quando desperta, tornava-se confusa, arrastada, semeada de lapsos e de expressões regionais durante o sono magnético, quando o Espírito Sofia intervinha em nossas sessões. Desde que este se afastava, outros Espíritos o vinham substituir, desfilando, por assim dizer, no invólucro da sensitiva e apresentando-nos sucessivamente os tipos mais disparatados: um antigo sacristão de voz untuosa e arrastada, emitida em tom baixo, como se estivesse na igreja; um ex-procurador de gesto imperioso e ares escarninhos, palavra ríspida e decisiva, etc.

Outras vezes, eram cenas tocantes, de arrancar lágrimas aos assistentes. Amigos de Além-túmulo vinham lembrar recordações da infância, serviços prestados, erros cometidos; expor seu modo de vida no espaço, falar das alegrias ou dos sofrimentos morais colhidos depois da morte, conforme a sua norma de vida na Terra. Assistíamos a animadas conversações entre Espíritos, comovedoras dissertações sobre os mistérios da vida e da morte, sobre todos os grandes problemas do universo, e, de cada vez, sentimo-nos emocionados e fortalecidos. Essa íntima comunhão com o mundo invisível descerrava infinitas perspectivas ao nosso pensamento; influía em todos os nossos atos, esclarecia-nos com uma luz intensa a trilha da existência ainda tão obscura e tortuosa para a multidão dos que a percorrem. Dia virá em que a humanidade conhecerá o valor desses ensinos e deles participará. Nesse dia, ter-se-á renovado a face do mundo.

Depois de haver passado em revista os principais fenômenos que servem de base ao Moderno Espiritualismo, ficaria incompleto o nosso resumo se não disséssemos algumas palavras acerca das objeções apresentadas e das teorias adversas com que se tem procurado explicá-los.

Há, em primeiro lugar, a negação absoluta. O Espiritismo, têm dito, não é mais que conjunto de fraudes e de embustes. Todos os fatos extraordinários em que se baseia são simulados.

É verdade que alguns impostores têm procurado imitar esses fenômenos, mas os artífices têm sido facilmente descobertos e os espíritas foram os primeiros a indicá-los. Em quase todos os casos mencionados acima: levitação, aparições, materialização de Espíritos, os médiuns foram ligados, amarrados à própria cadeira; frequentemente, os experimentadores lhes seguravam os pés e as mãos. Às vezes, foram mesmo colocados em casinholas fechadas, especialmente preparadas para esse fim, e cuja chave ficava em poder dos operadores, enfileirados ao redor do médium. Foi em tais condições que numerosos casos de materialização de fantasmas se produziram.

Em suma, as imposturas foram quase sempre desmascaradas e muitos fenômenos jamais foram imitados, pela simples razão de que escapam a toda imitação.

Os fenômenos espíritas têm sido observados, verificados, inspecionados por sábios céticos, que passaram por todos os graus da incredulidade e cuja convicção não se formou senão pouco a pouco, sob a pressão dos fatos.

Esses sábios eram homens de laboratório, físicos e químicos experimentados, médicos e magistrados. Possuíam todos os requisitos necessários, toda a competência para desmascarar as mais hábeis fraudes, para frustrar as mais bem urdidas tramas. Seus nomes pertencem ao número dos que são para toda a humanidade objeto de respeito e veneração. Ao lado desses homens ilustres, todos os que se têm entregue a um estudo paciente, consciencioso e perseverante desses fenômenos, vêm afirmar a sua realidade; ao passo que a crítica e a negação emanam de pessoas cujo pronunciamento, baseado em insuficientes noções, só pode ser superficial.

Aconteceu a alguns deles o que muitas vezes acontece aos observadores inconstantes. Não obtiveram mais que medíocres resultados, às vezes mesmo negativos, e se tornaram mais céticos que dantes. Não quiseram tomar em consideração uma coisa essencial: que o fenômeno espírita é regido por leis, submetido a condições que importa conhecer e observar.[120] Sua paciência cansou muito depressa. As provas que exigem não se obtêm em poucos dias. W. Crookes, Russell Wallace, Zöllner, Aksakof, Dale Owen, Robert Hare, Myers, Lombroso, Oliver Lodge e outros muitos sábios estudaram a questão longos anos. Não se contentaram com assistir a algumas sessões mais ou menos bem dirigidas e em que bons médiuns funcionassem. Deram-se, eles próprios, ao trabalho de investigar os fatos, de os acumular e analisar; penetraram até ao fundo das coisas. Por isso, foi a sua perseverança coroada de êxito, e o seu método de investigação pode ser oferecido como exemplo a todo pesquisador severo.

Entre as teorias lançadas à circulação para explicar os fenômenos espíritas, a da alucinação ocupa sempre o maior lugar. Perdeu, entretanto, toda a razão de ser, à vista das fotografias de Espíritos obtidas por

---

[120] Ver *No invisível*, caps. IX e X.

Aksakof, Crookes, Volpi, Ochorowicz, W. Stead e tantos outros. Não se fotografam alucinações.

Os invisíveis não somente impressionaram as placas fotográficas, como também instrumentos de precisão, como os aparelhos Marey;[121] levantam objetos materiais e os decompõem e recompõem; deixam impressões na parafina derretida. Estão aí outras tantas provas contra a teoria da alucinação, quer individual, quer coletiva.

Certos críticos acusam os fenômenos espíritas de vulgaridade, grosseria, trivialidade; consideram-nos ridículos. Essas apreciações provam incompetência. As manifestações não podem ser diferentes do que teriam sido, provindas do mesmo Espírito, quando na Terra. A morte não nos muda e nós somos, na outra vida, exclusivamente o que nós fizemos aqui na Terra. Daí a inferioridade de tantos seres desencarnados.

Por outro lado, essas manifestações grosseiras e triviais têm sua utilidade, porque são o que melhor nos revela a identidade do Espírito. Elas têm convencido inúmeros experimentadores da realidade da sobrevivência; pouco a pouco os levaram a observar, a estudar fenômenos de ordem mais elevada. Porque, como vimos, os fatos se encadeiam e ligam em ordem gradual, em virtude de um plano que parece indicar a ação de um poder, de uma vontade superior, que procura arrancar a humanidade à sua indiferença e impeli-la para o estudo e a investigação dos seus destinos. Os fenômenos físicos, mesas falantes, casas mal-assombradas, eram necessários para atrair a atenção dos homens, mas nisso é preciso apenas ver meios preliminares, um encaminhamento para mais elevados domínios do conhecimento.

Por muito tempo foi o Espiritismo considerado coisa ridícula: por muito tempo foram os espíritas achincalhados, escarnecidos, acusados de loucura. Mas, em todos os que se fizeram portadores de uma ideia, de uma força, de uma verdade nova não aconteceu a mesma coisa? Louco! disseram de Galileu; loucos Giordano Bruno, Galvani, Watt, Palissy, Salomão de Caus!

A senda do progresso é, muitas vezes, ingrata aos inovadores. Tem sido regada por muitas lágrimas e por muito sangue. Aqueles, cujos nomes acabamos de citar, tiveram de abrir caminho através da conspiração dos interesses. Eram desprezados por uns, detestados e perseguidos por outros. Lutaram e sofreram; comparativamente com eles, os que são hoje apenas

---

[121] Ver *Annales des Sciences Psychiques*, agosto, setembro e novembro de 1907 e fevereiro de 1909.

ridiculizados devem considerar sumamente benigna a sua sorte. Foi inspirando-se nesses grandes exemplos que os espíritas aprenderam a suportar com paciência os sofrimentos. Uma coisa os tem consolado de todos os sarcasmos: é a certeza de que também são portadores de um benefício, de uma força, de uma luz à humanidade.

Em cada século a humanidade retifica suas apreciações. O que parecia grande torna-se pequeno, o que se figurava pequeno se agiganta. Hoje mesmo, já se começa a compreender que o Espiritismo é um dos mais consideráveis acontecimentos dos modernos tempos, uma das mais notáveis formas da evolução do pensamento, o germe de uma das maiores revoluções morais que o mundo terá, porventura, conhecido.

Quaisquer que sejam os motejos de que é objeto, é preciso reconhecer que ao Espiritismo é que a nova ciência psíquica deve o nascimento, porque sem ele, sem o impulso que lhe deu, todas as descobertas que se vinculam a essa ciência não teriam surgido.

No que concerne ao estudo das manifestações dos Espíritos, sentem-se os espíritas em muito boa companhia. Os nomes ilustres de Russell Wallace, de Crookes, Robert Hare, Mapes, Zöllner, Aksakof, Butlerof, Wagner, Flammarion, Myers, Lombroso, têm sido repetidamente citados. Veem-se também sábios como os professores Barrett, Hyslop, Morselli, Bottazzi, William James, da Universidade de Harvard, Lodge, reitor da Universidade de Birmingham, o professor Richet, o coronel De Rochas etc., que não consideram indignos deles tais estudos. Que pensar, depois disso, das acusações de ridículo e loucura? Que provam elas senão esta coisa contristadora: que o império da rotina subsiste em certos meios? O homem se inclina, muitíssimas vezes, a julgar os fatos no limite do acanhado horizonte dos seus preconceitos e dos seus conhecimentos. É preciso elevar mais alto, projetar mais longe o olhar e medir a sua fraqueza em face do universo. Assim se aprenderá a ser modesto, a nada rejeitar nem condenar sem prévio exame.

Tem-se procurado explicar todos os fenômenos do Espiritismo pela sugestão e pela dupla personalidade. Nas experiências, dizem, o médium se sugestiona a si mesmo, ou, ainda, padece a influência dos assistentes.

A sugestão mental, que outra coisa não é senão a transmissão do pensamento, não obstante as dificuldades que apresenta, pode compreender-se e estabelecer-se entre dois cérebros organizados, por exemplo entre o magnetizador e o sensitivo. Pode-se, porém, acreditar que a sugestão opere sobre mesas? Pode admitir-se que objetos inanimados sejam aptos a receber e reproduzir as impressões dos assistentes?

Com essa teoria não se poderiam explicar os casos de identidade, as revelações de fatos, de datas, ignorados do médium e dos circunstantes, as quais se produzem muitíssimas vezes nas experiências, tanto como as manifestações contrárias à vontade de todos os espectadores. Algumas vezes, particularidades absolutamente ignoradas de toda criatura na Terra têm sido reveladas por médiuns, e depois averiguadas e reconhecidas exatas. Disso há exemplos notáveis na obra de Aksakof, *Animismo e espiritismo* e na de Russell Wallace, *O moderno espiritualismo*, assim como casos de mediunidade verificados em crianças de tenra idade, os quais, do mesmo modo que os precedentes, não poderiam ser explicados pela sugestão.[122]

Segundo os Srs. Pierre Janet e Ferré[123] — e aí está uma explicação de que frequentemente se servem os adversários do Espiritismo — deve comparar-se um médium escrevente a um sensitivo hipnotizado, ao qual se sugere uma personalidade durante o sono, e que, ao despertar, tem perdido a lembrança dessa sugestão. O sensitivo escreve inconscientemente uma carta, uma narrativa referente a essa pessoa imaginária. Aí está, dizem, a origem de todas as comunicações espíritas.

Todos os que possuem alguma experiência do Espiritismo sabem que essa explicação é inadmissível. Os médiuns, escrevendo de um modo automático, não são previamente mergulhados em sono hipnótico. É no estado de vigília, na plenitude de suas faculdades e do seu *eu* consciente que os médiuns escrevem, sob o impulso dos Espíritos. Nas experiências do Sr. Janet, há sempre um hipnotizador em ligação magnética com o sensitivo. Não é isso o que se dá nas sessões espíritas; nem o evocador, nem os assistentes atuam sobre o médium; este ignora absolutamente o caráter do Espírito que vai intervir. Muitas vezes mesmo, as perguntas são dirigidas aos Espíritos por incrédulos, mais dispostos a combater a manifestação do que a facilitá-la.

O fenômeno da comunicação gráfica não consiste unicamente no caráter automático do escrito, mas, sobretudo, nas provas inteligentes, nas

---
[122] Ver nota complementar nº 13, o caso do professor Hare.
[123] P. Janet, *O automatismo psicológico*.

identidades que testifica. Ora, as experiências do Sr. Janet nada de semelhante fornecem, absolutamente. As comunicações sugeridas aos sensitivos hipnotizados são sempre de acabrunhadora banalidade, ao passo que as mensagens dos Espíritos contêm, muitas vezes, indicações, revelações que se relacionam com a vida presente e passada de seres que na Terra conhecemos, que foram nossos amigos ou parentes, particularidades ignoradas do médium e que revestem cunho de certeza que os distingue, absolutamente, das experiências de hipnotismo.

Não se conseguiria, mediante a sugestão, fazer escreverem analfabetos, obter, por meio de um velador, poesias como as que recolheu o Sr. Jaubert, presidente do Tribunal de Carcassone e que obtiveram prêmios nos jogos florais de Toulouse. Nem por esse meio se poderia, igualmente, provocar a aparição de mãos, de formas humanas, nem ainda a escrita em ardósias trazidas por observadores que não as largaram um momento.

É preciso recordar que a Doutrina dos Espíritos foi constituída mediante numerosas comunicações, obtidas por médiuns escreventes, aos quais eram absolutamente estranhos tais ensinos. Quase todos haviam sido embalados em sua infância pelos ensinos das igrejas, pelas ideias de inferno e paraíso. Suas convicções religiosas, as noções que sobre a vida futura possuíam, estavam em flagrante oposição com as opiniões expostas pelos Espíritos. Neles não havia ideia alguma preconcebida da reencarnação, nem das vidas sucessivas da alma, nem da verdadeira situação do Espírito depois da morte, coisas essas expostas nas comunicações obtidas. Há nisso uma objeção irrefutável à teoria da sugestão; a realidade objetiva das comunicações ressalta com tanto mais vigor, quanto os médiuns não se achavam de modo algum preparados, pela sua educação e por suas opiniões pessoais, para as concepções transmitidas pelos Espíritos.

É evidente que, no meio da enorme quantidade de fatos espíritas atualmente registrados, muitos há medíocres e pouco concludentes, outros que podem ser explicados pela sugestão ou pela exteriorização do sensitivo. Em certos grupos espíritas, são as pessoas levadas a tudo aceitar como procedente dos Espíritos, e não põem convenientemente de parte os fenômenos duvidosos. Por muito ampla, porém, que seja a parte atribuída a estes, resta um imponente conjunto de manifestações inexplicáveis pela sugestão, pelo inconsciente, pela alucinação e por outras análogas teorias.

Os críticos procedem sempre de modo uniforme a respeito do Espiritismo. Não se ocupam senão de um gênero especial de fenômenos e afastam propositadamente da discussão tudo o que não podem compreender nem refutar. Desde que acreditam haver encontrado a explicação de alguns fatos insulados, apressam-se a concluir pelo absurdo do conjunto. Ora, quase sempre a sua explicação é inexata e deixa na penumbra as provas mais flagrantes da existência dos Espíritos e da sua intervenção nas coisas humanas.

Outra teoria, muitas vezes invocada pelos contraditores da ideia espírita, é a do inconsciente, ou do ego inconsciente. A ela se reportam numerosos sistemas, obscuros e complicados.

Segundo essa teoria, dois seres coexistiriam em nós: um consciente, que se conhece e se possui; outro inconsciente, que a si próprio se ignora, como é por nós ignorado e que, todavia, possui faculdades superiores às nossas, pois que lhe são atribuídos todos os fenômenos do magnetismo e do Espiritismo; e não somente haveria um segundo *nós mesmos*, mas um terceiro, um quarto e mais até, porque certos teóricos admitem no homem a existência de grande número de personalidades, de consciências diferentes. Esse sistema é conhecido sob o nome de policonsciência.

Conforme demonstrou o Sr. Charles Richet no seu livro *O homem e a inteligência, o sonambulismo provocado*, o que se denomina a dupla personalidade representa, simplesmente, os diversos estados de uma única e mesma personalidade. Assim também o inconsciente não é mais que uma forma da memória, o despertar em nós de lembranças, de faculdades, de capacidades adormecidas.[124] Os teoristas do inconsciente pretendem, por esse meio, combater o maravilhoso e inventam um sistema ainda mais fantástico e complicado do que tudo o que colimam. Não só a sua teoria é ininteligível, mas não explica absolutamente os fenômenos espíritas, porque não se pode compreender como o inconsciente produziria formas de finados, comunicações inteligentes por meio de sons ou de pancadas, e todos os fatos outros atestados por experimentadores de todos os países.

---

[124] N.E.: Ver *O problema do ser e do destino*, cap. IV. — Na época, ainda não havia sido escrita a parte referente à dor.

Também se pretendeu atribuir as mensagens ditadas em sessão a uma espécie de consciência coletiva, que se desprendesse do conjunto dos assistentes. Concepção ilógica, se assim fosse. Um fato o vai demonstrar.

No dia 25 de outubro de 1908, foi realizada uma sessão, de manhã, em Paris, no escritório do Sr. H. Rousseau, 16 Boulevard Beaumarchais. Durante a sequente refeição, no domicílio da família, em Vincennes, um batimento de pancadas chamou a atenção. Alguém desejava ser atendido e o médium, uma filha da família, foi solicitado por esse invisível a retificar certos erros de particularidades cometidos, de manhã, em Paris. Seria preciso, pois, admitir que esse hipotético ser, esse subconsciente, emanação de todo um grupo, persistisse depois da partida do maior número e pudesse vir, noutro meio, impressionar o médium para fazer corrigir, com inteligência e precisão, as indicações errôneas, registadas de manhã.

Quase sempre se confunde o subconsciente, quer com o duplo fluídico, que não é um ser mas um organismo, quer com o Espírito familiar, preposto à guarda de toda alma encarnada neste mundo.

Pode-se perguntar em virtude de que acordo universal esses inconscientes ocultos no homem, que se ignoram entre si e a si próprios se ignoram, são unânimes, no curso das manifestações ocultas, em se dizerem Espíritos de mortos.

Pelo menos, é o que temos podido verificar nas inúmeras experiências em que temos tomado parte durante mais de trinta anos, em tão diversos pontos, na França e no estrangeiro. Em parte alguma se apresentaram os seres invisíveis como inconscientes, ou *egos* superiores dos médiuns e de outras pessoas presentes, mas sempre como personalidades diferentes, na plenitude de sua consciência, como individualidades livres, tendo vivido na Terra, conhecidos dos assistentes, na maioria dos casos com todos os caracteres do ser humano, suas qualidades e defeitos, suas fraquezas e virtudes, e dando frequentes provas de identidade.[125]

O que há de mais notável nisso, convenhamos, é a argúcia, a fecundidade de certos pensadores, sua habilidade em arquitetar teorias fantasistas, no intuito de se esquivarem a realidades que lhes desagradam e os incomodam.

Indubitavelmente, não previram todas as consequências dos seus sistemas; fecharam os olhos aos resultados que deles se podem deduzir.

---

[125] Ver nota complementar nº 12 e *No invisível*, cap. XXI, *Identidade dos espíritos*.

Não ponderando que essas doutrinas funestas aniquilam a consciência e a personalidade, dividindo-as, são conduzidos, fatal e logicamente, à negação da liberdade, da responsabilidade e, por conseguinte, à destruição de toda a lei moral.

Com essa hipótese, efetivamente, o homem seria uma dualidade, ou uma pluralidade mal equilibrada, em que cada consciência agiria à vontade, sem preocupação das outras. São tais noções que, penetrando nas almas, tornando-se para elas uma convicção, um argumento, as impelem a todos os excessos.

Resumamos. Tudo, na natureza e no homem, é simples, claro, harmônico. O espírito de sistema é que complica e obscurece tudo.

Do exame atento, do estudo constante e aprofundado do ser humano, resulta uma coisa: a existência em nós de três elementos: o corpo físico, o corpo fluídico ou perispírito, e, finalmente, a alma ou espírito. O que se chama o inconsciente, a segunda pessoa, o eu superior, a policonsciência etc., é simplesmente o espírito que, em certas condições de desprendimento e de clarividência, sente em si mesmo produzir-se uma como manifestação de potências ocultas, um conjunto de elementos que estavam momentaneamente escondidos sob o véu da carne.

Não, certamente; o homem não possui muitas consciências. A unidade psíquica do ser é a condição essencial da sua liberdade e da sua responsabilidade. Nele, porém, há muitos estados de consciência. À proporção que o Espírito se desprende da matéria e se emancipa do seu invólucro carnal, suas faculdades, suas percepções se ampliam, despertam as recordações, dilata-se a irradiação da personalidade. É o que, algumas vezes, se produz no estado de "transe", de sono magnético. Nesse estado, o véu espesso da matéria se levanta e as capacidades latentes reaparecem. Daí, certas manifestações de uma mesma Inteligência, que têm podido fazer crer numa dupla personalidade, numa pluralidade de consciências.

Isso não basta, entretanto, para explicar os fenômenos espíritas: na maioria dos casos, a intervenção de Inteligências estranhas, de vontades livres e autônomas, impõe-se como a única explicação racional.

Não citaremos, senão incidentemente, a teoria que atribui aos demônios essas manifestações. É argumento bem sedicioso, porque dele se tem feito uso em todos os tempos e contra quase todas as inovações.

"Deve julgar-se a árvore pelos frutos" — diz a Escritura. Ora, se ponderarmos todo o bem moral que já realizou no mundo o Espiritismo, se considerarmos quantos céticos, indiferentes, sensuais, têm sido por ele encaminhados para uma concepção mais alta e salutar da vida, da justiça e do dever; quantos ateus reconduzidos ao pensamento de Deus, teremos de concluir que o demônio, se autor dos fenômenos de Além-túmulo, trabalha contra si, em detrimento dos próprios interesses. O que noutro lugar[126] dissemos do inferno e dos demônios, nos dispensa de insistir neste ponto. Satanás não passa de um mito. Não há ser votado eternamente ao mal.

Se na maior parte as críticas formuladas contra o Espiritismo são injustas e errôneas, força é reconhecer que, entre elas, algumas há fundadas. Muitos abusos se opõem à marcha e desenvolvimento do Moderno Espiritualismo. Esses abusos não devem ser atribuídos à ideia, em si mesma, senão à má aplicação que dela é feita em certos meios. Não se dá isso com todas as coisas humanas? Não há ideia alguma, por mais santa e respeitável, que não tenha ocasionado abusos: é a inevitável consequência da inferioridade do nosso mundo. No que respeita ao Espiritismo, cumpre assinalar, antes de tudo, a mediunidade venal, que induz muitos sensitivos à simulação dos fenômenos e, em segundo lugar, as nocivas práticas adotadas em alguns grupos baldos de saber, de preparo e direção. Muitas pessoas fazem do Espiritismo frívola diversão e, por meio do que se denomina "dança das mesas", atraem Espíritos inferiores e levianos; estes, não têm escrúpulo em mistificá-las e travar com elas relações que podem conduzir até à obsessão.

Outras se aplicam, sem fiscalização, à escrita mediúnica e obtêm copiosas comunicações, subscritas por nomes célebres e que não passam de medíocres, sem estilo nem originalidade.

Há, assim, um Espiritismo de baixa esfera, domínio exclusivo dos Espíritos inferiores, não raro viciado de fraude, mentira, embuste, e contra o qual nunca seria demais nos precatarmos.

São essas práticas que têm feito acreditar na intervenção de demônios, quando não se trata senão de Espíritos vulgares e atrasados. Basta adquirir alguma experiência dessas coisas, para distinguir a natureza dos seres invisíveis e eximir-se às ciladas dos Espíritos inferiores.

---

[126] Ver *Depois da morte*, cap. XXXVII.

Estes abusos têm sido assinalados muitas vezes, e mesmo exagerados à vontade. Deles têm lançado mão para combater o Moderno Espiritualismo. Grave erro, porém, seria não ver na prática do Espiritismo senão esses inconvenientes e, a pretexto de os evitar, querer privar a humanidade das vantagens reais, consideráveis, que pode auferir de um estudo sério, de uma prudente e refletida prática da mediunidade.

Quanto aos perigos que apresenta o Espiritismo, facilmente podem ser conjurados, abstendo-se as pessoas, nas sessões, de todo pensamento frívolo, de todo objetivo interesseiro, procedendo às evocações com piedoso e elevado sentimento. "Os semelhantes se atraem", diz o provérbio. Nada mais verdadeiro no domínio dos estudos ocultos. As perguntas banais e frívolos gracejos, usuais em certos meios, atraem os Espíritos mistificadores. As disposições sérias, ao contrário, os pensamentos graves e recolhidos agradam às Inteligências superiores.

É perigoso trabalhar sozinho, sem inspeção, sem proteção eficaz; é perigoso entregar-se insuladamente às evocações espíritas. Para evitar as más influências e manifestações grosseiras, deve-se procurar o concurso de pequeno número de pessoas esclarecidas, votadas ao bem, sob a direção de um crente experimentado. Nessas condições, pedi a Deus, com coração sincero, permita a um Espírito elevado prestar-vos seu amparo, afastar os nômades da sombra, facilitar o acesso em vosso grupo aos que amais e cuja ausência vos aflige; pedi às Inteligências superiores vos ministrem seus ensinos e vos guiem os passos nesse fecundo campo da comunhão espiritual. Se os vossos sentimentos forem desinteressados, se não procurardes nesse estudo senão um meio de purificação, eles serão felizes em acudir ao vosso chamado e o Espiritismo se tornará fonte de esclarecimento e de inspirações elevadas.

* * *

De nossa explanação resulta que atingimos uma hora decisiva na história da Ciência.

A ciência experimental franqueou o limite que separa dois mundos, o visível e o invisível. Ela se encontra em presença de um infinito vivo. Era o que dizia o professor Charles Richet da Academia de Medicina de Paris, em seu relatório sobre as sessões espíritas de Milão: "É um mundo novo que se nos descerra". De meio século para cá, lentamente, mas com segurança, encaminha-se a Ciência, de descoberta em descoberta, para o conhecimento da vida fluídica, invisível, de perfeita conformidade com o ensino do Moderno Espiritualismo. Dessa concordância vai resultar a mais firme certeza, que jamais o homem possuiu, da sobrevivência da alma e da sua indestrutibilidade.

Atualmente, essa questão, acompanhada de perto durante anos, resolvida por grande número de sábios que a têm estudado, ainda o não foi pela Ciência oficial, que hesita ainda: mas seu veredito não pode tardar. Acima das questões de interesse, das rivalidades, superior aos sofismas, às sutilezas, às contradições, o problema se apresenta imperativo ao tribunal do pensamento. Em presença dos fatos espíritas, da sua persistência, da sua incessante renovação e prodigiosa variedade, é forçoso pronunciar-se e dizer se a morte é o nada, ou se há, de fato, um destino para o homem.

Este um debate verdadeiramente grave e solene. Todas as negações e todas as esperanças estão em causa. Todas as escolas têm interesse na solução do problema, em saber se há, como o estabelecemos, uma prova objetiva da sobrevivência do ser, escoimada de todo caráter místico.

As escolas materialistas de um lado, as igrejas do outro, se inquietam e se agitam, porque nisso descobrem um motivo de decadência e enfraquecimento para elas, ao passo que seria, realmente, essa comprovação da sobrevivência, um meio de aproximação e conciliação. Daí, também, todas as objurgatórias, todos os protestos que se levantam. Quaisquer que sejam, porém, a indecisão da Ciência, a oposição das escolas, a obstinação com que são combatidas a nova ideia e as descobertas que a originaram, as potências invisíveis que operam no mundo não empregarão menos tenacidade e energia em as defender e propagar, porque, mais alto que o interesse das escolas, que as teorias e sistemas, há uma coisa que deve triunfar e impor-se: é a verdade.

Há muito recalcado em suas profundezas, quer pelo materialismo que lhe negava a existência, quer pela Igreja que, a pretexto de feitiçaria, lhe condenava as manifestações, o mundo invisível se retraíra. Agora, entra novamente em ação. As manifestações ocultas se produzem sob todas as formas, desde as mais banais às mais transcendentes, conforme o grau de elevação das Inteligências que intervêm. Elas se desdobram de conformidade com um plano majestoso, cujo intuito claramente se revela, e outro não é senão mostrar ao homem que ele não é apenas matéria perecível, mas que tem dentro de si uma essência que sobrevive ao corpo e pode entrar em comunicação com outros seres humanos, depois da morte, uma individualidade chamada a desenvolver-se livremente através do infinito do tempo e da imensidade dos espaços.

O invisível faz, pouco a pouco, irrupção no mundo visível e, a despeito dos sarcasmos, hostilidades e resistências, é evidente que a sua ação se vai estender e multiplicar, cada vez mais, até que o homem chegue, finalmente, a melhor conhecer-se, a discernir a lei da vida e dos seus destinos.

Há, pois, na observação desses fatos o germe de uma revolução que abrangerá progressivamente todo o domínio dos conhecimentos humanos.

Antes de tudo, no ponto de vista científico, esses fatos nos descerram todo um mundo de forças, de influências, de formas de vida em que estávamos mergulhados sem lhe suspeitar a existência; um mundo cuja grandeza, tesouros e energias em depósito desafiam todo o cálculo e previsão. Eles ensinam também a ver no homem a sede de faculdades, de capacidades ocultas, cuja utilização e desenvolvimento podem conduzir-nos a alturas grandiosas.

A vida aparece-nos agora sob um duplo aspecto: simultaneamente corporal e fluídica. A existência do homem é alternativamente terrestre e extraterrestre e se efetua ora na carne, sobre a Terra, ora na atmosfera ou no espaço, sempre sob a forma humana, mas imponderável e impalpável. Esses dois modos de vida se revezam e se sucedem num ritmo harmônico, como o dia sucede à noite, a vigília ao sono, ao verão o inverno.

No ponto de vista moral e filosófico, as consequências do fenômeno espírita não são menos importantes.

Há mais de cinquenta anos têm sido os fatos comprovados; quando, desses fatos quiseram remontar às causas que os produzem; quando, do conjunto dos fenômenos quiseram deduzir a lei que os rege, foi reconhecida a evidência de uma ordem de coisas que implica forçosamente uma nova concepção da vida e do universo. Não somente foram obrigados a reconhecer a existência de seres invisíveis, que são os espíritos dos mortos, mas também que esses seres se acham ligados pelos vínculos de estreita solidariedade e evolvem para um objetivo comum, para estados sempre e cada vez mais elevados.

Com essa concepção, todas as ideias de lei, todas as noções de progresso, justiça e dever, iluminam-se de uma nova claridade. Aumenta o sentimento das responsabilidades morais. Aí se entrevê o esperado remédio, o remédio possível para os males, os desfalecimentos e as misérias que afligem e debilitam a humanidade.

Porque, coisa notável, essa revelação chega na hora precisa em que todas as doutrinas desmoronam ao peso do tempo, à hora em que se esboroam os sistemas religiosos, em que o homem parecia reduzido a procurar o rumo no meio das trevas. Chega na hora em que a sociedade se vê trabalhada por imensas forças destruidoras, em que, da profundeza das massas se eleva ao céu um grito de sofrimento e desespero. É nessa hora que nos chegam as mensagens de paz, amor e esperança, que as potências do espaço, os Espíritos de luz vêm trazer à pobre humanidade conturbada.

X
A Nova Revelação.
A Doutrina dos Espíritos

O Moderno Espiritualismo, dissemo-lo, é uma nova forma da revelação eterna.

Para nós, revelação significa simplesmente ação de levantar um véu e descobrir coisas ocultas.

Neste ponto de vista, todas as ciências são revelações; há, porém, uma ainda mais alta — a das verdades morais que nos vem por intermédio dos celestes missionários, e, mais frequentemente, pelas aspirações da consciência.

Todos os tempos e todos os povos tiveram sua parcela de revelação. Esta não é, como alguns acreditam, um fato realizado em dada época, em determinado meio e para sempre. É perpétua, incessante; é obra do espírito humano em seus esforços para elevar-se, sob a influência do espírito divino ao conhecimento integral das coisas e das leis. Essa influência muitas vezes se produz sem que a perceba o homem. É mediante intervenções humanas que Deus age sobre a humanidade, tanto no domínio dos fatos históricos, como no do pensamento e da Ciência.

À medida que se desenvolve a História, à medida que se estende através dos séculos a imensa caravana da humanidade, uma luz mais viva se faz em nós e ao redor de nós. A Potência invisível que do seio dos espaços acompanha essa marcha, conforme o nosso grau de evolução e compreensão, oferece-nos novos dados sobre o problema da vida e do universo.

As revelações dos séculos passados fizeram a sua obra. Todas realizaram um progresso, uma sobre as outras, assim assinalando períodos sucessivos da humanidade; mas já não correspondem às necessidades da hora presente, porque a lei do progresso opera sem cessar, e, à medida que o homem avança e se eleva, seus horizontes devem dilatar-se. Por isso uma dispensação mais completa do que as outras se efetua agora no mundo.

É necessário também recordar uma coisa, a saber: se cada época notável teve os seus reveladores; se Espíritos eminentes vieram trazer aos homens, conforme os tempos e lugares, elementos de verdade e progresso, os germes por eles semeados ficaram estéreis, muitas vezes. Suas doutrinas, malcompreendidas, deram origem a religiões que se excluem e se condenam injustamente, porque todas são irmãs e repousam sobre duas bases comuns: Deus e a imortalidade. Cedo ou tarde, elas se fundirão em vasta unidade, quando as névoas que envolvem o pensamento humano se houverem dissipado ao sol brilhante da verdade.

Ao lado desses divinos mensageiros, muitos falsos profetas têm surgido. Pretensos reveladores têm querido impor-se às multidões; doutrinas confusas e contraditórias se têm divulgado em proveito aparente de alguns, mas realmente em prejuízo de todos.

É por isso, para evitar abusos tais, que a Nova Revelação reveste um caráter inteiramente diferente. Não é mais uma obra individual, nem se produz num meio circunscrito. É dada em todos os pontos do globo, aos que a procuram, por intermédio de pessoas de todas as idades, condições e nacionalidades, mediante inúmeras comunicações, cujo valor tem sido submetido à mais rigorosa verificação.

Obra dos grandes Espíritos do espaço, que vêm aos milhares instruir e moralizar a humanidade, apresenta um cunho impessoal e universal. Sua missão é esclarecer, coordenar todas as revelações do passado, contidas nos livros sagrados das diversas raças humanas e veladas sob a parábola e o símbolo. A Nova Revelação, livre de qualquer forma material, manifesta-se diretamente à humanidade, cuja evolução intelectual tornou-se apta para abordar os altos problemas do destino. Preparada pelo trabalho das ciências naturais, sobre as quais se apoia, e pelos conhecimentos lentamente adquiridos pelo espírito humano, fecunda esses trabalhos e conhecimentos e os liga por forte vínculo, formando um todo sólido.

A revelação cristã havia sucedido à revelação moisaica; a revelação dos Espíritos vem completá-la. O Cristo a anunciou,[127] e pode acrescentar-se que ele próprio preside a esse novo surto do pensamento.

Como essa revelação não se efetua pelo veículo da ortodoxia, vemos combaterem-na as igrejas estabelecidas; o mesmo, porém, se deu com a revelação cristã, relativamente ao sacerdócio judaico. O clero se encontra hoje na mesma posição dos sacerdotes de Israel, há dois mil anos, a respeito do Cristianismo. Essa aproximação histórica deve fazê-lo refletir.

A Nova Revelação manifesta-se fora e acima das igrejas. Seu ensino dirige-se a todas as raças da Terra. Por toda parte os Espíritos proclamam os princípios em que ela se apoia. Por sobre todas as regiões do globo perpassa a grande voz que convida o homem a meditar em Deus e na vida futura. Acima das estéreis agitações e das discussões fúteis dos partidos, acima das lutas de interesse e do conflito das paixões, a voz profunda desce do espaço e vem oferecer a todos, com o ensinamento da Palavra, a divina esperança e a paz do coração.

É a revelação dos tempos preditos. Todos os ensinos do passado, parciais, restritos, limitados na ação que exercem, são por ela ultrapassados, envolvidos. Ela utiliza os materiais acumulados; reúne-os, solidifica-os para formar um vasto edifício em que o pensamento, à vontade, possa expandir-se. Abre uma fase nova e decisiva à ascensão da humanidade.

* * *

Não podemos, todavia, calar as inúmeras objeções que se levantaram contra a Doutrina dos Espíritos. Malgrado o caráter imponente da Nova Revelação, muitos nela não viram mais que um sistema, uma teoria especulativa. Mesmo entre os que admitiam a realidade dos fenômenos, houve quem acusasse os espíritas de haver edificado sobre tais fatos uma doutrina prematura, assim restringindo o caráter positivo do Moderno Espiritualismo.

Os que empregam essa linguagem, não compreenderam a verdadeira natureza do Espiritismo. Este não é, como pretendem, uma doutrina previamente elaborada e menos ainda uma teoria preconcebida; é apenas a consequência lógica dos fatos, o seu complemento necessário.

---

[127] *"E Eu rogarei ao Pai, e Ele vos dará outro Consolador, para que fique convosco para sempre, o Espírito da verdade, que o mundo não pode receber, porque não o vê nem o conhece..."* (João, 14:16 e 17).

Há meio século, as comunicações estabelecidas com o mundo invisível não têm cessado de nos fornecer indicações, tão numerosas quão positivas, sobre as condições da vida nesse mundo. Os Espíritos, nas mensagens que nos dão em abundância, mediante, quer a escrita automática, quer os ditados tiptológicos, ou, ainda, no curso de palestras entretidas por via de incorporação; por todos os meios enfim ao seu alcance; os Espíritos, repetimo-lo, de todas as categorias, fazem descrições muito circunstanciadas do seu modo de existência depois da morte. Descrevem as impressões ou alegrias que experimentaram, conforme a sua norma de vida na Terra. De todas essas descrições, comparadas, cotejadas entre si, resulta um conhecimento muito claro da vida futura e das leis que a regem.

As Inteligências superiores, em suas relações mediúnicas com os homens, vêm completar essas indicações. Confirmam os ensinos ministrados pelos Espíritos menos adiantados; elevando-se a maior altura, expõem o seu modo de ver, as suas opiniões sobre todos os grandes problemas da vida e da morte, a evolução geral dos seres, as leis superiores do universo. Todas essas revelações concordam e se unem para constituir uma filosofia admirável.

Acreditaram descobrir certas divergências de opiniões no ensino dos Espíritos; mas essas divergências são muito mais aparentes que reais. Consistem, as mais das vezes, na forma, na expressão das ideias e não afetam a própria essência do assunto. Elas se dissipam à luz de um amadurecido exame. Disso temos um exemplo no que se refere à doutrina das sucessivas reencarnações da alma.

Tem-se feito dessa questão uma arma contra o Espiritismo, porque certos Espíritos, em países anglo-saxônios, parecem negar a reencarnação das almas na Terra. Notaremos que, em toda parte, os Espíritos afirmam o princípio das existências sucessivas, com esta única reserva, no meio muito circunscrito, de que falamos, de que a reencarnação se efetuaria, não na Terra, mas noutros mundos. Não há nisso, pois, senão uma diferença de lugar; o princípio permanece intacto.

Se os Espíritos, em alguns países eivados de tenazes preconceitos, entenderam dever passar em silêncio, ao começo, alguns pontos do seu ensino, não era isso, como eles mesmos o reconheceram, para contemporizar com certos preconceitos de raça ou de cor? O que bastaria para o provar é o número dos espiritualistas antirreencarnacionistas, na América como na Inglaterra, a diminuir dia a dia, ao passo que o dos partidários da reencarnação não tem cessado de aumentar.

Os Espíritos que se manifestam, objeta-se ainda, não são todos de ordem elevada. Alguns patenteiam opiniões muito restritas, conhecimentos muito imperfeitos acerca de todas as coisas. Outros se mostram ainda imbuídos dos preconceitos terrestres, suas concepções apresentam o reflexo dos meios em que viveram aqui na Terra.

A morte não nos muda em quase nada, como dissemos.[128] Não se opera, em nossa infinita trajetória, transformação alguma brusca. É lentamente, na sequência de numerosas existências, que o Espírito se liberta de suas paixões, de seus erros e fraquezas, e ascende para a sabedoria e para a luz.

Desse estado de coisas resulta, necessariamente, uma grande variedade, uma extrema diversidade de situações entre os invisíveis. As comunicações dos habitantes do espaço, como os seus autores, são de valor muito desigual e sujeitas à verificação. Devem ser joeiradas pela razão e pelo bom senso.

Por isso, o Moderno Espiritualismo não dogmatiza nem se imobiliza. Não alimenta pretensão alguma à infalibilidade. Posto que superior aos que o precederam, o ensino espírita é progressivo como os próprios Espíritos. Ele se desenvolve e completa à medida que, com a experiência, se efetua o progresso nas duas humanidades, a da Terra e a do espaço — humanidades que se penetram mutuamente e das quais cada um de vós deve, alternativamente, fazer parte.

Os princípios do Moderno Espiritualismo foram expostos, estabelecidos, fixados por numerosos documentos, que emanavam das mais diversas fontes mediúnicas e apresentavam entre si perfeita concordância. Allan Kardec e, depois dele, todos os escritores espíritas, aplicaram-se a um longo e minucioso exame das comunicações de Além-túmulo. Foi reunindo, coordenando o que estes tinham de comum, que eles acumularam os elementos de um ensino racional, que fornece satisfatória explicação de todos os problemas insolúveis antes dele. Esse ensino, além de tudo, é sempre verificável, pois que a fonte donde emana é inesgotável. A comunicação estabelecida entre os homens e os Espíritos é permanente e universal; ela se acentuará cada vez mais com os progressos da humanidade.

Se é verdade que são numerosos, em torno de nós, os Espíritos tenebrosos e atrasados, é preciso não esquecer que as almas elevadas, descidas das esferas de luz, também vêm trazer à Terra esses sublimes ensinamentos, que, uma vez ouvidos, nunca mais esquecemos. Ninguém se poderia eximir à sua

---

[128] Ver cap. IX.

influência. Todos os que têm tido a fortuna de ouvir as suas instruções, conservam por muito tempo a sua lembrança e impressão. É fácil compreender que a sua linguagem não é deste mundo, vem de regiões mais altas.

A esses radiantes Espíritos se associam, às vezes, as almas dos nossos parentes, dos que amamos neste mundo e a cuja sorte não podemos ficar indiferentes. Desde que aos nossos olhos se evidencia a identidade desses seres, tão caros para nós; desde que a sua personalidade se afirma por mil modos, não se nos desperta uma necessidade imperiosa de conhecer as condições de sua nova vida?

Como permanecer indiferentes, insensíveis à voz dos que nos embalaram, dos que em seus braços nos acalentaram, foram a nossa carne e o nosso sangue? Esse afeto que nos une aos nossos mortos, esse sentimento que nos eleva acima da poeira terrestre e nos distingue do animal, não nos impõe o dever de piedosamente recolher, examinar e propagar tudo o que eles nos revelam relativamente a esses graves problemas do destino, suspensos há tantos séculos por sobre o pensamento humano?

Os que não querem ver no Moderno Espiritualismo senão o lado experimental, o fato físico, que desdenham as suas consequências, não preferem a casca à polpa da noz, a encadernação ao conteúdo do livro? Não desprezam o sábio conselho de Rabelais: "Parti o osso e sugai a medula"? É realmente uma substância fortificante esse ensino; cura-nos do terror da morte, apercebe-nos para as lutas fecundas, para a conquista das elevadas culminâncias intelectuais.

O Espiritismo tem um lado inteiramente científico; repousa sobre provas palpáveis, sobre fatos incontestáveis, mas são principalmente as suas consequências morais que interessam à grande maioria dos homens. A experimentação, a minuciosa análise dos fatos, não está ao alcance de todos. Quando mesmo não faltasse o tempo, seriam precisos os agentes, os meios de ação e de verificação. Os pequeninos, os humildes, os que constituem a massa popular nem sempre dispõem do necessário para o estudo dos fenômenos, e são precisamente esses os que têm maior necessidade de conhecer todos os seus resultados, todo o seu alcance.

* * *

A Doutrina dos Espíritos pode resumir-se em três pontos essenciais: a natureza do ser, os seus destinos, as leis superiores do universo. Abordá-los-emos sucessivamente.

O estudo mais necessário, para nós, é o de nós mesmos. O que, antes de tudo, nos importa saber é o que somos. Ora, de todos era esse o problema que mais obscuro permanecia até agora. Hoje, o conhecimento da natureza íntima do homem se destaca tão perfeitamente das comunicações ditadas pelos Espíritos, como da observação direta dos fenômenos do Espiritismo, e do sonambulismo.

O homem possui dois corpos: um de matéria grosseira, que o põe em relação com o mundo físico; outro fluídico, por meio do qual entra em relação com o mundo invisível.

O corpo físico é perecível e se desagrega na morte; é um trajo vestido para a duração da viagem terrestre. O corpo fluídico é indestrutível, mas purifica-se e se eteriza com os progressos da alma, de que é invólucro inseparável, permanente. Deve ser considerado o verdadeiro corpo, o tipo da criação corporal, o esboço em que se desenvolve o plano da vida física. É nele que se modelam os órgãos, que as células se agrupam; é ele que lhes assegura o mecanismo funcional. O perispírito, ou corpo fluídico, é o agente de todas as manifestações da vida, tanto na Terra, para o homem, como no espaço, para o Espírito. Ele contém a soma de vitalidade necessária ao indivíduo para renascer e desenvolver-se.

Os conhecimentos acumulados no decurso das encarnações anteriores, as recordações das passadas existências se capitalizam e registam no perispírito. Isento das constantes mutações padecidas pelo corpo material, é ele a sede imperecível da memória e assegura a sua conservação.

O admirável plano da vida revela-se na constituição íntima do ser humano. Destinado a habitar, alternativamente, dois mundos diferentes, devia o seu organismo conter todos os elementos suscetíveis de o pôr em relação com esses mundos e neles facilitar a obra do seu progresso. Não somente os nossos sentidos atuais são chamados a desenvolver-se, mas ainda o perispírito encerra, além disso, os germes de novos sentidos que hão de desabrochar e se manifestar no decurso das futuras existências, dilatando cada vez mais o campo das nossas sensações.

Nossos modos de percepção acham-se em correlação com o grau do nosso adiantamento e em relação direta com o meio em que habitamos. Tudo se encadeia e se harmoniza na natureza física, como na ordem moral das coisas. Um organismo superior ao nosso não teria razão de ser no ambiente em que o homem vem ensaiar os primeiros passos, percorrer os primeiros estádios do seu infinito itinerário. Nossos sentidos são, porém, suscetíveis de aperfeiçoamento ilimitado. O homem atual possui todos os elementos da sua grandeza futura; em progressão crescente verá ele manifestarem-se, em torno de si, em todas as coisas, propriedades, qualidades que ainda lhe são desconhecidas. Aprenderá a conhecer potências, forças, cuja existência nem sequer suspeita, porque não há possibilidade de relações entre elas e o organismo imperfeito de que dispõe atualmente.

    O estudo do perispírito nos revela, desde já, como pode o homem viver simultaneamente da vida física e da vida livre do espaço. Os fenômenos do sonambulismo, do desdobramento, da visão, da ação a distância, constituem outros tantos modos dessa vida exterior, de que não temos consciência alguma durante a vigília. O Espírito, na carne, é qual prisioneiro no cárcere; o estado de sonambulismo e de mediunidade o faz sair dela e lhe permite, mais ou menos, dilatar o círculo de suas percepções, conservando-o preso por um laço ao seu invólucro. A morte é a libertação integral.

    A essas diversas formas da vida, correspondem diversos graus de consciência e conhecimento, tanto mais elevados quanto mais livre e adiantado o Espírito na escala das perfeições.

    É observando assiduamente esses vários aspectos da existência que se chegará ao perfeito conhecimento do ser. O homem deixará de ser para si mesmo um mistério vivo, já não será, como hoje, privado de noções exatas sobre a sua natureza íntima e o seu futuro.

    A Ciência oficial tem o dever de estudar as fontes profundas da vida; enquanto limitar suas observações ao corpo físico, que é simplesmente a sua manifestação exterior, superficial, a Fisiologia e a Medicina permanecerão, até certo ponto, impotentes e estéreis.

    Vimos, por certas experiências de fotografias e de materialização, como o corpo fluídico emite vibrações, radiações variantes de forma e intensidade, conforme o estado mental do operador. É a demonstração positiva deste fato, afirmado pelas mensagens de Além-túmulo: o poder de irradiação do Espírito e a extensão de suas percepções são sempre proporcionais ao grau de sua elevação. A pureza, a transparência do invólucro fluídico são, no espaço, o irrefragável testemunho do valor da alma; a rarefação dos seus elementos constitutivos, a amplitude das suas vibrações aumentam com essa purificação. À medida que a moralidade se desenvolve, novas condições físicas se produzem no corpo fluídico.

Os pensamentos, os atos do indivíduo, reagem constantemente sobre o seu invólucro e, conforme a sua natureza, o tornam mais denso ou mais sutil. O estudo perseverante, a prática do bem, o cumprimento do dever em todas as condições sociais, são outros tantos fatores que facilitam a ascensão da alma e aumentam o campo das sensações e a soma dos gozos. Mediante prolongado adestramento moral e intelectual, mediante existências meritórias, aspirações generosas e grandes sacrifícios, a irradiação do Espírito se dilata gradualmente; ativam-se as vibrações perispirituais; seu brilho se torna mais vivo, ao mesmo tempo que diminui a densidade do invólucro.

Esses fenômenos se produzem em sentido inverso nos seres inclinados às paixões violentas ou aos prazeres sensuais; seu modo de vida determina no corpo fluídico um aumento de densidade, uma redução das velocidades vibratórias, donde resultam o obscurecimento dos sentidos e a diminuição das percepções na vida do espaço. Persistindo no mal, pode assim o Espírito vicioso fazer do seu organismo um verdadeiro túmulo, em que se encontre como que sepultado depois da morte, até nova encarnação.

Dependendo o poder, a felicidade, a irradiação do Espírito da purificação do seu invólucro, a qual é, de si mesma, a consequência do seu adiantamento moral, compreender-se-á então como o ser é o artífice da sua própria desgraça ou felicidade, do seu rebaixamento ou elevação. O homem prepara, com os seus atos, o próprio destino; a distribuição das faculdades e virtudes não é mais que o resultado matemático dos merecimentos, dos esforços e longos trabalhos de cada um de nós.

O homem possui dois corpos — dizíamos —; mas esses "corpos" não são mais que invólucros, revestimentos, um persistente e sutil, outro grosseiro e de efêmera duração. A alma do homem é que é o seu "eu" pensante e consciente.

Chamamos Espírito à alma revestida do seu corpo fluídico. A alma é o centro de vida do perispírito, como este é o centro de vida do organismo físico. Ela que sente, pensa e quer; o corpo físico constitui, com o corpo fluídico, o duplo organismo por cujo intermédio ela atua no mundo da matéria.

A morte é a operação mediante a qual esses elementos se separam. O corpo físico se desagrega e volta à terra. A alma, revestida de sua forma fluídica, encontra-se novamente livre, independente, tal como a si mesma se fez, moral e intelectualmente, no decurso das existências percorridas. A morte não a modifica, apenas lhe restitui, com a liberdade, a plenitude de suas faculdades, de seus conhecimentos, e a lembrança das encarnações anteriores. Franqueia-lhe os domínios do espaço. O Espírito nele se precipita e se eleva, tanto mais alto quanto mais sutilizada é a sua essência, menos sobrecarregada dos impuros elementos que nela acumulam as paixões terrestres e os hábitos materiais.

Há, conseguintemente, para o Espírito humano, três estados de vida: a vida na carne; o estado de desprendimento ou desencarnação parcial durante o sono; a vida livre do espaço. Esses estados correspondem aos meios em que a alma deve trabalhar, na sua constante progressão: o mundo material e o mundo fluídico, ou mundo superior. É percorrendo-os, através dos séculos sem-fim, que ela chega à realização, em si e em torno de si, do belo, do bem, do verdadeiro, adquirindo o amor que a faz aproximar-se de Deus.

* * *

A lei do destino — as precedentes considerações no-la fazem compreender — consiste no desenvolvimento progressivo da alma, que edifica a sua personalidade moral e prepara, ela própria, o seu futuro; é a evolução racional de todos os seres partidos do mesmo ponto para atingirem as mesmas eminências, as mesmas perfeições. Essa evolução se efetua, alternadamente, no espaço e na superfície dos mundos, através de inúmeras etapas, ligadas entre si pela lei de causa e efeito. A vida presente é, para cada qual, a herança do passado e a gestação do futuro. É uma escola e um campo de trabalho; a vida do espaço, que lhe sucede, é a sua resultante. O Espírito aí colhe, na luz, o que semeou na sombra e, muitas vezes, na dor.

O Espírito encontra-se no outro mundo com suas aquisições morais e intelectuais, seus predicados e defeitos, tendências, inclinações e afeições. O que somos moralmente neste mundo, ainda o somos no outro; disso procede a nossa felicidade ou sofrimento. Nossos gozos são tanto mais intensos, quanto melhor nos preparamos para essa vida do espaço, onde o espírito é tudo e a matéria é nada, quase; onde já não há necessidades físicas a satisfazer, nem outras alegrias senão as do coração e da inteligência.

Para as almas inclinadas à materialidade, a vida do espaço é uma vida de privações e misérias; é a ausência de tudo o que lhes pode ser agradável. Os Espíritos que souberam emancipar-se dos hábitos materiais e viver pelas altas faculdades da alma, nele acham, ao contrário, um meio de acordo com as suas predileções, um vasto campo oferecido à sua atividade. Não há nisso, realmente, senão uma aplicação lata da lei das atrações e afinidades, nada senão as consequências naturais dos nossos atos, que sobre nós recaem.

O desenvolvimento gradual do ser lhe engendra fontes cada vez mais abundantes de sensações e impressões. A cada triunfo sobre o mal, a cada novo progresso, estende-se o seu círculo de ação, o horizonte da vida se dilata. Depois das sombrias regiões terrestres em que imperam os vícios, as paixões, as violências, descerram-se para ele as profundezas estreladas, os mundos de luz com os seus deslumbramentos, os seus esplendores, as suas inebriantes harmonias. Após as vidas de provações, sacrifícios e lágrimas, a vida feliz, a alegria das divinas afeições, as missões abençoadas ao serviço do eterno Criador.

Ao contrário, o mau uso das faculdades, a reiterada fruição dos prazeres físicos, as satisfações egoísticas, nos restringem os horizontes, acumulam a sombra em nós e em torno de nós. Em tais condições, a vida no espaço não nos oferece mais que trevas, inquietações, torturas, com a visão confusa e vaga das almas felizes, o espetáculo de uma felicidade que não soubemos merecer.

A alma, depois de um estágio de repouso no espaço, renasce na condição humana; para ela traz as reservas e aquisições das vidas pregressas. Desse modo se explicam as desigualdades morais e intelectuais que diferenciam os habitantes do nosso mundo. A superioridade inata de certos homens procede de suas obras no passado. Nós somos Espíritos mais jovens, ou mais velhos; mais ou menos trabalhamos, mais ou menos adquirimos virtudes e saber. Assim, a infinita variedade dos caracteres, das aptidões e das tendências deixa de ser um enigma.

Entretanto, a alma reencarnada nem sempre consegue utilizar, em toda a plenitude, os seus dons e faculdades. Dispõe aqui de um organismo imperfeitíssimo, de um cérebro que nenhuma das recordações de outrora registou. Neles não pode encontrar todos os recursos necessários à manifestação de suas ocultas energias. Mas o passado permanece nela; suas intuições e tendências são disso uma revelação patente.

As faculdades inatas em certas crianças, os meninos-prodígios: artistas, músicos, pintores, sábios, são luminosos testemunhos da evidência dessa lei. Também, às vezes, almas geniais e orgulhosas renascem em corpos enfermiços, sofredores, para humilhar-se e adquirir as virtudes que lhes faltavam: paciência, resignação, submissão.

Todas as existências penosas, as vidas de luta e sofrimento explicam-se pelas mesmas razões. São formas transitórias, mas necessárias, da vida imortal; cada alma as conhecerá por sua vez. A provação e o sofrimento são outros tantos meios de reparação, de educação, de elevação, é assim que o ser apaga um passado culposo e readquire o tempo perdido. É desse modo que os caracteres se retemperam, que se ganha experiência e o homem se prepara para novas ascensões. A alma que sofre procura Deus, lembra-se de o invocar e, por isso mesmo, aproxima-se dele.

Cada ser humano, regressando a este mundo, perde a lembrança do passado; este, fixado no perispírito, desaparece momentaneamente sob o invólucro carnal. Há nisso uma necessidade física, há também uma das condições morais da provação terrestre, que o Espírito vem novamente afrontar; restituído ao estado livre, desprendido da matéria, ele readquire a memória dos numerosos ciclos percorridos.

Esse olvido temporário de nossas anteriores existências, essas alternativas de luz e obscuridade que em nós se produzem, por estranhos que à primeira vista se afigurem, facilmente se explicam. Se a memória atual não nos permite recordar os nossos verdes anos, não é mais de admirar que tenhamos esquecido vidas separadas entre si por uma longa permanência no espaço. Os estados de vigília e sono por que passamos, todos os dias, do mesmo modo que as experiências do sonambulismo e hipnotismo, provam que se pode momentaneamente esquecer a existência normal, sem perder com isso a personalidade. Eclipses da mesma natureza, relativamente às nossas passadas existências, nada têm de inverossímeis. Nossa memória se perde e readquire através do encadeamento das nossas vidas, como durante a sucessão dos dias e das noites que preenchem a existência atual.

Do ponto de vista moral, a recordação das vidas precedentes causaria, neste mundo, as mais graves perturbações. Todos os criminosos, renascidos para se resgatarem, seriam reconhecidos, repudiados, desprezados; eles próprios ficariam aterrados e como hipnotizados por suas recordações. A reparação do passado tornar-se-ia impossível e a existência insuportável. O mesmo se daria em diferentes graus, com todos os que tivessem manchas no passado. As recordações anteriores introduziriam na vida social motivos de ódio, elementos de discórdia, que agravariam a situação da humanidade e impediriam, por irrealizável, qualquer melhoramento. O pesado fardo dos erros e dos crimes, a vista dos atos vergonhosos inscritos nas páginas da sua história, acabrunhariam a alma e lhe paralisariam a iniciativa. Nos do seu convívio poderia reconhecer inimigos, rivais, perseguidores; sentiria despertar e acenderem-se as más paixões que a sua nova vida tem por objetivo destruir ou, pelo menos, atenuar.

O conhecimento das passadas existências perpetuaria em nós, não somente a sucessão dos fatos que a compõem, como ainda os hábitos rotineiros, as opiniões acanhadas, as manias pueris, obstinadas, peculiares às diversas épocas, e que opõem grande obstáculo ao surto da humanidade. Disso ainda se encontram indícios em muitos encarnados. Que seríamos sem o olvido que nos liberta momentaneamente desses estorvos e permite que uma nova educação nos reforme, nos prepare para tarefas mais elevadas?

Quando consideramos maduramente todas essas coisas, reconhecemos que o obumbramento temporário do passado é indispensável à obra de reparação, e que a Providência, privando-nos, neste mundo, das nossas longínquas reminiscências, dispôs tudo com profunda sabedoria.

As almas se atraem em razão de suas afinidades, constituem grupos ou famílias cujos membros se acompanham e mutuamente se auxiliam através de sucessivas encarnações. Laços potentes as vinculam; inúmeras vidas transcorridas em comum lhes proporcionam essas similitudes de opiniões e de caráter, que em tantas famílias se observam. Há exceções. Certos Espíritos mudam às vezes de meio para mais rapidamente progredir. Nisso, como em todos os atos importantes da vida, há uma parte reservada à vontade livre do indivíduo, que pode, numa certa medida e conforme o grau de elevação, escolher a condição em que renascerá; mas há também a parte do destino, ou da Lei divina que, lá em cima, fixa a ordem dos renascimentos.

* * *

A pluralidade das existências da alma e sua ascensão na escala dos mundos constituem o ponto essencial dos ensinos do Moderno Espiritualismo. Nós vivemos antes do nascimento e reviveremos depois da morte. Nossas vidas são paradas sucessivas da grande viagem que empreendemos em nosso itinerário para o bem, para a verdade, para a beleza eterna.

Com a doutrina das preexistências e das reencarnações, tudo se liga, se esclarece e compreende; a Justiça divina se patenteia; a harmonia se estabelece no universo e no destino.

A alma já não é formada com todas as peças por um Deus caprichoso, que distribui, ao acaso e bel-prazer, o vício ou a virtude, a imbecilidade ou o gênio. Criada simples e ignorante, ela se eleva pelas próprias obras, a si mesma se enriquece, colhendo no presente o que em vidas anteriores semeou. E continua semeando para as futuras encarnações.

A alma, por conseguinte, constrói o próprio destino; degrau a degrau, sobe do estado rudimentar e inferior à mais alta personalidade; da inconsciência do selvagem ao estado desses sublimes seres que iluminam a rota da História e passam pela Terra como lampejo divino.

Assim considerada, a reencarnação torna-se consoladora e fortificante verdade, um símbolo de paz entre os homens; a todos indica a senda do progresso, a grande equidade de um Deus que não pune eternamente, mas permite ao culpado resgatar-se pela dor. Posto que inflexível, essa lei sabe proporcionar a reparação à falta e, depois do resgate, faculta a reabilitação. Fortalece a fraternidade humana, ensinando aqueles a quem pudessem causar estranheza as desigualdades sociais e as diferenças de condição, que os homens todos têm, realmente, a mesma origem e o mesmo futuro. Não há deserdados nem privilegiados, pois o resultado final será o mesmo para todos, desde que o saibam conquistar.

A lei de reencarnação põe um freio às paixões, mostrando as consequências dos nossos atos, das nossas palavras, dos nossos pensamentos a recaírem sobre a nossa vida atual e sobre as futuras vidas, nelas semeando germens de felicidade ou de infortúnio. Graças a ela cada qual aprende a vigiar-se a si mesmo, a acautelar-se, a preparar cuidadoso o seu futuro.

O homem que uma vez compreendeu toda a grandeza dessa Doutrina, não mais poderá acusar Deus de injustiça e parcialidade. Saberá que cada qual, no mundo, ocupa o seu lugar, que toda alma está sujeita às provações que mereceu ou desejou. Agradecerá ao Eterno o lhe proporcionar, com os renascimentos; o meio de reparar as faltas e adquirir, mediante trabalho constante, uma parcela do seu poder, um reflexo da sua sabedoria, uma centelha do seu amor.

Tal o destino da alma humana, nascida na fraqueza, na penúria das faculdades e dos meios de ação, mas chamada, elevando-se, a realizar a vida em si mesma, em toda a plenitude; a alcançar todas as riquezas da inteligência, todas as delicadezas do sentimento, tornando-se um dia colaboradora de Deus.

Essa a missão do ser e o seu grandioso objetivo: colaborador de Deus, isto é, destinado a realizar em torno de si, em missões cada vez mais grandiosas, a ordem, a justiça, a harmonia; a atrair seus irmãos inferiores, a conduzi-los às divinas eminências; a subir com eles, de esfera em esfera, para o supremo objetivo, para Deus — o Ser perfeito, lei viva e consciente do universo, eterno foco de vida e de amor.

Essa participação na obra infinita é, de começo, assaz inconsciente; o ser colabora sem o saber e, às vezes, até sem o querer, na ordem universal; depois, à medida que percorre a rota, essa colaboração se torna cada vez mais consciente. Pouco a pouco a razão se lhe esclarece; a alma apreende a profunda harmonia das coisas, penetra as suas leis, a elas se associa intimamente por seus atos. Quanto mais se desenvolvem as suas faculdades e aumentam as suas qualidades afetivas, tanto mais se afirma e acentua a sua participação no divino concerto dos seres e dos mundos.

Essa ascensão da alma, edificando ela própria o seu futuro e conquistando os seus postos, esse espetáculo da vida individual e coletiva, prosseguindo de estádio em estádio, na superfície das terras do espaço, progredindo e aperfeiçoando-se sempre, a elevar-se para Deus, melhor nos faz compreender a utilidade da luta, a necessidade da dor para a educação e purificação dos seres.

Todas as almas que vivem nas regiões materiais acham-se imersas numa espécie de letargia. A inteligência dormita entorpecida, ou, indiferente, flutua ao sabor de todos os ventos da paixão. Muito poucas divisam a sua finalidade. É preciso, entretanto, que essas inteligências se descerrem às sensações do bem e do belo. Devem todas atingir as mesmas culminâncias, desabrochar e expandir-se aos raios do sol divino. Ora, que seria uma existência única, isolada, para a realização de semelhante labor? Daí a necessidade das estâncias numerosas, das vidas de provações e dificuldades, a fim de que essas almas se acrisolem e as potências nelas adormecidas acordem e entrem em ação.

É com o aguilhão da luta e das necessidades, mediante as alternativas de dor e alegria, mediante os cuidados, pesares, remorsos de que se tece a vida humana; é através das quedas e reabilitações, recuos e ascensões, adejos em pleno azul e resvalamentos bruscos no abismo; é por todas essas formas que a alma se desenvolve, que as humanidades emergem da sua ganga de bestialidade e ignorância. Com o sofrimento as almas se apuram, se nobilitam e elevam à alta concepção das coisas e das leis, abrindo-se à piedade e à bondade.

Assim se resolve o problema do mal. O mal não é mais que um efeito de contraste; não tem existência própria. O mal é, para o bem, o que a sombra é para a luz. Não apreciamos esta senão depois de havermos dela sido privados; do mesmo modo, sem o sofrimento, não poderíamos conhecer a alegria; sem a privação não poderíamos verdadeiramente saborear o bem adquirido, as satisfações obtidas.

Tudo se explica e se esclarece na obra divina, quando a contemplamos do alto. A lei do progresso rege a vida infinita e faz o esplendor do universo. As lutas do Espírito contra a matéria, sua ascensão pela dor, tal a grandiosa epopeia que os céus contam à Terra e que a voz dos invisíveis repete a todos os que têm sede de verdade. É o ensino que é preciso difundir, a fim de que o encadeamento dos efeitos e das causas a todos se patenteie, e, com ele, a solidariedade dos seres e o amor divino que envolve toda a Criação.

Assim encarado, não é o problema do destino mais que a aplicação lógica e a consagração dessa lei de evolução, cuja intuição confusa ou visão clara, conforme o seu estado de espírito, têm tido, em nossa época, tantos pensadores. É a lei superior que rege todas as coisas.

* * *

O plano geral do universo ficou manifesto na precedente exposição. Não temos mais que precisar-lhe os pontos essenciais.

O ensino dos Espíritos, por toda parte, nos mostra a unidade de lei e substância. Em virtude dessa unidade, reinam na obra eterna a ordem e a harmonia.

O mundo invisível não se distingue do mundo visível, senão relativamente aos nossos sentidos. O invisível é a continuação, o prolongamento natural do visível. Em sua unidade, formam um todo inseparável; mas é no invisível que importa procurar o mundo das causas, o foco de todas as atividades, de todas as forças sutilíssimas do Cosmos.

A força ou energia, diz a Ciência, aciona a matéria e dirige os astros em seu curso. Que é a força? Segundo a Nova Revelação, é apenas o agente, o modo de ação de uma vontade superior. É o pensamento de Deus que imprime o movimento e a vida ao universo.

Todos os que se têm desalterado na fonte do Moderno Espiritualismo sabem que os grandes Espíritos do espaço são unânimes em proclamar, em reconhecer a suprema Inteligência que governa os mundos. Acrescentam eles que essa Inteligência se revela mais deslumbrante, à medida que galgam os degraus da vida espiritual.

Se emitem concepções diversas, mais ou menos desenvolvidas, sobre o Ser divino, é porque os Espíritos, como os homens, não estão no mesmo grau de desenvolvimento, nem podem todos ter a mesma capacidade de apreciação.

Todos os escritores e filósofos espíritas, desde Allan Kardec até os nossos dias, afirmam a existência de uma Causa imanente no universo.

"Não há efeito sem causa" — disse Allan Kardec — "e todo efeito inteligente tem forçosamente uma causa inteligente."

É o axioma sobre que repousa integralmente o Espiritismo. Aplicado às manifestações de Além-túmulo, esse axioma demonstra a existência dos Espíritos. Do mesmo modo, se o aplicarmos ao estudo do mundo e das leis universais, ele demonstrará a necessidade de uma causa inteligente. Eis por que a existência de Deus constitui um dos pontos essenciais do ensino espírita.

Basta comprovar que há inteligência e consciência nos seres criados, para ficarmos certos de as encontrar na fonte criadora, nessa Unidade suprema que não é a causa primária, como dizem uns, nem uma causa final, como pensam outros, mas a Causa eternamente ativa, donde emana toda a vida.

A solidariedade que liga todos os seres não tem outro centro senão essa Unidade divina e universal; todas as relações vêm ter a ela, para nela fundir-se e harmonizar-se. Só por ela podemos conhecer o objetivo da vida e suas leis, pois que ela é a razão de ser e a lei viva do universo. É, ao mesmo tempo, a base e sanção de toda a moral. Desde que estudamos o problema da outra vida, a situação do Espírito depois da morte, encontramo-nos em face de um estado de coisas regulado por uma lei de justiça, que por si mesma se aplica, sem tribunal nem julgamento, mas à qual não escapa um só dos nossos pensamentos, nenhum dos nossos atos. E essa lei, que revela uma Inteligência diretora do mundo moral, é ao mesmo tempo a fonte de toda a vida, de toda a luz, de toda a perfeição.

A ideia de lei é inseparável da ideia de inteligência. Sem essa noção, seriam destituídas de apoio as leis universais.

Falam-nos muitas vezes das leis cegas da natureza. Que significa essa expressão? Leis cegas só poderiam agir ao acaso. O acaso é a ausência de plano, de direção inteligente, é a própria negação de toda lei. O acaso não pode produzir a unidade e a harmonia, mas unicamente a incoerência e a confusão. Uma lei só pode ser, portanto, a manifestação de uma soberana inteligência, obra de um pensamento superior. Só o pensamento pôde coordenar, dispor, combinar todas as coisas no universo. E o pensamento exige a existência de um ser que fosse o seu autor.

As leis universais não poderiam repousar sobre uma coisa tão móvel e inconstante como o acaso. Devem necessariamente apoiar-se num princípio imutável organizador e regulador. Privadas do concurso de uma vontade diretora, essas leis seriam cegas, como dizem os materialistas; andariam à matroca, já não seriam leis.

Tudo, as forças e os seres, as humanidades e os mundos; tudo é governado pela inteligência. A ordem e a majestade do universo, a justiça, o amor, a liberdade, tudo repousa em leis eternas, e não há leis eternas sem uma razão superior, fonte de toda a lei. Por isso é que nenhum ser, nenhuma sociedade pode desenvolver-se e progredir sem a ideia de Deus, isto é, sem justiça nem amor, sem liberdade nem razão, porque Deus, representando a eternidade e a perfeição, é a base essencial de tudo o que faz a beleza, a grandeza da vida, a magnificência do universo.

Muitos equívocos têm dividido o mundo a respeito de tais questões; o Moderno Espiritualismo os vem dissipar. Até agora procuravam os materialistas o segredo da vida universal onde ele não se encontra: nos efeitos; os cristãos, por seu lado, o procuravam fora da natureza. Hoje compreendemos que a causa eterna do mundo não é exterior ao mundo, mas está dentro dele; ela lhe é a alma, o foco, como a nossa alma é em nós o foco da vida.

A ignorância destas coisas é a causa principal de nossos desacertos; é o que compele o homem e a sociedade à prática de atos cujas consequências acumuladas os esmagam.

Muitíssimo tempo se considerou a obra divina e as leis superiores sob o acanhado ponto de vista da vida presente e do mesquinho plano da Terra, sem compreender que é no encadeamento das vidas sucessivas e na coletividade dos mundos que se revelam a harmonia universal, a justiça absoluta e a grande lei da evolução dos seres para o Bem perfeito, que é Deus.

Não pode a obra divina ser medida, nem em relação ao tempo, nem à extensão. Ela se expande nos céus em feixes de sóis, e se revela, na Terra, tão admirável na humílima florinha, como nos gigantes das florestas. Deus é infinito; a Criação é eterna. Não se pode conceber a Criação oriunda do nada, porque o nada não existe. Deus nada poderia tirar de um nada impossível, nem criar coisa alguma fora da sua infinidade. A Criação é incessante; o universo, imutável no seu todo, acha-se em via de transformação constante em suas partes.

Com todos os seus mundos visíveis e invisíveis, seus espaços celestes, suas populações planetárias e siderais, o universo representa uma oficina imensa em que tudo o que se agita e respira, trabalha na produção, na manutenção e no desenvolvimento da vida. Cada globo que rola na imensidade é a morada de uma sociedade humana. A Terra não passa de planeta dos mais mesquinhos da grande hierarquia dos mundos, e a sociedade terrestre é das mais inferiores. Mas também ela se aperfeiçoará, nossa esfera se há de tornar em venturosa estância. Aspirações mais nobres encaminharão a humanidade para a senda da renovação gradual e do progresso moral.

Tudo se transforma e se renova mediante o ritmo incessante da vida e da morte. Ao passo que se extinguem uns astros, outros surgem e brilham no âmbito dos espaços. Foi o que fez dizer ao poeta que há berços e túmulos no céu. Como o homem, os mundos nascem, vivem e morrem; os universos se dissolvem, todas as formas passam e se dissipam, mas a vida infinita subsiste em seu eterno esplendor.

Assim, também a cadeia de nossas existências desdobra, na continuidade dos séculos, os seus elos opacos ou brilhantes. Sucedem-se os acontecimentos sem ligação aparente, e, contudo, a indefectível justiça lhes determina o curso de conformidade com regras imutáveis. Tudo se liga, no domínio moral como na ordem material.

Um plano admirável se executa; só Deus lhe conhece o conjunto. Dele não divisamos mais que algumas linhas, e já essa percepção é um deslumbramento. Nossa compreensão das coisas divinas crescerá com os nossos progressos, à proporção que as nossas faculdades e os nossos sentidos, avultando, nos descerrarem novas perspectivas para os mundos superiores.

Confrontai as concepções do passado: a Terra, centro do universo, único planeta habitado; a única e breve existência do homem perdida no infinito dos tempos, e de acordo com o que tiver sido, é ele julgado e fixada a sua sorte por toda a eternidade; comparai-as com essa revelação dos espaços, com esse universo sem limites, povoado de sóis, com os seus cortejos de mundos secundários, as cidades, os povos, as inúmeras humanidades que os opulentam com as várias civilizações e as obras maravilhosas que o Espírito aí cria! Considerai esse futuro da alma destinada a renascer, de vida em vida, nesses mundos, a galgá-los um a um, como degraus, em ascensão colossal, participando de estados sociais de tal modo superiores aos nossos que nada, em nossas débeis concepções terrestres, deles nos pode dar ideia! E a alma, em suas infinitas peregrinações, adquire sempre novas qualidades, capacidades crescentes, que a tornarão apta a desempenhar uma tarefa cada vez mais elevada.

Assim, nem eleitos, nem réprobos. A humanidade não se divide em duas partes: os que se salvam e os que se perdem. O caminho da salvação pelo progresso é franqueado a todos. Todos o percorrem de estância em estância, de vida em vida; todos ascendem para a paz e a felicidade, mediante a provação e o trabalho. Todas as almas são perfectíveis e suscetíveis de educação; devem percorrer os mesmos caminhos e chegar da vida inferior à plenitude do conhecimento, da sabedoria e da virtude. Não são todas igualmente adiantadas, mas todas hão de subir, cedo ou tarde, as árduas encostas que levam às radiosas eminências banhadas da eterna luz.

O pensamento divino preside a essa obra majestosa; vela pela execução de suas leis, pela elevação da vida renascente. Acima de tudo, reina o Poder Infinito, que anima com seu sopro e aquece em seu amor o universo.

* * *

Muitos homens cerram a alma à concepção de Deus; recusam-se a ver, a admirar o eterno Poder que irradia através de toda a natureza.

O Sol brilha à flor das águas, seus trêmulos raios acariciam a vaga adormecida. Do céu ilumina ele o mar tranquilo, projeta milhões de centelhas na coroa das vagas inquietas. Todo ser que se move no seio das águas o pode perceber. Basta-lhe fazer esforço para abandonar as profundezas e banhar-se nos seus raios. Se se recusa, porém, a deixar o sombrio domicílio, se se compraz em suas trevas, deixará por isso o raio de existir?

O mesmo sucede com o grande Foco divino. Sem o pensamento de Deus que ilumina as profundezas do Cosmos, sem essa luz imorredoura, tudo permaneceria imerso em trevas. Esse pensamento, porém, não aparece em todo o seu esplendor senão aos seres que se tornaram dignos de o compreender, àqueles cujo senso íntimo se descerrou à grande voz do infinito, a esse eterno sopro que perpassa nos mundos e fecunda as almas e os universos.

Deus, em sua pura essência, dizem os Espíritos, é qual oceano de chamas. Deus não tem forma, mas pode revestir uma para aparecer às almas elevadas. É a recompensa concedida às grandes dedicações, às existências de sacrifício e de renúncia. Há nisso uma espécie de materialização, bem diferente de tudo o que podemos imaginar. Mesmo sob esse aspecto sensível, a majestade de Deus é de tal ordem, que os Espíritos mais puros mal lhe podem suportar o brilho. Têm eles o privilégio de contemplar, sem véu, a Divindade, e declaram que a linguagem humana é paupérrima para permitir uma descrição, pálida que seja, do divino Foco.

Deus tudo vê, e tudo conhece, até os mais secretos pensamentos. Como o Espírito está em todo o corpo, Deus está em todo o universo, em relação com todos os elementos da Criação. Seu amor abrange e enlaça todos os seres, dos quais ele fez, chamando-os à vida, artífices da sua obra eterna. Sua solicitude se estende até os mais humildes e obscuros, porque todos são oriundos dele. Por isso, todos, em falta de uma inteligência superior e de uma razão exercitada, podem sentir e conhecer Deus pelas potências do coração.

O que acima de tudo caracteriza a alma humana é o sentimento. É por ele que o homem se prende ao que é bom, belo e grande; ao que será o seu amparo na dúvida, a sua força na luta, a sua consolação na prova. E tudo isso revela Deus. O belo e o bom não se encontram em nós senão em grau limitado e parcial. Não podem existir senão sob a condição de volver a encontrar sua fonte, seu princípio, sua plenitude em um Ser que os possua no grau superior e infinito. Foi o que instintivamente sentiram todas as gerações, todas as multidões que repousam sob a poeira dos séculos, e foi por isso que os surtos dos seus pensamentos subiram, em todos os tempos, para esse Espírito divino que paira acima de todas as religiões e de todos os sistemas, para essa Alma do mundo, venerada sob tão diversos nomes. Causa única, de que tudo emana, para a qual tudo volta, eternamente.

Deus é a grande alma universal, de que toda alma humana é uma centelha, uma irradiação. Cada um de nós possui, em estado latente, forças emanadas do divino Foco e pode desenvolvê-las, unindo-se estreitamente à Causa de que é efeito. Mediante a elevação dos pensamentos para Deus, por meio da prece que brota das profundezas do ser e liga a Criatura ao Criador, produz-se uma penetração contínua, uma fecundação moral, uma expansão das riquezas que em nós jazem ocultas. Mas a alma humana ignora-se a si mesma; por falta de conhecimento e de vontade, deixa as suas capacidades interiores em letargo. Em lugar de dominar a matéria, deixa-se por ela frequentemente dominar; eis a fonte dos seus males, das suas fraquezas, das suas provações.

É por isso que o Moderno Espiritualismo vem dizer a todos: Homens, elevai-vos pelo pensamento acima das mundanas coisas; elevai-vos bastante alto para compreenderdes que sois filhos de Deus; bastante alto para sentirdes que estais ligados a Ele, à sua obra imensa, fadados a um destino em face do qual tudo mais é secundário. E esse destino é o ingresso na grande comunhão, na harmonia santa dos seres e dos mundos, a qual não se realiza senão em Deus, e por Deus unicamente!

XI
Renovação

Como julgamos haver estabelecido nas precedentes páginas, o Moderno Espiritualismo assenta em testemunhos universais; apoia-se em fatos de experiência, observados em todos os pontos do globo por homens de todas as condições, entre os quais se contam sábios pertencentes a todas as grandes Universidades e a muitas Academias célebres. É graças a eles, aos seus esforços, que a Ciência contemporânea, a despeito das suas repugnâncias e hesitações, tem sido levada pouco a pouco a interessar-se pelo estudo do mundo invisível.

De ano para ano cresceu o número dos experimentadores. As investigações têm sucedido às investigações, e sempre os resultados têm vindo corroborar as afirmações anteriores. Dessas observações, multiplicadas ao infinito, resultou uma certeza: a da sobrevivência do ser humano e, com ela, noções mais positivas das condições da vida futura.

Pelo acurado estudo dos fenômenos, pela comunicação permanente, estabelecida com o outro mundo, o Espiritismo veio confirmar as grandes tradições do passado, os ensinos de todas as religiões, de todas as filosofias elevadas, no tocante à imortalidade do ser e à existência de uma Causa organizadora do universo, e lhes deu uma sanção definitiva. O que até então não passava de hipótese e especulação do pensamento, tornou-se um fato demonstrado. A vida futura se patenteou em sua surpreendente realidade; a morte perdeu o seu aspecto aterrador; o céu aproximou-se da Terra.

O espiritualismo fez mais. Com esse conjunto de estudos e comprovações, com essa pesquisa empreendida há meio século, com todas as revelações que deles resultam, constituiu um novo ensino liberto de toda forma simbólica ou obscura, facilmente acessível, mesmo aos mais humildes, e que aos pensadores e eruditos descerra vastíssimas perspectivas dos elevados domínios do conhecimento, na concepção de um ideal superior.

Esse ensino pode satisfazer a todos, aos mais aprimorados Espíritos, como aos mais modestos, mas dirige-se principalmente aos que sofrem, aos que vergam ao peso de rude labor ou de dolorosas provações; a todos os que têm necessidade de uma fé viril que os ampare em suas lides, em seus trabalhos e aflições. Ele dirige-se à grande massa humana, a essa multidão que se tornou incrédula, desconfiada, a respeito de todo dogma, de toda crença religiosa, porque reconhece que foi iludida durante séculos. Nela, todavia, ainda subsistem aspirações confusas para o bem, uma necessidade inata de progresso, de luz, de liberdade, que facilitará a irrupção da nova ideia e a sua ação regeneradora.

O espiritualismo experimental corresponde a essas necessidades inatas da alma humana, que nenhuma outra doutrina havia podido satisfazer completamente. Com a lei das vidas sucessivas mostra-nos a justiça regulando o destino de todos os seres. Com ela, já não há graças particulares, nem privilégios, nem redenção pelo sangue de um justo, nem deserdados, nem favoritos. Todos os Espíritos que povoam a imensidade, disseminados pelo espaço ou nos mundos materiais, são filhos de suas próprias obras; todas as almas que animam corpos de carne, ou que aguardam novas encarnações, são da mesma origem e têm igual destino. Só os merecimentos, as virtudes adquiridas as distinguem; todas, porém, podem elevar-se por seus esforços e percorrer a senda dos aperfeiçoamentos infinitos. A caminho para um objetivo comum, os Espíritos constituem uma só família, subdividida em numerosos agrupamentos simpáticos, em associações espirituais, das quais a família humana é apenas um reflexo, uma abreviatura através de múltiplas encarnações, vivendo alternativamente da vida terrestre ou da vida livre dos espaços, cedo ou tarde, porém, tornando a reunir-se.

A morte perde, assim, o caráter lúgubre, aterrador que até agora lhe emprestavam. Não é mais o "rei dos assombros", mas um renascimento, uma das condições do aumento e desenvolvimento da vida. Todas as nossas existências se ligam e formam um conjunto. A morte não é mais que a passagem de uma a outra; para o sábio, para o homem de bem, é a áurea porta que se abre para mais belos horizontes.

Quando se tiverem dissipado os preconceitos que lhe atormentam o cérebro, há de o homem compreender a serena beleza e majestade a que chama morte. É um erro acreditar que ela nos separa dos que nos são caros. Graças ao Espiritismo, temos a consolação de saber que os seres amados, que nos precederam no Além, velam por nós e nos guiam na senda escura da existência. Muitas vezes, estão ao nosso lado, invisíveis, prontos a nos assistir na aflição, a nos socorrer no infortúnio; e esta certeza nos infunde a serenidade de espírito, a força moral na provação. Suas comunicações, seus ditados nos suavizam as amarguras do presente, as tristezas de uma separação que é apenas aparente. Os ensinos dos Espíritos nos desenvolvem os conhecimentos e os elevados sentimentos; contribuem para nos tornar melhores, mais confiantes na bondade de Deus e no futuro.

Assim se realiza e se revela aos nossos olhos a lei da fraternidade e solidariedade, que liga todos os seres, e da qual a humanidade sempre teve a intuição. Nada mais de salvação pessoal, nem de inexorável julgamento que fixe para sempre a alma longe dos que lhe são caros, mas a reparação sempre possível, com a assistência dos nossos irmãos do espaço, a união dos seres em sua ascensão eterna e coletiva.

Essa revelação nos infunde uma força nova contra os desfalecimentos, as tentações, os pensamentos maus que nos poderiam assaltar, e dos quais nos absteremos com tanto maior cuidado quanto seriam um motivo de aflição para os membros da nossa família espiritual, para os nossos amigos invisíveis.

Com o materialismo, a fraternidade não era mais que uma palavra, o altruísmo uma teoria sem fundamento nem alcance. Sem fé no futuro, o homem concentraria forçosamente toda a atenção no presente e nos gozos que ele pode comportar. A despeito de todas as solicitações de teóricos e sofistas, ele se sentia pouco disposto a sacrificar sua personalidade, seus gostos ou interesses, em proveito de uma efêmera coletividade, à qual o prendiam laços ontem formados e que amanhã se hão de desatar. Se a morte é o fim de tudo, pensava ele, por que impor-se privações que nada virá compensar? Que utilidade têm a virtude e o sacrifício, se tudo deve acabar em nada?

O resultado inevitável de semelhantes doutrinas era o desenvolvimento do egoísmo, a febricitante caçada às riquezas, a exclusiva preocupação dos gozos materiais; era o desencadeamento das paixões, dos apetites furiosos, das cobiças veementes. E daí, conforme o grau de educação, negocistas ou celerados. Sob o influxo desses sopros destruidores, a sociedade oscila em seus alicerces e, com ela, todas as noções de moralidade, de fraternidade, que o novo espiritualismo chega a tempo de restaurar e consolidar.

"A crença na imortalidade", disse Platão, "é o laço de toda a sociedade; despedaçai esse laço e a sociedade se dissolverá".

Nossa época, arrastada à dúvida e à negação por exageros teológicos, perdia de vista essa ideia salutar. O espiritualismo experimental lhe restitui a fé perdida, apoiando-a em bases novas e indestrutíveis.

A superioridade moral da Doutrina dos Espíritos se afirma em todos os pontos. Com ela se dissipa a ideia iníqua do pecado de um só homem, recaindo sobre todos. Não há mais proscrição nem queda coletiva; as responsabilidades são pessoais. Qualquer que seja sua condição neste mundo, tenha nascido no sofrimento e na miséria, ou seja destituído de predicados físicos, ou de brilhantes faculdades, o homem sabe que não padece um fado imerecido, mas simplesmente as consequências do seu procedimento anterior. Às vezes, também, os sofrimentos que o torturam são o resultado da sua livre escolha, desde que os aceitou como fator mais rápido de adiantamento.[129]

Em tal caso, a sabedoria consiste em aceitarmos, sem murmurar, a própria sorte; em desempenharmos fielmente a tarefa, em nos prepararmos, assim, para situações que se irão melhorando à proporção que, pelos nossos progressos, obtivermos acesso a melhores sociedades, livres dos jugos que pesam sobre os mundos inferiores.

Graças à Doutrina dos Espíritos, o homem compreende, finalmente, o objetivo da existência; nela vê um meio de educação e reparação; cessa de maldizer o destino e acusar Deus. Sente-se livre, ao mesmo tempo, dos pesadelos do nada e do inferno, e das ilusões de um ocioso paraíso, porque a vida futura não é mais uma beatífica, inútil contemplação, a eterna imobilidade dos eleitos ou o suplício sem-fim dos condenados; é a evolução gradual; é, depois do círculo das provas e transmigrações, o círculo da felicidade e sempre a vida ativa e progressiva, a aquisição, pelo trabalho, de uma soma crescente de ciência, poder, moralidade; é participação cada vez mais extensa na obra divina, sob a forma de missões diversas — missões de dedicação e de ensinamentos, ao serviço da humanidade.

---

[129] Ver *O problema do ser e do destino*.

Renovação

* * *

Toda a gente reconhece hoje a necessidade de uma educação moral, suscetível de regenerar a sociedade e de arrancar a França a um estado de decadência que, acentuando-se todos os dias, ameaça levá-la à queda e à ruína.

Acreditou-se por muito tempo ter feito bastante, difundindo a instrução; mas a instrução sem o ensino moral é impotente e estéril. É preciso, antes de tudo, fazer da criança um homem — um homem que compreenda os seus deveres e conheça os seus direitos. Não basta desenvolver as inteligências, é necessário formar caracteres, fortalecer as almas e as consciências. Os conhecimentos devem ser completados por noções que esclareçam o futuro e indiquem o destino do ser. Para renovar uma sociedade, são necessários homens novos e melhores. Sem isso, todas as reformas econômicas, todas as combinações políticas, todos os progressos intelectuais serão insuficientes. A ordem social nunca valerá mais que o que nós próprios valemos.

Essa educação necessária, porém, em que se firmará? Não será, decerto, em teorias negativas, pois foram elas que, em parte, originaram os males do presente. Menos ainda o será em dogmas caducos, doutrinas mortas, crenças todas superficiais e aparentes, que já não têm raiz nas almas.

Não! A humanidade não quer mais símbolos, nem lendas, nem mistérios, nem verdades veladas. Faz-se-lhe necessária a grande luz, a esplêndida irrupção do verdadeiro, que só o novo espiritualismo lhe pode fornecer.

Só ele pode oferecer à moral uma base definitiva e dar ao homem moderno as necessárias forças para suportar dignamente as suas provações, discernir-lhes as causas, reagir contra elas, cumprir em tudo o seu dever.

Com essa doutrina o homem sabe a que destino vai; seu caminhar torna-se mais firme e mais seguro. Ele sabe que a justiça governa o mundo, que tudo se encadeia, que cada um dos seus atos, mau ou bom, recairia sobre ele, através dos tempos. Nesse pensamento encontra um freio para o mal e um poderoso estímulo para o bem.

As comunicações dos Espíritos, a comunhão dos vivos e dos mortos lhe patentearam, em sua realidade palpitante, o futuro de Além-túmulo; ele sabe qual a sorte que lhe está reservada, quais as responsabilidades em que incorre, que predicados lhe cumpre adquirir para ser feliz.

Efetivamente, desde que são conhecidas as condições da vida futura, o objetivo da existência se define, a norma da vida presente se estabelece, de modo imperioso, para todo espírito zeloso do próprio futuro. Ele compreende que não veio a este mundo para desfrutar prazeres frívolos, para satisfazer pueris e fúteis ambições, mas para desenvolver as suas faculdades superiores, corrigir defeitos, pôr em prática tudo o que pode contribuir para a sua elevação.

O estudo do Espiritismo ensina que a vida é combate pela luz; a luta e as provas só hão de cessar com a conquista do bem moral. Esse pensamento retempera as almas; prepara-as para as ações nobres e para os grandes empreendimentos. Com o senso do verdadeiro, desperta em nós a confiança. Identificados com tais preceitos, não mais temeremos a adversidade nem a morte. Com ânimo intrépido, através dos golpes vibrados pela sorte, avançaremos na senda que nos é traçada, sem fraqueza nem pesar abordaremos a outra margem, quando tiver soado a nossa hora.

Por isso a influência moralizadora do Espiritismo penetra pouco a pouco nos mais diversos meios, dos mais cultos aos mais degradados e obscuros.

Temos disso uma prova no seguinte fato: em 1888, os forçados do presídio de Tarragona (Espanha) enviavam ao Congresso Espírita Internacional de Barcelona um tocante memorial, em que faziam conhecer toda a extensão do conforto moral que lhes havia proporcionado o conhecimento do Espiritismo.[130]

Pode-se também verificar, nos centros operários onde se tem divulgado o Espiritismo, uma sensível modificação dos costumes, uma resistência mais enérgica a todos os excessos em geral, e às teorias anarquistas em particular. Graças aos conselhos dos Espíritos, muitos hábitos viciosos têm sido coibidos e a paz se restabeleceu em muitos lares perturbados. Com a crença perdida, esses ensinos, em tais meios, têm feito renascer virtudes hoje em dia raras.

Era edificante espetáculo ver, por exemplo, todos os domingos afluírem a Jumet (Bélgica), de todos os pontos da bacia de Charleroi, inúmeras famílias de mineiros espíritas. Reuniam-se numa ampla sala, onde, depois das preliminares usuais, escutavam, com recolhimento, as instruções que seus guias invisíveis lhes transmitiam pela boca dos médiuns manifestados. Era por intermédio de um deles, simples trabalhador mineiro, pouco letrado, a exprimir-se habitualmente em dialeto valão, que se manifestava o Espírito do cônego Xavier Mouls, sacerdote de grande valor e acrisoladas virtudes, a quem se deve a vulgarização do magnetismo e do Espiritismo

---

[130] Ver a resenha do Congresso Espírita de Barcelona, 1888. Livraria das Ciências Psíquicas, Paris.

nos *corons*[131] do vale. Mouls, depois de rudes provas e cruéis perseguições, deixara a Terra, mas seu Espírito continuou sempre a velar pelos queridos mineiros. Todos os domingos, tomava posse dos órgãos do seu médium favorito e, após uma citação dos sagrados textos, com eloquência verdadeiramente sacerdotal, desenvolvia, em presença de todos, em francês, durante uma hora, o tema escolhido, falando ao coração e à inteligência dos seus ouvintes, exortando-os ao cumprimento do dever, à submissão às Leis divinas. Por isso, a impressão produzida naquela honrada gente era bem profunda. O mesmo se dá em todos os meios em que o Espiritismo é praticado com seriedade, pelos humildes deste mundo.

Às vezes, Espíritos de mineiros, conhecidos dos assistentes e que com eles partilharam a mesma laboriosa existência, se lhes manifestavam. Eram facilmente reconhecidos por sua linguagem, por suas expressões familiares, por mil particularidades psicológicas que são outras tantas provas de identidade. Descreviam a vida no espaço, as sensações experimentadas na ocasião da morte, os sofrimentos morais resultantes de um passado culposo, de perniciosos hábitos contraídos, de pendores para a maledicência ou para o alcoolismo, e essas comovedoras descrições, cheias de animação e de originalidade, exerciam no auditório um grande efeito moral, uma impressão profunda e salutar. Daí uma sensível transformação nas ideias e nos costumes.

Considerando esses fatos, bem numerosos já e que se multiplicam dia a dia, pode-se desde logo calcular o número considerável de pobres almas que o Espiritismo fortaleceu e consolou. Ele preservou do suicídio grande número de desesperados. Demonstrando-lhes a realidade da sobrevivência, restituiu-lhes a coragem e o apreço à vida.

Não cometeremos exagero dizendo que milhares de seres humanos, pertencentes a diversas confissões religiosas, protestantes e católicas — e mesmo representantes oficiais dessas religiões a quem a morte de parentes e as provações haviam acabrunhado —, encontraram na comunhão dos mortos, em lugar de uma indecisa fé, uma convicção positiva, uma inabalável confiança na imortalidade.

Eis aqui o que um pastor protestante escrevia a Russell Wallace, acadêmico inglês, depois de haver comprovado a realidade dos fenômenos espíritas:

---

[131] Habitações dos mineiros belgas.

A morte é agora para mim uma coisa muito diferente do que foi outrora; depois de ter experimentado enorme acabrunhamento consequente à morte de meus filhos, sinto-me atualmente cheio de esperança e de alegria; *sou outro homem.*[132]

A esses testemunhos, tão eloquentes de simplicidade, poder-se-iam opor, é certo, as fraudes, os hábitos de embuste, o charlatanismo e a mediunidade venal, em uma palavra: todos os abusos originados, em certos casos, de uma péssima prática experimental do Espiritismo, e aos quais já nos referimos.

Mas os que se entregam a semelhantes exercícios provam, por isso mesmo, a sua ignorância do Espiritismo. Se lhe compreendessem as leis e os preceitos, saberiam o que lhes reservam atos que são outras tantas profanações. Saberiam ao que se expõem os que fazem de uma coisa respeitável e sagrada, em que se não deve tocar senão com recolhimento e piedade, meio vulgar de exploração, um comércio vergonhoso.

Lembrar-nos-ão, também, a influência dos maus Espíritos, as comunicações apócrifas, subscritas por nomes célebres, os casos de obsessão e possessão. Mas essas influências foram exercidas, esses fatos se produziram em todos os tempos; sempre os homens estiveram expostos — muitas vezes sem lhes conhecerem as causas — às más ações dos invisíveis de ordem inferior, e o estudo do Espiritismo vem precisamente fornecer os meios de afastar essas influências, de agir sobre os Espíritos malfazejos, de os encaminhar ao bem pela evocação e pela prece.

A ação salutar do Espiritismo não se exerce, com efeito, unicamente sobre os homens; estende-se também aos habitantes do Espaço. Mediante relações estabelecidas entre os dois mundos, os adeptos esclarecidos podem agir sobre os Espíritos inferiores e, com palavras de piedade e consolação, sábios conselhos, arrancá-los ao mal, ao ódio, ao desespero.

E nisso há um dever imperioso, o dever de todo ser superior para com os seus irmãos retardatários, de um ou de outro mundo. É o dever do homem de bem, que o Espiritismo eleva à dignidade de educador e guia dos Espíritos ignorantes ou perversos, a ele enviados para serem instruídos, esclarecidos, melhorados. É, ao mesmo tempo, o mais seguro meio de sanear fluidicamente a atmosfera da Terra, o ambiente em que se agita e vive a humanidade.

---

[132] Russell Wallace, *O moderno espiritualismo*, p. 295.

É nesse intuito que todo círculo espírita de alguma importância consagra parte das suas sessões à instrução e moralização das almas culpadas. Graças à solicitude que lhes é testemunhada, às caritativas advertências e, sobretudo, às preces fervorosas que recaem sobre eles em magnéticos eflúvios, não é raro ver os mais endurecidos Espíritos reconciliados com melhores sentimentos, porem por si mesmos um termo às dolorosas obsessões com que perseguiam suas vítimas.

Com suas errôneas concepções da vida de Além-túmulo, com sua doutrina da condenação eterna, obstou por muito tempo a Igreja o cumprimento desse dever. Ela havia interdito toda relação entre os Espíritos e os homens, cavando entre eles fundo abismo. Todos os que, ao deixarem a Terra, eram considerados condenados por seus crimes, viam interceptar-se, do lado dos homens, toda comunicação, dissipar-se toda possibilidade de aproximação e, consequentemente, toda esperança de socorro moral e de consolação.

O mesmo acontecia do lado do céu, porque os Espíritos elevados, em virtude da natureza sutil do seu invólucro, dos seus fluidos etéreos pouco em harmonia com os dos Espíritos inferiores, encontram muito mais dificuldade do que os homens em comunicar com eles, em razão da diferença de afinidade. Todas as pobres almas errantes, torturadas pela angústia, assaltadas pelas recordações pungentes do passado, achavam-se abandonadas a si próprias, sem que um pensamento amigo, como um raio de sol, pudesse iluminar as suas trevas. Imbuídas, na maior parte, de inveterados prejuízos; convencidas muitas vezes, por falsa educação, da realidade das penas eternas que supunham estar sofrendo, a situação se lhe tornava horrível e suscitava, muitas vezes, pensamentos de raiva e de furor, uma necessidade de vingança que procuravam saciar nos homens fracos ou propensos ao mal.

A ação maléfica desses Espíritos aumentava por esse mesmo fato ao abandono em que jaziam.

Retidos por seus fluidos grosseiros, na atmosfera terrestre, em permanente contato com os homens acessíveis à sua influência e podendo fazer-lhes sentir a sua própria, eles não visavam senão a um fim: fazer os homens compartilharem das torturas que acreditavam sofrer.

Foi por isso que, durante toda a Idade Média, época em que foram interditas as relações com o mundo invisível, consideradas criminosas e passíveis da pena do fogo, viram-se multiplicar, durante longos séculos, os casos de obsessão, de possessão, e dilatar-se a perniciosa influência dos Espíritos do mal. Em lugar de procurar congraçá-los por meio de preces e benévolas exortações, a Igreja não teve para eles senão anátemas e maldições; ela não procede senão por exorcismos, recurso além do mais impotente, cujo único resultado é irritar os maus Espíritos, provocar-lhes réplicas ímpias ou cínicas, e os atos indecentes ou odiosos, que sugerem às suas vítimas.

Perdendo de vista as puras tradições cristãs, sufocando as vozes do mundo invisível com a ameaça da fogueira e das torturas, a Igreja repudiou a grande lei de solidariedade que une todas as criaturas de Deus em sua ascensão comum, impondo às mais adiantadas a obrigação de trabalhar por instruir e regenerar suas irmãs inferiores. Durante séculos, privou ela o homem dos socorros, dos esclarecimentos, dos inestimáveis recursos que proporciona a comunhão dos Espíritos elevados. Privou as gerações dessas permutas de ternura com os amados entes que nos antecederam na outra vida, permutas que são a alegria, a consolação suprema dos aflitos, dos isolados na Terra, de todos os que padecem as angústias da separação. Privou a humanidade desse fluxo de vida espiritual que desce dos espaços, retempera as almas e reanima os tristes corações desfalecidos.

Assim se fez, pouco a pouco, a obscuridade nas doutrinas e nos cérebros, velaram-se as mais cintilantes verdades, surgiram pueris ou odiosas concepções, à míngua de toda crítica e exame. E a dúvida se espalhou, o espírito de ceticismo e negação invadiu o mundo.[133]

O Espiritismo vem restabelecer essa comunhão das almas, que é fonte de energia e luz. Fazendo-nos conhecer a vida futura sob aspectos

---

[133] A Igreja, pelo órgão dos seus mais autorizados teólogos, julgou ter o direito de afirmar que nenhum sentimento de piedade e caridade subsistia no coração dos crentes e dos bem-aventurados a respeito dos que tivessem, porventura, sido seus pais, parentes, companheiros de existência neste mundo: "Os eleitos, no céu, não conservam sentimento algum de amor e amizade pelos réprobos; não sentem por eles compaixão alguma e até gozam do suplício de seus amigos e parentes.
Os eleitos o gozam no sentido de que se sentem isentos de torturas, e que, por outro lado, neles terá expirado toda compaixão, porque admirarão a Justiça divina." (*Summa Theologla*, de São Tomás de Aquino; suplemento da parte III, q. 95, arts. 1, 2 e 3, edição de Lyon, 1685, t. II, p. 425.)
É também essa a opinião de São Bernardo (Tratado de *Diligendo Deu*, cap. XV, 40; edição Mabillon, t. I, col. 601). Daí a consequência tirada por certos autores místicos: "Para chegar, desde este mundo, à vida perfeita, é preciso não conservar ligação alguma culposa; se, pois, um pai, mãe, marido ou esposa etc., morreram como criminosos, ostensivamente e em estado de pecado mortal, convém arrancar do coração toda a lembrança deles, pois que são perpetuamente odiados por Deus e ninguém os poderia amar sem Impiedade".
Doutrina monstruosa, destruidora de toda a ideia familiar e bem diferente dos ensinos do Espiritismo, que fortificam o espírito da família, mostrando-nos os vínculos que ligam seus membros, preexistentes e persistentes na vida do Espaço. Nenhuma alma é odiada por Deus. O Amor infinito não pode odiar. A alma criminosa expia, redime-se, cedo ou tarde se reabilita com o auxílio de suas irmãs mais adiantadas.

verdadeiros, nos liga a todas as potências do infinito e nos torna aptos para receber as suas inspirações. Os ensinos dos Espíritos superiores, os conselhos de nossos amigos do Além-túmulo, exercem em nós mais profunda impressão do que todas as exortações lançadas do púlpito, ou as lições da mais elevada Filosofia.

Fazendo-nos ver nos maus Espíritos almas extraviadas, suscetíveis de retorno ao bem, fornecendo-nos os meios de sobre eles agir, de suavizar-lhes a sorte, de preparar-lhes a reabilitação, o Espiritismo estanca um antagonismo deplorável; torna impossível a reprodução das cenas de possessão de que o passado está repleto. Inspira ao homem a única atitude conveniente para com os Espíritos elevados, que são seus mestres e guias, e para com os Espíritos inferiores, que são seus irmãos.

Prepara-o para preencher dignamente a tarefa que lhe impõe a lei de solidariedade e caridade que liga todos os seres.

O Espiritismo, como se vê, exerce em todos os meios benéfica influência.

No Espaço, melhora o estado dos Espíritos inferiores, permitindo aos homens esclarecidos colaborar em sua reabilitação. Na Terra, introduz, na ordem social, poderosos elementos de moralização, conciliação e progresso. Esclarecendo os obscuros problemas da existência, oferece remédio eficaz contra as utopias perigosas, contra as imoderadas ambições e as teorias dissolventes. Aplaca os ódios, acalma as paixões violentas e restabelece a disciplina moral, sem a qual não pode haver entre os homens nem paz nem harmonia.

Aos brados ameaçadores, às reivindicações tumultuosas, que das turbas às vezes se levantam, aos pregões à violência, às imprecações contra a sorte, vem responder a voz dos Espíritos: Homens, recolhei-vos em vosso íntimo, aprendei a conhecer-vos, conhecendo as leis que regem as sociedades e os mundos. Falais constantemente dos vossos direitos; aprendei que possuís unicamente os que vos conferem o vosso valor moral, o vosso grau de adiantamento. Não invejeis a riqueza: ela impõe grandes deveres e onerosas responsabilidades. Não aspireis à vida de ociosidade e luxo; o trabalho e a simplicidade são os melhores instrumentos do vosso progresso e felicidade porvindoura. Sabei que tudo é regulado com equidade, que nada é entregue às contingências do acaso. A situação do homem, neste mundo, é a que para si próprio preparou. Suportai, pois, com paciência os sofrimentos necessários, escolhidos por vós mesmos. A dor é um meio de elevação; o sofrimento do presente repara os erros de outrora e engendra as felicidades do futuro.

A existência terrestre não é mais que uma página do grande livro da vida, uma breve passagem que liga duas imensidades — a do passado e a do futuro. O globo que habitais é apenas um ponto no espaço, uma estância inferior, um lugar de educação, de preparação para mais altos destinos. Não julgueis, pois; não meçais a obra divina com o exíguo estalão e no círculo restrito do presente. Compreendei que a Justiça eterna não é a justiça dos homens; ela não pode ser apreciada senão em suas relações no conjunto das nossas existências e na universalidade dos mundos. Confiai-vos à suprema Sabedoria; desempenhai a tarefa que ela vos distribui e que, livremente, antes de nascerdes, haveis aceitado. Trabalhai com intrepidez e consciência em melhorar a vossa sorte e a dos vossos semelhantes; esclarecei a inteligência, desenvolvei a razão. Quanto mais árdua vos for a tarefa, mais rápido será o vosso adiantamento. A fortuna e o prazer não são mais que embaraços para quem deseja elevar-se. Deste mundo não se levam bens nem honras, mas, unicamente, as aptidões adquiridas e os aperfeiçoamentos realizados; nisso consistem as riquezas imperecíveis contra as quais a morte nada pode.

Erguei o olhar acima da Terra. Com a proteção dos invisíveis, dos vossos guias espirituais cujos socorros não vos faltarão se os invocardes com fervor, avançai resolutamente no caminho da vida. Amai vossos irmãos; praticai com todos a caridade e a justiça. Lembrai-vos de que constituís, todos, uma grande família oriunda de Deus, e que sonegar-vos a vossos irmãos é sonegar a eterna bondade de Deus, que é pai comum; é vos sonegardes a vós mesmos, que não fazeis com eles mais que um só, no pensamento criador daquele a quem tudo devemos.

Porque a única felicidade, a única harmonia possível neste mundo não é realizável senão pela união com os nossos semelhantes, união pelo pensamento e pelo coração, enquanto da divisão procedem todos os males: a desordem, a confusão, a perda de tudo o que constitui a força e a grandeza das sociedades.

Suscita-se frequentemente esta questão: o Moderno Espiritualismo é uma ciência ou uma religião?

Até agora esses dois sulcos traçados pelo espírito humano em sua secular pesquisa da verdade conduziram a opostos resultados, indício manifesto do estado de inferioridade do pensamento, comprimido, escravizado, limitado em seu campo de ação. Prosseguindo, porém, a sua marcha, um dia forçosamente, chegará — e esse dia vem próximo — em que o espírito humano atingirá um domínio comum a essas duas formas da ideia; aí elas se hão de fusionar, unificar-se em uma síntese, em uma concepção da vida e do universo, que há de abranger o presente e o futuro e fixar as leis eternas do destino.

O Moderno Espiritualismo, ou espiritualismo integral, será o terreno em que se há de efetuar essa aproximação. Nenhuma outra doutrina pode fornecer à humanidade essa concepção geral que, do mais íntimo da vida inferior, eleva o pensamento às culminâncias da Criação, até Deus, e liga todos os seres numa intérmina cadeia.

Quando essa concepção tiver penetrado nas almas, quando se houver constituído o princípio de educação, o alimento intelectual, o pão de vida de todos os filhos dos homens, já não haverá possibilidade de separar a Ciência da Religião, e ainda menos de combater uma em nome da outra, porque a Ciência, até agora encerrada no círculo da vida terrestre e do mundo material, terá reconhecido o invisível e levantado o véu que oculta a vida fluídica; terá sondado o Além, para lhe determinar as formas e precisar as leis. E a existência futura, a ascensão da alma em seus inumeráveis domicílios, já não será uma hipótese, uma especulação destituída de provas, senão a realidade viva e palpitante.

Não será possível combater a Religião em nome da Ciência, porque a Religião não será mais o dogma acanhado e exclusivo, o culto material que houvermos conhecido; será o remate triunfal de todas as conquistas, de todas as aspirações do espírito humano; será o surto do pensamento que se apoia na certeza experimental, na comprovada evidência do mundo invisível, na cognitiva apreensão de suas leis, e, firme nessa base sólida, se eleva para a Causa das causas, para a soberana Inteligência que preside à ordem do universo, para abençoá-la, por lhe haver concedido a possibilidade de penetrar suas obras e associar-se a elas.

Então, cada qual compreenderá que ciência e religião não eram mais que palavras, necessárias para designar as flutuações do pensamento em seus primeiros ensaios infantis, estado transitório do Espírito em sua evolução para a verdade. E esse estado terá desaparecido com as sombras da ignorância e da superstição, para ceder o lugar ao *Conhecimento,* ao conhecimento real da alma e do seu futuro, do universo e de suas leis; com esse conhecimento, virão a luz e as energias que permitirão, finalmente, à alma humana ocupar o lugar que lhe pertence e desempenhar o seu verdadeiro papel na obra da Criação.

Sempre a Ciência se desvaneceu com as suas conquistas, e o seu orgulho é bem legítimo. Incompleta e variável, entretanto, a Ciência não é mais que o conjunto das concepções de um século, que a Ciência do século seguinte ultrapassa e submerge. A despeito das suas cegas negações e acanhada obstinação, dia a dia são as opiniões dos sábios desmentidas nalgum ponto. Desmoronam-se teorias penosamente arquitetadas, para cederem o lugar a outras teorias. Através da sucessão dos tempos, o pensamento se desdobra e avança, mas, em sua marcha, quantas hesitações, quantos períodos de eclipse e mesmo de recuo!

Considerando os preconceitos e a rotina da Ciência, foi que se levantaram veementes, contra ela, certos escritores e a acusaram de incapacidade e de falência. Era uma acusação injusta. Como o demonstramos, a "bancarrota" não atingiu senão os sistemas materialistas e positivistas. No sentido oposto, a teologia e a escolástica, impelindo os Espíritos para o misticismo, haviam provocado inevitável reação.

O misticismo e o materialismo fizeram sua época. O futuro pertence à nova ciência, à Ciência Psíquica, que estuda todos os fenômenos e lhes pesquisa as causas, reconhece a existência de um mundo invisível e, com todas as análises que possui, formulará uma síntese magnífica da vida e do universo, para difundir o seu conhecimento por toda a humanidade.

Ela destruirá a noção do sobrenatural, mas franqueará às investigações humanas ignorados domínios da natureza, que encerram inesgotáveis riquezas.

É sob a influência do Espiritismo experimental que essa evolução científica já se vai efetuando. É a ele, digam o que disserem, que a nova ciência deve a vida, porque, sem o impulso que ele imprimiu ao pensamento, essa ciência estaria ainda por nascer.

O Espiritismo traz a cada ciência os elementos de uma verdadeira renovação. Pela comprovação dos fenômenos, conduz a Física à descoberta das formas sutilíssimas da matéria. Esclarece todos os problemas da Fisiologia pelo conhecimento do corpo fluídico. Sem a existência deste, seria impossível explicar a aglomeração, na forma orgânica e sobre um plano determinado, das inúmeras moléculas que constituem o nosso invólucro terrestre, do mesmo modo que a conservação da individualidade e da memória, através das constantes mutações do corpo humano.

Graças ao Espiritismo, a Psicologia já não se sente embaraçada por tantas questões obscuras e, particularmente, pela das personalidades múltiplas, que se sucedem sem se conhecerem, no mesmo indivíduo. As experiências espíritas fornecem à Patologia os meios de curar a obsessão e os inúmeros casos de loucura e alucinação que com ela se relacionam. A prática do magnetismo, a utilização dos fluidos curativos, revolucionam e transformam a Terapêutica.

O espiritualismo integral nos faz melhor compreender a evolução da vida, mostrando-nos o seu princípio nos progressos psíquicos do ser, que constrói e aperfeiçoa, por si mesmo, as suas formas através dos tempos.

Essa evolução, em que as nossas vidas terrestres não representam mais que uma fase transitória, simples paradas em nossa grande jornada ascensional através dos mundos, vem confirmar os testemunhos da Astronomia, que mostra a exígua importância do nosso planeta no conjunto do universo, e conclui pela habitabilidade das outras terras do espaço.

É assim que o Espiritismo vem enriquecer e fecundar os mais diversos domínios do pensamento e da Ciência. Esta se havia limitado ao estudo do mundo sensível, do mundo inferior da matéria. O Espiritismo, demonstrando a existência de um mundo fluídico, que é o complemento, o prolongamento daquele, lhe descerra ilimitados horizontes, facultando-lhe maior impulso e desenvolvimento. E, como esses dois mundos se ligam e reagem constantemente um sobre o outro, sendo incompleto o conhecimento de um sem o conhecimento do outro, o Espiritismo, aproximando-os, unindo-os, vem tornar possíveis a explicação dos fenômenos da vida e a solução dos múltiplos problemas em cuja presença permanecera a Ciência impotente e muda até agora. Vem finalmente libertar a humanidade dos sistemas restritivos, da rotina obstinada, para fazê-la participar da vida ampla, infinita.

A obra é imponente e grandiosa. O Novo Espiritualismo convida a se lhe associarem todas as inteligências, todas as almas generosas, todos os Espíritos ávidos de luz e de ideal. O campo de ação que lhes faculta, as riquezas que lhes oferece não têm limites. Sábios, poetas, pensadores e artistas, todos quantos se sentem apaixonados de ciência profunda, beleza ideal, harmonia divina, hão de nele encontrar uma fonte inesgotável de inspirações.

A doutrina das transmigrações, a magnífica epopeia da vida imortal que se desdobra na superfície dos mundos, oferecerá tema à produção de obras-primas, que excederão em magnitude as geniais concepções de outrora.

Essa ação renovadora far-se-á igualmente sentir nas religiões, posto que muito mais lenta e dificilmente. Dentre todas as instituições humanas, são estas, com efeito, as mais refratárias a qualquer reforma, a qualquer impulso para a frente; todavia, estão, como todas as coisas, sujeitas à Lei divina do progresso.

No plano superior de evolução, cada símbolo, cada forma religiosa deve ceder o lugar a concepções mais altas e mais puras. O Cristianismo não pode desaparecer, porque os seus princípios contêm o germe de renascimentos infinitos; deve, porém, despir as diferentes formas revestidas no curso das idades, regenerar-se nas fontes da Nova Revelação, apoiar-se na ciência dos fatos e voltar a ser um manancial de fé viva.

Nenhuma concepção religiosa, nenhuma forma cultural é imutável. Dia virá em que os dogmas e cultos atuais irão reunir-se aos destroços dos antigos cultos; o ideal religioso, porém, não há de perecer; os preceitos do Evangelho dominarão sempre as consciências, como a grande figura do Crucificado dominará o fluxo dos séculos.

As crenças, as diferentes religiões, tomadas em sua ordem sucessiva, poderiam, numa certa medida, ser consideradas os degraus que o pensamento galga em ascensão para concepções cada vez mais vastas da vida futura e do ideal divino. Sob este prisma, têm sua razão de ser; mas chega sempre um tempo em que as mais perfeitas se tornam insuficientes, um momento em que o espírito humano, em suas aspirações e impulsos, eleva-se acima do círculo das crenças usuais, para buscar mais completa forma do conhecimento.

Então ele percebe o encadeamento que prende todas essas religiões. Compreende que todas se ligam por uma base de princípios comuns, que são as imperecíveis verdades, ao passo que todo o resto – formas, ritos e símbolos, são coisas transitórias, passageiros acidentes da história humana.

Sua atenção, desviando-se dessas formas, dessas expressões religiosas, volta-se para o futuro. Aí vê elevar-se acima de todos os templos, de todas as religiões exclusivistas, uma Religião mais vasta que a todos abrangerá, que já não terá ritos nem dogmas, nem barreiras, mas dará testemunho dos fatos e das verdades universais – uma Igreja que, por sobre todas as seitas e todas as igrejas, estenderá as vigorosas mãos para proteger e abençoar. Vê erigir-se um templo em que toda a humanidade, recolhida e prosternada, unirá os pensamentos e as crenças numa idêntica comunhão de fé, que se resumirá nestas palavras: Pai nosso que estais nos céus!

Tal será a religião do futuro, a religião universal. Não será uma instituição fechada, uma ortodoxia regida por estreitas normas, senão uma fusão dos corações e dos espíritos.

O Moderno Espiritualismo, com o movimento de ideias que provoca, prepara o seu advento. Sua ação crescente arrancará as atuais igrejas à imobilidade que as detém, e as obrigará a voltarem-se para a luz que se espraia no horizonte.

É verdade que, em presença dessa luz, à vista das profundezas que vem iluminar, muitas almas aferradas ao passado tremem ainda e sentem-se tomadas de vertigem. Temem pela sua fé, pelo seu ideal envelhecido e vacilante; deslumbra-as essa luz demasiado viva. Não é Satanás, dizem elas, quem faz brilhar aos olhos dos homens uma enganadora miragem? Não será isso obra do Espírito do mal?

Tranquilizai-vos, pobres almas, não há outro Espírito do mal senão a ignorância. Essa radiação é o chamamento de Deus, que quer dele vos aproximeis, que abandoneis as obscuras regiões, a fim de pairardes nas esferas luminosas.

As igrejas cristãs não têm razão de se alarmarem com esse movimento. A Nova Revelação não as vem destruir, mas esclarecê-las, regenerá-las, fecundá-las. Se a souberem compreender e aceitar, nela encontrarão inesperado auxílio contra o materialismo que incessantemente lhes açoita as bases com suas ondas rugidoras; nela hão de encontrar um novo potencial de vida.

Já reparastes nessas grutas guarnecidas de estalactites e de alvíssimos cristais e nas galerias subterrâneas das minas de diamantes? Todas as suas riquezas se acham imersas na sombra. Nada revela o esplendor que ali se oculta. Penetre, porém, a luz no seu interior, tudo imediatamente se ilumina; cintilam os cristais e o precioso mineral; as abóbadas, as paredes, tudo, em chispas deslumbrantes, resplandece.

Essa luz é a que o novo espiritualismo traz às igrejas. Sob os seus raios, todas as riquezas ocultas do Evangelho, todas as gemas da doutrina secreta do Cristianismo, sepultadas sob a densidade do dogma, todas as verdades veladas saem da noite dos séculos e reaparecem com todo o esplendor. Eis o que a Nova Revelação vem oferecer às religiões. É um socorro do Céu, uma ressurreição das coisas mortas e esquecidas, que elas encerram em seu seio. É uma nova floração do pensamento do Mestre, aformoseada, enriquecida, restituída à plena luz pelos cuidados dos Espíritos celestes.

Compreendê-lo-ão as igrejas? Sentirão elas o poder da verdade que se manifesta e a grandeza do papel que lhes cumpre desempenhar, ainda, se o souberem reconhecer e assimilar? Não o sabemos. Mas o que é certo é que em vão tentariam combatê-la, embaraçar-lhe a marcha ou lhe deter o surto:

> Nisso está a vontade de Deus — dizem as vozes do Espaço! — os que contra ela se levantarem serão despedaçados e dispersos. Nenhuma força humana, nenhum dogma, nenhuma perseguição seria capaz de impedir a nova doação, complemento necessário do ensino do Cristo, por ele anunciada e dirigida.

Dito foi: "Quando chegarem os tempos, eu derramarei o meu espírito sobre toda a carne; vossos filhos e vossas filhas profetizarão: os mancebos terão visões e os velhos sonharão sonhos".

É chegada essa época. A evolução física e o desenvolvimento intelectual da humanidade fornecem aos Espíritos superiores bem destros instrumentos, organismos bem aperfeiçoados para lhes permitirem que manifestem sua presença e espalhem suas instruções. Tal o sentido dessas palavras.

As potências do Espaço estão em atividade, por toda parte sua ação se faz sentir. Mas, perguntar-nos-ão, quais são essas potências?

Membros e representantes das igrejas do mundo, ouvi e gravai em vossa memória:

Lá, muito acima da Terra, nos campos vastíssimos do Espaço vive, pensa, trabalha uma *Igreja invisível*, que vela pela humanidade.

Ela se compõe dos Apóstolos, dos discípulos do Cristo e de todos os gênios dos tempos cristãos. Perto deles encontrareis também os elevados Espíritos de todas as raças que viveram neste mundo em conformidade com a lei de amor e caridade.

Porque os julgamentos do Céu não são os julgamentos da Terra. Nos etéreos espaços não se pedem contas às almas dos homens, nem de sua raça, nem de sua religião, mas de suas obras e do bem que praticaram.

É a Igreja universal; não é restrita como as igrejas convencionais da Terra; abrange os Espíritos de todos os que sofreram pela verdade.

São as suas decisões, inspiradas por Deus, que regem o mundo; é a sua vontade que subleva, nos momentos escolhidos, as grandes vagas da ideia e impele a humanidade para o abrigado porto, através dos temporais e dos escolhos. É ela que dirige a marcha do Moderno Espiritualismo e patrocina o seu desenvolvimento. Por ela combatem os Espíritos que a constituem: uns, do seio dos espaços, influindo sobre os seus defensores — porque não há distâncias para o Espírito cujo pensamento vibra através do infinito —; outros, baixando à Terra, onde, às vezes revestidos, eles próprios, de um corpo de carne, renascem entre os homens para desempenhar ainda o papel de missionários divinos.

Deus guarda em reserva outras forças ocultas, outras almas de escol para a hora da renovação. Essa hora será anunciada por grandes crises e sucessos dolorosos. É necessário que as sociedades sofram; é preciso que o homem seja ferido para cair em si, para sentir o pouco que é e abrir o coração às influências do Alto. A Terra há de presenciar dias tenebrosos, dias de luto; tempestades se hão de desencadear. Para que germine o grão, são necessárias as nevadas e a triste incubação do inverno. Violentos sopros virão dissipar as névoas da ignorância e os miasmas da corrupção.

Mas passarão as tempestades; o céu reaparecerá em sua limpidez. A obra divina se expandirá em um novo surto. A fé renascerá nas almas e novamente irradiará, mais fulgurante, sobre o mundo regenerado, o pensamento de Jesus.

Conclusão

A observação dos fenômenos espíritas por um lado, os ensinos dos Espíritos por outro, nos patentearam as profundas verdades que constituem a base do Cristianismo primitivo e de todas as grandes religiões do passado. Fez-se a luz sobre atos da vida do Cristo até agora envoltos em mistério. Ao mesmo tempo, revelou-se integralmente o pensamento de Jesus, a grandeza de sua obra foi posta em evidência.

Jesus não é um instituidor de dogmas, um criador de símbolos; é o iniciador do mundo no culto do sentimento, na religião do amor. Outros assentaram a crença sobre a ideia da justiça. A justiça não basta; são precisos o amor dos homens, a caridade, a paciência, a simplicidade e a mansidão. É por essas coisas que o Cristianismo é superior e imperecível, e que todos os que amam a humanidade podem dizer-se cristãos, mesmo quando se achem divorciados da tradição de todas as igrejas.

A religião de Jesus não é exclusivista: une todas as almas crentes num vínculo comum; prende todos os seres que pensam, sentem, amam e sofrem, num mesmo amplexo e uma só comunhão de amor. É a forma simples e sublime que vai direta ao coração, comove e engrandece o homem, franqueia-lhe as infinitas sendas do ideal. Esse ideal de amor e de fraternidade, foram necessários dezenove séculos para ser compreendido, para que pudesse penetrar na consciência da humanidade. Aí entrou ele pouco a pouco, sob os germes de todas as transformações sociais.

Assegurando a todos o direito de participar do "reino de Deus", isto é, da luz e da verdade, Jesus preparou a regeneração da humanidade;

colocou os marcos da revelação futura. Fez entrever ao homem a extensão dos seus destinos, a possibilidade de se elevar até as esferas divinas, pelos caminhos da provação e da dor, pelas vias da fé e do trabalho.

Fez mais ainda, o Cristo. Pelas manifestações de que era o centro e que continuaram depois de sua morte, ele havia aproximado as duas humanidades, a invisível e a visível, humanidades que se penetram, se vivificam, se completam mutuamente. A Igreja novamente as separou; despedaçou o vínculo que prendia os mortos aos vivos. Reduzida às suas próprias inspirações, abandonada a correntes de opiniões opostas, a todos os sopros das paixões, não mais soube discernir e interpretar a verdade. O pensamento de Jesus ficou velado; as trevas envolveram o mundo, trevas espessas como as da Idade Média, cuja influência ainda pesa sobre nós.

Mas, depois de séculos de silêncio, o mundo invisível se descerra; ilumina-se, agita-se até as suas maiores profundezas. As legiões do Cristo e o próprio Cristo estão em atividade. Soou a hora da nova dispensação.

Essa dispensação é o Moderno Espiritualismo. Ei-lo que se levanta com o feixe de suas descobertas, com a multidão dos seus testemunhos, com o ensino dos Espíritos. As colunas do templo que erige ao pensamento sobem pouco a pouco e erguem-se alterosas. Há trinta anos não passava de bem mesquinha construção. E — vede! — já é um edifício moral, sob cujas abóbadas milhões de almas têm encontrado asilo, no meio das procelas da existência. A multidão dos que gemem e sofrem volta para ele os seus olhares. Todos aqueles para quem a vida se tornou molesta, todos os que são assediados por sombrios desassossegos ou presas da desesperança, nele hão de encontrar consolação e amparo; aprenderão a lutar com bravura, a desdenhar a morte, a conquistar melhor futuro.

Os pensadores, os generosos Espíritos que trabalham pela humanidade, nele encontrarão os meios de realizar o seu ideal de paz e de harmonia. Porque só uma fé viva, uma crença forte, consorciadora das almas, será capaz de preparar a harmonia universal. Pode já prever-se que é o Moderno Espiritualismo que há de realizá-la. Ele fez mais para isso em cinquenta anos do que o Catolicismo em muitos séculos. Na hora atual, acha-se ele disseminado por todos os pontos do globo. Seus adeptos, cujo número se tornou incalculável, saúdam-se todos pelo nome de irmãos. Uma literatura considerável, centenas de jornais, federações, sociedades, são manifestações de sua crescente vitalidade.

Conclusão

Sólido por seu passado remotíssimo, que é o da humanidade, certo do seu futuro, o Espiritismo se ergue em face das doutrinas sem bases e do ceticismo vacilante. Avança resolutamente pela estrada aberta, a despeito dos obstáculos e das oposições interesseiras, seguro da vitória final, porque tem por si a Ciência e a Verdade!

* * *

É um ato solene do drama da evolução humana que começa; é uma revelação que ilumina ao mesmo tempo as profundezas do passado e as do futuro; que faz surgirem da poeira dos séculos as crenças em letargo, anima-as com uma nova chama e as faz, completando-as, reviver.

É um sopro vigoroso que desce dos espaços e corre sobre o mundo; ao seu influxo todas as grandes verdades se restabelecem. Majestosas, emergem da obscuridade dos tempos, para desempenhar a tarefa que o pensamento divino lhes assina. As grandes coisas se fortalecem no recolhimento e no silêncio: no olvido aparente dos séculos haurem elas novas energias. Recolhem-se em si mesmas e se preparam para as tarefas do futuro.

Por sobre as ruínas dos templos, das civilizações extintas e dos impérios derrocados; por sobre o fluxo e refluxo das marés humanas, uma grande voz se eleva; e essa voz conclama: *São vindos os tempos; os tempos são chegados!*

Das profundezas estreladas baixam à Terra legiões de Espíritos, para empenhar o combate da luz contra as trevas. Já não são os homens, já não são os sábios, os filósofos que lançam uma nova doutrina. São os gênios do Espaço que vêm até nós e nos sopram ao pensamento os ensinos destinados a regenerar o mundo. São os Espíritos de Deus! Todos os que possuem o dom da clarividência os percebem pairando sobre nós, associando-se aos nossos trabalhos, lutando ao nosso lado pelo resgate e ascensão da alma humana.

Grandes coisas se preparam. Que os trabalhadores do pensamento estejam a postos, se querem tomar parte na missão que Deus oferece a todos os que amam e servem a Verdade.

Notas complementares

N.1
Sobre a autoridade da *Bíblia* e as origens do Antigo Testamento

Para a maior parte das igrejas cristãs a *Bíblia* é a suprema autoridade, sendo os 66 livros que compõem o Antigo e o Novo Testamento a expressão da "palavra de Deus".

Nós, filhos curiosos do século XX, perguntamos: por que precisamente 66 livros? Por que nem mais, nem menos?

Os livros do Antigo Testamento foram escolhidos, entre muitos outros, por desconhecidos rabinos judeus. O valor desses livros é, de resto, muito desigual. O segundo livro dos *Macabeus*, por exemplo, é muitíssimo superior ao de *Ester*, o livro da *sabedoria* excede em valor o *Eclesiastes*.

O mesmo aconteceu com o Novo Testamento, composto de conformidade com uma norma que os cristãos do primeiro século não conheciam. O *Apocalipse* foi escrito no ano 68 depois de Jesus Cristo. O quarto Evangelho só apareceu em fins do século I — alguns dizem no ano 140 — um e outro trazem o nome de João; mas esses dois livros são animados de um espírito bem diferente. O primeiro é obra de um cristão-judeu; o outro é escrito por um cristão da escola filosófica de Alexandria, que não só havia rompido com a dogmática judaica, mas se propunha mesmo combatê-la.

Compreende-se facilmente que os reformadores protestantes, baseando-se no princípio de que a *Bíblia* constitui a "palavra de Deus", tenham tropeçado em insuperáveis dificuldades. Foram eles sobretudo que emprestaram à *Bíblia* essa autoridade absoluta que tantos abusos devia ocasionar: é necessário, porém, não os julgar unicamente conforme os resultados da Teologia que instituíram. As necessidades do tempo os coagiram a opor à autoridade da Igreja Romana, ao abuso das indulgências, ao culto dos santos, às obras mortas de uma religião em que as frívolas práticas haviam substituído a fé vivificadora, a soberania de Deus e a autoridade da sua palavra, expressa na *Bíblia*.

Não obstante a disparidade dos elementos que compõem essa obra, não se lhe poderia contestar a alta importância e a inspiração por vezes elevada. Um rápido exame nos provará, todavia, que ela não pode ter a origem que lhe é atribuída.

Gênesis — Se lermos com atenção os primeiros capítulos do *Gênesis* verificaremos que encerram duas narrativas distintas da Criação. Os capítulos 1 e 2, versículos 1 a 3, contêm uma primeira exposição, mas, no capítulo 2, 4, começa uma outra narração; essas duas narrativas nos revelam o pensamento de dois autores diferentes. Um, falando de Deus, o chama Eloim, isto é, "os deuses". Na opinião de certos comentadores, esse termo designaria as forças, os seres divinos, os Espíritos colaboradores do Único. Esse parecer é confirmado por muitas passagens do sagrado livro.

"...Eis que o homem é como um de nós", lê-se por exemplo, no *Gênesis*.[134] "Eu sou o Javé de vossos deuses", diz o *Levítico*.[135] No livro de Daniel, falando desse profeta, a mulher de Baltazar afirma que ele possui o espírito dos deuses santos.[136] Com o plural Eloim, exprimindo a coletividade, o verbo deve ser empregado no singular: os deuses "criou", ao passo que, falando essas forças de si mesmo, o verbo está no plural: "Disse Eloim: Façamos o homem à nossa imagem".

O outro autor do *Gênesis* emprega o termo Jeová — Javé, segundo os modernos orientalistas — nome particular do Deus de Israel. Essa diferença é constante e se encontra em toda a obra, a tal ponto que os exegetas chegaram a distinguir esses dois autores, designando-os pelos nomes de autor Eloísta e autor Jeovista.

---

[134] Cap. 3:22.
[135] 19:3.
[136] DANIEL, 5:11.

Cada um deles tem suas opiniões particulares. O primeiro, por exemplo, se esforçou por dar uma sanção divina à instituição do sábado, alegando que Deus havia, ao sétimo dia, repousado. O segundo explica o problema do sofrimento humano. Provém, diz ele, do pecado, e o pecado decorre da queda de Adão. Terrível encadeamento de consequências dogmáticas, que devia pesar aflitivamente sobre o pensamento humano e lhe deter o surto. Renan proclama esse autor o maior dos filósofos. Aí está uma apreciação bem singular. Não se pode, inquestionavelmente, negar que as suas opiniões tivessem inspirado Paulo, Santo Agostinho, Lutero, Calvino, Pascal; mas em que terríveis dédalos não emaranharam elas a razão humana!

No capítulo 4 do *Gênesis* uma estranha contradição se patenteia. Depois de haver morto Abel, Caim se retira para um país distante, no qual encontra homens, casa-se e funda uma cidade. Coisa é essa que gravemente afeta a narrativa da Criação e a teoria da unidade de origem das raças humanas.

Deuteronômio. — Tomemos agora em consideração este quinto livro do Antigo Testamento. Diz o capítulo 1, versículo 1, que é ele obra de Moisés. Nisso há um primeiro exemplo dessas piedosas fraudes que consistiam em publicar um escrito sob o nome de um autor respeitável para lhe dar maior autoridade. Somos informados da origem desse livro pela narrativa dos *II Reis,* 22:8 e 10. Foi achado no templo, sob o reinado de Josias, um dos últimos reis de Judá, cinco séculos depois de Moisés, numa época em que o astro da dinastia de Judá já se inclinava para o ocaso. O verdadeiro autor o tinha evidentemente colocado no templo, a fim de que fosse descoberto e apresentado ao rei, piedoso homem, que tomou o livro a sério, acreditou que provinha de Moisés e empregou toda a sua autoridade no sentido de aplicar as reformas nele reclamadas. Os judeus achavam-se então engolfados na idolatria; os preceitos do Decálogo de tal modo estavam esquecidos que o autor do *Deuteronômio,* um reformador bem-intencionado, tendo-se proposto recordá-los, provocou um verdadeiro temor nos espíritos e conseguiu fazer aceitar o seu livro como uma nova revelação.

Observemos, a esse respeito, no *Deuteronômio,* capítulo 28, que as sedutoras promessas e as aterradoras ameaças com que se esforça o autor pelo restabelecimento do culto a Jeová se referem exclusivamente à vida terrestre, parecendo não possuir noção alguma da imortalidade.

A mesma coisa se dá com o *Pentateuco,* conjunto de obras atribuídas a Moisés. Em lugar algum o grande legislador judeu, ou os que falam em seu nome, faz menção da alma como entidade sobrevivente ao corpo. Na sua opinião, a vida do homem, criatura efêmera, se desdobra no acanhado círculo da Terra, sem perspectiva aberta para o céu, sem esperança e sem futuro.

Na maior parte, os outros livros do Antigo Testamento não falam do futuro do homem senão com a mesma dúvida, com o mesmo sentimento de desesperadora tristeza.

Diz Salomão (Ec., 3:17 et seq):

> Quem sabe se o espírito do homem sobe às alturas? Meditando sobre a condição dos homens, tenho visto que é ela a mesma que a dos animais. Seu fim é o mesmo; o homem perece como o animal; o que resta de um não é mais do que o que resta do outro; tudo é vaidade.[137]

É então isso a "palavra de Deus"? Pode admitir-se que Ele tenha deixado ao seu povo predileto ignorar os destinos da alma e a vida futura, quando esse princípio essencial de toda doutrina espiritualista era, havia muito tempo, familiar na Índia, no Egito, na Grécia, na Gália?

A *Bíblia* estabelece como princípio o mais absoluto monoteísmo. Nela não se trata da Trindade. Javé reina sozinho no céu, zeloso e solitário. Mas Javé primitivamente não é mais que um deus nacional, oposto às divindades cultuadas pelos outros povos. Só mais tarde os hebreus se elevam à concepção desse Poder único, supremo, que rege o universo. Os anjos não se mostram senão de longe em longe, como mensageiros do Eterno. Não há lugar algum para as almas dos homens nos céus tristes e vazios. No ponto de vista moral, Deus é apresentado na *Bíblia* sob aspectos múltiplos e contraditórios. Dizem-no o melhor dos pais e fazem-no desapiedado para com os filhos culpados. Atribuem-lhe a onipotência, a infinita bondade, a soberana justiça, e rebaixam-no até ao nível das paixões humanas, mostrando-o terrível, parcial e implacável. Fazem-no criador de tudo o que existe, dão-lhe a presciência, e, depois, apresentam-no como arrependido da sua obra: *Gênesis*, 6:6 e 7: "Ele se arrependeu de ter feito o homem na terra e teve por isso um grande desgosto em seu coração".

E diz o Eterno: "Eu exterminarei da face da terra os seres que criei, desde os homens até os animais, até tudo o que se roja pelo chão e até os pássaros dos céus, porque me arrependo de os haver criado".

---
[137] "Tudo é nada", diz o texto hebraico.

Só Noé e sua família encontraram graça diante do Eterno. Em que se tornam, depois dessa narrativa, a previdência e o poder divino?

Assinalemos entretanto: a noção da Divindade se vai depurando à medida que evolve o povo. Os profetas, indivíduos inspirados, reprovam, em nome do Senhor, os sacrifícios cruentos, primeiras homenagens dos hebreus a Javé; condenam o jejum e os sinais exteriores de humilhação, nos quais o pensamento não tem a menor intervenção.

"Quando me ofereceis os holocaustos de vossas rezes pingues, não me dais prazer algum", exclama o Eterno pela boca de Amós. "O que exijo é que a retidão seja como uma água que transborda, e a justiça como uma torrente impetuosa."[138]

> Não jejuais como convém — escreve Isaías —, curvar a cabeça como um junco e fazer cama de saco e de cinza, chamarias tu a isso o jejum agradável ao Senhor? Mas o jejum que me agrada é antes este: Rompe as ligaduras da maldade; desata os laços da servidão, deixa ir livres os oprimidos; reparte o teu pão com o que tem fome e introduze em tua casa os infelizes e os peregrinos; dá de vestir aos nus e não desprezes os teus semelhantes, e então romperá como a aurora tua luz, a justiça irá diante de tua face e a glória do Eterno te acompanhará.[139]

"O que o Senhor requer de ti" diz Miqueias "é que pratiques a justiça, que ames a misericórdia e que andes humildemente com o teu Deus".[140]

Em sua obra intitulada *Em torno de um livrinho,* respondendo às críticas suscitadas pelo seu trabalho sobre o Evangelho e a Igreja, externa o abade Loisy a opinião de que, em seu conjunto, não têm os livros do Antigo Testamento outro objetivo além da instrução religiosa e edificação moral do povo. "Nele se desconhece a exatidão bibliográfica" — acrescenta — "a preocupação do fato material e da história objetiva brilha pela ausência".

É também essa a minha opinião. Daí segue que não poderia a *Bíblia* ser considerada "a palavra de Deus" nem uma revelação sobrenatural. O que se deve nela ver é uma compilação de narrativas históricas ou legendárias, de ensinamentos sublimes, de par com pormenores às vezes triviais.

---

[138] Amós, 5:22 e 24.
[139] Isaías, 58:4 a 8.
[140] Miqueias, 6:8.

Parece, em certos casos, se inspirarem os autores do *Pentateuco* em revelações mais antigas, como o faz notar Swedenborg, com provas em apoio. Os iniciados encaram o Antigo Testamento como puramente simbólico e nele pensam descobrir todas as verdades por meio da Cabala. Somos também de opinião que pode ele revestir a forma de um símbolo. Do mesmo modo que aí vemos a preparação do povo hebreu para o advento do Cristianismo, sob a direção de Moisés e dos profetas, aos quais se mostra ele às vezes tão rebelde, pode igualmente esse livro representar-nos a marcha ascensional do espírito humano para a perfeição, a que o conduzem os Espíritos superiores de um e do outro mundo.

O Antigo Testamento parece destinado a servir de laço entre a raça semítica e a ariana. Jesus, com efeito, não parece mais ariano que judeu? Sua infinita mansidão, a serena claridade de seu pensamento não estão em oposição com os rígidos, com os sombrios aspectos do Judaísmo?

Essa obra não remonta a tão antiga data como se tem de bom grado feito crer. Foi em todo caso retocada mais ou menos tempo depois da volta da Babilônia, porque nela a espaços se encontram alusões ao cativeiro dos judeus nesse país.[141] É bem a obra dos homens, o testemunho da sua fé, das suas aspirações, do seu saber, e também dos seus erros e superstições. Os profetas nela consignaram a palavra vibrante que lhes era inspirada; videntes descreveram as imagens das realidades invisíveis que lhes apareciam; escritores delinearam as cenas da vida social e os costumes da época.

Foi com o intuito de dar a esses ensinos tão diversos maior peso e autoridade, que foram eles apresentados como emanados da soberana potência que rege os mundos.

---

[141] Cerca do ano 700 antes da nossa era.

N.2
Sobre a origem dos evangelhos

O Antigo Testamento é o livro sagrado de um povo — o povo hebreu; o Evangelho é o livro sagrado da humanidade. As verdades essenciais que ele contém acham-se ligadas às tradições de todos os povos e de todas as idades.

A essas verdades, porém, muitos elementos inferiores vieram associar-se.

Nesse ponto de vista o Evangelho pode ser comparado a um vaso precioso em que, no meio da poeira e das cinzas, se encontram pérolas e diamantes. A reunião dessas gemas constitui a pura doutrina cristã.

Quanto à sua verdadeira origem, admitindo que os evangelhos canônicos sejam obra dos autores de que trazem os nomes, é preciso notar que dois dentre eles, Marcos e Lucas, se limitaram a transcrever o que lhes fora dito pelos discípulos. Os outros dois, Mateus e João, conviveram com Jesus e recolheram os seus ensinos. Os seus evangelhos, porém, não foram escritos senão quarenta e sessenta anos depois da morte do Mestre.

A seguinte passagem de *Mateus*, 23:35 — a menos que se trate de uma interpolação bem verossímil — prova que essa obra é posterior à tomada de Jerusalém (ano 70). Jesus dirige esta veemente apóstrofe aos fariseus: "Para que venha sobre vós todo o sangue inocente que se tem derramado sobre a Terra, desde o sangue de Abel até o sangue de Zacarias, filho de Baraquias, que vós matastes entre o templo e o altar".

Ora, segundo todos os historiadores e, em particular, segundo Flavius Josephus,[142] esse assassínio foi praticado no ano 67, ou sejam trinta e quatro anos depois da morte de Jesus.

Se atribuem ao Cristo a menção de um fato que ele não pudera conhecer, ao que se não terão animado acerca de outros pontos?!

Os evangelhos não estão concordes sobre os fatos mais notáveis atribuídos a Jesus. Assim, cada um deles refere de modo diferente as suas derradeiras palavras. Segundo Mateus e Marcos, teriam sido: *Deus meu, Deus meu, por que me desamparaste?*[143] Conforme Lucas, o Cristo, ao expirar, teria dito: *Pai, nas tuas mãos encomendo o meu espírito,*[144] expressivo testemunho do amor filial que o unia a Deus. João, finalmente, põe na sua boca estas palavras: *Tudo está cumprido.*[145]

O mesmo se verifica relativamente à primeira aparição de Jesus: ainda nisso os evangelistas não estão de acordo. Mateus fala de duas mulheres que, juntas, o teriam visto. No dizer de Lucas, foi aos dois discípulos que se dirigiam para Emaús que em primeiro lugar o Cristo se mostrou. Marcos e João assinalam unicamente Maria Madalena como testemunha de sua primeira aparição.[146]

Notemos ainda uma divergência acerca da Ascensão: Mateus e João, os únicos companheiros de Jesus que escreveram sobre a sua vida, dela não falam. Marcos a indica em Jerusalém (16:14 e 19), e Lucas declara que ela teve lugar na Betânia (24: 50 e 51), no próprio dia da ressurreição, ao passo que os *Atos dos apóstolos* dizem ter sido quarenta dias depois (ATOS, 1:3).

Por outro lado, é evidente que o último capítulo do evangelho de João não é do mesmo autor do resto da obra.

Este terminava primitivamente no versículo 31 do capítulo 20, e o primeiro versículo que se lhe segue indica um acréscimo.

João teria ousado dizer-se "o discípulo que Jesus amava?". Teria ele podido pretender que no mundo inteiro não caberiam os livros em que se descrevessem os fatos e os gestos de Jesus? (21:25). Se reconhecemos que foi acrescentado um capítulo inteiro a esse evangelho, seremos levados a concluir que numerosas interpolações poderiam ter sido feitas igualmente.

---

[142] F. Josef: *Guerra dos judeus contra os romanos*. Trad. de Arnald d'Andilly, edição de 1838, de Buchon, livro IV, cap. XIX, p. 704.
[143] MATEUS, 27:46. — MARCOS, 15:34.
[144] LUCAS, 23:46.
[145] JOÃO, 19:30.
[146] MATEUS, 28:9; MARCOS, 16:9; LUCAS, 24:15 e JOÃO, 20:14.

Sobre a origem dos evangelhos

Falamos do grande número de evangelhos apócrifos. Deles contava Fabrício 35. Esses evangelhos, hoje desprezados, não eram, entretanto, destituídos de valor aos olhos da Igreja, pois que num deles, diz Nicodemos, que ela vai buscar a crença na descida de Jesus aos infernos, crença imposta a toda a cristandade pelo símbolo do concílio de Niceia, e de que não fala nenhum dos evangelhos canônicos.

Em resumo, segundo A. Sabatier, decano da Faculdade de Teologia Protestante de Paris,[147] os manuscritos originais dos evangelhos desapareceram, sem deixar nenhum vestígio certo na História. Foram provavelmente destruídos por ocasião da proscrição geral dos livros cristãos, ordenada pelo imperador Deocleciano (edito imperial de 303). Os escritos sagrados que escaparam à destruição não são, por conseguinte, senão cópias.

Primitivamente, não tinham pontuação esses escritos, mas, em tempo, foram divididos em perícopes, para comodidade da leitura em público — divisões às vezes arbitrárias e diferentes entre si. A divisão atual apareceu pela primeira vez na edição de 1551.

Apesar de todos os seus esforços, o que a crítica pôde cientificamente estabelecer de mais antigo foram os textos dos séculos V e IV. Não pôde remontar mais longe senão por conjeturas sempre sujeitas à discussão.

Orígenes já se queixava amargamente do estado dos manuscritos no seu tempo. Irineu refere que populações inteiras acreditavam em Jesus sem a intervenção do papel e da tinta. Não se escreveu imediatamente, porque era esperada a volta do Cristo.

---

[147] *Enciclopédia das ciências religiosas*, de F. Lichtenberger.

# N.3
Sobre a autenticidade dos evangelhos

Um atento exame dos textos demonstra que, em meio das discussões e das perturbações que agitaram, nos primeiros séculos, o mundo cristão, não se hesitou, para aduzir argumentos, em desvirtuar os fatos, em falsear o verdadeiro sentido do Evangelho. Celso, desde o século II, no *Discurso verdadeiro*, lançava aos cristãos a acusação de retocarem constantemente os evangelhos e eliminarem no dia seguinte o que havia sido inserido na véspera.

Muitos fatos parecem imaginários e acrescentados posteriormente. Tais, por exemplo, o nascimento em Belém, de Jesus de Nazaré, a degolação dos inocentes, de que a História não faz menção alguma, a fuga para o Egito, a dupla genealogia, contraditória em tantos pontos, de Lucas e Mateus.

Como, também, acreditar na tentação de Jesus, que a Igreja admite nesse mesmo livro em que acredita encontrar as provas da sua divindade? Satanás leva Jesus ao monte e lhe oferece o império do mundo, se Ele lhe quiser prestar obediência. Se Jesus é Deus, poderia Satanás ignorá-lo? E, se conhecia sua natureza divina, como esperava exercer influência sobre Ele?

A ressurreição de Lázaro, o maior dos milagres de Jesus, é unicamente mencionada no quarto Evangelho, mais de sessenta anos depois da morte do Cristo, ao passo que as suas menores curas são citadas nos três primeiros.

Com o quarto Evangelho e Justino Mártir, a crença cristã efetua a evolução que consiste em substituir à ideia de um homem honrado, tornado divino, a de um ser divino que se tornou homem.

Depois da proclamação da divindade do Cristo, no século IV, depois da introdução, no sistema eclesiástico, do dogma da Trindade, no século VII, muitas passagens do Novo Testamento foram modificadas, a fim de que exprimissem as novas doutrinas (Ver João, 1:5 e 7).

"Vimos", diz Leblois[148], "na Biblioteca Nacional, na de Santa Genoveva, na do mosteiro de Saint-Gall, manuscritos em que o dogma da Trindade está apenas acrescentado à margem. Mais tarde foi intercalado no texto, onde se encontra ainda".

---

[148] *As bíblias e os iniciadores religiosos da humanidade*, por Leblois, pastor em Strasburgo.

N.4
Sobre o sentido oculto dos evangelhos

Muitos dentre os padres da Igreja afirmam que os evangelhos encerram um sentido oculto.
Orígenes diz:

> As Escrituras são de pouca utilidade para os que as tomem como foram escritas. A origem de muitos desacertos reside no fato de se apegarem à sua parte carnal e exterior.
> Procuremos, pois, o espírito e os frutos substanciais da Palavra que são ocultos e misteriosos.

O mesmo diz ainda: "Há coisas que são referidas como histórias, que nunca se passaram e que eram impossíveis como fatos materiais, e outras que eram possíveis, mas que não se passaram".

Tertuliano e Denis, o Areopagita, falam também de um esoterismo cristão.

Santo Hilário declara repetidas vezes que é necessário, para inteligência dos evangelhos, supor-lhes um sentido oculto, uma interpretação espiritual.[149]

---

[149] Ver a esse respeito o prefácio dos Beneditinos ao comentário do Evangelho segundo Mateus. *Obras de S. Hilário*, cols. 599 e 600.

No mesmo sentido se externa Santo Agostinho: "Nas obras e nos milagres de Nosso Salvador há ocultos mistérios que se não podem levianamente, e segundo a letra, interpretar sem cair em erro e incorrer em graves faltas".

São Jerônimo, em sua *Epístola a Paulino,* declara com insistência:

> Toma cuidado, meu irmão, no rumo que seguires na Escritura Santa. Tudo o que lemos na Palavra santa é luminoso e por isso irradia exteriormente, mas a parte interior ainda é mais doce. Aquele que deseja comer o miolo deve quebrar a casca.

Sobre esse mesmo assunto, animada controvérsia teológica se travou entre Bossuet e Fénelon. Afirmava este haver um sentido secreto das Escrituras, transmitido unicamente a iniciados, uma gnose católica vedada às pessoas vulgares.[150]

De todas essas ocultas significações a primitiva Igreja possuía o sentido, mas dissimulava-o cuidadosamente; pouco a pouco veio ele a se perder.

---

[150] Ver Júlio Blois, *O mundo invisível*, p. 62.

N.5
Sobre a reencarnação

Em suas obras faz o historiador judaico Josefo profissão de sua fé na reencarnação; refere ele que era essa a crença dos fariseus. O padre Didon o confirma nestes termos, em sua *Vida de Jesus*: "Entre o povo judeu e mesmo nas escolas acreditava-se na volta da alma dos mortos na pessoa dos vivos".

É o que explica, em muitos casos, as perguntas feitas a Jesus por seus discípulos.

A propósito do cego de nascença, o Cristo respondeu a uma dessas interrogações: "Não é que ele tenha pecado, nem seus pais, mas é para que nele se manifestem as obras de Deus".

Os discípulos acreditavam que se podia ter pecado antes de nascer, isto é, numa existência anterior. Jesus compartilha da crença deles, pois que, vindo para ensinar a verdade, não teria deixado de retificar essa opinião, se errônea fosse. Ao contrário, a ela responde, explicando o caso que os preocupa.

O sábio beneditino Dom Calmet se exprime do seguinte modo em seu *Comentário* sobre essa passagem das Escrituras:

> Muitos doutores judeus acreditam que as almas de Adão, de Abraão, Fineias, animaram sucessivamente vários homens da sua nação. Não é, pois, de modo algum para estranhar que os Apóstolos tenham raciocinado como parece raciocinarem aqui sobre a enfermidade desse cego, e que tenham acreditado que fora ele próprio quem, por algum pecado

oculto, cometido antes de nascer, tivesse atraído sobre si mesmo semelhante desgraça.

A respeito da conversação de Jesus com Nicodemos, um pastor da igreja holandesa nos escreve nestes termos:

> É claro que a reencarnação é o verdadeiro nascimento em uma vida melhor. É um ato voluntário do Espírito, e não o exclusivo resultado do contato carnal dos pais; decorre da dupla resolução da alma de tomar um corpo material e tornar-se um homem melhor.
> Repare-se como *João*, 1:13 nega abertamente a intervenção dos pais no nascimento da alma, quando diz: "Que não são nascidos do sangue, nem da carne, nem da vontade do homem, mas de Deus".
> Todos esses pontos obscuros se iluminam de uma viva claridade, quando os consideramos no ponto de vista espírita.

Na conversação de Jesus e Nicodemos, este, ouvindo o Cristo falar de renascimento, não compreende como possa ele ter lugar. Diante dessa estreiteza de espírito, Jesus fica perplexo. Não lhe é possível dar ao seu pensamento a extensão e o arrojo próprios. Para Ele a reencarnação representa o primeiro elo de uma série de mais transcendentes verdades. Era já conhecida dos homens desse tempo. E eis que um doutor em Israel nada percebe a tal respeito! Daí a apóstrofe de Jesus: "Como! Se não compreendeis as coisas terrestres, poderei eu explicar-vos as coisas celestes, as que se referem particularmente à minha missão!".

De todos os padres da Igreja, foi Orígenes quem afirmou, do modo mais positivo, em numerosas passagens dos seus *Princípios* (livro 1º), a reencarnação ou renascimento das almas. É esta a sua tese: "A justiça do Criador deve patentear-se em todas as coisas". Eis em que termos o abade Bérault-Bercastel resume a sua opinião:

> Segundo este doutor da Igreja, a desigualdade das criaturas humanas não representa senão o efeito do seu próprio merecimento, porque todas as almas foram criadas simples, livres, ingênuas e inocentes por sua própria ignorância, e todas, também por isso, absolutamente iguais. O maior número incorreu em pecado e, na conformidade de suas faltas, foram

elas encerradas em corpos mais ou menos grosseiros, expressamente criados para lhes servir de prisão. Daí os procedimentos diversos da família humana. Por mais grave, porém, que seja a queda, jamais acarreta para o Espírito culpado a retrocessão à condição de bruto; apenas o obriga a recomeçar novas existências, quer neste, quer em outros mundos, até que, exausto de sofrer, se submeta à lei do progresso e se modifique para melhor. Todos os Espíritos estão sujeitos a passar do bem ao mal e do mal ao bem. Os sofrimentos impostos pelo bom Deus são apenas medicinais, e *os próprios demônios cessarão um dia de ser os inimigos do bem e o objeto dos rigores do Eterno*. (*História da Igreja*, pelo abade Bérault-Bercastel).

Lemos na *Apologética* de Tertuliano:

Declare um cristão acreditar possível que um homem renasça noutro homem, e o povo reclamará em grandes brados que seja lapidado. Entretanto, se foi possível crer-se na metempsicose grosseira, a qual afirmava que as almas humanas voltam em diversos corpos de animais, não será mais digno admitir-se que um homem possa ter sido anteriormente um homem, conservando sua alma as qualidades e faculdades precedentes?

São Jerônimo por sua vez afirma que a transmigração das almas fazia parte dos ensinos revelados a um certo número de iniciados.

Em suas *Confissões*,[151] diz Santo Agostinho: "Não teria minha infância atual sucedido a uma outra idade antes dela extinta?... Antes mesmo desse tempo, teria eu estado em algum lugar? Seria alguém?".

Firmando este princípio moral: "Conforme a Justiça divina, aqui neste mundo não pode existir um desgraçado que não haja merecido o seu infortúnio", esse padre da Igreja faz pressentir a razão dos sofrimentos das crianças, a causa geral das provações que padece a humanidade, assim como a das deformidades nativas. A preexistência das almas à dos corpos em uma ou várias existências anteriores à vida terrestre explica essas aparentes anomalias, de tal sorte, repetimos, que os sofrimentos, segundo Orígenes — que adotara a tal respeito a opinião de Platão —, seriam *curativos* da alma, correspondendo à necessidade simultânea da justiça e do amor, não nos sendo imposto o sofrimento senão para nos melhorarmos.

---
[151] T. I, p. 28.

N.6
Sobre as relações dos primeiros cristãos com os Espíritos

Na linguagem filosófica da Grécia, a palavra demônio (*daïmon*) era sinônimo de gênio ou de Espírito. Tal, por exemplo, o demônio de Sócrates. Fazia-se distinção entre os bons e os maus demônios. Platão dá mesmo a Deus o nome de *demônio onipotente*. O Cristianismo adotou em parte esses termos, mas modificou-lhes o sentido.[152] Aos bons demônios deu ele o nome de *anjos*, e os maus se tornaram os demônios, sem adjetivação. A palavra Espírito (*pneuma*) ficou sendo a expressão usada para designar uma inteligência privada de corpo carnal.

Essa palavra *pneuma*, traduziu-a São Jerônimo como *spiritus*, reconhecendo, com os evangelistas, que há bons e maus Espíritos. A ideia de divinizar o Espírito não surgiu senão no século II. Foi somente depois da *Vulgata* que a palavra *sanctus* foi constantemente ligada à palavra *spiritus*, não conseguindo essa junção, na maioria dos casos, senão tornar o sentido mais obscuro e mesmo, às vezes, ininteligível. Os tradutores franceses dos livros canônicos foram ainda mais longe a esse respeito e contribuíram para desnaturar o sentido primitivo. Eis aqui um exemplo, entre outros muitos: lê-se em *Lucas* (cap.11, texto grego):

---

[152] Ver, a esse respeito, São Justino, *Apologética*, I, 18, passagem adiante citada na nota 8.

Aquele que pede recebe; o que procura acha; ao que bate se abrirá. Portanto, se bem que sejais maus, sabeis dar boas coisas a vossos filhos, com muito mais forte razão vosso Pai enviará do céu um bom espírito àqueles que lho pedirem.

As traduções francesas trazem o *Espírito Santo*. É um contrassenso. Na *Vulgata*, tradução latina do grego, está escrito *Spiritum bonum*, palavra por palavra, Espírito bom. A *Vulgata* não fala absolutamente do Espírito Santo. O primitivo texto grego ainda é mais frisante, e nem doutro modo poderia ser, pois que o Espírito Santo, como terceira pessoa da Trindade, não foi imaginado senão no fim do século II.

Convém, todavia, notar que a *Bíblia*, em certos casos, fala do Espírito Santo, mas sempre no sentido de Espírito familiar, de Espírito ligado a uma pessoa. Assim, no Antigo Testamento (DANIEL, 13:45)[153] se lê: *"o senhor suscitou o espírito santo de um moço chamado Daniel"*.

Relativamente ao comércio dos primeiros cristãos com os Espíritos, as seguintes passagens das Escrituras nos devem chamar particularmente a atenção: "E disseram eles a Paulo, 'sob a influência do espírito', que não subisse para Jerusalém" *(*ATOS, 21:4).

Certas traduções francesas rezam *Espírito Santo*.

Trata-se da ordem a estabelecer nas reuniões dos fiéis: "Desde que um dos que estão sentados (no templo) recebe uma revelação, cale-se o que primeiro falava. Porque todos podeis profetizar, um depois do outro, a fim de que todos aprendam e sejam todos exortados" (CORÍNTIOS, 14:30 e 31).

Dessa instrução ressalta que profetizar não era outra coisa senão transmitir um ensino; é ainda a função do médium falante ou de incorporações.

Paulo, dirigindo-se a uma assembleia, dizia:

> "É por causa da esperança de uma outra vida e da ressurreição dos mortos que me querem condenar...
> Produziu-se um grande ruído, e alguns dos fariseus contestavam, dizendo: Nenhum mal encontramos neste homem. Quem sabe se lhe falou algum espírito ou anjo?" (ATOS, 23:6 a 9).

---

[153] Em certas bíblias esse capítulo figura à parte, sob o título "História de Susana".

Paulo fora avisado em sonho de que passasse por Macedônia, com Timóteo:

> Encontram eles uma serva moça que, tendo um espírito de Píton, auferia, em benefício de seus amos, grandes lucros, adivinhando. Ela se pôs a segui-los durante muitos dias, clamando: Esses homens são servos do Altíssimo, que nos anunciam o caminho da salvação. (ATOS, 16:16 e 17).

A expressão *espírito de Píton* designava, na linguagem daquele tempo, um mau Espírito. Era empregada pelos judeus ortodoxos, que só admitiam o profetismo oficial, reconhecido pela autoridade sacerdotal, desde que os seus ensinos eram conformes com os deles; pelo contrário, condenavam o profetismo popular, praticado sobretudo por mulheres, que dele tiravam partido, como em nossos dias ainda o fazem alguns médiuns mercenários. Essa qualificação, porém, de "espírito de Píton" era muitas vezes arbitrária. Disso vamos encontrar a prova no fato de a vidente ou "pitonisa" de Endor, que serviu de intermediária a Saul para comunicar com o Espírito Samuel, possuir também, segundo a expressão bíblica, um *"espírito de Píton"*. Entretanto, não é possível confundir o Espírito do profeta Samuel com Espíritos de ordem inferior. A cena descrita pela *Bíblia* é de uma imponência grandiosa; oferece todos os caracteres de uma elevada manifestação.[154]

No caso da jovem serva, citado acima a propósito de Paulo, a admitir-se que os maus Espíritos podiam pregar o Evangelho, acompanhando os Apóstolos, difícil se tornaria distinguir a fonte das inspirações. Era o que fazia objeto de atenção especial em todas as circunstâncias, nas assembleias dos fiéis. Disso encontramos a afirmação num documento célebre, cuja análise damos a seguir:

A *Didaquê*, pequeno tratado descoberto em 1873, na biblioteca do patriarcado de Jerusalém, em Constantinopla, composto provavelmente no Egito, entre os anos 120 e 160, projeta uma nova luz sobre a organização da igreja cristã no começo do século II, sobre o seu culto e a sua fé. Compreende várias partes: a primeira, essencialmente moral, abrange seis capítulos destinados a instruções dos catecúmenos. O que sobretudo é digno de nota nesse catecismo é a completa ausência de todo elemento dogmático. A segunda

---

[154] Ver I SAMUEL, 28:6 et seq.

parte trata do culto, isto é, do batismo, da prece e da comunhão; a terceira contém uma liturgia e uma disciplina. Recomenda a observância do domingo; *estabelece regras para discernir dos falsos os verdadeiros profetas* (leia-se médiuns); assinala as condições requeridas para ser bispo ou diácono, e termina com um capítulo sobre as coisas finais e a *Parusia* ou volta do Cristo.

Essa obra apresenta um quadro da igreja primitiva, muito diferente do que comumente se imagina.[155] Os cristãos desse tempo conheciam perfeitamente as práticas necessárias para se entrar em comunicação com os Espíritos, e não perdiam ocasião de a cultivar. Aqui estão dois exemplos positivamente notáveis:

O papa São Leão havia escrito a Flaviano, bispo de Constantinopla, uma carta célebre sobre a heresia de Eutíquio e de Nestório. Antes, porém, de a expedir, colocou-a no túmulo de Pedro, que fizera previamente abrir e ao pé do qual se conservou em jejum e oração durante quatro dias, conjurando o príncipe dos Apóstolos a corrigir pessoalmente o que à sua fraqueza e prudência tivesse escapado em contrário à fé e aos interesses de sua Igreja. Ao fim dos quatros dias lhe apareceu o príncipe dos Apóstolos e lhe disse: "Li e corrigi". O papa fez de novo abrir o túmulo e encontrou o escrito efetivamente corrigido.[156]

Aqui está, porém, melhor ainda. Segundo refere Gregório de Cesareia[157] e depois dele Nicéforo,[158] todo um concílio teria evocado os Espíritos:

> Ao tempo em que o concílio ainda efetuava suas sessões, e antes que os padres tivessem podido assinar as decisões, dois piedosos bispos, Crisântus e Misônius, faleceram. O concílio, depois de haver lavrado o termo, lastimando vivamente não ter podido juntar seu voto aos de todos os outros, compareceu incorporado ao túmulo dos dois bispos e um dos padres, tomando a palavra, disse: "Santíssimos pastores, terminamos juntos nossa tarefa e combatemos os combates do Senhor. Se a obra lhe agrada, dignai-vos no-lo fazer saber, apondo-lhe vossa assinatura".

Em seguida foi a decisão lacrada e deposta no túmulo, sobre o qual foi também aposto o selo do concílio. Depois de terem passado toda a noite

---

[155] Tradução francesa de Paul Sabatier, doutor em Teologia, Paris, Fischbacher, 1885.
[156] *Sofrônius*, cap. CXLVII.
[157] Em Lipoman, t. VI. Discurso acerca do sínodo de Niceia.
[158] Livro VIII, cap. XXIII.

em oração, no dia seguinte, ao amanhecer, quebraram os mesmos selos e encontraram, por baixo do manuscrito, as seguintes linhas autenticadas com as rubricas e assinaturas dos defuntos consultados:

> Nós, Crisântus e Misônius, que havemos assentido, com todos os padres, ao primeiro e santo Concílio Ecumênico, posto que presentemente despojados de nossos corpos, subscrevemos, entretanto, do nosso próprio punho a sua decisão.

"A Igreja" — acrescenta Nicéforo — "considerou essa manifestação como um notável e positivo triunfo sobre seus inimigos".[159]

Aí estão dois fatos de escrita direta, fenômeno comprovado também atualmente.[160]

Do mesmo modo que os fariseus acusavam certos profetas de serem animados do "espírito de Píton", assim também, entre os padres católicos dos nossos dias, muitos atribuem as manifestações espíritas aos demônios ou espíritos infernais: "São os demônios", diz o arcebispo de Toulouse, em sua pastoral, pela quaresma de 1875, "pois que não é permitido consultar os mortos. Deus lhes recusa a faculdade de satisfazer as nossas vãs curiosidades".

Ele não recusou, entretanto, a Samuel, no caso antes aludido, que satisfizesse a curiosidade de Saul em Endor.

Mas nem todos os padres católicos são dessa opinião. No seio do clero, muitos Espíritos argutos têm compreendido a importância das manifestações espíritas e o seu verdadeiro caráter.

Escrevia à Sra. Svetchine, em 20 de junho de 1853, o padre Lacordaire, a propósito das mesas giratórias:

> Também, mediante essa divulgação, Deus quer talvez proporcionar o desenvolvimento das forças espirituais ao desenvolvimento das forças materiais, a fim de que o homem não esqueça, ante as maravilhas da mecânica, que há dois mundos contidos um no outro, o mundo dos corpos e o mundo dos Espíritos.

---

[159] Ver *Revue Scientifique et Morale du Spiritisme*, fevereiro de 1900.
[160] Ver *No invisível: espiritismo e mediunidade*, cap. XVIII.

O padre P. Le Brun, do Oratório, em sua obra intitulada *História das práticas supersticiosas,* tomo VI, página 358, se exprime deste modo:

> As almas que desfrutam a bem-aventurança eterna, abismadas na contemplação da glória de Deus, não deixam de se interessar ainda pelo que respeita aos homens, cujas misérias suportaram, e, como chegamos à felicidade dos anjos, "todos os escritores sacros lhes atribuem o privilégio de poder, sob corpos etéreos, tornar-se visíveis aos seus irmãos que ainda se acham na Terra, para os consolar e lhes transmitir as divinas vontades".

Escrevia o abade Marouzeau a Allan Kardec:

> Mostrai ao homem que ele é imortal. Nada vos pode melhor secundar nessa nobre tarefa do que a comprovação dos Espíritos de além-túmulo e suas manifestações. Só com isso vireis em auxílio da Religião, empenhando ao seu lado os combates de Deus.

O abade Leçanu, em sua *História de Satanás,* aprecia nestes termos o alcance moral do Espiritismo: "Observando-se as máximas de *O livro dos espíritos,* de Allan Kardec, faz-se o bastante para se tornar santo na Terra".

Em suas *Cartas à Srta. Th. V.,* escreve o padre Didon estas palavras, a respeito de uma pessoa recentemente falecida: "...eu, que acredito na ação constante dos Espíritos e dos mortos sobre nós, creio bem que esse desaparecido vos guarda e assiste invisivelmente".[161]

E noutro lugar lemos ainda: "Creio na influência divina que sobre nós misteriosamente exercem os mortos e os santos. Vivo em profunda comunhão com esses invisíveis e é delicioso para mim experimentar os benefícios de sua secreta aproximação".[162]

O Dr. José Lappôni, médico de dois papas — Leão XIII e Pio X — relata em sua obra *Hipnotismo e espiritismo* numerosos fenômenos espíritas, cuja autenticidade admite.

Assim, de um lado, na Igreja Católica, condenam o Espiritismo como contrário às leis de Deus e da Igreja, e do outro o consideram como

---

[161] 4 de outubro de 1875.
[162] 4 de agosto de 1876.

um auxiliar da Religião e o qualificam de "combate de Deus". Diante de tais contradições, grande deve ser a perplexidade dos crentes.

O mesmo acontece no seio das igrejas protestantes. Muitos pastores, e não dos menos eminentes, vão-se chegando sem rodeio ao Espiritismo. O pastor Benezech, de Montauban, nos escrevia, em fevereiro de 1905, a respeito de fenômenos por ele mesmo observados:

> Prevejo que o Espiritismo bem pode vir a tornar-se uma religião positiva, não à maneira das religiões reveladas, mas com o caráter de religião estabelecida sobre fatos de experiência e plenamente de acordo com a Ciência e o racionalismo. Estranha coisa! Em nossa época de materialismo, em que as igrejas parecem na iminência de se desorganizar e dissolver-se, o pensamento religioso nos é restituído por sábios, acompanhado pelo maravilhoso dos antigos tempos. Esse maravilhoso, porém, que eu distingo do milagre, pois que não é mais que um natural superior e raro, já não estará ao serviço de uma igreja particularmente distinguida com os favores da divindade; será a propriedade da humanidade, sem distinção de cultos. Como isso é mais grandioso e também moral!

Em Londres, o reverendo Hawis pregava recentemente a "doutrina dos mortos", na Igreja de Marylebone, e convidava os seus ouvintes a passar pela sacristia depois do sermão, para examinar fotografias de Espíritos. Mais recentemente ainda, na Igreja de S. Jaques, o mesmo orador pregava sobre "as tendências do Moderno Espiritualismo", e concluía dizendo que "os fatos espíritas oferecem perfeita concordância com o mecanismo geral e as teorias da religião cristã". (Traduzido da revista *Light*, de Londres, 7 de agosto de 1897).

Um certo número de pastores americanos entrou nessa ordem de ideias.

As *Neue Spiritualistische Blätter,* de 16 de março de 1893, publicam a tradução de um artigo do Sr. Savage, pastor da Igreja Unitária de Boston, no qual esse pensador, esse emérito escritor, bem conhecido nos Estados Unidos, narra as suas investigações no domínio psíquico e conta de que modo foi levado a acreditar nos fatos espíritas.

Reproduzimos em seguida esse artigo:

> A respeito dessas questões, eu me encontrava como outrora os homens sisudos de Jerusalém, de Corinto e de Roma, relativamente ao

Cristianismo: parecia-me que era uma pestífera superstição. Uma vez, fundado na minha invencível ignorância, pronunciei contra essas ideias um discurso em quatro lugares, depois do qual muito me admirei de que ainda houvesse, entre as pessoas de meu conhecimento, indivíduos que continuassem a acreditar nisso do mesmo modo.

Há dezessete anos, um membro da minha igreja perdeu o pai. Pouco tempo depois veio ele confiar-me que, tendo ido, com um amigo, procurar um médium, este lhe disse certas coisas convincentes, e pediu-me que lhe desse um conselho. Reconheci então que me não competia dá-lo acerca de uma coisa que eu não conhecia e da qual toda a minha ciência consistia em preconceitos. A rápida propagação do Espiritismo, nas classes ilustradas de Boston, me fez compreender que era necessário submeter a sério exame os fenômenos em questão, porquanto era possível, ou antes provável, que ainda outros membros da minha igreja me pedissem explicações sobre isso.

Disse, pois, comigo mesmo: quer sejam falsas, quer verdadeiras, é preciso, em todo caso, que eu estude a fundo essas coisas, para ser bom conselheiro. Reconheci que seria uma vergonha para mim não ter opinião alguma sobre as referências do Antigo e do Novo Testamento às aparições e às influências demoníacas. Por que motivo ser inflexível na minha ignorância a respeito de coisas que tinham uma certa importância para os membros da minha igreja? Convenci-me de que era meu dever estudar conscienciosamente esses fenômenos, até formar uma opinião inteligente quanto ao valor deles. Tais foram os principais motivos que me conduziram a estas longas investigações.

Nelas observei o método científico, único que, a meu ver, conduz ao conhecimento. Mediante uma observação minuciosa, procurei sempre certificar-me de me haver ou não com um fato real e não prestei atenção a nenhuma das manifestações que se produzem às escuras, ou em condições em que eu não podia estar seguro da minha pesquisa.

Sem pretender que as manifestações obtidas em semelhantes condições sejam forçosamente devidas à fraude, não lhes atribuí valor algum; além disso, posto que reconhecesse muito bem que uma coisa reproduzida em outras condições não é uma simples imitação, aprendi a fundo a arte dos escamoteadores, que se me tornou assaz familiar.

Na sua maior parte, as manifestações que fui obrigado a reconhecer como reais e que produziram o resultado de me convencer, tiveram lugar em presença de alguns amigos de confiança e sem o concurso de médium de profissão.

Uma vez, certo de que tinha de haver-me com um fato, lancei mão de todas as teorias possíveis para o explicar, sem recorrer à dos Espíritos. Eu não digo "sem recorrer a uma explicação sobrenatural": digo "sem recorrer à teoria dos Espíritos", porque não acredito em nada sobrenatural. Se há Espíritos, a nossa incapacidade de os ver não os torna mais sobrenaturais do que o átomo, para a Ciência, o qual do mesmo modo não vemos.

Ora, eu descobri fatos que provam que o *eu* não morre e que, depois do que chamamos morte, ainda é capaz, em certas condições, de entrar em comunicação conosco.

O reverendo J. Page Hopps, numa reunião de pastores, em Manchester, afirmava a comunhão dos Espíritos no visível e no invisível e propunha a fundação de uma igreja, cujas prédicas seriam as mensagens lá do Alto.

AURORE, JULHO DE 1893.

Em um artigo do *Pontefract Express* de 20 de janeiro de 1898, o reverendo C. Ware, ministro da Igreja Metodista, fala muito longamente dos *Atos dos Apóstolos*. Exorta ele os cristãos:

> a fazer um estudo aprofundado desse livro, no ponto de vista dos inúmeros e maravilhosos fatos que ele relata e que outra coisa não são senão fenômenos espíritas. É preciso notar que, no começo do estabelecimento do Cristianismo, duas classes de cooperadores se acham constantemente em contato: os Espíritos desencarnados e os encarnados.

O reverendo Ware menciona os fenômenos extraordinários que acompanharam a prédica dos discípulos, depois que sobre suas cabeças se derramaram as línguas de fogo, e o ardente fervor comunicado aos primeiros cristãos por esses fenômenos todos, os quais se reproduzem atualmente nas sessões espíritas.

O pastor holandês Beversluis pronunciava estas palavras, no Congresso Espírita realizado, em 1900, em Paris:

> Adquiri a certeza de que o Espiritismo é real... Essa luz celeste faz dissipar-se o medo do inferno, de Satanás e desse Deus terrível do Calvinismo, que odeia as suas criaturas e as condena à eterna punição. Em lugar desse terror, o Espiritismo faz nascer uma confiança de filho e uma dedicação enternecida ao Deus de amor.

Finalmente, o venerável arcediago Colley, numa carta publicada no *Daily Mail* de 1º de fevereiro de 1906, assim se exprime:

> Sou espírita há mais de trinta e três anos e posso dizer que jamais, ou só muito raramente, vi que o Espiritismo outra coisa produzisse a não ser o bem, mostrando ser um estímulo para a elevação moral e intelectual de quem o professa, para o aperfeiçoamento humano, um alívio na desgraça, um motivo de satisfação na existência... O Espiritismo é, além disso, um meio de cura para a falta de fé, sobretudo porque fornece uma prova científica da continuação da vida além do túmulo.

E prossegue dizendo que, em sua opinião, o Espiritismo é como o coroamento de tudo o que de mais precioso há em cada religião.[163]

---

[163] Ver *Annales des Sciences Psychiques*, fevereiro de 1906, p. 120.

N.7
Os fenômenos espíritas na *Bíblia*

Muito se tem insistido sobre as proibições de Moisés, contidas no *Êxodo*, no *Levítico* e no *Deuteronômio*. Inspirados em tais proibições que certos teólogos condenam o estudo e a prática dos fatos espíritas. Mas o que Moisés condena são os mágicos, os adivinhos, os áugures, numa palavra, tudo o que constitui a magia, e é o que o próprio Espiritualismo Moderno também condena. Essas práticas corrompiam a consciência do povo e lhe paralisavam a iniciativa; obscureciam nele a ideia divina, enfraquecendo a fé nesse Ente supremo e onipotente que o povo hebreu tinha a missão de proclamar. Por isso não cessavam os profetas de o advertir contra os encantamentos e sortilégios que o perdiam.[164]

As proibições de Moisés e dos profetas tinham apenas um fim: preservar os hebreus da idolatria dos povos vizinhos. É possível também que não visassem senão ao abuso, ao mau uso das evocações, porque, apesar dessas proibições, são abundantes na *Bíblia* os fenômenos espíritas. O papel dos videntes, dos oráculos, das pitonisas, dos inspirados de toda ordem é ali considerável. Lá não vemos Daniel, por exemplo, provocar, por meio da prece, fatos mediúnicos? (DANIEL, 9:21). O livro que traz o seu nome é, entretanto, reputado inspirado.

---
[164] Ver, por exemplo, ISAÍAS, 47:12 a15.

Como poderiam as proibições de Moisés servir de argumento aos crentes dos nossos dias, quando, nos três primeiros séculos da nossa era, nisso não viam os cristãos o menor obstáculo às suas relações com o mundo invisível?

Dizia João: "Não acrediteis em todo espírito, mas provai se os espíritos são de Deus" (I João, 4:1). Não há aí uma proibição; ao contrário.

Os hebreus, cuja crença geral era que a alma do homem, depois da morte, era restituída ao *scheol,* para dele jamais sair (Jó, 10:21 e 22), não hesitavam em atribuir ao próprio Deus todas essas manifestações. Deus intervém a cada passo, na *Bíblia,* e às vezes mesmo em circunstâncias bem pouco dignas dele.

Era costume consultar os videntes sobre todos os fatos da vida íntima, sobre os objetos perdidos, as alianças, os empreendimentos de toda ordem. Lê-se em *I Samuel,* 9:9: "Dantes, quando se ia consultar a Deus, dizia-se: Vinde, vamos ao vidente. Porque os que hoje se chamam profetas, chamavam-se videntes".

O sumo sacerdote mesmo proferia julgamentos ou oráculos mediante um objeto de natureza desconhecida, chamado *urim,* que colocava sobre o peito (Êxodo, 28:30 e Números, 27:21).

Por uma singular contradição nos que negavam as manifestações das almas, ia-se muitas vezes evocar os mortos, admitindo desse modo os fatos, depois de haver negado a causa que os produzia. É assim que Saul faz evocar o Espírito Samuel pela pitonisa de Endor (I Samuel, 28:7 a 14).[165]

De tais narrativas resulta que, não obstante a ausência de toda noção sobre a alma e a vida futura, a despeito das proibições de Moisés, entre os hebreus alguns acreditavam na sobrevivência e na possibilidade de comunicar com os mortos. Daí a explicar a desigualdade de inspiração dos profetas e seus frequentes erros, pela inspiração dos Espíritos mais ou menos esclarecidos, não há mais que um passo. Como o não deram os autores judaicos? E, entretanto, não havia outra explicação. Sendo Deus a infinita sabedoria, não é possível considerar proveniente dele uma doutrina que descura de fixar o homem sobre um ponto tão essencial como o dos seus destinos além-túmulo; ao passo que os Espíritos não são senão as almas dos homens desencarnados, mais ou menos puras e esclarecidas,

---

[165] Ver também o fantasma do livro de Jó, 4:13 a 16.

não possuindo sobre as coisas senão limitado saber. Sua inspiração, projetando-se nos profetas, devia necessariamente traduzir-se por ensinos, ora opulentos e elevados, ora vulgares e eivados de erros.

Em muitos casos mesmo deveram eles ter em conta, em suas revelações, as necessidades do tempo e o estado de atraso do povo a que eram dirigidos.

Pouco a pouco as crenças dos judeus se ampliaram e se completaram ao contato de outros povos mais adiantados em civilização. A ideia da sobrevivência e das existências sucessivas da alma, vinda do Egito e da Índia, penetrou na Judeia. Os saduceus increpavam os fariseus de terem assimilado dos orientais a crença nas vidas renascentes da alma. Esse fato é afirmado pelo historiador Josefo (*Antiguidades judaicas*, I, XVIII). Os essênios e os terapeutas professavam a mesma doutrina. Talvez existisse mesmo, desde essa época na Judeia, como se provou mais tarde, ao lado da doutrina oficial, uma doutrina secreta, mais completa, reservada às inteligências de escol.[166]

Como quer que seja, voltemos aos fatos espíritas mencionados na *Bíblia*, os quais estabelecem as relações dos hebreus com os Espíritos dos mortos, em condições análogas às que são hoje observadas.

Do mesmo modo que em nossos dias, os seus médiuns, a que eles chamavam profetas, eram como tais reconhecidos em razão de uma faculdade especial (Números, 12:6), às vezes latente e que exigia um desenvolvimento particular semelhante ao ainda hoje praticado nos grupos espíritas, como o vemos a respeito de Josué, que Moisés *instrui* pela imposição das mãos (Números, 27:15 a 23). Esse *fato* se reproduz muitas vezes na história dos apóstolos.

Semelhante à dos médiuns, a lucidez dos profetas era intermitente. "Os mais esclarecidos profetas" — diz Lemaistre de Sacy, em seu comentário do livro I dos Reis — "nem sempre possuem a faculdade de arroubo na profecia" (Ver também Isaías, 29:10).

Tal qual como hoje, as relações mediúnicas custavam por vezes a se estabelecer: Jeremias espera dez dias uma resposta à sua súplica (Jeremias, 42:7).

Outros exploravam sua pretensa lucidez, dela fazendo tráfico e ofício. Lê-se em *Ezequiel*, 13:2, 3 e 6:

---

[166] Ver *Depois da morte*, cap. 1º.

Filho do homem, dirige as tuas profecias aos profetas de Israel que se metem a profetizar, e dirás a estes que profetizam por sua cabeça: Ai dos profetas insensatos que seguem o seu próprio espírito e não veem nada!
...Eles veem coisas vãs e adivinham a mentira, dizendo: o Senhor assim o disse, sendo que o Senhor os não enviou: e eles perseveram em afirmar o que uma vez disseram. (Ver também Miqueias, 3:11 e Jeremias, 5:31.)

Na antiguidade judaica, muitas vezes se recorria à música para facilitar a prática da mediunidade. Eliseu reclama um tocador de harpa para poder profetizar (II Reis, 3:15), e a obscuridade era considerada propícia a essa ordem de fenômenos.

"O eterno quer assistir na obscuridade", diz Salomão, falando do lugar santo, por ocasião da consagração do Templo (II Crônicas, 6:1), e é, com efeito, no santuário que se dão muitas vezes as manifestações: aí se mostra a "nuvem" (II Paralip., 13 e 14), e nele vê Zacarias o anjo que lhe prediz o nascimento de seu filho (Lucas, 1:10 e seguintes).

A música era igualmente empregada para acalmar as pessoas atuadas por algum mau Espírito, como o vemos com Saul, que a harpa do jovem Davi aliviava (I Samuel, 16:14 a 23).

Apreciando em seu valor o dom da mediunidade, aplicavam-se então, como ainda hoje, a desenvolvê-la, com a diferença apenas de que o que hoje se faz limitadamente entre os espíritas, se praticava outrora em maior escala. Já no deserto, Moisés, aquele grande iniciado, havia comunicado o dom da profecia a 70 anciãos de Israel (Números, 11), e mais tarde, na Judeia, se contavam diversas escolas de profetas, ou, por dizer diversamente, de médiuns em Betel, Jericó, Gargala etc.

A vida que aí se levava, toda de recolhimento, de meditação e prece, predispunha para as influências espirituais. Certos profetas prediziam o futuro; outros falando ao povo por inspiração, lhe excitavam o zelo religioso e o exortavam a uma vida moralizada.

As expressões de que se serviam para indicar que se achavam possuídos pelo Espírito fazem lembrar o modo por que esses fenômenos continuam a produzir-se em nossos dias: "O peso, ou o Verbo do Senhor está sobre mim. O Espírito do Senhor entrou em mim. Eu vi, e eis o que diz o Senhor." Recordemos que, nessa época, toda inspiração era considerada diretamente proveniente da Divindade. "O espírito caiu sobre ele", diz ainda a Escritura a respeito de Sansão, cuja mediunidade tinha o característico da impetuosidade (JUÍZES, 15:14).

Quanto aos fenômenos em si mesmos, um exame, por pouco demorado que seja, das narrativas bíblicas, nos provará que eram idênticos aos que hoje se obtêm.

Passemo-los rapidamente em revista, começando pelos que, tendo primeiro chamado a atenção em nossos dias sobre o mundo invisível, simbolizam ainda, aos olhos de certos observadores muito superficiais ou pouco iniciados, o fato espírita em si mesmo; queremos falar dos movimentos de objetos sem contato. A *Bíblia* (II REIS, 6:6) nos refere que Eliseu faz vir à superfície, lançando um pedaço de madeira à água, o ferro de um machado que nela havia caído.

Da levitação, esse mesmo Eliseu transportado "para o meio dos cativos que viviam junto do rio Quebar" (EZEQUIEL, 3:14 e 15), e Filipe que subitamente desaparece aos olhos do eunuco e se encontra novamente em Azoto (ATOS, 8:39 e 40), são exemplos notáveis. A propósito de escrita mediúnica, pode citar-se a das Tábuas da Lei (ÊXODO, 32:15 e 16; 34: 28). Todas as circunstâncias em que essas tábuas foram obtidas provam exuberantemente a intervenção do mundo invisível.

Não menos comprobativa é a inscrição traçada, por uma mão materializada, em uma das paredes do palácio durante um festim que dava o rei Baltasar (DANIEL, capítulo 5).

Poder-se-ia considerar como fenômenos de transporte o maná de que se alimentam os israelitas em sua jornada para Canaã, o pão e vaso de água, colocados ao pé de Elias, quando despertou, por ocasião de sua fuga pelo deserto (I REIS, 19:5 e 6) etc.

Todos os fenômenos luminosos hoje observados têm igualmente seus paralelos na *Bíblia*, desde a simples irradiação perispirítica notada em Moisés (ÊXODO, 34: 29 e 30), e no Cristo (transfiguração), e a produção de luzes (ATOS, 2:3, e 9:3), até as aparições completas que não se contam na *Bíblia*, tão frequentes são.[167]

A mediunidade auditiva tem numerosos representantes na Judeia: os repetidos chamados dirigidos ao jovem Samuel (I SAMUEL, 3), a voz que

---

[167] Ver, entre outros fatos, no livro II dos Macabeus a aparição do profeta Jeremias e do sumo sacerdote Onias a Judas Macabeu.

fala a Moisés (Êxodo, 19:19), a que se faz ouvir na ocasião do batismo do Cristo (Lucas, 3:22), como a que o glorifica pouco antes da sua morte (João, 12:28), são outros tantos fatos espíritas.

As curas magnéticas são inúmeras. Ora a prece e a fé reforçam a ação fluídica, como no caso da filha de Jairo (Lucas, 8:41, 42, 49 a 56), ora a força magnética intervém só por si, sem participação da vontade (Marcos, 5:25 a 34), ou ainda se obtém a cura por imposição das mãos, ou por meio de objetos magnetizados (Atos, 19:11 e 12).

A mediunidade com o copo d'água igualmente se encontra nessas antigas narrativas. Que é, de fato, a taça de que José se servia (Gênesis, 44:5) "para adivinhar", senão o vulgar copo d'água, ou a esfera de cristal, ou qualquer outro objeto que apresente uma superfície polida em que os médiuns atuais veem desenhar-se quadros que são os únicos a perceber?

Na *Bíblia* podem-se ainda notar casos de clarividência, compreendendo, então, como hoje, sonhos, intuições, pressentimentos, formas ou derivados da mediunidade que, em todos os tempos, foram grandemente numerosos e se reproduzem agora às nossas vistas.

Digamos ainda uma palavra da inspiração, esse afluxo de elevados pensamentos que vem do alto e imprime às nossas palavras algo de sobre-humano. Moisés, que apresentava todos os gêneros de mediunidade, profere, em diferentes lugares, cânticos inspirados ao Eterno, como, por exemplo, o do capítulo 32 do *Deuteronômio*.

Um caso notável, assinalado nas Escrituras, é o de Balaão. Esse mago caldeu cede às reiteradas solicitações do rei de Moabe, Balaque, e vem dos confins da Mesopotâmia para amaldiçoar os israelitas. Sob a influência de Jeová é obrigado, repetidas vezes, a elogiar e abençoar esse povo, com decepção cada vez maior de Balaque.[168]

Os homens da Judeia, esses profetas de ânimo impetuoso, experimentaram também os benefícios da inspiração, e graças a esse dom, a esse sopro que anima os seus discursos, é que a antiga Bíblia hebraica deve ter sido muito tempo considerada o produto de uma revelação divina. Pretendeu-se desconhecer as numerosas falhas que nela se patenteiam aos olhos de um observador sem preconceitos, a insuficiência, a puerilidade dos conselhos, ou dos ensinos implorados a Deus (Gênesis, 25:22; I Samuel, 9:6; I Reis, 2:1 e 2; I Reis, 30:1 a 8), quando nos censurariam, com razão, de

---

[168] Números, 22 a 24.

tratar dessas coisas nos grupos espíritas. Esquecem-se as crueldades aprovadas, mesmo quase recomendadas por Jeová, os escabrosos detalhes, finalmente tudo o que, nesse livro, nos revolta ou provoca a nossa reprovação, para não ver senão as belezas morais que nele se contêm e sobretudo a expressão de uma fé viva e passional, que espera o reino da justiça, senão para a geração contemporânea, que só a esperança ampara e fortifica, ao menos para as gerações futuras.

N.8
Sobre o sentido atribuído às expressões deuses e demônios

Toda a Antiguidade admitiu a existência dos *deuses,* expressão por que se designavam os Espíritos puros e elevados, e dos *semideuses* ou heróis, como pelas palavras *demônios* ou *gênios* entendia os Espíritos em geral.

Os cristãos mesmos se serviam dessas designações. Diz Pedro (I Coríntios, 8:5 e 6): "Porque, ainda que haja alguns que se chamem deuses, ou no céu, ou na terra, não temos, entretanto, senão um único Deus, o Pai, de quem tiveram o ser todas as coisas".

Em seus *Comentários sobre João* (liv. II, nº 2), diz Orígenes:

> O Deus eterno tem direito a maiores homenagens; somente ele tem direito à verdadeira adoração e não os outros deuses que com ele vivem e são seus ministros e subordinados, sendo ele próprio seu Deus e seu criador.

Santo Agostinho diz *(De civitate Dei)*, I, VIII, capítulo XXIV: "Os demônios (maus Espíritos) não podem ser amigos dos deuses cheios de bondade, a que nós chamamos santos anjos".

É no mesmo sentido que São Justino, em seu *Discurso aos gregos,* nº 5, assim se exprime: "Cultivando bem a fé, nós podemos *nos tornar deuses"*, e São Irineu (*Contra hocreses,* I, IV, capítulo XXXVIII) diz: "Nós ainda não somos mais que homens, mas um dia seremos deuses".

O mesmo São Justino, *Apologética,* I, 18 (edição dos Beneditinos de 1742, p. 54), escreve o seguinte a respeito das manifestações dos mortos:

> A necromancia, as evocações das almas humanas... vos demonstrarão que as almas, mesmo depois da morte, são dotadas de sentimento; os que se acham *possessos dos espíritos dos mortos* são por todos chamados *demoníacos* e furiosos (*et qui ab animabus mortuorum correpti projiciuntur daemoniaci et furiosi ab omnibus appellati*).

Eis aqui de que modo, no século XVII, P. Fondet, com a aprovação dos mais eminentes doutores eclesiásticos da Sorbonne, traduzia, ou antes, desnaturava esta mesma passagem:

> ...e esses pobres desgraçados, que os espíritos dos mortos agarram, lançam por terra e atormentam, como o sabeis, de muitos modos e que são comumente denominados furiosos, maníacos, e agitados pelos demônios.

É verdade que, em seu prefácio, o citado tradutor havia tido o cuidado de prevenir os leitores de que em São Justino:

> [...] se encontra em certos trechos muitas coisas obscuras, particularmente no tocante aos demônios, sobre os quais o autor escreve segundo as opiniões do seu tempo, *que não tiveram continuidade na Igreja,* e que não fariam agora senão embaraçar os espíritos. Poder-se-ão mesmo notar nessa apologia alguns ligeiros vestígios, *que todavia se teve o cuidado de suavizar quanto possível, sem violar a fidelidade da versão* (?) (P. Fondet, *Segunda Apologia* de São Justino, p. 48 e prefácio; Paris, Savreux, 1670).

Indicaremos também Tertuliano, *Apologética,* capítulo XXIII.

N.9
Sobre o perispírito ou corpo sutil; opinião dos padres da Igreja

Às citações contidas em nosso estudo sobre a ressurreição dos mortos (cap. VII) acrescentaremos as opiniões de alguns padres da Igreja.

Tertuliano declara que a corporeidade da alma é afirmada pelos evangelhos: *"Corporalitas animae in ipso Evangelico relucescit"*, porque — acrescenta ele — se a alma não tivesse um corpo, "a imagem da alma não teria a imagem dos corpos". (Tratado *De anima*, caps. VII, VIII e IX, edição de 1657, p. 8.)

São Basílio fala do corpo espiritual, como Tertuliano o havia feito. Em seu tratado do Espírito Santo assegura ele que os anjos se tornam visíveis pelas espécies de seu próprio corpo, aparecendo aos que são dignos disso. (São Basílio, *Liber de Spiritu Sancto*, capítulo XVI, edição benedict. de 1730, t. III, p. 32.)

Essa doutrina era também a de São Gregório, de São Cirilo de Alexandria e de Santo Ambrósio. Assim se exprime este último: "Não se suponha que ser algum seja isento de matéria em sua composição, excetuada unicamente a substância da adorável Trindade" (*Abraham*, liv. II, § 58, ed. benedic. de 1686, t. I, col. 338).

São Cirilo de Jerusalém escreve:

"O nome *espírito* é um nome genérico e comum: tudo o que não possui um corpo pesado e denso é de um modo geral denominado espírito" (*Catechesis*, XVI, ed. benedic. de 1720, p. 251 e 252).

Em outras passagens atribui São Cirilo, "quer aos anjos, quer aos demônios, quer às almas dos mortos, corpos mais sutis que o corpo terrestre: *Cat.* XII, § 14; *Cat.* XVIII, § 19" (Obra citada, p. 252. *Nota do beneditino Dom A. Toutée*).

Evódio, bispo de Uzala, escreve em 414 a Santo Agostinho, inquirindo-o acerca da natureza e causa de aparições de que lhe dá muitos exemplos, e para lhe perguntar se depois da morte:

> Quando a alma abandonou este corpo grosseiro e terrestre, não permanece a substância incorpórea unida a algum outro corpo, não composto dos quatro elementos como este, porém, mais sutil, e que participa da natureza do ar ou do éter?"

E assim termina a sua carta: "Acredito, portanto, que a alma não poderia existir sem corpo algum". (*Obra de Santo Agostinho*, edição beneditina de 1679, t. II, carta 158, col. 560 et seq.).

Ver também a carta de Santo Agostinho a Nebrido, escrita em 390, em que o bispo de Hipona assim se exprime:

> Necessário é te recordares de que agitamos muitas vezes, em discussões que nos punham excitados e sem fôlego, essa questão de saber se a alma não tem por morada alguma espécie de corpo, ou alguma coisa análoga a um corpo, que certas pessoas, como sabes, denominam o seu "veículo" (*Santo Agostinho*, op. cit., t. II, carta 14, cols. 16 e 17).

Diz São Bernardo:

> Atribuiremos, pois, com toda a segurança unicamente a Deus a verdadeira incorporeidade, assim como a verdadeira imortalidade; porque, único entre os espíritos, ultrapassa toda a natureza corporal, o suficiente para não ter necessidade do concurso de corpo algum para qualquer trabalho, pois que só a sua vontade espiritual, quando

a exerce, tudo lhe permite fazer (Sermão VI in *Cantica*, ed. Mabillon, t. I, col. 1277).

Finalmente, S. João de Tessalônica resume nestes termos a questão, em sua declaração ao segundo concílio de Niceia (787), o qual adotou as suas opiniões:

> Sobre os anjos, os arcanjos e as potências – acrescentarei também –, sobre as almas, a Igreja decide que esses seres são na verdade espirituais, mas não completamente privados de corpo, ao contrário, dotados de um corpo "tênue, aéreo ou ígneo". Sabemos que assim têm entendido muitos santos padres, entre os quais Basílio, cognominado o grande, o bem-aventurado Atanásio e Metódio e os que ao lado deles são colocados. Não há senão Deus, unicamente, que seja incorpóreo e sem forma. Quanto às criaturas espirituais, não são de modo algum incorpóreas. (*História Universal da Igreja Católica*, pelo abade Rohrbacher, doutor em Teologia, tomo XI, p. 209 e 210.)

Um concílio, realizado no Delfinado, na cidade de Viena, em 3 de abril de 1312, sob Clemente V, declarou heréticos os que não admitissem a materialidade da alma. (*O espiritualismo na história*, de Rossi de Giustiniani.)

Acreditamos dever lembrar essas opiniões, porque constituem outras tantas afirmações em favor da existência do perispírito. Este não é realmente outra coisa senão esse corpo sutil, invólucro inseparável da alma, indestrutível, quanto ela, entrevisto pelas autoridades eclesiásticas de todos os tempos.

Essas afirmações são completadas pelos testemunhos da ciência atual. As sucessivas pesquisas da Sociedade de Investigações Psíquicas, de Londres, evidenciaram mil e seiscentos casos de aparições de "fantasmas" de vivos e de mortos. A existência do perispírito é, além disso, demonstrada por inúmeras moldagens de mãos e de rostos fluídicos materializados, pelos fenômenos de exteriorizações e desdobramentos de vivos, pela visão dos médiuns e sonâmbulos, por fotografias de falecidos, numa palavra, por um imponente conjunto de fatos devidamente comprovados[169] (Ver nota número 12).

Certos escritores católicos confundem voluntariamente a ação do perispírito e suas manifestações depois da separação do corpo humano

---

[169] Ver A. de Rochas. *Exteriorização da sensibilidade* e *exteriorização da motricidade*; — G. Delanne, *Aparições materializadas dos vivos e dos mortos*; H. Durville, *O fantasma dos vivos.*

com a ideia da "ressurreição da carne". Já fizemos notar que essa expressão raramente se encontra nas escrituras. Aí de preferência se encontra a de "ressurreição dos mortos" (Ver, por exemplo, I CORÍNTIOS, 15:15 et seq.).

A ressurreição da carne se torna impossível pelo fato de que as moléculas componentes do nosso corpo atual pertenceram no passado a milhares de corpos humanos, como pertencerão a milhares de outros corpos no futuro. No dia do juízo, qual deste poderia reivindicar a posse dessas moléculas errantes?

A ressurreição é um fato espírita, que só o Espiritismo torna compreensível. Para o explicar, são os católicos obrigados a recorrer ao milagre, isto é, à violação, por Deus, das Leis naturais por Ele próprio estatuídas.

Como, sem a existência do perispírito, sem a dupla corporeidade do homem, poder-se-iam explicar os numerosos casos de bilocação relatados nos anais do Catolicismo?

Afonso de Liguóri foi canonizado por se haver mostrado simultaneamente em dois lugares diferentes.

Santo Antônio defende seu pai de uma acusação de assassínio perante o Tribunal de Pádua, e denuncia o verdadeiro culpado, no momento mesmo em que pregava na Espanha, em presença de grande número de fiéis.

São Francisco Xavier se mostra várias vezes à mesma hora em lugares muito distantes entre si.

É possível deixar de ver nesses fatos casos de desdobramento do ser humano, e a ação, a distância, do seu invólucro fluídico?

O mesmo sucede com os numerosos casos de aparições de mortos, mencionados nas Escrituras. Eles não são explicáveis senão pela existência de uma forma semelhante a outra que na Terra o Espírito possuía, mais sutil, porém, e mais tênue, e que sobrevive à destruição do corpo carnal. Sem perispírito, sem forma, como poderiam os Espíritos fazer-se reconhecer pelos homens? Como se poderiam eles, no espaço, entre si reconhecer?

N.10
Galileu e a congregação do *Index*

Eis aqui um extrato do texto da condenação de Galileu em 1633, fotografado nos arquivos do Vaticano por um fervoroso católico, o conde Henrique de L'Épinois:
Foste denunciado em 1615 ao Santo Ofício:

> Porque sustentavas como verdadeira uma doutrina falsa, que muitos propagavam, a saber: "que o Sol é imóvel no centro do mundo e a Terra tem um movimento diurno".
>
> Porque ensinavas essa doutrina aos teus discípulos; porque entretinhas a esse respeito correspondência com matemáticos da Germânia; porque publicavas cartas sobre as manchas solares, nas quais apresentavas como verdade essa doutrina; porque às objeções que te eram dirigidas respondias explicando a Santa Escritura segundo a tua ideia...
>
> O tribunal quis pôr um paradeiro aos inconvenientes e aos danos que daí provinham e se agravavam em detrimento da fé.
>
> Conforme a ordem do papa e dos cardeais, os teólogos encarregados dessa missão assim qualificaram as duas proposições:
>
> "O Sol está no centro do mundo e é imóvel". Proposição absurda, falsa em filosofia e herética em sua expressão, porque é contrária à Santa Escritura.

"A Terra não é o centro do mundo; não é imóvel, mas obedece a um movimento diurno". Proposição igualmente absurda, falsa em filosofia e, considerada no ponto de vista teológico, errônea na fé...

Declaramos que te tornaste profundamente suspeito de heresia:

Porque acreditaste e sustentaste uma doutrina falsa e contrária às santas e divinas Escrituras, a saber: "que o Sol é o centro do universo e não se move de modo algum do Oriente para o Ocidente; que a Terra se move e não é o centro do mundo". Porque acreditaste poder sustentar, como provável, uma opinião que foi declarada contrária à Santa Escritura.

Em consequência declaramos que incorreste em todas as censuras e penas cominadas pelos sagrados cânones e outras constituições gerais e particulares contra aqueles que desobedecem aos estatutos e outros decretos promulgados.

Das quais censuras nos praz absolver-te uma vez que previamente, de ânimo sincero e fé verdadeira, abjures diante de nós, maldigas e detestes, segundo a fórmula que te apresentamos, os ditos erros e heresias, e qualquer outro erro e heresia contrária à Igreja Católica Apostólica Romana.

E, a fim de que o teu erro pernicioso e grave e a tua desobediência não fiquem impunes.

A fim de que, para o futuro, sejas mais cauteloso e sirvas de exemplo aos outros para que evitem esses delitos:

Declaramos que, por édito público, o livro dos *Diálogos,* de Galileu, é proibido.

Condenamos-te à prisão ordinária deste Santo Ofício por um tempo que será limitado a arbítrio nosso.

A título de penitência salutar, ordenamos-te que recites durante três anos, uma vez por semana, os sete salmos da Penitência.

Reservamo-nos o poder de moderar, alterar e relevar no todo ou em parte as penas e penitências acima.

Ditou um teólogo, há quinze anos, ao Sr. Henri Lasserre as seguintes linhas, que o autor de *Nossa Senhora de Lourdes* e da *Nova tradução dos evangelhos* (esta última obra condenada também pelo Índex), reproduz em suas *Memórias à Sua Santidade:*

Esse decreto, que anatematizou a admirável descoberta do grande astrônomo e que o puniu com prisão, foi um duplo e completo erro. Foi um erro incidente e secundário sobre a Astronomia; foi, antes de tudo, um erro principal sobre a doutrina.

Coisa notável: por todos os termos do decreto, a Sagrada Congregação havia-se condenado a si mesma.

Qualificando de absurdo, isto é, de contrário à razão o que lhe é conforme, a Sagrada Congregação estava convencida de se achar fora da razão e oposta à razão.

Qualificando de falso, isto é, de contrário à verdade o que lhe é conforme, ela estava convencida de achar-se fora da verdade e oposta à verdade.

Qualificando de heresia, isto é, de contrário à ortodoxia o que é uma Lei divina do universo visível, estava convencida de achar-se fora da ortodoxia e oposta à ortodoxia, por que, se é uma heresia subtrair-se à crença em um dogma da Igreja, não é menor heresia querer impor como dogma o que não o é, e particularmente o erro, o qual é, em si mesmo, como antinomia de todos os dogmas.

Qualificando de contrário às Escrituras um admirável decreto do Criador, a Sagrada Congregação estava convencida de achar-se fora da ciência das Escrituras e oposta à sua verdadeira interpretação.

Cada qual em Roma, individualmente, não tardou, na intimidade da palestra, a confessar e deplorar o erro cometido pelos eminentíssimos juízes. O que, todavia, houve de mais deplorável ainda, foi que, apesar das queixas e reclamações, apesar das provas e evidências, das ordens de Bento XIV e de uma sentença de trancamento que esse pontífice fez baixar em 10 de maio de 1754, apesar de um segundo decreto da mesma natureza, lançado por Pio VII em 25 de setembro de 1822, a repugnância em se retratar ela mesma, ou ser pelo Papa retratada, foi tão tenaz na congregação romana que, durante mais de dois séculos e em oposição à verdade conhecida, esse tribunal manteve o seu decreto sobre o catálogo do *Index librorum prohibitorum*.

As obras que contêm as descobertas de Galileu e de Copérnico, condenadas em 23 de agosto de 1634 com os qualificativos de absurdas, de falsas, de heréticas, de contrárias às santas e divinas Escrituras, não foram excluídas do Índex senão na edição de 1832. Aí permaneceram 201 anos.

N.11
Pio X e o Modernismo

O decreto *Lamentabili sane exitu* (3 de julho de 1907) alcança objetivamente: "Os escritores que, ultrapassando os limites fixados pelos padres e a mesma santa Igreja, pretendem um progresso dos dogmas a pretexto de melhor os compreender e em nome de pesquisas históricas, mas que na realidade os corrompem".

Entre as proposições condenadas figuram as que sustentam que: "11ª – A inspiração divina não se estende a tal ponto a toda a Santa Escritura que a preserve de qualquer erro em todas e cada uma de suas partes".

Assim a ideia da estabilidade da Terra e todos os erros científicos da *Bíblia* seriam inspirados, e é proibido dizer o contrário.

"22ª – Os dogmas que a Igreja apresenta como revelados, não são verdades baixadas do céu, mas uma certa interpretação dos fatos religiosos que o espírito humano chegou a adquirir com laborioso esforço".

Da condenação nessa proposição resulta que o espírito humano é impotente para descobrir a menor verdade na ordem religiosa e por si mesmo se elevar à concepção da existência de Deus e da imortalidade da alma.

"53ª – A constituição orgânica da Igreja não é imutável, mas permanece a sociedade cristã submetida, como toda sociedade humana, a uma perpétua evolução".

Enleada assim pelos seus próprios ensinos, a Igreja nada pode modificar, mesmo em "sua constituição orgânica". Ora, resulta de fatos patentes que ela tem muitas vezes e consideravelmente mudado. Explique quem puder semelhante anomalia. Não se pode formular condenação mais temerária.

"56ª – A Igreja Romana se tornou a cabeça de todas as igrejas, não por uma disposição da Divina Providência, mas pelo fato de circunstâncias puramente políticas."

Os fatos atestam a verdade dessa proposição condenada. Nos primeiros tempos as igrejas particulares eram independentes de Roma.

É preciso não esquecer que a Igreja Romana só de muito longe se prende, com o seu Catolicismo, à Igreja *cristã*, que tira seu nome da estada de São Barnabé e de Paulo em Antioquia. Eis o que a esse propósito dizem os *Atos dos apóstolos*:

> E dali partiu Barnabé para Tarso, em busca de Paulo; e, tendo-o achado, o levou a Antioquia. E aqui nesta igreja passaram eles todo um ano e instruíram uma grande multidão de gente, de maneira que foi em Antioquia que começaram os discípulos a ser chamados cristãos. (11:25 e 26).

"57ª – A Igreja se mostra inimiga do progresso das ciências naturais e teológicas".

Aí está, por exemplo, uma proposição que merecia bem ser condenada. A Igreja é inimiga do progresso, mas tal não se *mostra* ela jamais. Nesse ponto de vista Pio X tem razão (Ver nota nº 10).

* * *

Epístola apostólica para a ereção de um Instituto Bíblico em Roma, 7 de maio de 1909:

> Tem por fim este Instituto defender, promulgar, esclarecer a sã doutrina dos Livros santos, interpretados de conformidade com as regras estabelecidas ou a estabelecer pela Santa Sé apostólica, contra as opiniões falsas, errôneas, temerárias e heréticas, sobretudo as mais recentes.

Inútil é fazer notar que esses diversos regulamentos nos retrotraem aos tempos da Inquisição, pelo fato de se imporem às consciências em virtude de um pretenso poder divino.

N.12
Os fenômenos espíritas contemporâneos; provas da identidade dos Espíritos

Graças ao espiritualismo experimental, o problema da sobrevivência, cujas consequências morais e filosóficas são incalculáveis, recebeu uma solução definitiva. A alma se tornou objetiva, por vezes tangível; a sua existência se revelou, depois da morte como durante a vida, mediante manifestações de toda ordem.

Ao começo não oferecem os fenômenos físicos mais que uma insuficiente base de argumentação; mas depois os fatos revestiram um caráter inteligente e se acentuaram ao ponto de tornar-se impossível qualquer contestação.

Foi mediante provas positivas que a questão da existência da alma e sua imortalidade ficou resolvida. Fotografaram-se as radiações do pensamento; o Espírito, revestido de seu corpo fluídico, do seu invólucro imperecível, aparece na placa sensível. A sua existência se tornou tão evidente como a do corpo físico.

A identidade dos Espíritos acha-se estabelecida por inúmeros fatos. Acreditamos dever mencionar alguns deles:

O Sr. Oxon (aliás Stainton Moses), professor da Universidade de Oxford, em seu livro *Spirit Identity*, refere o caso em que a mesa faz uma longa e circunstanciada narrativa da morte, com a menção da idade, até ao número de meses, e os nomes familiares (quatro quanto a um deles e três quanto a outro), de três criancinhas, filhas de um mesmo pai, que haviam sido subitamente arrebatadas pela morte. "Nenhum de nós tinha conhecimento desses nomes pouco comuns. Elas tinham morrido na Índia, e quando nos foi ditada a comunicação, não dispúnhamos de meio algum aparente de verificação". Essa revelação foi, todavia, verificada e, mais tarde, reconhecida exata pelo testemunho da mãe dessas crianças, que o Sr. Oxon veio a conhecer ulteriormente.

O mesmo autor cita o caso de um certo Abraão Florentino, falecido nos Estados Unidos, inteiramente desconhecido dos experimentadores e cuja identidade foi rigorosamente comprovada.

A história de Siegwart Lekebusch, jovem alfaiate que morreu esmagado por um trem de ferro, prova ainda que é contrário à verdade afirmar que as personalidades que se manifestam pela mesa são sempre conhecidas dos assistentes.

De acordo com *Animismo e espiritismo,* de Aksakof, a identidade póstuma dos Espíritos se prova:

1º – Por comunicações da personalidade na língua vernácula, desconhecida do médium (ver vol. 2, cap. IV, it. B, I, o caso de Miss Edmonds, do Sr. Turner, de Miss Scongall e da senhora Corvin, que conversa com um assistente por meio de gestos conforme ao alfabeto dos surdos-mudos que no estado de vigília lhe era desconhecido).

2º – Por meio de comunicações dadas no estilo característico do defunto, ou com expressões que lhe eram familiares, recebidas na ausência de pessoas que o tivessem conhecido (vol. 2, cap. III, 4): terminação de um romance de Dickens, *Edwin Drood,* por um jovem operário iletrado, sem que seja possível reconhecer onde termina o manuscrito original e onde começa a comunicação mediúnica.

Ver também a história de Luís XI, escrita pela senhorita Hermance Dufaux, aos 14 anos de idade (*Revue spirite,* 1858). Essa história, muito documentada, contém ensinos até então inéditos.

3º – Por fenômenos de escrita em que se reconhece a do defunto (vol. 2, cap. IV, it. B, VIII): carta da Sra. Livermore, por ela mesma escrita depois de sua morte. Esse Espírito estabeleceu a sua identidade, mostrando-se, escrevendo e conversando como quando na Terra. Fato notável: o

Espírito escreveu mesmo em francês, língua ignorada da médium, Kate Fox — o caso em que o Sr. Owen obtém uma assinatura de Espírito que foi reconhecida idêntica por um banqueiro (ver Guldenstubbe, *A realidade dos espíritos*); escrita direta de uma parenta do autor, reconhecida idêntica à sua ortografia durante a vida. (Esses fatos foram muitas vezes obtidos em nosso próprio círculo de experiências).

4º – Por comunicações que encerram um conjunto de particularidades relativas à vida do defunto e recebidas na ausência de qualquer pessoa que a tivesse conhecido (ver vol. 2, cap. IV, it. B, VIII). Com o concurso mediúnico da Sra. Conant, muitos Espíritos desconhecidos do médium foram identificados com pessoas que tinham vivido em diferentes países (vol. 2, cap. IV, it. B, IV): o caso do velho Chamberlain, o de Violette, o de Robert Dale Owen etc.

5º – Pela comunicação de fatos conhecidos unicamente pelo desencarnado e que só ele possa comunicar (ver vol. 2, cap. IV, it. B, V): o caso do filho do Dr. Davey, envenenado e roubado em pleno mar, fato em seguida reconhecido exato; descoberta do testemunho do barão Korff; o Espírito Jack, que indica o que deve e o que lhe é devido, etc.

6º – Por comunicações que não são espontâneas, como as que precedem, mas provocadas por chamados diretos ao falecido e recebidas na ausência de pessoas que o tenham conhecido (ver vol. 2, cap. IV, it. B, VI): resposta, por Espíritos, a cartas fechadas (médium Mansfield); — escrita direta dando resposta a uma pergunta ignorada pelo médium, Sr. Watkins.

7º – Por comunicações recebidas na ausência de qualquer pessoa que houvesse conhecido o desencarnado, revelando certos estados psíquicos, ou provocando sensações físicas que lhe eram peculiares (vol. 2, cap. IV, it. B, VII); o Espírito de uma louca ainda perturbado, no espaço; o caso do Sr. Elias Pond, de Woonsoket, etc. (Esses fenômenos se produziram em número considerável de vezes nas sessões por nós mesmo dirigidas).

8º – Pela aparição da forma terrestre do desencarnado (vol. 2, cap IV, it. B, VIII).

Os Espíritos se têm, às vezes, servido dos defeitos naturais de seu organismo material para fazerem-se reconhecer depois da desencarnação, reproduzindo, por meio de materialização, esses acidentes. Ora é a mão com dois dedos recurvados para a palma, em consequência de uma queimadura, ora o indicador dobrado na segunda falange, etc.

Poderíamos alongar indefinidamente esta lista de identidade de Espíritos, de que um certo número de casos figura também em nosso livro *No invisível*, capítulo XXI.

Julgamos dever acrescentar os três seguintes, que nos parecem característicos e são firmados em testemunhos importantes.

O primeiro, relatado por Myers em sua obra sobre a *Consciência subliminal*, é concernente a uma pessoa muito conhecida do autor, o Sr. Brown, cuja perfeita sinceridade ele garante. Um dia esse senhor encontra um negro em quem reconhece um cafre; fala-lhe na língua do seu país e o convida a visitá-lo. Na ocasião em que esse negro africano se apresenta em sua casa, a família do Sr. Brown fazia experiências espíritas. Introduzido o visitante, indagam se haveria amigos seus presentes à sessão. Imediatamente a filha da família, que de cafre não conhecia nem uma palavra, escreve diversos nomes nessa língua. Lidos ao negro, provocam neste um vivo espanto. Vem depois uma mensagem escrita em língua cafre, cuja leitura ele compreende perfeitamente, com exceção de uma palavra desconhecida para o Sr. Brown. Em vão a pronuncia este de vários modos: o visitante não lhe percebe o sentido. De repente escreve o médium: "Dá um estalo com a língua". Então se recorda prontamente o Sr. Brown do estalo característico de língua que acompanha o som da letra *t* no alfabeto cafre. Pronuncia desse modo e logo se faz compreender.

Ignorando os cafres a arte de escrever, o Sr. Brown se admira de receber uma mensagem escrita. Foi-lhe respondido que essa mensagem fora ditada, a pedido dos amigos do cafre, por um amigo dele que falava correntemente essa língua. O negro parecia aterrado com o pensamento de que ali estivessem mortos, invisíveis.

O segundo caso é relativo à aparição de um Espírito, chamado Nefentes, na sessão realizada em Cristiânia na casa do professor E., servindo de médium a Sra. d'Esperance. O Espírito deu o molde da própria mão em parafina. Levando esse modelo oco a um profissional, para reproduzir em relevo, causou a sua e a estupefação dos seus operários: bem compreendiam eles que mão humana o não pudera produzir, porque o teria quebrado ao ser retirada, e declararam que era coisa de feitiçaria.

Noutra ocasião escreveu Nefentes no canhenho do professor E. uns caracteres gregos. Traduzidos, no dia seguinte, do grego antigo para linguagem moderna, diziam essas palavras: "Eu sou Nefentes, tua amiga. Quando tua alma se sentir opressa por intensa dor, invoca-me, a mim Nefentes, e eu acudirei prontamente a aliviar-te os sofrimentos".

O terceiro caso, finalmente, é atestado como autêntico pelo Sr. Chedo Mijatovitch, ministro plenipotenciário da Sérvia em Londres, e de nenhum modo espírita em 1908, data de sua comunicação ao *Light*. Solicitado por espíritas húngaros a entrar em relação com um médium, a fim de resolver certa questão relativa a um antigo soberano sérvio, morto em 1350, dirigiu-se ele à residência do Sr. Vango, de quem muito se falava nessa época e que ele jamais vira precedentemente. Adormecido, o médium anunciou a presença de um moço que muito desejava fazer-se ouvir, mas cuja língua não entendia. Acabou, todavia, reproduzindo algumas palavras, com a curiosa particularidade de começar cada uma delas pela última sílaba, para em seguida, a repetir na ordem requerida, voltando à primeira, assim: "lim, molim; te, shite, pishite; liyi, taliyi Nataliyi etc.". Era sérvio, sendo esta a tradução: "Peço-te que escrevas a minha mãe Natália e lhe digas que suplico o seu perdão".

O Espírito era o do jovem rei Alexandre. O Sr. Chedo Mijatovitch o pôs tanto menos em dúvida quanto não tardaram novas provas de identidade em vir juntar-se à primeira: descrição de sua aparência, pelo médium, e o seu pesar de não ter atendido a um conselho confidencial que, dois anos antes de seu assassínio, lhe havia dado o diplomata consultante. (Ver, em relação a estes três casos, os *Annales des Sciences Psychiques*, 1º e 16 janeiro de 1910, p. 7 et seq.)

N.13
Sobre a telepatia

A Sociedade de Investigações Psíquicas de Londres tomou a iniciativa de numerosas inquirições sobre os fenômenos de telepatia, de aparições e outras manifestações da mesma ordem.

A primeira dessas inquirições permitiu registar na Inglaterra cerca de 800 casos de aparições, relatados na obra de Myers, Podmore e Gurney, intitulada *Phantasms of the Living* (*Fantasmas dos vivos*).

Uma segunda inquirição, mais recente, revelou mais 1.652 casos. Todos esses fatos foram consignados e publicados em dois volumes de processos verbais: *Proceedings of the Society for Psychical Researches*. Os relatórios e outros documentos que os acompanham estão assinados por homens de ciência que ocupam eminentes posições nas academias e outras corporações doutas: astrônomos, matemáticos, físicos, químicos etc. Entre as assinaturas encontram-se nomes como os dos Srs. Gladstone, Balfour etc.

Essas aparições ocorrem quase sempre no momento da morte, ou depois da morte da pessoa cuja imagem reproduzem. Há também casos em que um homem vivo aparece a outro sem o saber. Pretenderam atribuir a esses fenômenos um caráter exclusivamente subjetivo; procuraram explicá-los pela alucinação, mas do exame atento dos processos verbais resulta que esses fatos têm caráter objetivo e real, pois que não impressionam somente criaturas humanas, tanto assim que, segundo pôde ser verificado por movimento de terror inexplicado, animais também os percebiam.

Em certos casos as mesmas aparições foram vistas sucessivamente, em diversos pavimentos de uma casa, por diferentes pessoas. Outros fenômenos da mesma natureza são acompanhados de manifestações físicas: ruídos, pancadas que ressoam, vozes que se ouvem, portas que se abrem, objetos deslocados por fantasmas.

Myers, autor da obra precedentemente citada, muito tempo hesitou em concluir pela existência dos Espíritos; mas, na impossibilidade de encontrar alhures a causa inteligente desses fenômenos, chegou a dizer isto (*Annales des Sciences Psychiques*, agosto de 1892, p. 246): "O método espírita é, de si mesmo, necessário e verdadeiro".

Essas investigações, feitas na Inglaterra e publicadas com o testemunho de pessoas cuja honorabilidade está acima de toda suspeita, foram prosseguidas na França pelo Dr. Dariex, pelo professor Richet, da Academia de Medicina de Paris, e pelo coronel De Rochas. Os resultados, verdadeiramente notáveis e idênticos aos obtidos do outro lado da Mancha, acham-se consignados nos *Annales des Sciences Psychiques*, citados acima.

O Sr. C. Flammarion também relata grande número desses fatos em sua obra *L'Inconnu et les Problèmes Psychiques*.

N.14
Sobre a sugestão ou a transmissão do pensamento

No que se refere às teorias da telepatia, da transmissão do pensamento ou da sugestão, o Dr. Roman Uricz, chefe da clínica do Hospital de Bialy-Kamien, na Galícia, relata a seguinte experiência feita com uma rapariguinha de 14 anos, muito pouco instruída:

> Tomei cem pequenos cartões brancos e neles escrevi os algarismos de 0 a 9; dez cartões com 0, dez com algarismo 1, outros dez com 2 e assim sucessivamente. Depois de bem misturados, apagou-se a luz e eu tirei do maço alguns cartões, colocando-os enfileirados, da esquerda para a direita, sobre a mesa. Pedi então à Inteligência que escrevesse o número assim formado. Obtida a resposta por escrito, acendia-se de novo a lâmpada e lia-se o número: a resposta sempre foi correta. Não podia ser isso leitura de pensamento, pois que nenhum de nós conhecia o número em questão... Os conhecimentos da médium em aritmética são muito escassos, não tendo ela aprendido na escola de sua aldeia mais que as quatro principais operações. Poder-se-ia suspeitá-la de ser clarividente.
> Para garantir-me contra essa possibilidade, combinei a seguinte experiência: na mais completa obscuridade, coloquei 20 cartões ao lado um do outro e pedi à Inteligência que me desse a *raiz quadrada* do número

assim formado. A resposta foi dada em alguns minutos: 7.501.273.011. Estava certa, porque o número formado pelos cartões era: 56.269.096.785.557.006.121

Repeti 12 vezes essa experiência. De três não obtive resposta; uma vez a resposta veio errada, mas oito vezes foi exata.

Semelhantes operações de aritmética estão absolutamente fora da capacidade do médium. Os resultados de minhas experiências não podem ser, portanto, atribuídos nem à transmissão de pensamento, nem à clarividência (Ver *Revue Spirite*, abril, 1907).

Por outro lado, a Sra. Britten, escritora espiritualista de nomeada, na Inglaterra, cita uma experiência decisiva de Robert Hare, professor na Universidade de Pensylvânia, que foi muitas vezes referida, mas que ela narra como tendo-a ouvido pessoalmente do sábio professor. Experimentava ele, como tantos outros, com o único fim de descobrir o que *a priori* havia decidido não passar de abominável farsa. Depois de investigações prosseguidas durante longos meses, veio ele por fim a concluir que os fenômenos revelavam a existência de uma força até então desconhecida, e que os ensinos transmitidos emanavam todos da inteligência, ou, por dizer diversamente, da transmissão de pensamento; é o que, contemporaneamente, foi apresentado como uma nova descoberta, a que deram o nome de telepatia.

Para neutralizar essa força, o professor inventou uma espécie de *quadrante percussor*, cujos movimentos eram influenciados por médiuns de efeitos físicos, enquanto uma agulha, acionada pelo poder mediúnico, indicava as letras do alfabeto colocado do lado da mesa, oposto ao médium, de modo que lhe fosse absolutamente impossível dirigir a agulha e não pudesse ver nem conhecer as comunicações ditadas. O quadrante era então influenciado pelo poder do médium, mas sem que este pudesse verificar a palavra soletrada, ficando também os assistentes na impossibilidade de dirigir a força que fazia mover o quadrante.

Foi no curso de uma série de experiências feitas por esse meio que um Espírito, que se dizia o primogênito do professor — um pequenino falecido aos dois anos de idade — vinha constantemente comunicar-se.

Posto que afirmasse haver-se tornado um homem, ele designava habitualmente pelo nome de *Pequeno Tarley*, pretendendo pronunciar

Tarley em lugar de Charley, para dar, com essa designação infantil, uma prova da sua identidade.

Um dia em que o quadrante desempenhava lentamente a sua tarefa sob a mão de um poderoso médium, e o *Pequeno Tarley* se tinha anunciado, "pois bem, Pequeno Tarley, diz-lhe o professor, se és verdadeiramente tu que estás aí, pois que parece saberes tanta coisa, dize o que tenho eu em um pacote que está no bolso do meu casaco".

— Tens, pai — soletrou o Espírito —, em um pedaço de papel amarelo desbotado, um retalho do véu de renda amarela ainda mais desbotado, que me foi retirado do rosto quando me achava deitado no pequenino ataúde.
— Pequeno Tarley — respondeu em tom de motejo o professor —, vejo que muito pouco sabes, pois que nada de semelhante tenho no bolso.

Depois, voltando-se para as pessoas que formavam o círculo, disse-lhes gravemente:

— Vede, amigos, o que são as pretensas comunicações dos Espíritos, quando não há cérebro em que possam ler. É um sapatinho o que tenho no bolso; retirei-o, antes de fecharem o esquife, de um pé de meu filho morto e conservei-o cuidadosamente em uma gaveta durante um quarto de século, em memória do meu primogênito, com os seus brinquedos e outras lembranças do meu caro desaparecido. Confessai agora que esse Espírito se diverte conosco.
Dizendo essas palavras, tira do bolso um embrulho e desdobra, um após outro, um certo número de velhos pedaços de papel amarelo; chega finalmente ao último que continha... um véu de renda amarela; no envoltório, a falecida mãe escrevera que havia sido retirado de sobre o rosto do seu pequenino morto...
O professor errara, mas o Espírito não se tinha enganado.

Índice geral[169]

A

Abdullah, Espírito
Aksakof e – V, 53, nota; IX, 145
Russel Wallace e – V, 53, nota

Acaso
leis universais e – X, 200
negação de toda lei e – X, 199

Adão
crença no pecado de – VIII, 101
homens e pecado de – VII, 75
livre-arbítrio e pecado de – VII, 75
punição da humanidade inteira pelo pecado de – VII, 73

Adivinho
intermediário dos Espíritos e – V, 53

Agostinho, Santo, bispo de Hipona
Carta a Evodius e – V, 60, nota
Cidade de Deus e – V, 60
Confissões, livro, e – V, 59; n.c. 5, 247, nota
De cura pro mortuis e – V, 60, nota
deuses e – n.c. 8, 267
doutrina da predestinação e – VII, 75
sentido oculto dos evangelhos e – n.c. 4, 244
perispírito e – V, 60; n.c. 9, 270
reencarnação e – n.c. 5, 247

Água
Cabala hebraica e – IV, 44
parábola da lei das reencarnações e – 47, nota

Aksakof
Abdullah, Espírito, e – V, 53, nota; IX, 145
Animismo e Espiritismo, livro, e – V, 53, nota; IX, 142, nota, 145, 172; n.c. 12, 280
Eglinton, médium, e – IX, 145
John King, Espírito, e – V, 53, nota
prova da identidade dos Espíritos e – n.c. 12, 280

Alma
aparição da * de Jesus – V, 50
aspiração da * humana a um ideal eterno – introd., 12
características do perispírito e valor da – X, 190
conceito de – VII, 84; X, 191
condenação da * a suplícios eternos – VI, 64
criação da – X, 196
destino da * humana – X, 196
Deus, * do mundo – X, 203
domínio da * sobre a carne – VIII, 124
Espiritismo e necessidades inatas da * humana e – XI, 206
finalidade da vida terrestre e – III, 38
fonte dos males da * humana – X, 203-204
Igreja da Idade Média e afirmação da pluralidade das existências da – VII, 83
importância do conhecimento do objetivo da existência da – VIII, 103
indicativos do passado da – X, 193
inimigos da grandeza da – VIII, 125

---

1 [169] O número romano remete ao capítulo. O número arábico remete à página. Foram utilizadas as abreviaturas introd., pref., concl. e n.c. para indicar as palavras Introdução, Prefácio, Conclusão e Notas Complementares respectivamente.

intervenção dos pais no nascimento
da – n.c. 5, 246
intuição da * humana – introd., 12
missão e objetivo da – X, 196
morte, transformação necessária ao
progresso e elevação da – VII, 77
motivo de afastamento das *
da Igreja – VIII, 96
motivo de atração da – X, 195
organismo indestrutível do
Espírito e – V, 52
Orígenes e preexistência da – IV, 47, nota
purificação da * e do perispírito e
ressurreição dos mortos – VII, 88
riqueza e voos da – IV, 43
sentimento, caracterização da
* humana – X, 203
situação da * após a morte – X, 191
sofrimento, curativo da – n.c. 5, 247
Tertuliano e corporeidade da – n.c. 9, 269
unicidade da existência da – IV, 46
vida no espaço para a * inclinadas
à materialidade – X, 192

Alma humana, A, livro
Baraduc, Dr., e – IX, 141, nota
fotografia das irradiações do
pensamento e – IX, 141, nota

Altruísmo
Materialismo e – VIII, 113; XI, 207

Ambrósio, Santo
perispírito e – n.c. 9, 269

Amor
Francisco de Assis e – VIII, 98
Mateus, 5:44, e – IV, 41
verdadeiro princípio do
Cristianismo e – VIII, 98
Vicente de Paulo e – VIII, 98

Amós, profeta
Amós, 5:22 e 24, e – n.c. 1, 235, nota
reprovação do profeta em nome do
Senhor e – n.c. 1, 235, nota

Animismo e Espiritismo, livro
Aksakof e – V, 53, nota; IX, 142,
nota, 145, 172; n.c. 12, 280
prova da identidade dos Espíritos
e – n.c. 12, 280

Anjo
verdadeiro sentido da palavra *
em hebraico – V, 49, nota

Annales des Sciences Psychiques
aparelhos Marey e – IX, 169, nota
casas mal-assombradas, Lombroso
e – IX, 147, 148, notas
Colley, arcediago, profissão espírita
e – n.c. 6, 258, nota
Myers e – n.c. 13, 286
observações do Dr. Verzano e – IX, 150
prova da identidade dos Espíritos
e – n.c. 12, 282-283

Anticristo, O, livro
Friedrich Nietzsche e – VIII, 120, nota

Antigo Testamento
Amós, 5:22 e 24, e – n.c. 1, 235, nota
ancianidade e – n.c. 1, 236, nota
aparições de anjos e – V, 49, nota
Daniel, 5, e – n.c. 7, 263
Daniel, 5:11, e – n.c. 1, 232, nota
Daniel, 13:45, e – n.c. 6, 250, nota
desconhecidos rabinos judeus e
livros do – n.c. 1, 231
Deuteronômio, 1:1, e – n.c. 1, 233
Deuteronômio, 28, e – n.c. 1, 233
Eclesiastes, 3:17 et seg, e – n.c. 1, 234, nota
Espírito Santo e – n.c. 6, 250, nota
Êxodo, 19:19, e – n.c. 7, 264
Êxodo, 28:30, e – n.c. 7, 260
Êxodo, 32:15 e 16; 34: 28, e – n.c. 7, 263
Êxodo, 34: 29 e 30, e – n.c. 7, 263, nota
Ezequiel, 3:14 e 15, e – n.c. 7, 263
Ezequiel, 13:2, 3 e 6, e – n.c. 7, 261
futuro do homem e – n.c. 1, 234
Gênesis, 3:22, e – n.c. 1, 232, nota
Gênesis, 25:22, e – n.c. 7, 264
Gênesis, 44:5, e – n.c. 7, 264
II Crônicas, 6:1, e – n.c. 7, 262
II Paralip., 13 e 14, e – n.c. 7, 262
I Reis, 2:1 e 2, e – n.c. 7, 264
I Reis, 19:5 e 6, e – n.c. 7, 263
I Reis, 30:1 a 8, e – n.c. 7, 264
II Reis, 3:15, e – n.c. 7, 262
II Reis, 6:6, e – n.c. 7, 263

Índice geral

I Samuel, 3, e – n.c. 7, 263
I Samuel, 9:6, e – n.c. 7, 264
I Samuel, 9:9, e – n.c. 7, 260
I Samuel, 16:14 a 23, e – n.c. 7, 262
I Samuel, 28:6 et seq, e – n.c. 6, 251, nota
I Samuel, 28:7 a 14, e – n.c. 7, 260
Isaías, 29: 10, e – n.c. 7, 261
Isaías, 58: 4 a 8, e – n.c. 1, 235, nota
Jeremias, 5:31, e – n.c. 7, 262
Jeremias, 42:7, e – n.c. 7, 261
Jerônimo, São, e tradução latina do – II, 29
Jó, 4:13 a 16, e – n.c. 7, 260, nota
Jó, 10:21 e 22, e – n.c. 7, 260
Judeia, mediunidade auditiva
   e – n.c. 7, 263
Juízes, 15:14, e – n.c. 7, 263
laço entre a raça semítica e a
   ariana e – n.c. 1, 236
Levítico, 19:3, e – n.c. 1, 232, nota
livro sagrado do povo hebreu e – n.c. 2, 237
Miqueias, 3:11, e – n.c. 7, 262
Miqueias, 6:8, e – n.c. 1, 235, nota
Números, 11, e – n.c. 7, 262
Números, 12:6, e – n.c. 7, 261
Números, 22 a 24, e – n.c. 7, 264, nota
Números, 27:15 a 23, e – n.c. 7, 261
Números, 27:21, e – n.c. 7, 260
origem do – n.c. 1, 231
Pentateuco e – n.c. 1, 233
preocupação do fato material e
   da história e – n.c. 1, 235
preparação do povo hebreu para o advento
   do Cristianismo e – n.c. 1, 236
profetas, videntes, escritores e – n.c. 1, 236
provas da existência do mundo
   invisível e – V, 49
versão do Setenta e – II, 27, nota

Antropologia
   progresso do homem e – VIII, 99

Aparelho Marey
   influência dos Espíritos e – IX, 170, nota

Aparição
   Cristianismo e – introd., 10
   dissolução e desaparecimento do Espírito
      Katie King e – IX, 146, nota
   Espiritismo e – introd., 10
   Eusapia Palladino, médium, e – IX, 145
   explicação para a * dos Espíritos
      dos mortos – IX, 143
   explicação para a * dos fantasmas
      dos vivos – IX, 143
   indispensabilidade da
      obscuridade e – IX, 146
   Lombroso, professor, e – IX, 145
   objeção favorita dos incrédulos e – IX, 146
   obstáculos limitadores do
      número de – IX, 147
   Revue Scientifique et Morale du Spiritisme e *
      da genitora de Lombroso – IX, 146, nota
   Sociedade de Investigações Psíquicas de
      Londres e fenômenos de – n.c. 13, 285
   testemunhos de casos de * de
      Espíritos – IX, 144

Aparições materializadas dos vivos e dos
   mortos, As, livro
   Gabriel Delanne e – IX, 142,
      nota; n.c. 9, 271, nota
   perispírito e – IX, 143, nota;
      n.c. 9, 271, nota

Apolônia de Tiana
   espírito sobrenatural e – VI, 64
   História eclesiástica, livro,
      e – VI, 63, 64, nota

Apóstolo
   afastamento dos maus Espíritos e – VI, 71
   ideia do * sobre Jesus – VI, 69
   jornada do * pelo mundo – II, 28
   ressurreição de Jesus e entusiasmo do – VI, 69

Ascetismo
   inutilidade e – IV, 42

Astronomia
   concepção do mundo e – VIII, 99
   importância da Terra no conjunto
      do universo e – XI, 219

Ateísmo
   anarquia, niilismo e – VIII, 117
   concepções conducentes ao – VI, 66
   princípios de moralidade e – VIII, 113

Átomo
   Berthelot e – VIII, 114
   Origens da química, livro, e – VIII, 114

Atos dos apóstolos
  Ascensão de Jesus e – n.c. 2, 238
  Atos, 1: 3, e – n.c. 2, 238
  Atos, 2:3, e 9:3, e – n.c. 7, 263, nota
  Atos, 2: 22, e – VI, 69
  Atos, 8:17; 19:6, e – VII, 90, nota
  Atos, 10:26, e – VII, 94, nota
  Atos, 11:25 e 26, e – n.c. 11, 278
  Atos, 16:16 e 17, e – n.c. 6, 251
  Atos, 19:11 e 12, e – n.c. 7, 264
  Atos, 21:4, e – n.c. 6, 250
  Atos, 23: 6 a 9, e – n.c. 6, 250
  conversão de mágicos e – V, 57, nota
  imposição das mãos e – VII, 90, nota
  Jesus e – VI, 69
  levitação e – V, 57, nota
  libertação do apóstolo Pedro das
    cadeias e – V, 57, nota
  manifestação dos Espíritos e – V, 57, nota
  manifestação visível dos Espíritos
    e – V, 57, nota
  relação dos discípulos de Jesus com o
    mundo invisível e – V, 56, nota
  solidariedade entre os primeiros
    cristãos e – V, 57, nota
  substituição da circuncisão pelo
    batismo e – V, 56, nota

Automatismo psicológico, O, livro
  Pierre Janet, Sr., e – IX, 172, nota

Autoridade paterna
  enfraquecimento do espírito
    familiar e da – VIII, 112

B

B. R., Srta., médium
  exemplo de escrita mediúnica e – IX, 163

B., pastor, Espírito
  mensagem mediúnica e – IX, 160-162

Balaão
  Números, 22 a 24, e – n.c. 7, 264, nota
  rei de Moabe, Balaque, e – n.c. 7, 264, nota

Baraduc, Dr.
  Alma humana, A, livro, e – IX, 141, nota
  fotografia das irradiações do
    pensamento e – IX, 141, nota

Barlemont, Dr.
  fotografia simultânea do corpo
    de um médium e do seu
    duplo e – IX, 142, nota

Basílio, São
  perispírito e – n.c. 9, 269
  tratado do Espírito Santo e – n.c. 9, 269

Batismo
  cerimônia iniciática e – VII, 90
  Confissão de Augsburgo e condenação
    das crianças mortas sem – VIII, 109
  Declaração de la Rochelle e condenação
    das crianças mortas sem – VIII, 109
  essênios e – I, 25
  resgate do pecado e necessidade
    do – VII, 77
  símbolo do – I, 25
  substituição da circuncisão
    pelo – V, 56, nota

Batista, João
  decapitação de – IV, 45
  Elias e – IV, 45
  Jesus e – IV, 45
  Mateus, 11:9, 14 e 15, e – IV, 45
  Mateus, 17:10 a 13, e – IV, 45-46

Bayol, Dr.
  Congresso Espiritualista de
    1900 e – V, 54, nota

Bellemare, E.
  Catolicismo, papel de Deus e – VII, 74
  Espírita e cristão, livro, e – IV, 44, nota

Belzebu
  sacerdotes de Jerusalém e
    influência de – V, 61

Bem
  circunstância propícias à
    realização do – VII, 85

Benezech, pastor protestante
  fenômenos espíritas e – n.c. 6, 255

Bérault-Bercastel, abade
  História da Igreja e – n.c. 5, 246, 247, nota
  reencarnação e – n.c. 5, 246

Índice geral

Bernardo, São
  perispírito e – n.c. 9, 270

Berthelot
  átomo e – VIII, 114
  Origens da química, livro, e – VIII, 114

Bertrand, A.
  Essência do cristianismo, A,
    livro e – I, 23, nota

Beversluis, pastor holandês
  Espiritismo e – n.c. 6, 258
  palavras do * no Congresso Espírita
    em 1900 – n.c. 6, 258

Bíblia
  apresentação de Deus na – n.c. 1, 234
  clarividência e – n.c. 7, 264
  Espírito Santo e – n.c. 6, 250
  estabilidade da Terra e – n.c. 11, 277
  fenômenos espíritas e – n.c. 7, 259
  Igreja e compreensão da * pela
    Ciência – VIII, 100
  monoteísmo e – n.c. 1, 234
  origem humana da – VIII, 109
  palavra de Deus e – n.c. 1, 231, 235
  Protestantismo e – VIII, 109, nota
  reformadores protestantes e autoridade
    absoluta da – n.c. 1, 231

Bíblias e os iniciadores religiosos da
  humanidade, As, livro
    intercalação do dogma da Trindade
      no texto e – n.c. 3, 242, nota
    Leblois, pastor, e – n.c. 3, 242, nota

Bilocação
  explicação para os casos de – n.c. 9, 272
  perispírito e – n.c. 9, 272

Blois, Júlio
  Mundo invisível, O, livro,
    e – n.c. 4, 244, nota

Bona, cardeal
  distinção dos espíritos, Da,
    livro, e – V, 61

Bramanismo
  culto romano e – VII, 93

Breescia, Arnaldo
  ação da vontade e – VIII, 124

Broglie, Alberto, historiador
  Igreja e o Império romano no século
    quarto, A, livro, e – V, 58

Brun, P. Le, padre
  História das práticas supersticiosas,
    livro, e – n.c. 6, 254
  manifestações de além-túmulo
    e – n.c. 6., 254

Bruno, Giordano
  ação da vontade e – VIII, 124

Budismo
  celibato e – VII, 93
  culto romano e – VII, 93
  hierarquia sacerdotal e – VII, 93

Burnouf, Emílio
  Ciência das religiões, A, livro,
    e – VII, 93, nota

C

Cabala hebraica
  água e – IV, 45

Calcedônia
  Orígenes e concílio de – IV, 47
  Pluralidade das existências, A, livro,
    e concílio de – IV, 47, nota

Calmet, Dom, sábio beneditino
  cego de nascença e – n.c. 5, 245

Calvino
  dogma da redenção e – VII, 75
  dogmas da trindade e da
    predestinação e – VIII, 109
  fogueira de Servet e – VII, 76

Campanella
  ação da vontade e – VIII, 124

Caráter
  revitalização do – X, 194

Casa mal-assombrada
  Annales des Sciences Psychiques
    e – IX, 147, 148, notas

considerações sobre o fenômeno
  da – IX, 147
testemunho de Lombroso e – IX, 147

Castelar, Emílio, orador espanhol
  papa Pio IX e – pref., 19

Catecismo
  credulidade cega e – VIII, 105
  força da Igreja e – VIII, 103
  meio de educação moral e – VIII, 103
  poder da Igreja e – VIII, 103
  poder temporal e – VIII, 106

Catecismo filosófico para uso
  dos seculares, livro
  abade de Noirlieu e – VII, 74, nota

Catolicismo
  Cristianismo e – VIII, 127
  culto exterior e pompa do – VII, 92
  espírito de liberdade e – VIII, 106
  história do *, calvário da
    humanidade – VIII, 107
  influência nos costumes e – VIII, 105
  papel de Deus e – VII, 74
  pecado original e todo o amontoado
    do – VII, 74, nota
  potências ocultas no ser
    humano e – VIII, 124
  Protestantismo e – VIII, 110
  sociedades modernas e – VIII, 127
  vestígios das crenças desaparecidas
    e – VII, 93

Causa primária, A, livro
  ciência materialista e – VIII, 113, nota
  Emílio Ferrière, escritor,
    e – VIII, 113, nota

Cego de nascença
  Calmet, Dom, sábio beneditino,
    e – n.c. 5, 245
  declaração do sínodo de Amsterdan
    e – IV, 45, nota
  Jesus e – IV, 45, 46
  João, 9:2, e – IV, 45
  reencarnação e – n.c. 5, 245

Celibato
  Budismo dos padres e – VII, 93

Cerinthe
  História eclesiástica, livro, e – VI, 63, nota
  revelações de – VI, 63

Ceticismo
  Igreja Romana e indução dos
    povos ao – VII, 80

Cético
  comportamento do – introd., 12

Céu
  julgamentos do * e julgamentos
    da Terra – XI, 222

Challis, professor
  admissão das manifestações
    espíritas e – IX, 138, nota
  Moderno espiritualismo, O,
    livro, e – IX, 138, nota

Ciência
  antagonismo que separa a * e a
    Religião – introd., 12
  aparecimento da vida e – IX, 134
  aproximação entre a * e Religião – XI, 216
  conhecimento do mundo
    fluídico e – IX, 179
  contribuição da * para o progresso
    material da civilização – VIII, 116
  desmoronamento das teorias
    arquitetadas e – XI, 218
  diretora do movimento
    intelectual e – IX, 136
  existência do mundo dos Espíritos e – V, 53
  fotografia dos raios invisíveis do
    espectro solar e – IX, 140
  ideias materialistas e – VIII, 114
  ignorância das leis da vida e do
    universo e – VIII, 100
  Igreja de Roma e obstáculos ao
    desenvolvimento da – 38
  interesse pelo estudo do mundo
    espiritual e – XI, 205
  levantamento do véu que oculta
    a vida fluídica e – XI, 217
  limitação da – XI, 219
  Séailles, Sr., e * moderna – VIII, 115

Ciência das religiões, A, livro
  Emílio Burnouf e – VII, 93, nota

Índice geral

Ciência Psíquica
    Espiritismo e – XI, 218
Circuncisão
    substituição da * pelo batismo – V, 56, nota
Cirilo de Alexandria, São
    perispírito e – n.c. 9, 269
Cirilo de Jerusalém, São
    perispírito e – n.c. 9, 269
Civilização
    conquista dos prazeres físicos e – introd., 11
    situação da * do passado – introd., 10
Clemenceau, Sr.
    Combate social, O, livro, e – VIII, 118
Clemente de Alexandria, São
    eternidade das penas e – VII, 82
Combate social, O, livro
    Clemenceau, Sr., e – VIII, 118
    últimas fases da existência na Terra e – VIII, 119
Comentários sobre São Paulo
    Maistre de Sacy e – VI, 65, nota
    profecia e – VI, 65, nota
Comunhão dos santos
    parábolas e – III, 36, nota
Concílio de Antioquia
    divindade de Jesus e – VI, 67
Concílio de Niceia
    divindade de Jesus e – VI, 67
    mistério da Trindade e – VI, 66
    obstrução do caminho à humanidade e – VI, 66
Concílio de Roma
    obstrução do caminho à humanidade e – VI, 66
Concílio de Trento
    Eucaristia e – VII, 91
    tradução da Vulgata e – II, 30
Confissão
    Deus e * pública – VII, 90
    instituição da * auricular – VII, 91

João Crisóstomo, São, e – VII, 90
João, I Epístola, 1:9, e – II, 90, nota
Lucas, 18:13, e – II, 90, nota
Mateus, 3:6, e – II, 90, nota
padre e * auricular – VII, 90
Paulo, apóstolo, e – VII, 90
penitência, remissão dos pecados e – VII, 90
Tiago, Epístola, 5:16, e – II, 90, nota

Confirmação *ver* Imposição das mãos
Confissão de Augsburgo
    condenação das crianças mortas sem batismo e – VIII, 109
    pecado original e – VIII, 109
    penas eternas e – VIII, 109
    resgate pelo sangue do Cristo e – VIII, 109
Confissões, livro
    Agostinho, Santo, bispo de Hipona, e – V, 59
Congresso Espírita de Barcelona
    forçados do presídio de Tarragona e – XI, 210, nota
    resenha do – XI, 210, nota
Congresso Espiritualista de 1900
    Bayol, Dr., e – V, 54, nota
Colley, arcediago
    carta publicada pelo * no Daily Mail – n.c. 6, 258, nota
    Espiritismo e – n.c. 6, 258, nota
    profissão espírita e – n.c. 6, 258, nota
Consciência
    Igreja Romana, sufocamento do pensamento e opressão da – VIII, 106
Consciência coletiva
    demonstração da ilogicidade e – IX, 175
Consciência subliminal, livro
    identidade dos Espíritos e – n.c. 12, 282
    Myers e – n.c. 12, 282
Constâncio, imperador
    Constantino, imperador, filho de – V, 58
    proscrição dos bispos arianos e – VI, 67

Constantino, imperador
  Alberto de Broglie, Sr., historiador, e – V, 58
  Constâncio, pai de – V, 58
  conversão de * ao Cristianismo – V, 58
  escolha de Bizâncio para capital
    do Império e – V, 59
  faculdades mediúnicas e – V, 58
  triunfo do Cristianismo e – V, 59
  visão maravilhosa de – V, 58

Constantinopla
  Orígenes e concílio de – IV, 47
  Pluralidade das existências, A, livro,
    e concílio de – IV, 47, nota

Cook, Florence, médium
  Kate King, Espírito, e – IX, 144
  William Crookes e – IX, 144

Copérnico
  lei da hereditariedade e – VIII, 123

Cornélio, centurião
  Pedro, apóstolo, e – VII, 94, nota

Coron
  significado da palavra – XI, 211, nota

Corpo espiritual *ver* Perispírito

Corpo etéreo *ver* perispírito

Corpo físico
  considerações sobre – X, 189
  desorganização e decomposição
    do – IX, 143
  destino do * após a morte – X, 191
  invólucro temporário e – IX, 143
  renovação das moléculas do – IX, 143

Corpo fluídico *ver* Perispírito

Corpo sutil *ver* Perispírito

Corrupção
  negligência do belo moral e – II, 27

Criação
  concepção da – X, 200
  homem e julgamento da – VII, 84
  opiniões da Igreja sobre – VIII, 101
  relação de Deus com os
    elementos da – X, 203

Criança
  Confissão de Augsburgo e condenação
    de * morta sem batismo – VIII, 109
  Declaração de la Rochelle e condenação
    de * morta sem batismo – VIII, 109
  faculdades inatas e – X, 193
  mediunidade em * de tenra
    idade – IX, 172, nota

Crisóstomo, João, São
  confissão e – VII, 90

Cristianismo
  afirmações do * relativamente à
    imortalidade – introd., 9
  amor, verdadeiro princípio do – VIII, 98
  aparição, manifestação dos mortos e – V, 49
  aparições nos primeiros tempos
    do – V, 53, nota
  aproximação das duas humanidades,
    terrestre e celeste e – V, 54
  base do * primitivo – concl., 225
  Catolicismo e – VIII, 127
  Constantino, imperador, e
    triunfo do – V, 59
  constituição do * moderno – VII, 93
  decadência do – VIII, 95
  demônio e – n.c. 6, 249, nota
  desmoronamento do edifício dos
    dogmas e mistérios do – VII, 74
  desvio do * da sua verdadeira rota – III, 37
  doutrina evangélica e – IV, 43
  doutrinas no * primitivo – III, 35, nota
  Espiritismo, renascimento e
    resplandecência do – VIII, 128
  Espiritismo, volta ao * primitivo – II, 32
  estágio indispensável na marcha
    da humanidade e – III, 38
  exaltação da pobreza e da
    simplicidade e – IV, 43
  explicação dos antigos dogmas do – VII, 89
  fundação do – IX, 133, nota
  Igreja e compreensão da essência
    do – VIII, 107
  Igreja Romana e afastamento dos
    princípios do verdadeiro – VIII, 106
  influência grega e * nascente – I, 26
  insuficiência da crença no mito e – III, 34
  Jesus, pedra angular do – III, 34

manifestações das almas, base do – V, 61
missão do – VIII, 95
objeções lançadas ao – introd., 9
pensamento de vida e – introd., 8
pensamento do * e sociedades
  ocidentais – VIII, 128
politeísmo grego e romano e – III, 38
práticas idólatras, dogmas e – III, 37
preparação do povo hebreu para o
  advento do – n.c. 1, 236
prevalência dos preceitos
  evangélicos e – VIII, 98
primeiros tempos do * e igreja
  protestante – I, 23, nota
provas da existência do mundo
  invisível e – V, 49
regeneração nas fontes do
  Espiritismo e – XI, 220
sentido oculto e alegórico do – III, 33
sociedade moderna e – VIII, 127
superioridade e imperecibilidade
  do – concl., 225
teoristas gregos e elevação
  moral do – I, 26
tríplice aspecto do – VII, 88
verdadeiros fundadores do – III, 33

Cristo *ver também* Jesus
  analogia entre as curas operadas pelo * e
  curadores espíritas – VI, 70
  concepção da queda, do resgate e da
    redenção pelo sangue do – VII, 74
  ensinos incompreendidos na
    doutrina do – VIII, 111
  enviado de Deus e – VI, 69
  Igreja Romana e afastamento do
    espírito do – VIII, 97
  Marcos, 8:29, e – VI, 69
  remissão dos pecados e – VII, 91
  resgate dos crimes da humanidade
    pelo sangue do – VII, 77
  significado da palavra – VI, 72
  tipo de perfeição moral e – VII, 89

Crookes, William
  confirmação do testemunho de – IX, 144
  estado radiante da matéria e – IX, 139
  Florence Cook, médium, e – IX, 144
  insinuação sobre a retratação das
    afirmações de – IX, 144

Investigações sobre os fenômenos
  do espiritualismo, livro,
  e – IX, 144, nota
Kate King, Espírito, e – V,
  53, nota; IX, 144
Pesquisas sobre os fenômenos
  espíritas, livro, e – V, 53, nota

Cross-correspondence
  Oliver Lodge e – IX, 163
  Sociedade de Investigações Psíquicas
    de Londres e – IX, 163

Culto exterior
  fanatismo religioso e – VII, 92
  opressão sacerdotal e – VII, 92
  príncipes da Igreja e abandono
    do – VIII, 97

Culto religioso
  utilidade e prática do – VII, 92

Culto romano
  antigas religiões orientais e – VII, 92
  Bramanismo e – VII, 93
  Budismo e – VII, 93
  Paganismo e – VII, 93

Curador espírita
  analogia entre as curas operadas
    pelo Cristo e – VI, 70
  obsessão, possessão e – VI, 70-71

D

D'Alembert
  lei da hereditariedade e – VIII, 123

Daily Mail, jornal
  carta publicada pelo arcediago
    Colley no – n.c. 6, 258, nota
  profissão espírita e – n.c. 6, 258, nota

Damaso, papa
  Jerônimo, São, e – II, 29, nota
  tradução latina do Antigo e do Novo
    Testamento e – II, 29

Dança das mesas
  atração de Espíritos inferiores
    e levianos e – IX, 177

Daniel, livro
   Daniel, 5, e – n.c. 7, 263
   Daniel, 5:11, e – n.c. 1, 232, nota
   Daniel, 9:21, e – n.c. 7, 259
   Daniel, 13:45, e – n.c. 6, 250, nota
   fatos mediúnicos e – n.c. 7, 259

Dariex, Dr.
   fenômeno de exteriorização da sensibilidade e da motricidade e – IX, 144

Davy, Humphry
   lei da hereditariedade e – VIII, 123

D'Esperance, médium
   identidade dos Espíritos e – n.c. 12, 282

De cura pro mortuis
   Agostinho, Santo, bispo de Hipona, e – V, 60, nota

Decadência
   negligência do belo moral e – II, 27

Declaração de la Rochelle
   condenação das crianças mortas sem batismo e – VIII, 109
   pecado original e – VIII, 109
   penas eternas e – VIII, 109
   resgate pelo sangue do Cristo e – VIII, 109

Deicidas, Os
   Cahen e – III, 34, nota

Delanne, Gabriel
   Aparições materializadas dos vivos e dos mortos, As, livro, e – IX, 142, nota, 143, nota; n.c. 9, 271, nota
   Evolução anímica, A, livro, e – IX, 143, nota
   perispírito e – IX, 143, nota; n.c. 9, 271, nota

Demônio
   Cristianismo e – n.c. 6, 249, nota
   inadmissão da teoria do – V, 61
   sentido atribuído à expressão – n.c. 8, 267
   significado da palavra – n.c. 6, 249

Denis, Léon
   abandono da fé católica pela filosofia espírita e – introd., 7

Depois da morte, livro, e –
   III, 35, nota; V, 53, nota; VIII, 114; IX, 142, nota, 177, nota; n.c. 7, 261, nota
   fenômenos de ordem física e – IX, 148, nota
   identidade dos Espíritos e – n.c. 12, 282
   invisível, No, livro, e – V, 53, nota; VIII, 123, nota; IX, 145, nota; n.c. 6, 253, nota; IX, 169, nota, 175, nota; n.c. 12, 282
   Jesus, imagem venerável e sagrada e – introd., 7
   Problema do ser e do destino, O, livro, e – IX, 174, nota
   testemunho de materialização e – IX, 146

Denis, o Areopagita
   esoterismo cristão e – n.c. 4, 243

Depois da morte, livro
   aparições nos primeiros tempos do Cristianismo e – V, 53, nota
   inferno, demônio e – IX, 177, nota
   Léon Denis e – III, 35, nota; V, 53, nota; VIII, 114; IX, 142, nota, 148, nota, 177, nota; n.c. 7, 261, nota
   perispírito e – IX, 142, nota

Depressão intelectual
   invasão dos bárbaros e – III, 37

Derrota do atomismo, estudo
   átomo, teoria mecânica do universo e – VIII, 114
   W. Ostwald e – VIII, 114

Desconhecido, Um, Espírito
   mensagem mediúnica e – IX, 159-160

Desmoralização
   subversão das crenças e – VIII, 113, nota

Destino
   Espiritismo e concepção de Deus, do * e do dever – VIII, 131
   preparação do * do homem – X, 191

Deus
   ação de * sobre a humanidade – X, 183
   afastamento do homem da

Índice geral

crença em – VII, 73
Alma do mundo e – X, 203
apresentação de * arrependido
    da sua obra – n.c. 1, 234
apresentação de * na Bíblia – n.c. 1, 234
Bíblia, palavra de – n.c. 1, 231, 235
Catolicismo e papel de – VII, 74
condenação da alma a suplícios
    eternos e – VI, 64
confissão pública e – VII, 90
crença no resgate mediante a imolação
    de um * na cruz – VIII, 101
decisões da Igreja invisível e – XI, 223
desenvolvimento e progresso da
    sociedade e ideia de – X, 200
Espiritismo e concepção de *, do
    destino e do dever – VIII, 131
Espírito puro e contemplação de – X, 203
eternas verdades e pensamento de – II, 27
existência de *, ponto essencial do
    ensino espírita – X, 199
homem e reencontro com o
    pensamento de – introd., 12
Igreja e desnaturação da ideia de – VIII, 97
Igreja Romana e temor de – VIII, 97
imputação de pecados alheios e – VII, 76
Jesus e * quimérico da Bíblia – VIII, 102
Jesus, mediador entre * e os
    homens – VII, 76, nota
metades de – pref., 19
pensamento de * sobre a condenação e
    salvação do homem – VIII, 102
relação de * com os elementos
    da Criação – X, 203
reunião de todas as perfeições e – VII, 73
simplicidade e austeridade no
    culto rendido a – VII, 92
teólogos e sabedoria de – VII, 75
rota que conduz o homem a – introd., 12
trindade e oferta de Jesus a * em
    holocausto – VII, 77

Deuses
    Agostinho, Santo, e – n.c. 8, 267
    humanidade primitiva e crença
        nos * do mal – VII, 78
    I Coríntios, 8:5 e 6, e – n.c. 8, 267
    João, 10:34, e –VI, 68, nota
    João, 10:35, e – VI, 68

Justino, São, e – n.c. 8, 267
origem da criação dos * do mal – VII, 78
Orígenes e – n.c. 8, 267
sentido das expressões * e
    demônios – n.c. 8, 267
significado da palavra – VI, 68, nota

Deuteronômio, livro
    Deuteronômio, 22, e – n.c. 1, 233
    II Reis, 22:8 e 10, e – n.c. 1, 233

Dever
    Espiritismo e concepção de Deus,
        do destino e do – VIII, 131

Didaquê
    organização da igreja cristã e – n.c. 6, 251
    quadro da igreja primitiva
        e – n.c. 6, 252, nota

Didon, padre
    Igreja e retratação de – pref., 18
    manifestações de além-túmulo
        e – n.c. 6, 254, notas
    reencarnação, crença dos
        fariseus, e – n.c. 5, 245

Discurso aos gregos, nº 5
    Justino, São, e – n.c. 8, 267

Distinção dos espíritos, Da, livro
    Bona, cardeal, e – V, 61

Dogma
    ambição sacerdotal e * moderno – VII, 89
    ideia filosófica e * cristão – VII, 89
    origem do * cristão – VII, 93
    progresso do – n.c. 11, 277

Dor
    compreensão da necessidade da – X, 197
    função da – VII, 84
    meio de elevação e – XI, 215

Doutrina católica
    obscurecimento da razão e – VIII, 104

Doutrina cristã
    Evangelho e – n.c. 2, 237
    ponto capital da – V, 51

Doutrina das transmigrações
    ver Espiritismo

Doutrina dos Espíritos *ver* Espiritismo

Doutrina secreta
  Barnabé e – IV, 46
  ensinamentos da – IV, 43
  obras dos apóstolos e dos padres
    da Igreja e – IV, 46

Dupla personalidade
  explicação para os fenômenos do
    Espiritismo e – IX, 171

Duplo fluídico *ver* Perispírito

Durville, H.
  Fantasma dos vivos, O, livro, e – IX,
    142, nota; n.c. 9, 271, nota

E

Eclesiastes, livro
  Eclesiastes, 3:17 et seq., e –
    n.c. 1, 234, nota

Educação católica
  ensino leigo e – VIII, 111
  povos latinos e – VIII, 104

Eglinton, médium
  Aksakof e – IX, 145
  escrita direta e – IX, 152
  Psycography, livro, e – IX, 152
  Stainton Moses, professor, e – IX, 152

Egoísmo
  materialismo e desenvolvimento
    do – XI, 207

Elias
  conversa de Jesus com * e Moisés no monte
    Tabor – V, 50
  Jesus e – IV, 45
  João Batista e – IV, 45
  Mateus, 11:9, 14 e 15, e – IV, 45

Eloim
  significado da palavra – n.c. 1, 232

Em torno de um livrinho, livro
  Loisy, abade, e – n.c. 1, 235

Emaús
  conversa de Jesus com dois
    discípulos em – V, 51

Encíclica papal
  Fora da Igreja não há salvação e – VIII, 126

Enciclopédia das ciências religiosas
  F. Lichtenberger e – I, 23, nota

Energia
  manifestações da – IX, 141

Ensino clássico
  declaração de Francisque Sarcey,
    escritor, e – VIII, 112

Ensino leigo
  Educação católica e – VIII, 111
  impotência do * para incutir
    moralidade – VIII, 113

Ensino primário
  leis da vida e – VIII, 112

Epístola aos tralianos
  Inácio, São, e – VII, 88, nota

Epístola católica de São Barnabé
  Doutrina secreta e – IV, 46

Erney, A.
  fenômeno de materialização
    e – IX, 145, nota
  Psiquismo experimental, O,
    livro, e – IX, 145, nota

Escrita automática *ver* Escrita direta

Escrita direta
  comprovação da – n.c. 6, 253, nota
  confirmação da – IX, 166, nota
  Daniel, 5, e – n.c. 7, 263
  depoimento do Dr. Roman Uricz
    sobre um caso de – IX, 153
  Eglinton, médium, e – IX, 152
  Espiritismo ou faquirismo ocidental,
    livro, e – IX, 152, nota
  Êxodo, 32:15 e 16; 34: 28, e – n.c. 7, 263
  Gibier, Dr., e – IX, 152, nota
  Gladstone, Sr., estadista inglês, e – IX, 152
  Gregório de Cesareia e – n.c. 6,
    252, nota, 253, nota
  identificação de ortografia e –
    n.c. 12, 281; IX, 155

invisível, No, livro, e – IX, 152, nota, 166, nota; n.c. 6, 253, nota
Nicéforo e – n.c. 6, 252, nota, 253, nota
produção de * em ardósias – IX, 137
Psycography, livro, e – IX, 152
Revue Spirite e – IX, 153
Slade, médium, e – IX, 152, nota
Stainton Moses, professor, e – IX, 152
Tábuas da Lei e – n.c. 7, 263
Watkins, Sr., médium, e – n.c. 12, 281

Escrita mecânica
   identificação dos Espíritos e – IX, 166

Escrita mediúnica
   B. R., Srta., médium, e exemplo de – IX, 163
   Desconhecido, Um, Espírito, e – IX, 159-160
   F., Sra., médium, e exemplo de – IX, 155
   I. Iriac., Espírito, e – IX, 163
   J. D., médium, e exemplo de – IX, 160-162
   Jerônimo de Praga, Espírito, e – IX, 155-157
   M. L., Srta., médium, e exemplo de – IX, 157, 159, 162
   Michelet, Mme., Espírito, e – IX, 162
   Pastor B., Espírito, e – IX, 160-162
   R., Espírito, e – IX, 157-159
   tipos de fenômenos de – IX, 155

Escritório de Júlia
   considerações sobre – IX, 164
   International Review e – IX, 164
   W. Stead e – IX, 164

Esperança
   restituição da – introd., 11

Espírita e cristão, livro
   banimento do papa Líbero e – VI, 66, nota
   Bellemare e – IV, 44, nota
   Espírito Santo e – V, 56, nota

Espiritismo
   ação salutar do – XI, 212
   anátemas dos padres católicos contra o – V, 61, nota
   base definitiva à moral e – XI, 209
   bem moral realizado pelo – IX, 177
   Beversluis, pastor holandês, e – n.c. 6, 258

   Ciência Psíquica e – XI, 218
   Colley, arcediago, e – n.c. 6, 258, nota
   compreensão do objetivo da existência e – XI, 208
   concepção de Deus, do destino e do dever e – VIII, 131
   condições da vida futura do homem e – XI, 209
   confirmação dos ensinos de todas as religiões e – XI, 205
   consequências do – introd., 9
   consequências morais e – X, 188
   considerações sobre – IX, 173
   consolo, amparo e – concl., 226
   críticos e – IX, 174, 177
   demonstração da existência de um mundo fluídico e – XI, 219
   destino do homem e – X, 204
   ensino liberto de toda forma simbólica e – XI, 206
   Espíritos inferiores e * de baixa esfera – IX, 177
   explicação para os fenômenos do – IX, 171
   fenômenos de aparições e materializações e – introd., 10
   Física e – XI, 218
   Fisiologia e – XI, 218
   fonte inesgotável de inspirações e – XI, 219
   fraude, embuste, charlatanismo, mediunidade venal e – XI, 212
   germe da revolução moral e – IX, 171
   ideal de paz e de harmonia e – concl., 226
   ideal do Cristianismo e – VIII, 128
   ignorância e abusos na prática experimental do – XI, 212
   Igreja Católica e – n.c. 6, 254
   Igreja invisível e direção da marcha do – XI, 223
   Igreja protestante e – n.c. 6, 254
   infalibilidade e – X, 187
   influência do * no Espaço e na Terra – XI, 215
   influência moralizadora do – XI, 210
   Jesus, alma do – III, 34
   Leçanu, abade, e – n.c. 6, 254
   lei fundamental da natureza e – V, 61
   libertação da humanidade dos sistemas restritivos e – XI, 219

manifestação do * fora e acima
    das igrejas – X, 185
mediunidade venal e – IX, 177
missão do – VIII, 128; X, 184
nascimento do – IX, 135
necessidades inatas da alma
    humana e – XI, 206
novo ciclo ascensional da
    humanidade e – introd., 13
objeções apresentadas ao – IX, 168
objetivo do estudo do – XI, 210
Patologia e – XI, 219
perigos no – IX, 178
personalidade de Jesus e – VI, 71
poder do * sobre o mundo da matéria
    e do espírito – VII, 86
pontos essenciais do – X, 188, 195
posicionamento ortodoxo da
    Igreja ante o – X, 185
preparação do advento da religião
    universal e – XI, 221
preparação do terreno destinado ao – III, 39
preservação do suicídio e – XI, 211
provas da imortalidade e – introd., 10
Psicologia e – XI, 219
puras doutrinas cristãs e – introd., 10
renascimento e resplandecência do
    Cristianismo e – VIII, 128
restabelecimento da doutrina
    de Jesus e – VI, 72
restituição da fé perdida e – XI, 208
Russel Wallace, um verbo, uma
    palavra e – IX, 152
situação dos seres que nos precederam
    no Além e – XI, 207
superioridade moral do – XI, 208
Terapêutica e – XI, 219
terceira revelação e – X, 185, nota
volta ao Cristianismo primitivo e – II, 32
Xavier Mouls e vulgarização do
    magnetismo e do – XI, 210, nota

Espiritismo ou faquirismo ocidental, livro
    Gibier, Dr., e – IX, 152, nota

Espiritismo perante a igreja, O, livro
    Poussin, abade, e – V, 60, nota

Espírito atrasado
    utilidade do – V, 55

Espírito consolador, O, livro
    dogma da imaculada conceição
        e – VII, 89, nota
    dogma da infalibilidade papal
        e – VII, 89,nota
    Marchal, padre, e – VII, 89, nota

Espírito de luz
    Paulo, apóstolo, e – V, 55, nota

Espírito de Píton
    pitonisa de Endor e – n.c. 6, 251
    significado da expressão – n.c. 6, 251

Espírito impuro
    Mateus, 8:16, e – VI, 71

Espírito inferior
    dança das mesas e atração de
        * e leviano – IX, 177
    Espiritismo de baixa esfera e – IX, 177
    fenômeno físicos e – IX, 151
    Paulo, apóstolo, e – V, 55, nota

Espírito leviano
    dança das mesas e atração de
        * e inferior – IX, 177

Espírito puro
    contemplação da Divindade e – X, 203

Espírito Santo
    Basílio, São, e tratado do – n.c. 9, 269
    Bíblia e – n.c. 6, 250
    considerações sobre – IV, 44, nota
    Daniel, 13:45, e – n.c. 6, 250, nota
    Espírita e cristão, livro, e – IV,
        44, nota; V, 56, nota
    origem da expressão – V, 56, nota
    traduções francesas e – n.c. 6, 250
    Vulgata e – n.c. 6, 250

Espírito superior
    ensinos do – XI, 215
    missionário e – VI, 71

Espírito(s)
    alma, organismo indestrutível do – V, 52
    Annales des Sciences Psychiques e provas
        da identidade dos – n.c. 12, 282-283
    apóstolos e afastamento dos maus – VI, 71
    autenticidade dos – n.c. 3, 241

Índice geral

Ciência e existência do mundo dos – V, 53
ciência, estado transitório do * em sua
   evolução para a verdade – XI, 217
coibição de hábitos viciosos e
   conselhos dos – XI, 210
composição do invólucro
   invisível dos – IX, 141
conceito de – X, 191; n.c. 6, 249
consequências da ampliação das faculdades
   e percepções do – IX, 176
dança das mesas e atração de *
   inferiores e levianos – IX, 177
divergências de opiniões no
   ensino dos – X, 186
elevação moral do – V, 53
estados de vida do – X, 192
formação dos invólucros dos – IX, 140
ideia de divinização do – n.c. 6, 249
identificação dos * e escrita
   mecânica – IX, 166
identificação dos * e fenômeno de
   incorporação – IX, 166
integralização do * no além-
   túmulo – VIII, 122
intermediários dos – V, 53
livros canônicos e comunicação
   com os – V, 49, nota
manifestação dos * e vida de além-
   túmulo – VIII, 101
manifestação visível dos – V, 57, nota
moral, lei do – VIII, 117
perispírito, centro das energias
   ativas do – V, 53
perispírito, invólucro permanente
   do – IX, 143
pesagem e fotografia dos – V, 53
poder de irradiação do – X, 190
preconceito de raça ou de cor
   e ensino dos – X, 186
primeiros cristãos e comunicação
   com – V, 49, nota
prova da identidade dos – n.c. 12, 279
religião, estado transitório do * em sua
   evolução para a verdade – XI, 217
semeadura na sombra para
   colheita na luz e – X, 192
superioridade do * sobre a
   matéria – VIII, 124
teoria da alucinação e fotografias

dos – IX, 169
testemunhos de casos de
   aparição de – IX, 144
universo, campo de educação do
   * imortal – VIII, 119

Espiritualismo na história, O, livro
   materialidade da alma e – n.c. 9, 271
   Rossi de Giustiniani e – n.c. 9, 271

Espiritualismo universal
   Evangelho da eternidade e do
   infinito e – pref., 21

Esquecimento
   benefício do * do passado – X, 195
   explicação para o * das anteriores
   existências – X, 194

Essência do cristianismo, A, livro
   A. Bertrand e – I, 23, nota

Essênios
   batismo e – I, 25
   crença na imortalidade e na
   ressurreição e – I, 25

Estêvão
   visão dos mártires e morte de – V, 54, nota

Eterno
   considerações sobre a palavra
   – VII, 82, nota

Éter
   elemento primitivo e * cósmico
   – IV, 47, nota
   sensações de luz e vibrações do – IX, 140

Eucaristia
   catecismo do concílio de Trento e – VII, 91
   mistério afirmado pela Igreja
   e – VII, 91, nota

Evangelho do reino dos Céus
   Jesus e – II, 28

Evangelho(s)
   autenticidade dos – II, 27
   autoria do último capítulo do
   * de João – n.c. 2, 238
   desaparecimento dos manuscritos
   originais dos – n.c. 2, 239, nota

discordância sobre fatos notáveis
e – n.c. 2, 238
distinção das adições dos cristãos-
judeus e – III, 34, nota
diversificação dos – II, 28, nota
doce e profunda doutrina
de Jesus e – III, 35
documentos declarados apócrifos
e – I, 24, nota
dogmas, culto, sacerdócio e
autores do – VII, 93
doutrina cristã e – n.c. 2, 237
drama sublime do Calvário e – III, 35
esperanças dos primeiros – I, 25
Espiritualismo universal e * da
eternidade e do infinito – pref., 21
Fabrício e * apócrifos – n.c. 2, 239
Filosofia grega e * de João – I, 26
frágil mão do homem no – II, 31
heresiarcas e interpretação do – VI, 64
inspeção do raciocínio e – II, 31
instrumento de terror nas mãos
da Igreja e – VII, 79
lei da reencarnação e – IV, 44
livro sagrado da humanidade e – n.c. 2, 237
obscuridades do – III, 36
origem dos – I, 23; n.c. 2, 237
palavra de Jesus no * primitivo – II, 30
Parábola do Semeador e * sinóticos – III, 35
pensamento judeu-cristão e *
sinótico – I,26, nota
pluralidade dos mundos e – IV, 48
ressurreição de Lázaro e – n.c. 3, 241
retoques constantes nos – n.c. 3, 241
sentido oculto dos – III, 33; n.c. 4, 243
Teologia e aniquilamento do – pref., 20
verdadeira origem e – n.c. 2, 237
verdadeiro pensamento de Jesus
no conjunto dos – II, 31

evangelhos canônicos, Os
A. Sabatier e – I, 24
Lucas, apóstolo, e – I, 24, nota
Marcos, apóstolo, e – I, 24, nota
Mateus, apóstolo, e – I, 24, nota

Evocação
Gregório de Cesareia e * dos
Espíritos – n.c. 6, 252, nota
I Coríntios, 12, e – V, 55, nota

Nicéforo e * dos Espíritos – n.c.
6, 252, nota, 253, nota
perigo na prática isolada da
* espírita – IX, 178
sessão de – V, 56

Evódio, bispo de Uzala
perispírito e – n.c. 9, 270

Evolução
ato solene da * humana – concl., 227
Cristo e término da – VI, 72

Evolução anímica, A, livro
Gabriel Delanne e – IX, 143, nota
perispírito e – IX, 143, nota

Exame crítico das doutrinas da
religião cristã, livro
Patrício Laroque e – VII, 83, nota

Explicação da moral católica. O
vício e o pecado, livro
Janvier, padre, e – VII, 79, nota

Êxtase
desprendimento do perispírito e – V, 53

Exteriorização da motricidade, livro
de Rochas, coronel, e – IX, 142,
nota; n.c. 9, 271, nota

Exteriorização da sensibilidade, livro
de Rochas, coronel, e – IX,
142, nota; n.c. 9, 271, nota
perispírito e – n.c. 9, 271, nota

F

F., Sra., médium
exemplo de escrita mediúnica e – IX, 155

Fabrício
evangelhos apócrifos e – n.c. 2, 239

Falso profeta
doutrinas confusas e
contraditórias e – X, 184

Fantasma dos vivos, O, livro
H. Durville e – IX, 142, nota;
n.c. 9, 271, nota

Índice geral

Faraday
    lei da hereditariedade e – VIII, 123

Fato telepático
    perispírito e – IX, 143

Fé
    amesquinhamento da – VIII, 104
    antagonismo que separa a Ciência e a Religião e * futura – introd., 12
    aparição de Jesus e aprofundamento da * dos discípulos – V, 51
    discípulos de Jesus e * na imortalidade – VIII, 95
    Espiritismo e restituição da * perdida – XI, 208
    extinção da – introd., 10
    povos bárbaros e * cristã – III, 38
    sociedades cristãs e idades da * cega – VIII, 104

Felicidade
    mal e nascimento da – VII, 85
    Satanás e almas criadas para – VII, 78

Fénelon
    mundo invisível, O, livro, e – n.c. 4, 244, nota
    sentido secreto das Escrituras e – n.c. 4, 244, nota

Fenômeno espírita
    acusação de críticos e – IX, 170
    Benezech, pastor protestante, e – n.c. 6, 255
    Bíblia e – n.c. 7, 259
    C. Ware, reverendo, ministro da Igreja Metodista, e – n.c. 6, 257
    comissões científicas e investigações do – IX, 137
    consequências morais e filosóficas do – IX, 180
    explicação racional do – IX, 140, 176
    José Lappôni, Dr., médico, e – n.c. 6, 254
    leis que regem o – IX, 169, nota
    Moderno espiritualismo, O, livro, e – XI, 211, nota
    observação do – IX, 169
    pastor protestante e realidade do – XI, 211, 212, nota
    teoria da alucinação e – IX, 169

Fenômeno(s)
    ação dos médiuns nos * físicos – IX, 151
    ação dos médiuns nos * intelectuais – IX, 152
    aplicação dos raios Roentgen e * da fotografia espírita – IX, 141
    aplicação dos raios Roentgen e * de vista dupla – IX, 141
    cautelas adotadas nas experiências dos * de ordem física – IX, 149
    considerações sobre os * físicos – IX, 151
    doutrinas do passado e * de Além-túmulo – IX, 133
    Egito e estudo do * de Além-túmulo – IX, 133
    Grécia e estudo do * de Além-túmulo – IX, 133
    identificação dos Espíritos e * de incorporação – IX, 166
    Índia e estudo do * de Além-túmulo – IX,133
    métodos utilizados nas experiências de * de ordem física – IX, 148
    milagre e – IX, 133
    renovação e multiplicação dos * do passado – IX, 137
    transfiguração do médium no * de incorporação – IX, 167
    utilidade dos * físicos – IX, 151, 170

Fenômenos espíritas na Bíblia, Os
    dom de curar e – V, 49, nota

Ferré
    origem das comunicações espíritas e – IX, 172, nota

Ferrière, Emílio
    Causa primária, A, livro, e – VIII, 113, nota
    ciência materialista e – VIII, 113, nota

Filho de Deus
    Atos, 2:22, e – VI, 69
    filho do homem e – VI, 68, nota
    João, 5:30, e – VI, 68
    João, 8:40, e – VI, 68
    João, 10:36, e – VI, 68, nota
    João, 14:28, e – VI, 68
    João, 20:17, e – VI, 68
    Lucas, 18:19, e – VI, 68

Lucas, 24:19, e – VI, 69
Marcos, 8:29, e – VI, 69
Mateus, 5:9, e – VI, 68
Paulo, Romanos, 8:14, e – VI, 68

Filho do homem
   filho de Deus e – VI, 68, nota
   Marcos, 8:28, e – IV, 46
   Mateus, 16:13, 14, e – IV, 46
   protesto de Jesus e – IV, 46

Filosofia
   Igreja de Roma e obstáculos ao
      desenvolvimento da – 38
   testemunho exclusivo dos
      sentidos e – VIII, 115

Filosofia natural, livro
   Júlio Soury, Sr., e – VIII, 120, nota

Filostórgio
   Igreja e o Império romano no século
      quarto, A, livro, e – V, 59, nota

Física
   descoberta das formas sutilíssimas
      da matéria e – XI, 218
   descobertas da – IX, 134
   Espiritismo e – XI, 218

Fisiologia
   conhecimento do corpo fluídico e – XI, 218
   Espiritismo e – XI, 218

Flammarion, C.
   fenômenos de aparições e – n.c. 13, 286
   L'Inconnu et les Problèmes Psychiques,
      livro, e – n.c. 13, 286

Flaviano, bispo de Constantinopla
   carta do papa São Leão para
      – n.c. 6, 252, nota

Fleury, abade
   História eclesiástica, livro, e – VI, 63, nota
   Montânus e suas profetisas – VI, 63

Fogo eterno
   Jerônimo, São, e – VII, 82, nota

Fogueira de Servet
   Calvino e – VII, 76

Força
   Espiritismo e conceito de – X, 198

Força vital
   perispírito e – IX, 143, nota

Fotografia espírita
   Aksakof e – IX, 170
   Carter, juiz, e – IX, 142, nota
   Herrod, médium, e – IX, 142, nota
   Ochorowicz e – IX, 170
   revelação da existência do
      perispírito e – IX, 142
   testemunhos do Sr. Glendinning
      e – IX, 142, nota
   Volpi e – IX, 170
   W. Stead e – IX, 170
   William Crookes e – IX, 170

Franklin
   lei da hereditariedade e – VIII, 123

Fraternidade
   materialismo e – XI, 207

Futuro
   base para as crenças do – VII, 90
   materialismo e noção acabrunhada
      do – VIII, 117

G

Galileu
   congregação do Index e – n.c. 10, 273
   Henrique de L'Épinois, conde,
      e – n.c. 10, 273

Gênesis, livro
   Abel, Caim e – n.c. 1, 233
   considerações sobre – n.c. 1, 232
   Gênesis, 3:22, e – n.c. 1, 232, nota
   Gênesis, 6:6 e 7, e – n.c. 1, 234
   narrativas distintas da Criação
      e – n.c. 1, 232

Geologia
   fases da formação da Terra e – VIII, 100

Gibier, Dr.
   escrita direta e – IX, 152, nota
   Espiritismo ou faquirismo ocidental,
      livro, e – IX, 152, nota
   Slade, médium, e – IX, 152, nota

Índice geral

Giustiniani, Rossi de
  Espiritualismo na história, O,
    livro, e – n.c. 9, 271
  materialidade da alma e – n.c. 9, 271

Gladstone, Sr., estadista inglês
  escrita direta e – IX, 152

Grammont, de, Sr.
  fenômeno de exteriorização da sensibilidade
    e da motricidade e – IX, 144

Gregório de Nissa, São
  Discurso catequético e– V, 60
  eternidade das penas e – VII, 83, nota
  Vida de São Gregório, o taumaturgo,
    livro, e – V, 57, nota

Gregório de Cesareia
  escrita direta e – n.c. 6, 252, nota, 253
  evocação dos Espíritos e – n.c. 6, 252, nota

Gregório, São
  perispírito e – n.c. 9, 269

Gregório, São, bispo de Neocesareia
  visão de João Evangelista e – V, 57, nota

Guerra dos judeus contra
  os romanos, livro
  F. Josef e – n.c. 2, 238, nota
  Flavius Josephus, historiador,
    e – n.c. 2, 238, nota

H

Hare, Robert
  professor na Universidade de
    Pensylvânia e – n.c. 14, 288
  quadrante percussor e – n.c. 14, 288
  transmissão do pensamento e – n.c. 14, 288

Harmonia
  realização da única * possível
    neste mundo – XI, 216
  revelação da * universal – X, 200

Hawis, reverendo
  Espiritismo e – n.c. 6, 255
  fotografias de Espíritos e – n.c. 6, 255
  Igreja de Marylebone e – n.c. 6, 255
  Igreja de São Jaques e – n.c. 6, 255

Hebreus
  crença na sobrevivência e comunicação
    com os mortos e – n.c. 7, 260

Heresiarcas
  inspiração dos Espíritos e – VI, 63
  interpretação do Evangelho e – VI, 64

Hermas
  lei da reencarnação e – IV, 46
  Livro do pastor e – V, 56, nota

Hilário, Santo
  necessidade de sentido oculto dos
    evangelhos e – n.c. 3, 244, nota

Hipnotismo e espiritismo, livro
  José Lappôni, Dr., médico, e – n.c. 6, 254

História da Igreja
  Bérault-Bercastel, abade, e –
    n.c. 5, 245, 246, nota

História da Igreja Galicana, livro
  corrupção da moral e – VI, 64, nota
  heresiarcas – VI, 63
  Longueval, padre, e – VI, 63, nota, 64, nota

História da teologia cristã no século
    apostólico, livro
  Eduardo Reuss e – I, 23, nota

História das práticas supersticiosas, livro
  P. Le Brun, padre, e – n.c. 6, 254

História de Satanás, livro
  Leçanu, abade, e – n.c. 6, 254

História eclesiástica, livro
  Apolônia de Tiana e – VI, 63, 64, nota
  Cerinthe e – VI, 63, nota
  Fleury, abade, e – VI, 63, nota

História Universal da Igreja Católica
  João de Tessalônica, São, e – n.c. 9, 271

Holocausto
  trindade e oferta de Jesus a
    Deus em – VII, 77

Homem
  afastamento do * da crença
    em Deus – VII, 73

afrouxamento do laço religioso entre o
   * e a Igreja Romana – VIII, 127
causa da superioridade inata do – X, 193
consequências da negligência do
   belo moral e – II, 27
elementos constitutivos do – IX, 176
Espiritismo e condições da vida
   futura do – XI, 209
Espiritismo e destino do – X, 204
frágil mão do * no Evangelho – II, 31
inclinação do * para julgamento
   dos fatos – IX, 171
individualização do princípio
   espiritual e – VII, 85
intuição das faltas cometidas e – VII, 73
Jesus, mediador entre Deus
   e – VII, 76, nota
julgamento da Criação e – VII, 84
limitação dos sentidos do
   – V, 52; IX, 139
materialismo e produção de
   * livre – VIII, 117
modos de vida do – IX, 180
necessidade de crença e – introd., 12
objetivo do * na Terra – introd., 10
origem do erro do – V, 52
pecado original e responsabilidade
   do – VII, 89
pensamento de Deus sobre a condenação
   e salvação do – VIII, 102
preparação do destino do – X, 191
progresso do * e Antropologia – VIII, 99
reencontro com o pensamento
   de Deus e – introd., 12
reprodução do duplo fluídico de *
   na placa fotográfica – IX, 142
respeito à liberdade do – IX, 136
retrogradação do * ao estado
   bestial – VIII, 121
rota que conduz o * a Deus – introd., 12
sede de faculdades e capacidades
   ocultas e – IX, 180

Homem de bem
   dever do – XI, 212

Homem e a inteligência, o sonambulismo
   provocado, O, livro Charles
   Richet e – IX, 174

Humanidade(s)
   ação de Deus sobre a – X, 183
   agitação da * entre dois erros – VIII, 124
   condição para realização do progresso
      e ascensão da – VII, 84-85
   comprometimento do futuro
      religioso da – pref., 20
   concílio de Niceia e obstrução
      do caminho à – VI, 66
   concílio de Roma e obstrução
      do caminho à – VI, 66
   condição para o avanço e
      elevação do – VII, 85
   crença nos Deuses do mal e *
      primitiva – VII, 78
   cristão e amor a – concl., 225
   Cristianismo, estágio indispensável
      na marcha da – III, 38
   Espiritismo e libertação da * dos
      sistemas restritivos – XI, 219
   Espiritismo e novo ciclo ascensional
      da – introd., 13
   Evangelho, livro sagrado da – n.c. 2, 237
   explicação para as provações
      da – n.c. 5, 247
   evolução física e o desenvolvimento
      intelectual da – XI, 222
   história do Catolicismo,
      calvário da – VIII, 107
   Igreja e separação das – concl., 226
   Imaculada Conceição e obstrução
      do caminho à – VI, 66
   infalibilidade papal e obstrução
      do caminho à – VI, 66
   Jesus e aproximação das – concl., 226
   libertação das superstições e dos
      fantasmas do passado e – VIII, 131
   mensagens de paz, amor e
      esperança à – IX, 181
   motivo que impeliu a * para a dúvida
      e para a negação – VIII, 96
   necessidade de uma crença baseada
      em provas e fatos e – VIII, 111
   pecado original e obstrução do
      caminho à – VI, 66
   punição da * inteira pelo pecado
      de Adão – VII, 73
   reclamos da – IX, 136
   regeneração da * e Igreja – VIII, 97

remédio para os males aflitivos e
debilitantes da – IX, 181
renovação gradual e progresso
moral da – X, 201
resgate dos crimes da * pelo sangue
do Cristo – VII, 77
sacrifício de Jesus e salvação da – VII, 76

Huss, Jan
ação da vontade e – VIII, 124

I

I. Iriac., Espírito
escrita mediúnica e – IX, 163

Idade Média
interdição das relações com o mundo
invisível e – XI, 213
trevas espessas e – concl., 226

Ideal religioso
evolução do – introd., 12
lei do progresso e – introd., 12

Ideia espírita
expansão da – IX, 138
fases de progressão da – UIX, 135

Ignorância
abusos na prática experimental do
Espiritismo e – XI, 212
dissipação das névoas da – XI, 223
Espírito do mal e – XI, 221
leis da vida e * do homem – XI, 112

Igreja
abandono dos cultos externos e
príncipes da – VIII, 97
administração do alimento
dogmático da – VII, 102
amálgama de dogmas estranhos e – VI, 65
ameaça da fogueira e das
torturas e – XI, 214
amiga dos Césares e – pref., 16
aparecimento do homem na
Terra e – VIII, 99
autoridade da * e pensamento
de Jesus – II, 31
catecismo, força da – VIII, 103
chama do Pentecostes e – pref., 17

Ciência, compreensão da
Bíblia e – VIII, 100
compreensão da essência do
Cristianismo e – VIII, 107
concepção do mundo e – VIII, 99
condenação ao livre-pensamento
e – VIII, 106
condenação das prática espíritas
e – V, 60; VII, 79
condenação de Galileu e – VIII, 100, nota
debilidade do ensino da – VIII, 97
desnaturação da ideia de Deus e – VIII, 97
dogma das penas eternas e – VII, 78
dogmas da * e obscurecimento
dopensamento de Jesus – VI, 64
dom de profecia e redução do
poder da – VI, 64
doutrina da condenação eterna e – XI, 213
doutrina de Jesus e * romana – introd., 8
doutrinas adaptadas aos interesses
terrenos da – VI, 65
errônea concepção da vida de
além-túmulo e – XI, 213
espírito de ceticismo e negação
e – XI, 214, nota
exclusão da comunhão católica
e – VIII, 126
excomunhão do abade Loisy
e – VIII, 101, nota
espírito de Jesus e vida da – pref., 17
esquecimento da liturgia e dos
mistérios e – pref., 20
estado de ignorância da
sociedade e – III, 38
Eucaristia e mistério afirmado
pela – VII, 91, nota
Evangelho, instrumento de terror
nas mãos da – VII, 79
excomunhão de Virgílio, frade
irlandês, e – VIII, 100
Galileu, Copérnico e Índex da – VIII, 100
guia e educadora de almas e – pref., 15
hierarquia humana e – VII, 94
imobilização e materialização
da Religião e – VI, 65
ignorância das leis da vida e do
Universo e – VIII, 100
infalibilidade pessoal do pontífice
romano e – pref., 19

jugo de Roma e – pref., 18
manifestação do Espiritismo fora
   e acima da – X, 185
manifestações exteriores e
   materiais e – introd., 8
mescla no ensino da – VI, 63
moral evangélica e – VIII, 126
morte da * e aurora de um astro
   que desponta – pref., 21
motivo de afastamento das
   almas da – VIII, 96
motivo de decadência e
   enfraquecimento da – IX, 179
motivo de retração do mundo
   invisível e – IX, 179
obra dogmática da * e afastamento
   dos Espíritos – VI, 63
opinião da * sobre a ressurreição
   de Jesus – V, 52
opiniões da * sobre a Criação – VIII, 101
padres da * e perispírito – VII, 87
padres da * e ressurreição da carne – VII, 87
pensamento de Jesus e – pref., 20
política humana e – pref., 20
posicionamento ortodoxo da *
   ante o Espiritismo – X, 185
pluralidade dos mundos
   habitados e – VIII, 99
previsões do escritor de Maistre
   sobre a – VIII, 129
primeiros tempos do Cristianismo
   e * protestante – I, 23, nota
privilégio das comunicações
   ocultas e – V, 60
purgatório e – VII, 83
quadro da * primitiva – n.c. 6, 252, nota
reencarnação e resoluções da – IV, 48
regeneração da humanidade e – VIII, 97
renovação moral fora do
   dogmatismo da – VIII, 127
ruína progressiva da – pref., 20
separação das humanidades e – concl., 226
significado da palavra – I, 25
sufocação do profetismo e – VI, 64
única profecia viva e – VI, 65
única revelação perpétua e
   permanente e – VI, 65
vantagem às pretensões da – VI, 67

Igreja Católica
   causa do enfraquecimento da – pref., 17
   condenação da – pref., 16
   confissão auricular e – VII, 90
   crise da – pref., 15
   Espiritismo e – n.c. 6, 254
   gravíssima falta da – pref., 19
   impopularidade e – pref., 16
   túmulo do pensamento
      humano e – pref., 18

Igreja cristã
   constituição do ensino da – VI, 66
   missão do Espiritismo e – XI, 221
   motivo de subsistência da – VIII, 97
   traducianismo e – VII, 75

Igreja da Idade Média
   afirmação da pluralidade das
      existências da alma e – VII, 83
   purgatório e – VII, 83
   terrível disciplina imposta aos
      fiéis pela – VIII, 98

Igreja de França
   refúgio do pensamento e – pref., 17
   transformação da – pref., 18

Igreja e o Império romano no
   século quarto, A, livro
   Alberto de Broglie, Sr.,
      historiador, e – V, 58
   Filostórgio e – V, 59, nota

Igreja invisível
   composição da – XI, 222
   decisões da – XI, 223
   direção da marcha do
      Espiritismo e – XI, 223
   hora da renovação e – XI, 223

Igreja protestante
   Benezech, pastor, e – n.c. 6, 255
   Espiritismo e – n.c. 6, 254

Igreja reformada
   Protestantismo liberal e – VIII, 110

Igreja Romana
   afastamento do espírito do
      Cristo e – VIII, 97

afastamento dos princípios do verdadeiro
  Cristianismo e – VIII, 106
afrouxamento do laço religioso entre
  os homens e – VIII, 127
atividades indutoras à ociosidade
  e – VIII, 105
balanço atual da – pref., 16
causa da decadência e impopularidade
  da – pref., 20
confronto entre as doutrinas da * e
  do Protestantismo – VIII, 108
considerações sobre a – VIII, 125
indução dos povos ao ceticismo e – VII, 80
interesses materiais e – VIII, 105
Leão XIII e – VIII, 126
obstáculos ao desenvolvimento das
  Ciências e da Filosofia e – 38
reassunção do governo do
  mundo e – VIII, 127
separação do Estado francês da – pref., 15
sufocamento do pensamento, opressão
  da consciência e – VIII, 106
temor de Deus e – VIII, 97

Imaculada conceição
  Espírito consolador, O, livro, e
    dogma da – VII, 89, nota
  Marchal, padre, e – VII, 89, nota

Imoralidade
  propagação da – introd., 11

Imortalidade
  afirmações do Cristianismo
    relativamente à – introd., 9
  discípulos de Jesus e fé na – VIII, 95
  Espiritismo e provas da – introd., 10
  Platão e crença na – XI, 208

Imposição das mãos
  Atos, 8:17; 19:6, e – VII, 90, nota
  cura pela – n.c. 7, 264
  Números, 27:15 a 23, e – n.c. 7, 261
  transmissão dos dons fluídicos
    e – VII, 90, nota

Inácio, São
  Epístola aos tralianos, e – VII, 88, nota

Infalibilidade papal
  Espírito consolador, O, livro, e
    dogma da – VII, 89, nota
  Marchal, padre, e – VII, 89, nota

Inferno
  admissão do * e insulto a
    Divindade – VII, 80
  argumento dos defensores da
    teoria do – VII, 81
  chefes da Igreja e existência
    do * eterno – VII, 81
  crença no – VIII, 101
  fé cristã e crença no – III, 37
  reencarnações sucessivas e * eterno – VII, 81
  verdadeiro sentido da palavra – VII, 80

Inquisição
  retração aos tempos da – n.c. 11, 278

Inspiração
  Moisés, cânticos inspirados ao
    Eterno e – n.c. 7, 264

Instrução
  impotência e esterilidade da * sem
    o ensino moral – XI, 209

International Review
  Escritório de Júlia e – IX, 164

Intuição
  homem e * das faltas cometidas – VII, 73

Investigações sobre os fenômenos
  do espiritualismo, livro
  William Crookes e – IX, 144, nota

Invisível, No, livro
  aparições nos primeiros tempos do
    Cristianismo e – V, 53, nota
  demonstração da existência do
    perispírito e – VIII, 123, nota
  fenômenos de ordem física
    e – IX, 148, nota
  identidade dos Espíritos e – n.c. 12, 282
  Léon Denis e – V, 53, nota; V, 54, nota;
    VIII, 123, nota; IX, 145, nota, 148,
    nota; n.c. 6, 253, nota; IX, 169,
    nota, 175, nota; n.c. 12, 282

Isaías, profeta
  Isaías, 58: 4 a 8, e – n.c. 1, 235, nota

J

J. D., médium
  exemplo de escrita mediúnica
  e – IX, 160-162

Jairo, filha de
  Lucas, 8:41, 42, 49 a 56, e – n.c. 7, 264

Janet, Pierre, Sr.
  Automatismo psicológico, O,
  livro, e – IX, 172, nota
  origem das comunicações espíritas
  e – IX, 172, nota
  sessões espíritas e experiências
  do – IX, 172

Janvier, padre
  Explicação da moral católica. O vício e
  o pecado, livro, e – VII, 79, nota
  façanhas de Satanás e – VII, 79, nota

Jaurés, J.
  Igreja, uma das formas da exploração
  humana e – VIII, 127

Jejum
  condenação do – n.c. 1, 234, notas

Jeová
  significado da palavra – n.c. 1, 232

Jeremias, profeta
  aparição e – n.c. 7, 263, nota

Jerônimo de Praga
  ação da vontade e – VIII, 124
  mensagem mediúnica e *,
  Espírito – IX, 155-157

Jerônimo, São
  bons e maus Espíritos e – n.c. 6, 249
  controvérsia com Vigilantius,
  o gaulês, e – V, 60
  Damaso, papa, e – II, 29, nota
  Evangelho segundo Mateus
  e – VII, 82, nota
  fogo eterno e – VII, 82, nota
  reencarnação e – n.c. 5, 247
  sentido oculto dos evangelhos
  e – n.c. 4, 244
  suplício eterno e – VII, 82, nota
  tradução da Vulgata e – VII, 82, nota
  tradução latina do Antigo
  Testamento e – II, 29
  tradução latina do Novo
  Testamento e – II, 29

Jerusalém
  ruína de – I, 25

Jesus *ver também* Cristo
  ação de * sobre seu perispírito
  – V, 51, nota
  afirmação da imortalidade
  da vida e – V, 54
  alma do Espiritismo e – III, 34
  alteração da pureza do
  ensinamento de – I, 25
  anunciação da vinda de – VI, 69, nota
  aparição da alma de – V, 50
  aparição de * à Maria Madalena – V, 51
  aparição de * à Tomé – V, 51, nota
  aparição de * e aprofundamento
  da fé dos discípulos – V, 51
  aparição de * em Damasco – V, 55, nota
  aproximação das humanidades
  e – concl., 226
  cego de nascença e – IV, 45
  comunicação do mundo terrestre
  com o mundo espiritual e – 54
  conversa de * com Elias e Moisés
  no monte Tabor – V, 50
  conversação de * com Nicodemos
  e – n.c. 5, 246
  curas de * e milagres – VI, 70, nota
  desaparecimento do corpo
  de – V, 54, nota
  Deus de – VI, 66
  Deus quimérico da Bíblia e – VIII, 102
  discípulos de * e fé na
  imortalidade – VIII, 95
  discordância quanto as derradeiras
  palavras de – n.c. 2, 238, notas
  divindade de – VI, 67
  dogmas da Igreja e obscurecimento
  do pensamento de – VI, 64
  doutrina de – II, 28
  doutrina de liberdade e doutrina
  de – VIII, 107
  Elias, João Batista e – IV, 45
  Espiritismo e personalidade de – VI, 71

Índice geral

Espiritismo e restabelecimento
  da doutrina de – VI, 72
espírito de * e vida da Igreja – pref., 17
Evangelho do reino dos Céus e – II, 28
faculdades de – V, 49; VI, 70
filho de Deus e – VI, 68
governador espiritual da Terra e – VI, 72
ideia dos apóstolos sobre – VI, 69
Igreja e pensamento de – pref., 20
imagem venerável e sagrada e – introd., 7
intermitência nas faculdades de – VI, 70
irradiação do pensamento de – XI, 223
João, 12:49, e faculdades de – VI, 71
João, 20:15 a 17 e 24 a 28, e
  aparição de – V, 51, nota
letras de fogo, expressão das
  vontades do Céu e – V, 50
Lucas e materialidade do corpo de *
  depois da morte – V, 52, nota
manutenção da doutrina de *
  através dos séculos – III, 34
mediador entre Deus e os
  homens e – VII, 76, nota
médium inspirado e – II, 27
mestre e – VII, 94, nota
mulher adúltera e – V, 50
Nicodemos e – IV, 44
Novo Testamento e aparições de – V, 49
palavra de * no Evangelho
  primitivo – II, 30
parábolas e – III, 35
Paulo, apóstolo, e inspirações de – V, 55
Paulo, apóstolo, e ressurreição
  de – VI, 70, nota
pedra angular do Cristianismo e – III, 34
percepção das vibrações do supremo
  pensamento e – V, 50
primeiros cristãos e divindade de – VI, 69
reino de Deus e – concl., 225
relação dos discípulos de * com o mundo
  invisível – V, 56, nota
religião de – concl., 225
religião do Calvário e – pref., 19
religião sacerdotal e – IV, 42
revelação integral do pensamento
  de – concl., 225
sacrifício de * e salvação da
  humanidade – VII, 76
Sermão da Montanha, Calvário e – VI, 72

Suetônio e suplício de – III, 34
Talmude e morte de * na
  cruz – III, 34, nota
tentação de – n.c. 3, 241
testemunhos históricos da
  existência de – III, 34
tradição popular e – I, 23
transformação da doutrina de – VI, 67
trindade e oferta de * a Deus em
  holocausto – VII, 77

Jesus Cristo, seu tempo, sua
  vida, sua obra, livro
morte, pecado e – VII, 76, nota

Jesus de Nazareth, livro
Albert Réville e – V, 52, nota
aparições de Jesus e – V, 52, nota

Joana d'Arc
ação da vontade e – VIII, 124

João de Tessalônica, São
História Universal da Igreja
  Católica e – n.c. 9, 271
perispírito e – n.c. 9, 271

João, apóstolo
aparição de Jesus à Tomé e – V, 51, nota
Ascensão de Jesus e – n.c. 2, 238
autoria do último capítulo do
  Evangelho de – n.c. 2, 238
cego de nascença e – IV, 45
derradeiras palavras de Jesus
  e – n.c. 2, 238, nota
Evangelho de – I, 24
Filosofia grega e Evangelho de – I, 26
intervenção dos pais no nascimento
  da alma e – n.c. 5, 246
I Epístola, 1:9, e – II, 90, nota
I Epístola, 4:1, e – V, 56; VI, 65
I João, 2:20, 21 e 27, e – III, 36, nota
I João, 4:1, e – n.c. 7, 260
João, 1:13, e – n.c. 5, 246
João, 3:3 a 8, e – IV, 44
João, 5:28 e 29, e – VII, 88, nota
João, 5:30, e – VI, 68
João, 8:40, e – VI, 68
João, 9:2, e – IV, 45
João, 10:33, e – VI, 68

João, 10:34, e – VI, 68, nota
João, 10:35, e – VI, 68
João, 10:36, e – VI, 68, nota
João, 12:28, e – n.c. 7, 264
João, 12:49, e – VI, 71
João, 14:2 e 3, e – IV, 48
João, 14:16 e 17 e – X, 185, nota
João, 14:28, e – VI, 68
João, 19:30, e – n.c. 2, 238, nota
João, 20:14, e – n.c. 2, 238, nota
João, 20:15 a 17 e 24 a 28, e – V, 51, nota
João, 20:17, e – VI, 68
João, 21:25, e – n.c. 2, 238
origem do Evangelho de – n.c. 2, 237
parábolas e – III, 36, nota
pluralidade dos mundos e – IV, 48
primeira aparição de Jesus e – n.c. 2, 238, nota
reencarnação e – IV, 44
visão de * em Patmos – V, 54, nota

Josef, F.
Guerra dos judeus contra os romanos, livro, e – n.c. 2, 238, nota

Josefo, historiador judaico
crença dos fariseus e – n.c. 7, 261
reencarnação, crença dos fariseus e – n.c. 5, 245

Josephus, Flavius, historiador
assassínio de Zacarias filho de Baraquias e – n.c. 2, 238, nota
Guerra dos judeus contra os romanos, livro, e – n.c. 2, 238, nota
origem do Evangelho de Mateus e – n.c. 2, 238

Judeia
doutrina secreta e – n.c. 7, 261, nota
ideia da sobrevivência e das existências sucessivas da alma e – n.c. 7, 26
mediunidade auditiva e – n.c. 7, 263

Justiça, artigo
Júlio Soury, Sr., e – VIII, 19

Justino, São
Apologética, I, 18, e – n.c. 8, 268
Discurso aos gregos, nº 5, e – n.c. 8, 267
necromancia, e – n.c. 8, 268
P. Fondet, tradutor, e – n.c. 8, 268

K

Képler
lei da hereditariedade e – VIII, 123

King, John, Espírito
Aksakof e – V, 53, nota

King, Kate, Espírito
aparição, dissolução e desaparecimento do– IX, 146, nota
Florence Cook, médium, e – IX, 144
Psiquismo experimental, O, livro, e – IX, 146, nota
William Crookes e – V, 53, nota; IX, 144

L

Lacordaire, padre
mesas giratórias e – n.c. 6, 253

Lamennais
Igreja e retratação de – pref., 18

Laplace
lei da hereditariedade e – VIII, 123

Lappôni, José, Dr., médico
fenômenos espíritas e – n.c. 6, 254
Hipnotismo e espiritismo, livro, e – n.c. 6, 254

Laroque, Patrício
Exame crítico das doutrinas da religião cristã, livro, e – VII, 83, nota

Lázaro
ressurreição de * e Evangelho – n.c. 3, 241

L'Épinois, Henrique de, conde
extrato do texto da condenação de Galileu e – n.c. 10, 273

Leão XIII, papa
Igreja Romana e – VIII, 126
partidos reacionários e – pref., 16

Leão, São, papa
carta do * a Flaviano, bispo de Constantinopla – n.c. 6, 252, nota

Leblois, pastor
Bíblias e os iniciadores religiosos da

Índice geral

humanidade, As, livro, e – n.c. 3, 242, nota
intercalação do dogma da Trindade
no texto e – n.c. 3, 242, nota

Leçanu, abade
História de Satanás, livro, e – n.c. 6, 254
manifestações de
Além-túmulo e – n.c. 6, 254

Lei da fraternidade
realização e revelação da – XI, 207

Lei da hereditariedade
Copérnico e – VIII, 123
D'Alembert e – VIII, 123
Faraday e – VIII, 123
Franklin e – VIII, 123
Humphry Davy e – VIII, 123
Képler e – VIII, 123
Laplace e – VIII, 123
materialismo e – VII, 75
Newton e – VIII, 123
talento e – VIII, 123

Lei de reencarnação
considerações sobre – X, 196

Lei do destino
compreensão da – X, 192
tecedura da – VII, 81

Lei moral
realidade e sanção da – introd., 11
Sermão da Montanha e – IV, 41

Lei natural
fenômenos inexplicados e – introd., 8

Leis da natureza
harmonia do universo e – IX, 133

Lepelletir, Edmond, jornalista
naufrágio da Utopia e – VIII, 120

Lesserre, Henri, Sr.
Memórias à Sua Santidade e – n.c. 10, 274

Levitação
casos de – V, 57, nota
Ezequiel, 3:14 e 15, e – n.c. 7, 263

Levítico, livro
Levítico, 19:3, e – n.c. 1, 232, nota

L'Inconnu et les Problèmes
Psychiques, livro
C. Flammarion e – n.c. 13, 286
fenômeno de aparição e – n.c. 13, 286

Liberdade
respeito à * do homem – IX, 136
unidade psíquica do ser e – IX, 176

Líbero, papa
banimento do – VI, 67, nota
Espírita e cristão, livro, e – VI, 67, nota

Lichtenberger, F.
Enciclopédia das ciências
religiosas e – I, 23, nota

Livre-arbítrio
materialismo e – VIII, 118
pecado de Adão e – VII, 75

Livro canônico
comunicação com os Espíritos
e – V, 49, nota

Livro do Pastor
Hermas e – V, 56, nota
lei da reencarnação e – IV, 46-47

Lodge, Oliver
cross-correspondence e – IX, 163
Sociedade de Investigações Psíquicas
de Londres e – IX, 163

Loisy, abade
expulsão da cátedra e – pref., 18

Lombroso, professor
aparições e – IX, 145
casas mal-assombradas e
testemunho de – IX, 147
Eusapia Palladino, médium, e – IX, 145
Ricerche sui fenomeni ipnotici e spiritici,
livro póstumo, e – IX, 145

Longueval, padre
História da Igreja Galicana,
livro, e – VI, 63, nota

Loyson, H.
Igreja e retratação de – pref., 18

Loisy, abade

Em torno de um livrinho,
  livro, e – n.c. 1, 235
Igreja e excomunhão do – VIII, 101, nota
resposta do * às críticas pelo seu
  trabalho – n.c. 1, 235

Lucas, apóstolo
  Ascensão de Jesus e – n.c. 2, 238
  derradeiras palavras de Jesus
    e – n.c. 2, 238, nota
  Evangelho de – I, 24
  evangelhos canônicos, Os, e – I, 24, nota
  Lucas, 1:26 a 28, e – VI, 69, nota
  Lucas, 3:22, e – n.c. 7, 264
  Lucas, 18:19, e – VI, 68
  Lucas, 22:19, e – VII, 91
  Lucas, 23:46, e – n.c. 2, 238, nota
  Lucas, 24:15, e – n.c. 2, 238, nota
  Lucas, 24:50 e 51, e – n.c. 2, 238
  materialidade do corpo de Jesus
    depois da morte e – V, 52, nota
  origem do Evangelho de – n.c. 2, 237
  primeira aparição de Jesus
    e – n.c. 2, 238, nota
  primeiras narrações escritas e – I, 24, nota

Lutero
  nascimento, ressurreição, divindade
    de Jesus e – VIII, 109

M

M. L., Srta., médium
  exemplo de escrita mediúnica
    e – IX, 157, 159

Madalena, Maria
  aparição de Jesus e – V, 51

Magnetismo
  Xavier Mouls e vulgarização do * e
    do Espiritismo – XI, 210, nota

Maistre, de, escritor
  previsões do * sobre a Igreja – VIII, 129

Mal
  conceito de – VII, 84, 85
  império do * e mundos inferiores – VII, 85
  resolução do problema do – X, 198
  Satanás, símbolo do – VII, 84

transformação e atenuação do – VII, 84

Manifestação de além-túmulo
  conversão de mágicos e – V, 57, nota
  convulsionários de S. Medard e – V, 61
  demonstração do mundo
    invisível e – IX, 138
  Didon, padre, e – n.c. 6, 254, notas
  Eusapia Palladino, médium, e – IX, 150
  explicação para – IX, 149
  fenômenos macabros da Idade
    Média e – V, 61
  gênios familiares de Jerônimo
    Cardan e – V, 61
  gênios familiares de Tasso e – V, 61
  intervenção dos anjos da Bíblia e – V, 54
  Jesse Stephard, médium, e – IX, 150
  Joana d'Arc e – V, 61
  Leçanu, abade, e – n.c. 6, 254
  Marouzeau, abade, e – n.c. 6, 254
  opinião dos padres e – V, 54
  P. Le Brun, padre, e – n.c. 6, 254
  padres católicos e – n.c. 6, 253
  profetas inspirados de Cavennes e – V, 61
  Swedenborg e – V, 61
  visão de João em Patmos e – V, 54, nota

Marchal, padre
  dogma da imaculada conceição
    e – VII, 89, nota
  dogma da infalibilidade papal
    e – VII, 89, nota
  Espírito consolador, O, livro,
    e – VII, 89, nota

Marcos, apóstolo
  aparições de Jesus e – V, 52
  Ascensão de Jesus e – n.c. 2, 238
  derradeiras palavras de Jesus
    e – n.c. 2, 238, nota
  Evangelho de – I, 24
  evangelhos canônicos, Os, e – I, 24, nota
  filho do homem e – IV, 46
  intermitência nas faculdades
    de Jesus e – VI, 70
  Marcos, 3:21, e – VI, 69, nota
  Marcos, 6:4 e 5, e – VI, 70
  Marcos, 15:34, e – n.c. 2, 238, nota
  Marcos, 16:9, e – n.c. 2, 238, nota
  Marcos, 16: 14 e 19, e – n.c. 2, 238

Índice geral

origem do Evangelho de – n.c. 2, 237
parábolas e – III, 35
primeira aparição de Jesus
  e – n.c. 2, 238, nota
primeiras narrações escritas e – I, 24, nota

Marouzeau, abade
manifestações de além-túmulo
  e – n.c. 6. 254

Matéria
aspecto inferior do mundo e
  da vida e – VIII, 115
corpos carnais e – V, 52
desagregação da – V, 54, nota
descoberta da * luminosa – IX, 141
Física e descoberta das formas
  sutilíssimas da – XI, 218
formação dos invólucros dos Espíritos
  e * imponderável – IX, 140
modos elementares da – IX, 139
necessidade da luta nos
  mundos da – VII, 86
poder do Espiritismo sobre o mundo
  da * e do espírito – VII, 86
quarto estado da – IX, 139
superioridade do espírito
  sobre a – VIII, 124
William Crookes e estado
  radiante da – IX, 139

Materialismo
altruísmo e – VIII, 113
anarquia, niilismo e – VIII, 117
consequências sociais do – VIII, 125
derrota do – VIII, 115
desaparecimento da responsabilidade
  moral e – VIII, 118
desenvolvimento do egoísmo e – XI, 207
exemplo do egoísmo, do sensualismo
  e da imoralidade e – VIII, 121
fraternidade, altruísmo e – XI, 207
hora de triunfo e – VIII, 113
influência do – VIII, 113
influência do meio e – VIII, 123
inimigo da grandeza da alma e – VIII, 125
lei da hereditariedade e – VII, 75; VIII, 123
livre-arbítrio e – VIII, 118
motivo de decadência e
  enfraquecimento do – IX, 179

motivo de retração do mundo
  invisível e – IX, 179
noção acabrunhada do futuro e – VIII, 117
perigo social e – VIII, 117
Positivismo e – VIII, 113
potências ocultas no ser
  humano e – VIII, 124
princípios de moralidade e – VIII, 113
produção de homens livres e – VIII, 117
sociedade francesa e – VIII, 113
traducianismo e – VII, 75

Materialista
Copérnico e teoria – VIII, 123
D'Alembert e teoria – VIII, 123
Faraday e teoria – VIII, 123
Franklin e teoria – VIII, 123
Humphry Davy e teoria – VIII, 123
Képler e teoria – VIII, 123
Laplace e teoria – VIII, 123
Newton e teoria – VIII, 123
sonho do – VIII, 122
vulgarização da teoria – VIII, 120

Materialização
condições estabelecidas nos casos
  de * de fantasmas – IX, 168
Cristianismo e fenômeno de – introd., 10
Espiritismo e fenômeno de – introd., 10
médium e fenômeno de – IX, 144
obstáculos limitadores do
  número de – IX, 147
Roberto Dale Owen e fenômeno
  de – IX, 145

Mateus, apóstolo
amor e – IV, 41
aparições de Jesus e – V, 52
Ascensão de Jesus e – n.c. 2, 238
derradeiras palavras de Jesus
  e – n.c. 2, 238, nota
Elias, João Batista e – IV, 45
Evangelho de – I, 24
evangelhos canônicos, Os, e – I, 24, nota
filho do homem e – IV, 46
Mateus, 5:9, e – VI, 68
Mateus, 8:16, e – VI, 71
Mateus, 15:14, e – VIII, 96
Mateus, 23:8, e – VII, 94, nota
Mateus, 23:35, e – n.c. 2, 237

Mateus, 27:46, e – n.c. 2, 238, nota
Mateus, 28:9, e – n.c. 2, 238, nota
origem do Evangelho de – n.c. 2, 237
parábolas e – III, 35
primeira aparição de Jesus
  e – n.c. 2, 238, nota
primeiras narrações escritas e – I, 24, nota
reparação e – IV, 45

Mediador
  médium e – VII, 76, nota
  redentor e – VII, 76

Médium
  ação do * nos fenômenos físicos – IX, 151
  ação do * nos fenômenos
    intelectuais – IX, 152
  auto-sugestão e – IX, 171
  faculdade psíquica e – IX, 151
  fenômeno de materialização e – IX, 144
  fotografia simultânea do corpo de um
    * e do seu duplo – IX, 142, nota
  função do * falante – n.c. 6, 250
  intermediário dos Espíritos e – V, 53
  Jesus, * inspirado – II, 27
  mediador e – 76, nota
  Números, 12:6, e – n.c. 7, 261
  pitonisas, sibilas e – IX, 151
  profeta e – V, 56, nota; IX, 151; n.c. 7, 261
  transfiguração do * no fenômeno
    de incorporação – IX, 167
  videntes, oráculos e – IX, 151

Médium inspirado
  Jesus e – II, 27
  missionário, fundador de seitas e
    de religiões e – introd., 9

Mediunidade
  Atos, 2:3, e 9:3, e – n.c. 7, 263, nota
  Atos, 19:11 e 12, e – n.c. 7, 264
  batismo do Cristo e * auditiva – n.c. 7, 264
  clarividência e – n.c. 7, 264
  copo d'água e – n.c. 7, 264
  cura pela imposição das mãos
    e – n.c. 7, 264
  curas magnéticas e – n.c. 7, 264
  Daniel, 5, e – n.c. 7, 263
  Eliseu e – n.c. 7, 263
  escrita direta e – n.c. 7, 263

Espiritismo e * venal – IX, 177
Êxodo, 19:19, e – n.c. 7, 264
Êxodo, 32:15 e 16; 34: 28, e – n.c. 7, 263
Êxodo, 34: 29 e 30, e – n.c. 7, 263, nota
Ezequiel, 3:14 e 15, e – n.c. 7, 263
Ezequiel, 13:2, 3 e 6, e – n.c. 7, 261
fenômenos de transporte e – n.c. 7, 263
fenômenos luminosos e, – n.c. 7, 263
Gênesis, 44:5, e – n.c. 7, 264
I Samuel, 3, e – n.c. 7, 263
I Samuel, 16:14 a 23, e – n.c. 7, 262
I Samuel, 28:7 a 14, e – n.c. 7, 260
II Crônicas, 6:1, e – n.c. 7, 262
I Reis, 19:5 e 6, e – n.c. 7, 263
II Reis, 3:15, e – n.c. 7, 262
II Reis, 6:6, e – n.c. 7, 263
Isaías, 29: 10, e – n.c. 7, 261
Jeremias, 5:31, e – n.c. 7, 262
Jeremias, 42:7, e – n.c. 7, 261
Juízes, 15:14, e – n.c. 7, 263
levitação e – n.c. 7, 263
Lucas, 3:22, e – n.c. 7, 264
Lucas, 8:41, 42, 49 a 56, e – n.c. 7, 264
Marcos, 5:25 a 34, e – n.c. 7, 264
Miqueias, 3:11, e – n.c. 7, 262
Moisés e 70 anciãos de Israel e – n.c. 7, 262
Moisés e mediunidade auditiva
  e – n.c. 7, 264
movimentos de objetos sem
  contato e – n.c. 7, 263
música e – n.c. 7, 262
Números, 11, e – n.c. 7, 262
Números, 12:6, e – n.c. 7, 261
Números, 27:15 a 23, e – n.c. 7, 261
Samuel e mediunidade auditiva
  e – n.c. 7, 263
Sansão e – n.c. 7, 263
sensitivos e – V, 55, nota

Meignam, cardeal
  comentário do – pref., 18

Memória
  Perispírito e conservação da
    individualidade e da – XI, 219
  renovação da * dos ciclos
    percorridos – X, 194

Memórias à Sua Santidade
  Henri Lesserre, Sr., e – n.c. 10, 274

Índice geral

Méric, monsenhor
Outra vida, A, livro, e – VII, 83, nota
teoria da mitigação dos sofrimentos
e – VII, 83, nota

Mestre
significado da palavra * em hebreu – VI, 69

Michelet, Mme., Espírito
mensagem mediúnica e – IX, 162

Milagre
causa do – introd., 9
conceito de – V, 51; VI, 70, nota
curas de Jesus e – VI, 70, nota
falsa interpretação das Leis do
universo e – V, 52
fenômeno e – IX, 133
necessidade do – introd., 9
ocorrência de * em todas as
épocas – introd., 9

Miqueias, profeta
Miqueias, 6:8, e – n.c. 1, 235, nota

Miséria
agravamento da * humana – introd., 11

Mistério
membros da Igreja e * cristão – III, 37
Orígenes e admissão do – III, 36

Mito
insuficiência da crença no – III, 34
pensamento moderno libertação
do – VIII, 102

Moderno Espiritualismo *ver* Espiritismo

Moderno Espiritualismo *ver*
Espiritualismo integral

Moderno espiritualismo, O, livro
pastor protestante e realidade
do – XI, 211, 212, nota
Russel Wallace e – V, 53, nota; IX,
138, nota, 172; XI, 211, nota

Moisés
conversa de Jesus com Elias e *
no monte Tabor – V, 50
inspiração de * e cânticos ao
Eterno – n.c. 7, 264
mediunidade auditiva e – n.c. 7, 264
profecia a 70 anciãos de Israel
e – n.c. 7, 262
proibições de – n.c. 7, 259

Montalembert
infalibilidade pontifícia e – pref., 19

Moral
aumento do sentimento da
responsabilidade – IX, 180-181
Espiritismo e base definitiva à – XI, 209
Espiritismo, germe da revolução – IX, 171
impedimento da evolução * do
mundo – VIII, 122
materialismo e desaparecimento da
responsabilidade – VIII, 118
elevação * dos Espíritos – V, 53
enfraquecimento da vida – VIII, 96
História da Igreja Galicana, livro, e
corrupção da – VI, 64, nota
lei do Espírito e – VIII, 117
pecado original e ultraje à
razão e à – VII, 73
recordação das vidas do ponto
de vista – X, 194
renovação * fora do dogmatismo
das igrejas – VIII, 127
superioridade * do Espiritismo – XI, 208

Morte
conceito de – X, 191
consequências da educação religiosa
depois da – VIII, 108
crepúsculo que precede a aurora de
umeterno recomeço e – VIII, 119
Jesus Cristo, seu tempo, sua vida, sua
obra, livro, e – VII, 76, nota
renascimento e – XI, 206
salário do pecado e – VII, 76, nota
transformação depois da – X, 187, nota
transformação necessária ao progresso
e elevação da alma e – VII, 77

Moses, Stainton(Sr. Oxon), professor
Eglinton, médium, e – IX, 152
escrita direta e – IX, 152
identidade dos Espíritos e – n.c. 12, 279
Psycography, livro, e – IX, 152

Spiriti Identity, livro, e – n.c. 12, 279

Mouls, Xavier, cônego, Espírito
   manifestação do – XI, 210
   vulgarização do magnetismo e do Espiritismo nos corons e – XI, 210, nota

Movimento Espírita
   reprodução do movimento cristão e – V, 61

Mulher adúltera
   Jesus e – V, 50

Mundo
   causa eterna do – X, 200
   nascimento, vida e morte do – X, 201

Mundo espiritual
   causa do ceticismo do homem e – IX, 138
   Idade Média e interdição das relações com o– XI, 213
   Jesus e comunicação do * com o mundo terrestre – V, 54
   motivo de retração do – IX, 179
   mundo das causas e – X, 198
   relação dos discípulos de Jesus e – V, 56, nota

Mundo fluídico
   Espíritos dos homens e – V, 52

Mundo inferior
   império do mal e – VII, 85

Mundo invisível, O, livro
   Fénelon e – n.c. 4, 244, nota
   Júlio Blois e – n.c. 4, 244, nota

Mundo invisível *ver* Mundo espiritual

Myers
   Annales des Sciences Psychiques e – n.c. 13, 286
   Consciência subliminal, livro, e – n.c. 12, 282
   fenômenos de aparições e – n.c. 13, 286
   identidade dos Espíritos e – n.c. 12, 282

N

Natureza
   Bíblia da – IX, 134
   limitação dos sentidos do homem e – V, 52; IX, 139
   materialistas e segredo da – VIII, 115
   Religião e inspiração nas Leis da – VIII, 129

Negativismo
   inimigo da grandeza da alma e – VIII, 125

Neue Spiritualistische Blätter, publicação
   fenômeno espíritas e – n.c. 6, 255
   Savage, Sr., pastor da Igreja Unitária de Boston e – n.c. 6, 255

Newton
   lei da hereditariedade e – VIII, 123

Nicéforo
   escrita direta e – n.c. 6, 252, nota, 253, notas
   evocação dos Espíritos e – n.c. 6, 252, nota, 253, nota

Nicodemos
   conversação de Jesus com – IV, 44; n.c. 5, 246

Nietzsche, Friedrich
   Anticristo, O, livro, e – VIII, 120, nota

Nossa Senhora
   culto de uma determinada – pref., 18

Nova Revelação *ver* Espiritismo

Novo Espiritualismo *ver* Espiritismo

Novo Testamento
   aparições de anjos e – V, 49, nota
   aparições de Jesus e – V, 49
   Atos, 19:11 e 12, e – n.c. 7, 264
   composição do – n.c. 1, 231
   I Coríntios, 8:5 e 6, e – n.c. 8, 267
   I Coríntios, 14:30 e 31, e – n.c. 6, 250
   I Coríntios, 15:15 et seq, e – n.c. 9, 272
   I Epístola, 1:9, e – II, 90, nota
   I Epístola, 4:1, e – V, 56; VI, 65
   I João, 2:20, 21 e 27, e – III, 36, nota
   I João, 4:1, e – n.c. 7, 260
   Jerônimo, São, e tradução latina do – II, 29
   João, 1:13, e – n.c. 5, 246
   João, 3:3 a 8, e – IV, 44
   João, 5:28 e 29, e – VII, 88, nota

Índice geral

João, 5:30, e – VI, 68
João, 8:40, e – VI, 68
João, 9:2, e – IV, 45
João, 10:33, e – VI, 68
João, 10:34, e – VI, 68, nota
João, 10:35, e – VI, 68
João, 10:36, e – VI, 68, nota
João, 12:28, e – n.c. 7, 264
João, 12:49, e – VI, 71
João, 14:2 e 3, e – IV, 48
João, 14:16 e 17 e – X, 185, nota
João, 14:28, e – VI, 68
João, 19:30, e – n.c. 2, 238, nota
João, 20:14, e – n.c. 2, 238, nota
João, 20:15 a 17 e 24 a 28, e – V, 51, nota
João, 20:17, e – VI, 68
João, 21:25, e – n.c. 2, 238
Lucas, 1:26 a 28, e – VI, 69, nota
Lucas, 3:22, e – n.c. 7, 264
Lucas, 8:41, 42, 49 a 56, e – n.c. 7, 264
Lucas, 18:19, e – VI, 68
Lucas, 22:19, e – VII, 91
Lucas, 23:46, e – n.c. 2, 238, nota
Lucas, 24:15, e – n.c. 2, 238, nota
Lucas, 24:50 e 51, e – n.c. 2, 238
Marcos, 3:21, e – VI, 69, nota
Marcos, 5:25 a 34, e – n.c. 7, 264
Marcos, 6:4 e 5, e – VI, 70
Marcos, 15:34, e – n.c. 2, 238, nota
Marcos, 16:9, e – n.c. 2, 238, nota
Marcos, 16: 14 e 19, e – n.c. 2, 238
Mateus, 5:9, e – VI, 68
Mateus, 8:16, e – VI, 71
Mateus, 15:14, e – VIII, 96
Mateus, 23:8, e – VII, 94, nota
Mateus, 23:35, e – n.c. 2, 237
Mateus, 27:46, e – n.c. 2, 238, nota
Mateus, 28:9, e – n.c. 2, 238, nota
modificações no – n.c. 3, 242
provas da existência do mundo
    invisível e – V, 49

O

Obra divina
    crescimento da compreensão da – X, 201
    expansão da – XI, 223
    ponto de vista da vida presente e – X, 200
    revelação da – X, 200

Onda luminosa
    retina e – IX, 140, nota

Onias, sacerdote
    aparição e – n.c. 7, 263, nota

Oráculo
    médium e – IX, 151

Orígenes
    castigos medicinais e – VI, 64
    Comentários sobre São João e – n.c. 8, 267
    concílio de Calcedônia e – IV, 47
    concílio de Constantinopla e – IV, 47
    controvérsia com Celso e – V, 57, nota
    deuses e – n.c. 8, 267
    ensinos secretos da nova religião e – III, 36
    erro de – IV, 47
    estado dos manuscritos e – n.c. 2, 239
    Jerônimo, São, e – IV, 47
    manifestação dos mortos e – V, 57
    perispírito e – VII, 87, nota
    pluralidade dos mundos e – IV, 48
    preexistência da alma e – IV, 47, nota
    princípios, Dos, livro, e – IV, 47
    reencarnação e – IV, 47; n.c. 5, 246
    ressurreição e – VII, 87, nota
    sentido oculto dos evangelhos
        e – n.c. 4, 243

Origens da Química, livro
    átomo e – VIII, 114
    Berthelot e – VIII, 114

Ostwald, W.
    átomo, teoria mecânica do
        universo e – VIII, 114
    Derrota do atomismo, A, e – VIII, 114

Outra vida, A, livro
    Méric, monsenhor, e – VII, 83, nota

Owen, Roberto Dale
    fenômeno de materialização e – IX, 145

P

Padre
    anátemas do * católico contra o
        Espiritismo – V, 61, nota
    cego condutor de cegos e – VIII, 96

confissão auricular e – VII, 90
resgate das faltas e necessidade
do * católico – VI, 64

Paganismo
culto romano e – VII, 93

Palladino, Eusapia, médium
aparições e – IX, 145
cautelas adotadas nas experiências
e – IX, 149
fenômenos de ordem física e – IX, 149
Lombroso, professor, e – IX, 145
manifestações de além-túmulo e – IX, 150

Papa romano
ponto culminante da feudalidade
e – pref., 19

Parábola
comunhão dos santos e – III, 36, nota
João, 2:20, 21 e 27, e – III, 36, nota
João, 14:2 e 3, e – IV, 48
Lucas, 8:10, e – III, 35
Marcos, 4:11 e 12, e – III, 35
Mateus, 13:10 e 11, e – III, 35
Paulo, São, e – III, 35
pluralidade dos mundos e – IV, 48

Parábola da lei das reencarnações
considerações sobre – IV, 47, nota

Parábola do Semeador
evangelhos sinóticos e – III, 35

Paraíso
crença no * melancólico – VIII, 101

Passado
benefício do esquecimento do – X, 195
concepções do – X, 201
fixação do * no perispírito – X, 194
indicativos do * da alma – X, 193
perda da lembrança do – X, 194
reparação do – X, 194

Patologia
Espiritismo e – XI, 219
obsessão, loucura, alucinação e – XI, 219

Paulo, apóstolo
advertência de * aos profetas – V, 56, nota

aparições de Jesus e – V, 52, 55, nota
comunhão e – VII, 90
confissão e – VII, 91
Coríntios, 15:4 a 50, e – VII, 88, nota
Epístola aos filipenses, 3:21,
e – VII, 88, nota
Espíritos de luz e – V, 55, nota
Espíritos inferiores e – V, 55, nota
I Coríntios, 11:23 a 25, e – VII, 91, nota
I Coríntios, 11:28, e – VII, 90
I Coríntios, 12, e – V, 55, nota
I Coríntios,13:9, e – VI, 64
I Coríntios, 14:30 e 31, e – n.c. 6, 250
I Coríntios, 14:32, e – V, 56
I Coríntios, 15:13 a 15, e – VI, 70
I Coríntios, 15:44, e – V, 55
II Coríntios, 3:17, e – VIII, 107
II Coríntios, 12:2 a 4, e – V, 55, nota
I Epístola a Timóteo e – VII, 76, nota
I Tessalonicenses, 5:21, e – VIII, 107
I Timóteo, 2:4, e – VII, 82
I Timóteo, 4:10, e – VII, 82
inspirações de Jesus e – V, 55
perispírito e – V, 55; VII, 87, nota
ressurreição de Jesus e – VI, 70, nota
ressurreição e – VII, 87, nota
Romanos, 8:14, e – VI, 68

Pecado original
afastamento do homem da crença
em Deus e – VII, 73
batismo e resgate do – VII, 77
Catolicismo e – VII, 74, nota
Confissão de Augsburgo e – VIII, 109
consequências da concepção do – VII, 74
Declaração de la Rochelle e – VIII, 109
egoísmo, barbárie e – VIII, 102
expiação e – VII, 74
responsabilidade do homem e – VII, 89
ultraje à razão e à moral e – VII, 73

Pedro, apóstolo
centurião Cornélio e – VII, 94, nota
libertação de * das cadeias – V, 57
Pedro, II Epístola, 3:9, e – VII, 82

Pena eterna
Confissão de Augsburgo e – VIII, 109
Declaração de la Rochelle e – VIII, 109
Igreja e dogma da – VII, 78

Índice geral

origem do dogma da – VII, 81
significado da expressão – VII, 82, nota

Penitência
confissão e – VII, 90
significado da palavra – IV, 45

Pensamento
compreensão do * divino – X, 202
dogmas da Igreja e obscurecimento
    do * de Jesus – VI, 64
dúvida e * humano e – introd., 10
enterro do * humano – VI, 65
fotografia das irradiações do –
    IX, 141; n.c. 12, 279
homem e reencontro com o *
    de Deus – introd., 12
Igreja Católica, túmulo do *
    humano – pref., 18
Igreja e condenação ao livre – VIII, 106
Igreja Romana, sufocamento do * e
    opressão da consciência – VIII, 106
Jesus e percepção das vibrações
    do supremo – V, 50
libertação do mito pelo *
    moderno – VIII, 102
prece e elevação do * para Deus – X, 203
restauração das crenças humanas
    e *filosófico – VII, 89
sugestão mental e transmissão do – IX, 171
transmissão de – n.c. 14, 287

Pentateuco, livro
menção da alma como entidade
    sobrevivente e – n.c. 1, 233
Swedenborg e inspiração dos
    autores do – n.c. 1, 236

Pentecostes
Igreja e chama do – pref., 17
línguas de fogo e – V, 53-54
virtude do invisível e chama do – pref., 20

Pergaminho
fragilidade do – I, 26

Perispírito ver também Duplo fluídico
ação de Jesus sobre seu – V, 51, nota
Agostinho, Santo, bispo de Hipona,
    e – V, 60; n.c. 9, 270
Ambrósio, Santo, e – n.c. 9, 269

Basílio, São, e – n.c. 9, 269
Bernardo, São, e – n.c. 9, 270
bilocação e – n.c. 9, 272
características do * e valor
    da alma – X, 190
centro das energias ativas do
    Espírito e – V, 53
Cirilo de Alexandria, São, e – n.c. 9, 269
Cirilo de Jerusalém, São, e – n.c. 9, 269
confusão do * com a ideia da ressurreição
    da carne – n.c. 9, 271-272
conservação da individualidade e
    damemória e – XI, 219
considerações sobre – X, 189
Coríntios, 15:4 a 50, e – VII, 88, nota
demonstração da existência do
    – VIII, 122-123, nota
Depois da Morte, livro, e – IX, 142, nota
envoltório imperecível do Espírito e – V, 53
Epístola aos filipenses, 3:21,
    e – VII, 88, nota
Epístola aos tralianos, e – VII, 88, nota
esboço fluídico do ser humano e – IX, 143
Evódio, bispo de Uzala, e – n.c. 9, 270
Exteriorização da sensibilidade,
    livro, e – n.c. 9, 271, nota
fatores influenciadores do padrão
    vibratório do – X, 191
Fisiologia e conhecimento do – XI, 218
fixação do passado no – X, 194
força vital e – IX, 143, nota
formação do – IX, 142
fotografia e revelação da
    existência do – IX, 142
função do – IX, 142, 143, nota
Gabriel Delanne e – IX, 143
Gregório, São, e – n.c. 9, 269
invólucro permanente do
    Espírito e – IX, 143
I Coríntios, 15:44, e – V, 55
João de Tessalônica, São, e – n.c. 9, 271
João, 5:28 e 29, e – VII, 88, nota
manifestações de Além-túmulo e – V, 53
moldagens de mãos e demonstração
    da existência do – n.c. 9, 271
moléstias nervosas e – VI, 71
Orígenes e – VII, 87, nota
padres da Igreja e – VII, 87,
    nota; n.c. 9, 269

Paulo, apóstolo, e – V, 55; VII,
87, nota, 88, nota
preexistência e sobrevivência do – IX, 143
propriedade do – IX, 144
purificação da alma e do * e ressurreição
dos mortos – VII, 88
Renovação religiosa, A, livro,
e – VII, 88, nota
rostos fluídicos materializados e
existência do – n.c. 9, 271
sacerdotes de Alexandria e – VII, 87, nota
teólogos e – VII, 88, nota
Tertuliano e – VII, 87
vida física, vida do espaço e
estudo do – X, 190

Pesquisador espírita
Aksakof e – IX, 169
Dale Owen e – IX, 169
Lombroso e – IX, 169
Myers e – IX, 169
Oliver Lodge e – IX, 169
Robert Hare e – IX, 169
Russell Wallace e – IX, 169
William Crookes e – IX ,169
Zöllner e – IX, 169

Pesquisas sobre os fenômenos
espíritas, livro
William Crookes e – V, 53, nota

Petit, abade
Renovação religiosa, A, livro,
e – VII, 88, nota

Pezzani
Pluralidade das existências, A,
livro, e – IV, 47, nota

Pio X, papa
doutrina do Sílabo e da infalibilidade
e – pref., 17, nota
Modernismo e – pref., 17, nota;
VIII, 126;n.c. 11, 277

Pitonisa
espírito de Píton e * de Endor – n.c.
6, 251; n.c. 7, 260, nota
I Samuel, 28:6 et seq, e * de Endor – n.c.
6, 251, nota; n.c. 7, 260, nota
médium e – IX, 151

Samuel, Espírito, e * de
Endor – n.c. 6, 251,
nota; n.c. 7, 260, nota

Platão
crença na imortalidade e – XI, 208
demônio onipotente e – n.c. 6, 249
logos e – I, 26

Pluralidade das existências
ver Reencarnação

Pluralidade das existências, A, livro
Pezzani e – IV, 47, nota

Pluralidade dos mundos
Evangelho e – IV, 48
João, 14:2 e 3, e – IV, 48
Orígenes e – IV, 48

Pneuma *ver* Espírito

Policonsciência
significado da palavra – IX, 174

Positivismo
influência do – VIII, 113
Materialismo e – VIII, 113

Poussin, abade
Espiritismo perante a igreja, O,
livro, e – V, 60, nota

Prece
elevação do pensamento para
Deus e – X, 203

Presídio de Tarragona (Espanha)
Congresso Espírita de Barcelona e
forçados do – XI, 210, nota

Pressensé, De
Jesus Cristo, seu tempo, sua vida, sua
obra, livro, e – VII, 76, nota
morte, salário do pecado e – VII, 76, nota

Princípio espiritual
homem e individualização do – VII, 85

Princípios, Dos, livro
Orígenes e – IV, 47

Problema do ser e do destino, O, livro
inconsciente e – IX, 174, nota

Índice geral

Léon Denis e – IX, 174, nota
sofrimento e – XI, 208, nota

Proceedings of the Society for Psychical Researches
fenômeno de aparição e – n.c. 13, 285

Profecia
Comentários sobre São Paulo e – VI, 65
dom de * e redução do poder
  da Igreja – VI, 64
mistérios da religião e – VI, 65, nota
significado da palavra – V, 49, nota

Profeta
advertência de Paulo, apóstolo,
  e – V, 56, nota
intermediário dos Espíritos e – V, 53
médium e – V, 56, nota; IX,
  151; n.c. 7, 261
primeiros cristãos e – VI, 65
proibição e – n.c. 7, 259, nota
reprovações do * em nome do
  Senhor – n.c. 1, 235, nota

Profetismo
Igreja e sufocação do – VI, 64

Progresso
morte, transformação necessária ao
  * e elevação da alma – VII, 77

Protestantismo
arsenal da devoção católica e – VIII, 109
autoridade exclusiva da
  consciência e – introd., 8
bagagem dogmática da Idade
  Média e – VIII, 109
Bíblia e – VIII, 109, nota
Catolicismo e – VIII, 110
comportamento do pastor e – VIII, 109
confronto entre as doutrinas da Igreja
  Romana e do – VIII, 108
filosofia do * liberal – VIII, 109
filosofia e – introd., 8
Igreja reformada e * liberal – VIII, 110
moral e – VIII, 109
moral evangélica e * liberal – 110
práticas anômalas do * liberal – VIII, 110
purgatório e – VII, 83
razão e – VIII, 108

Psicologia
demonstrações da * moderna – VIII, 114
Perispírito e – XI, 219
personalidades múltiplas e – XI, 219

Psiquismo
Instituto Geral Psicológico e – VIII, 116

Psiquismo experimental, O, livro
A. Erny e – IX, 145, nota
dissolução e desaparecimento do Espírito
  Katie King e – IX, 146, nota
fenômeno de materialização
  e – IX, 145, nota

Psycography, livro
Eglinton, médium, e – IX, 152
escrita direta e – IX, 152
Stainton Moses, professor, e – IX, 152

Purgatório
crença no – VIII, 101
Igreja e – VII, 83
protestante ortodoxo e – VII, 83

Q

Queda da humanidade em Adão, A
abade de Noirlieu e – VII, 74, nota

Química
combinações da substância e – IX, 134
II Reis, livro
Deuteronômio, livro, e * 22:8
  e 10 – n.c. 1, 233

R

R., Espírito
mensagem mediúnica e – IX, 157-159

Raio X
utilização do – IX, 140

Ramus, Petrus
ação da vontade e – VIII, 124

Razão
centelha desprendida da razão divina
  e * humana – VIII, 107
conhecimento da * suprema
  das coisas – VIII, 115

descoberta da verdade e – VIII, 107
doutrina católica e obscurecimento da – VIII, 104
Fenelon e – VIII, 107
Protestantismo e – VIII, 108
ultraje dos sacerdotes e – VIII, 107

Redenção
Calvino e dogma da – VII, 75

Redentor
mediador e – VII, 76

Reencarnação
Agostinho, Santo, e – n.c. 5, 247
Bérault-Bercastel, abade, e – n.c. 5, 247
cego de nascença e – n.c. 5, 245
Elias, João Batista e lei da – IV, 46
Evangelho e lei da – IV, 44
Hermas e lei da – IV, 46
Jerônimo, São, e – n.c. 5, 247
João, 3:3 a 8, e – IV, 44
Orígenes e – IV, 47; n.c. 5, 246
resoluções da Igreja e – IV, 48
símbolo de paz entre os homens e – X, 196
Tertuliano e – n.c. 5, 247
verdadeiro nascimento em uma vida melhor e – n.c. 5, 246

Reforma
apóstolos da – II, 32
espírito da * no século XVI – VIII, 111

Reichenbach
luz ódica de – V, 53

Reino de Deus
Jesus e – concl., 225
realização do – IV, 41

Reino dos Céus
significado da expressão – I, 25; III, 36

Religião
antagonismo que separa a * e a Ciência – introd., 12
condição para conhecimento da verdadeira – VIII, 131
condição para reerguimento e salvação da – VIII, 98
decadência da * e aurora de um astro que desponta – pref., 21
educação religiosa e * protestante – VIII, 104
Espiritismo e confirmação dos ensinos da –XI, 205
fases da tradição evangélica e * protestante – I, 23
Igreja e imobilização e materialização da – VI, 65
inspiração nas Leis da natureza e – VIII, 129
nações anglo-saxônias e * protestante – VIII, 105
ofertas do Espiritismo à – XI, 221
pecado original e – VII, 74
povos católicos, questão de forma e – VIII, 105
primeiros tempos do Cristianismo e – I, 23, nota
profecia e mistérios da – VI, 65, nota
refração as reformas e – XI, 220
remate de todas as aspirações do espírito humano e – XI, 217
sobrecarga da * cristã – VII, 94
solidariedade entre os membros das humanidades e – VIII, 129
transitoriedade das formas materiais da – introd., 12

Religião universal
Espiritismo e advento da – XI, 221

Remissão do pecado
confissão e – VII, 90
palavras do Cristo e – VII, 91

Renovação religiosa, A, livro
Petit, abade, e – VII, 88, nota

Reparação
Mateus, 5:26, e – IV, 45

Responsabilidade
aumento do sentimento da * moral – IX, 180-181
materialismo e desaparecimento da * moral – VIII, 118
pecado original e * do homem – VII, 89
unidade psíquica do ser e – IX, 176

Ressurreição

católicos e – n.c. 9, 272
confusão do perispírito com a ideia
   da * da carne – n.c. 9, 271-272
crença dos apóstolos na – V, 51
dogma da * da carne – VII, 86
fato espírita e – n.c. 9, 272
Igreja e – VIII, 97
impossibilidade da * da carne – n.c. 9, 272
Marcos e – V, 52
Mateus e – V, 52
opinião da Igreja sobre a *
   de Jesus – V, 52
padres da Igreja e * da carne – VII, 87
padres da Igreja e * dos
   mortos – n.c. 9, 269
Paulo e – V, 52
primeiros cristãos e * dos
   mortos – VII, 88
purificação da alma e do perispírito
   e * dos mortos – VII, 88
ressurreição dos mortos e * da
   carne – n.c. 9, 272
sacerdotes de Alexandria e – VII, 87, nota
sentido espiritual da palavra – VII, 88

Reuss, Eduardo
   História da teologia cristã no século
      apostólico, livro, e – I, 23, nota

Revelação
   conceito de – X, 183
   Espiritismo, Terceira – X, 185, nota

Réville, Albert
   Jesus de Nazareth, livro, e – V, 52, nota

Revue Scientifique et Morale
   du Spiritisme
   aparição da genitora de Lombroso,
      e – IX. 146, nota

Revue Spirite
   escrita direta e – IX, 153

Richet, Charles, professor
   Academia de Medicina de
      Paris e – IX, 178
   dupla personalidade e – IX, 174
   fenômeno de exteriorização
      da sensibilidade da
      motricidade e – IX, 144

Homem e a inteligência, o
   sonambulismoprovocado,
   O, livro, e – IX, 174

Ricerche sui fenomeni ipnotici e spiritici,
   livro póstumo
   Lombroso, professor, e – IX, 145

Riqueza
   deveres e responsabilidades da – XI, 215
   voos da alma e – IV, 43

Rochas, de, coronel
   Exteriorização da motricidade, livro,
      e – IX, 142, nota; n.c. 9, 271, nota
   Exteriorização da sensibilidade,
      livro, e – IX, 142, nota
   fenômeno de exteriorização
      da sensibilidade da
      motricidade e – IX, 144
   fotografia simultânea do corpo
      de um médium e do seu
      duplo e – IX, 142, nota
   perispírito e – n.c. 9, 271, nota

Roma
   Igreja e jugo de – pref., 18

S

Sabatier , A.
   decano da Faculdade de Teologia
      Protestante de Paris e – n.c. 2, 239, nota
   desaparecimento dos manuscritos originais
      dos evangelhos e – n.c. 2, 239, nota
   evangelhos canônicos, Os, e – I, 24

Sacerdócio
   abusos, excessos e erros do – VIII, 96
   autoridade e – VI, 64
   política e – III, 36

Sacramento
   adestramento moral, disciplina
      religiosa e –VII, 90

Salomão
   II Crônicas, 6:1, e – n.c. 7, 262

Salvação
   caminho da * pelo progresso – X, 202
   condição para reerguimento e

* da religião – VIII, 98
jejum, abstinência e – IV, 42

Samuel, Espírito, profeta
mediunidade auditiva e – n.c. 7, 263
pitonisa de Endor, intermediária
entre Saul e – n.c. 6, 251, nota,
253; n.c. 7, 260, nota

Santidade
papa e – VII, 94

Santo
explicação para a auréola do – V, 53

Satanás
admissão de * e insulto a
Divindade – VII, 80
almas criadas para a felicidade e – VII, 78
fé cristã e crença no – III, 37
Janvier, padre, e façanhas
de – VII, 79, nota
mito e – IX, 177
símbolo do mal e – VII, 84

Saul
pitonisa de Endor, intermediária entre
* e Samuel, Espírito – n.c. 6, 251,
nota, 253; n.c. 7, 260, nota

Savage, Sr.
fenômeno espíritas e – n.c. 6, 255
Neue Spiritualistische Blätter,
publicação, e – n.c. 6, 255
pastor da Igreja Unitária de
Boston e – n.c. 6, 255

Savonarola
ação da vontade e – VIII, 124

Scheol
Jó, 10:21 e 22, e – n.c. 7, 260

Séailles, Sr.
Ciência moderna e – VIII, 115

Sebatier, professor
fenômeno de exteriorização
da sensibilidade e da
motricidade e – IX, 144

Sentimento
caracterização da alma humana e – X, 203

Sermão da Montanha
lei moral e – IV, 41
Lucas, 6:20 a 25, e – IV, 42
Mateus, 5:1 a 12, e – IV, 42

Sibila
intermediário dos Espíritos e – V, 53
médium e – IX, 151

Sílabo
doutrina do * e da infalibilidade – pref., 17
Pio X, papa, e – pref., 17, nota

Sínodo de Amsterdan
declaração do * sobre o cego de
nascença – IV, 45, nota

Slade, médium
escrita direta e – IX, 152, nota
Espiritismo ou faquirismo ocidental,
livro, e – IX, 152, nota
Gibier, Dr., e – IX, 152, nota

Sobrenatural
ideia do – V, 52

Sociedade
Catolicismo e * moderna – VIII, 127
causa da decomposição da – VIII, 96
condição para a renovação da – XI, 209
Cristianismo e – VIII, 127
desenvolvimento e progresso da *
e ideia de Deus – X, 200
esclarecimento das questões
vitais e –introd., 10
Igreja e estado de ignorância da – III, 38
males da – VIII, 121
materialismo e * francesa – VIII, 113
morada da * humana – X, 201
motivo de engrandecimento
da – introd., 10
preparação de furiosa tempestade
e – VIII, 122
reaparecimento dos erros do passado
na * dita cristã – VIII, 127
reclamos da – VIII, 127
usufruto dos gozos materiais e – VIII, 96

Sociedade de Investigações
Psíquicas de Londres
aparições de fantasmas de vivos e

Índice geral

demortos e – n.c. 9, 271
cross-correspondence e – IX, 163
fenômenos de aparição e – n.c. 13, 285
fenômenos de telepatia e – n.c. 13, 285
Oliver Lodge e – IX, 163

Sócrates
ação da vontade e – VIII, 124

Sofrimento
aceitação do – XI, 208, nota
atenuação do – introd., 12
curativo da alma e – n.c. 5, 247
necessidade do – VII, 84
razão do – n.c. 5, 247

Solidariedade
primeiros cristãos e clima de – V, 57, nota
vínculo de * entre os homens – VIII, 129

Sono
desprendimento do perispírito
e – V, 53; IX, 143

Soury, Júlio, Sr.
Filosofia natural, livro, e – VIII, 120, nota
Justiça, artigo, e – VIII, 19

Spirit Identity, livro
Stainton Moses(Sr. Oxon), e – n.c. 12, 279

Stead, W.
Escritório de Júlia e – IX, 164

Stephard, Jesse, médium
manifestações de além-túmulo e – IX, 150

Stokes, professor
raios ultravioletas e – IX, 140, nota

Subconsciente
confusão entre * e duplo fluídico – IX, 175
confusão entre * e Espírito
familiar – IX, 175

Suetônio
suplício de Christus – III, 34

Sugestão
explicação para os fenômenos do
Espiritismo e – IX, 171
mediunidade em crianças de tenra
idade e – IX, 172, nota

objeção irrefutável à teoria da – IX, 173
Roman Uricz, Dr., e – n.c. 14, 287
transmissão do pensamento e
* mental – IX, 171

Suicídio
Espiritismo e preservação do – XI, 211
flagelo do século e – introd., 11
jovens de ambos os sexos
e – VIII, 118, nota

Suplício eterno
Jerônimo, São, e – VII, 82, nota

Sursum corda
significado da expressão – pref., 21

Swedenborg, espiritualista sueco
inspiração dos autores do
Pentateuco e – n.c. 1, 236

T

Tabor, monte
conversa de Jesus com Elias
e Moisés e – V, 50

Tácito
menção de * à existência da
seita cristã – III, 34

Talento
hereditariedade e – VIII, 123
origem do – VIII, 123

Talmude
Deicidas, Os, e – III, 34, nota
morte de Jesus na cruz e – III, 34, nota

Telepatia
Roman Uricz, Dr., e – n.c. 14, 287
Sociedade de Investigações
Psíquicas de Londres e
fenômenos de – n.c. 13, 285

Teocracia
colocação da luz debaixo do
alqueire e – III, 37

Teodósio
imposição da opinião do bispo
de Roma e – II, 29

Teologia
    aniquilamento do Evangelho e – pref., 20
Teoria da alucinação
    fenômenos espíritas e – IX, 169
    fotografias dos Espíritos e – IX, 169
Teoria do inconsciente
    contraditores da ideia espírita e – IX, 174
    Espírito e – IX, 176
    Problema do ser e do destino, O, livro, e – IX, 174, nota
Terapêutica
    Espiritismo – XI, 219
    magnetismo, fluidos curativos e – XI, 219
Terra
    aperfeiçoamento da – X, 201
    Astronomia e importância da * no conjunto do universo – XI, 219
    Bíblia e estabilidade da – n.c. 11, 277
    explicação para as desigualdades morais e intelectuais na – X, 193
    fases da formação da * e Geologia – VIII, 100
    Igreja e aparecimento do homem na – VIII, 99
    Jesus, Governador espiritual da – VI, 72
    julgamentos do Céu e julgamentos da – XI, 222
    objetivo do homem na – introd., 10
    últimas fases da existência na – VIII, 119
Tertuliano
    aparições e – VII, 87
    corporeidade da alma e – n.c. 9, 269
    esoterismo cristão e – n.c. 4, 243
    materializações e – VII, 87
    perispírito e – VII, 87
    reencarnação e – n.c. 5, 247
Tomás de Aquino, São
    comunicação com os Espíritos e – V, 60, nota
    Espiritismo perante a igreja, O, livro, e – V, 60, nota
Tradição cristã
    enriquecimento e diversificação da – I, 24
    propagação da – I, 24, nota
Traducianismo
    igrejas cristãs e – VII, 75
    materialismo e – VII, 75
Trindade
    concílio de Niceia e – VI, 67
    definição da Igreja e – II, 89
    estranha concepção do Ser divino e mistério da – VI, 66
    Jesus se oferece a Deus em holocausto e – VII, 77
    origem da noção de – VI, 67
    vantagem às pretensões da Igreja e – VI, 66
Tyndall, professor
    raios infravermelhos e – IX, 140, nota

U

Universo
    Astronomia e importância da Terra no conjunto do – XI, 219
    campo de educação do espírito imortal e – VIII, 119
    Leis da natureza e harmonia do – IX, 133
    mundo visível, ínfima porção do – IX, 139
    sentidos humanos e conhecimento do – IX, 151
    trabalho do * na produção, manutenção e desenvolvimento da vida – X, 201
Uricz, Roman, Dr.
    depoimento do * sobre um caso de escrita direta – IX, 153
    telepatia, transmissão do pensamento, sugestão e – n.c. 14, 287

V

Venalidade
    crescimento da – introd., 11
Verdade
    amor e busca da – introd., 8
    ciência, estado transitório do Espírito em sua evolução para a – XI, 217
    desabrochamento da * esquecida – introd., 13
    desafio à ação do tempo e – III, 34
    eterna * e pensamento de Deus – II, 27

princípio comum entre as
  religiões e – XI, 220
razão e descoberta da – VIII, 107
religião, estado transitório do Espírito
  em sua evolução para a – XI, 217
revelação da * superior – V, 62

Verzano, Dr.
  Annales des Sciences Psychiques e – IX, 150

Vida
  bispo e conhecimento da * de
    além-túmulo – VIII, 96
  Ciência e aparecimento da – IX, 134
  compreensão do objetivo da – introd., 11
  enfraquecimento da * moral – VIII, 96
  espírito de Jesus e * da Igreja – pref., 17
  finalidade da * terrestre – III, 38
  ideia falsa sobre a – IX, 139
  Igreja e errônea concepção da *
    de além-túmulo – XI, 213
  Jesus e afirmação da imortalidade da – V, 54
  manifestações dos Espíritos e * de
    além-túmulo – VIII, 101
  recordação de * precedente do ponto
    de vista moral – X, 194
  restrição dos horizontes da – introd., 11
  supressão dos deveres e das lutas
    austeras da – VIII, 118
  trabalho do universo na
    produção, manutenção e
    desenvolvimento da – X, 201

Vida de São Gregório, o taumaturgo, livro
  Gregório de Nissa, São, e – V, 57, nota
  visão de João Evangelista e – V, 57

Vidente
  médium e – IX, 151

Virtude
  mal e nascimento da – VII, 85

Vogt, Karl
  ideias materialistas e – VIII, 114

Vontade
  Arnaldo de Brescia e ação da – VIII, 124
  Campanella e ação da – VIII, 124
  exercício e utilização da – VIII, 124
  faculdade máter e – VIII, 124

Giodano Bruno e ação da – VIII, 124
Jan Huss e ação da – VIII, 124
Jerônimo de Praga e ação da – VIII, 124
Joana d'Arc e ação da – VIII, 124
Petrus Ramus e ação da – VIII, 124
Savonarola e ação da – VIII, 124
Sócrates e ação da – VIII, 124
subjugação das resistências da
  carne e – VIII, 124

Vulgata
  Espírito Santo e – n.c. 6, 250
  Jerônimo, São, e tradução
    da – VII, 82, nota
  significado da palavra – II, 29, 30

W

Wallace, Russel
  Abdullah, Espírito, e – V, 53, nota
  Espiritismo, um verbo, uma
    palavra e – IX, 152
  Moderno espiritualismo, O, livro, e – V, 53,
    nota; IX, 138, nota, 172; XI, 212, nota

Ware, C., reverendo
  fenômenos espíritas e – n.c. 6, 257
  ministro da Igreja Metodista e – n.c. 6, 257

Watkins, Sr., médium
  escrita direta e – n.c. 12, 281

Watterville, de, Sr.
  fenômeno de exteriorização da sensibilidade
    e da motricidade e – IX, 144

X

Xenoglossia
  significado da palavra – V, 53

Z

Zacarias
  Lucas, 1:10, e – n.c. 7, 262

Zacarias, filho de Baraquias
  Flavius Josephus, historiador, e
    assassínio de – n.c. 2, 238, nota
  Guerra dos judeus contra os romanos,
    livro, e – n.c. 2, 238, nota

Zend Avesta
Ciência das religiões, A, livro,
e – *VII, 93,* nota

Zohar, livro
reencarnação e – IV, 44, nota

CARIDADE: AMOR EM AÇÃO

Sede bons e caridosos: essa a chave que tendes em vossas mãos. Toda a eterna felicidade se contém nesse preceito: "Amai-vos uns aos outros". KARDEC, Allan. *O evangelho segundo o espiritismo*, cap. 13, it. 12.

A Federação Espírita Brasileira (FEB), em 20 de abril de 1890, iniciou sua *Assistência aos Necessitados* após sugestão de Polidoro Olavo de S. Thiago ao então presidente Francisco Dias da Cruz. Durante oitenta e sete anos, esse atendimento representava o trabalho de auxílio espiritual e material às pessoas que o buscavam na Instituição. Em 1977, esse serviço passou a chamar-se Departamento de Assistência Social (DAS), cujas atividades assistenciais nunca se interromperam.

Desde então, a FEB, por seu DAS, desenvolve ações socioassistenciais de proteção básica às famílias em situação de vulnerabilidade e risco socioeconômico. Fortalece os vínculos familiares por meio de auxílio material e orientação moral-doutrinária com vistas à promoção social e crescimento espiritual de crianças, jovens, adultos e idosos.

Seu trabalho alcança centenas de famílias. Doa enxovais para recém-nascidos, oferece refeições, cestas de alimentos, cursos para jovens, serviços de convivência e fortalecimento de vínculos para idosos e organiza doações de itens que são recebidos na Instituição e repassados a quem necessitar.

Essas atividades são organizadas pelas equipes do DAS e apoiadas com recursos financeiros da Instituição, dos frequentadores da Casa e por meio de doações recebidas, num grande exemplo de união e solidariedade.

Seja sócio-contribuinte da FEB, adquira suas obras e estará colaborando com o seu Departamento de Assistência Social.

FEB editora
Livro espírita para um novo mundo
www.febeditora.com.br
@febeditoraoficial
@febeditora

Conselho Editorial:
Carlos Roberto Campetti
Cirne Ferreira de Araújo
Evandro Noleto Bezerra
Geraldo Campetti Sobrinho – Coord. Editorial
Jorge Godinho Barreto Nery – Presidente
Maria de Lourdes Pereira de Oliveira
Miriam Lúcia Herrera Masotti Dusi

Produção Editorial:
Elizabete de Jesus Moreira

Revisão:
Elizabete de Jesus Moreira

Capa:
Ingrid Saori Furuta

Projeto gráfico e Diagramação:
Eward Bonasser Júnior

Normalização Técnica:
Biblioteca de Obras Raras e Documentos Patrimoniais do Livro

Esta edição foi impressa pela Editora Vozes Ltda., Petrópolis, RJ, com uma tiragem de 1 mil exemplares, todos em formato fechado de 155x230 mm e com mancha de 120x190 mm. Os papéis utilizados foram o Off white slim 65 g/m² para o miolo e o Cartão 250 g/m² para a capa. O texto principal foi composto em fonte Adobe Garamond 12/15 e os títulos em Adobe Garamond 28/30. Impresso no Brasil. *Presita en Brazilo.*